Alpenvereinsjahrbuch
BERG 2022

Zeitschrift Band 146

Alpenvereinsjahrbuch

Berg 2022

Zeitschrift Band 146

Herausgeber
Deutscher Alpenverein, München
Österreichischer Alpenverein, Innsbruck
Alpenverein Südtirol, Bozen

Redaktion
Axel Klemmer, Tyrolia-Verlag · Innsbruck-Wien

Inhalt

Vorwort >> *Axel Klemmer* 6

BergWelten: Ortler

Der geborene Gigant. Einblicke in eine lebendige Berglandschaft >> *Jochen Hemmleb* 10
Freizeit macht Arbeit. Die Ortler-Bergführer Olaf Reinstadler und Kurt Ortler im Gespräch über den Dienst am Berg >> *Peter Plattner, Christina Schwann, Walter Würtl* 20
Naturschutz mit Kurven. Der Nationalpark Stilfserjoch >> *Wolfgang Platter* 30
Johann Pinggera und der frühe Alpinismus in Sulden >> *Andrea Kuntner* 38
Welten in einem Tal. Wanderungen in Ulten >> *Jochen Hemmleb* 44
Gedrängt auf brüchigem Terrain. Das Dorf Stilfs >> *Susanne Gurschler* 50
Sehnsucht nach Schnee. Skitourenrunde um den Cevedale >> *Stefan Herbke* 56

BergFokus: Freiheit

Ich *muss* auf den Berg – bin ich frei? Antworten des KI-Forschers Nico Hochgeschwender 66
Fesseln der Freiheit. Eine alpine Ideengeschichte >> *Tom Dauer* 74
Sommer 1962. Zwei Männer, ein Motorrad, keine Verpflichtungen >> *Jürgen Winkler* 82
„In den Bergen sind wir frei": Gedanken, Meinungen und Erinnerungen >> *Verschiedene* 84
Die Hölle, das ist die Freiheit der anderen. „Shared Space" im Gebirge >> *Thomas Bucher* 92
Politische Gipfelsprüche im Elbsandsteingebirge aus DDR-Zeiten >> *Harro Honolka* 98

BergSteigen

Ich fahre, also bin ich da. Bergsport und Mobilität >> *Andi Dick* 106
Einsicht gegen Verbote. Besucherlenkung in den Ammergauer Alpen >> *Christian Rauch* 116
Wir müssen hier raus! Internationaler Alpinismus im Zeichen der Pandemie >> *Max Bolland* 122
„Wandern in dünner Luft". Martin Feistl und David Göttler im Gespräch 132
Wettkampf-Chronik 2020/2021 >> *Gudrun Regelein* 136
Weiße Riesen. Bergsteigen in der Antarktis >> *Christoph Höbenreich* 142
Gipfelsiege der Emanzipation? Frauenexpeditionen auf die höchsten Berge >> *Martina Gugglberger* 156

BergMenschen

„Reinhold Duschka mein Retter". Entstehung einer Heldengeschichte >> *Erich Hackl* **164**
Quäl dich – nicht mehr. Die Kletterin Mayan Smith-Gobat >> *Gudrun Regelein* **170**
Sein Freund, der Berg. Peter Habeler im Porträt >> *Maren Krings* **176**
„Ein Stück unserer Seele aber blieb in den Alpen!" Die Schwestern Margarete und Elsbeth Große aus Meißen >> *Joachim Schindler* **182**

BergWissen

Schatzkammer Zillertaler Alpen. Von „Stuansuchern" und Wissenschaftlern >> *Walter Ungerank* **194**
Die Chemie stimmt nicht mehr. Natürliche Umweltgifte im Hochgebirge >> *Martin Roos* **200**
Drang nach oben. Neue Herausforderungen für die Bergrettung >> *Stephanie Geiger* **208**
Der Wald und lauter Bäume. Naturschutz, Umweltforschung und Tourismus im oberösterreichischen Nationalpark Kalkalpen >> *Axel Klemmer* **214**

BergKultur

Letzte Bergfahrt. Lost Ski Area Projects LSAP – Aufgelassene Skigebiete in den Alpen und wie es dort weitergeht >> *Matthias Heise und Christoph Schuck* **224**
Schule der Berge. Bildungsziele der Alpenvereinsjugend seit 1919 >> *Laura Moser und Sven Ott* **232**
Und hier bin ich! Im weltweiten Netz der Aufmerksamkeitsökonomie >> *Simon Schöpf* **240**
Alpine Seilschaften. Zu einer Ausstellung über Wiener Maler und Fotografen am Anfang des 20. Jahrhunderts >> *Wolfgang Krug* **246**

Autorinnen und Autoren **254**
Impressum **256**

Vorwort

Zur 146. Ausgabe des Alpenvereinsjahrbuchs
>> **Axel Klemmer**

Wenig ist dem Alpenverein so wertvoll wie das oft zitierte „freie Betretungsrecht der Natur". In ihrer grammatikalischen Schieflage verrät diese Formulierung eine Menge über die Wirklichkeit. Ja, die Natur hat das Recht, die Welt der Menschen frei zu betreten. Oder besser gesagt: Sie nimmt es sich einfach – zu jeder Zeit, an jedem Ort. In Form gewaltiger Lawinen und Bergstürze. Oder in der Gestalt winzig kleiner Viren, die sich frei und selbstverständlich in der Menschenwelt bewegen, nachdem diese sie durch ihren Expansionsdrang dazu eingeladen hat. Und so bekamen wir im Frühjahr 2020 den Corona-Salat: die Einschränkung der Freiheit. Welche Zumutung.

„Auf den Bergen wohnt die Freiheit", verspricht das König-Ludwig-Lied, „In den Bergen sind wir frei", erklären zwölf Autorinnen und Autoren zwischen 23 und 82 Jahren im **BergFokus** zu diesem Über-Thema des Alpinismus. Doch wie sieht es eigentlich mit der Freiheit der bekennenden „Bergsüchtigen" aus, die auf den Berg steigen *müssen*: Wie frei sind sie wirklich? Muss man Freiheit erst lernen? Lässt sie sich womöglich programmieren? Diese und andere spannende Fragen zum Stand der Neuro- und Informationswissenschaften beantwortet Nico Hochgeschwender, Experte für Künstliche Intelligenz und Robotik. Dass er darüber hinaus ein leidenschaftlicher Bergsteiger ist, verbindet ihn mit Tom Dauer, der vier alpine Freigeister betrachtet, die in den Bergen die Möglichkeit erkannten, sich nicht nur von äußeren und inneren Zwängen zu befreien, sondern mit größter schöpferischer Lust Dinge zu tun, die dem Leben Sinn geben. Verbote scheinen darin erst mal nichts verloren zu haben. Aber weil die Zivilisation im Gebirge nicht aufgehoben ist, sondern nur auf einem topografisch höheren Level fortgesetzt wird, weil es viele Aktive gibt und weil sie beim Aktivsein eben nicht immer allein sind, müssen sie miteinander auskommen – was vielen schwerfällt, die es für das Zeichen größter Freiheit halten, besonders laut „Ich" zu rufen. Dagegen betont Thomas Bucher in seinem Beitrag das Verbindende innerhalb der großen Bergsportgemeinschaft, das es eigentlich allen ermöglichen sollte, einander mit Respekt zu begegnen. Denn die Freiheit des Einzelnen endet dort, wo die Freiheit des Anderen beginnt: So drückte es Immanuel Kant, der Philosoph der Vernunft, letztgültig aus.

Freiheit wird gern mit Freizeit gleichgesetzt. Wobei die Freizeit der einen manchen anderen viel Arbeit macht – diesen beiden zum Beispiel: den Bergführern Olaf Reinstadler und Kurt Ortler. Was sie alles wissen und tun, um die Besteigung ihres Haus- und Brotberges zu erleichtern, erzählen sie im Gebietsthema der **BergWelten,** das sich dem Ortler widmet. Der Koloss über dem Obervinschgau, höchster Gipfel Südtirols, ist zusammen mit seinen kaum minder eindrucksvollen Trabanten wie der Königspitze oder dem Cevedale das alpinistische Prunkstück im überregionalen Nationalpark Stilfserjoch. Dessen früherer Direktor Wolfgang Platter sowie der Journalist Jochen Hemmleb stellen die grandiose Region zwischen Südtirol, dem Trentino und der Lombardei vor. Andrea Kuntner erinnert dagegen an einen frühen Kollegen der heutigen Ortler-Bergführer, nämlich an Johann Pinggera, dessen Name oft hinter dem seines Auftraggebers verschwindet. Bei ihm handelte es sich um den berühmten Kartographen und Polarforscher Julius von Payer, der 1872 zu seiner großen Expedition in die Arktis aufbrach. Er lud seinen Führer ein, ihn zu begleiten, und dieser sagte zu. Kaum gestartet, war er aber so frei, die Expedition in Bozen wieder abzubrechen. Aus Heimweh.

Heute, 150 Jahre später, stünde Johann Pinggera der grauen Moränenlandschaft des Suldenferners vermutlich ebenso fassungslos gegenüber wie Julius von Payer der auftauenden Arktis. Am anderen „Ende" der Erdkugel, rund um den Südpol, nimmt die Schneebedeckung im weißen Niemandsland hinter den abbrechenden Schelfeiskanten dagegen eher zu. Zum **BergSteigen** gibt es wohl kein exklusiveres Ziel als die Antarktis, von der Christoph Höbenreich berichtet. Darf man heute davon träumen? Ist das noch eine praktische Option, CO_2-technisch, von den Reisekosten her und – überhaupt? Ja, diese Berge sind exklusiv, Alpinismus findet dort in einer streng regulierten und nicht zuletzt durch eine imposante „Paywall" geschützten Blase statt. Und das ist

Freiheit heißt im Grunde: Sei frei, tu, was du willst, aber wolle das Richtige!
Das ist der paradoxe Punkt, an dem wir in der Alltags-Eigendynamik oft scheitern.

Armin Nassehi in der Süddeutschen Zeitung am 8. Februar 2021

gut so. Die Alpen sind dagegen ein gleichsam demokratisches Gebirge. Sie stehen allen offen, und alle besuchen sie – weiterhin am liebsten mit dem eigenen Automobil. Weil die so erlangte Freiheit einen Preis hat und die Freiheitsoption zukünftiger Generationen einschränkt, plädiert Andi Dick für eine Umkehr vom Grundsatz der „freien Fahrt", die seit den 1950er-Jahren als Staatsräson gilt. Immer noch starten Bergfreunde von München aus zur Tagestour auf den Großglockner. Das schlechte Gewissen dabei haben sie oder sie haben es nicht. Und den Jungen heute verbieten zu wollen, was die junggebliebenen Alten damals, vor nicht einmal 30 Jahren, selbstverständlich in Anspruch nahmen, ist schwierig.

Nicht wenige wähnten sich während der pandemiebedingten Ausgangsbeschränkungen wie Gefangene im eigenen Heim, und **BergMenschen** reagieren auf Einschluss naturgemäß besonders empfindlich. Der Kunstschmied und Bergsteiger Reinhold Duschka (1900–1993) ging während des Zweiten Weltkriegs an den Wochenenden weiter auf Kletter- und Skitouren, schon allein um keinen Verdacht zu erregen: In seiner Wiener Werkstatt versteckten sich nämlich eine Mutter und ihre Tochter, beide Jüdinnen, vor den Nazischergen. Viereinhalb Jahre dauerte ihr „Lockdown", dann waren sie wieder frei. Der österreichische Schriftsteller Erich Hackl hat dieses Geschehen in einer berührenden Erzählung festgehalten, über deren Entstehung er berichtet. Andere Befreiungsgeschichten, die in diesem Jahrbuch zu lesen sind, verliefen weniger dramatisch, dafür selbstbestimmt: So gelang den Schwestern Margarete und Elsbeth Große als Bergsteigerinnen und Ballonfahrerinnen der Ausbruch aus den Geschlechterklischees des frühen 20. Jahrhunderts. Und so löste sich die neuseeländische Kletterin Mayan Smith-Gobat runde hundert Jahre später aus den Fesseln des Wettkampf- und Profibergsports.

Seine Probleme mit der Freiheit hatte in früherer Zeit übrigens auch der Alpenverein: Er erklärte das Gebirge zu einer Art höherer Lehranstalt, in der junge Menschen zu irgendwie besseren jungen Menschen erzogen werden sollten, was Laura Moser und Sven Ott in der Rubrik **Berg-Kultur** dokumentieren. Zwischen Schmunzeln und Stirnrunzeln schwankt man auch beim Blick auf die Poser und Poster in den sogenannten sozialen Medien. Atemlos hasten sie von „Spot" zu „Spot", um sich dort derselben Community zu präsentieren, die mit ihnen zusammen Schlange stand, um das begehrte Foto vor einsamer Bergkulisse zu machen. Simon Schöpf beleuchtet die Aufmerksamkeitsökonomie der Daumen und Herzchen, in der Freiheit keine Rolle spielt – sie ist eher hinderlich und wird darum nicht mehr verlangt. Wirtschaftliche Abhängigkeit statt unternehmerischer Freiheit kennzeichnet auch die Realität des industrialisierten Wintersports. Das auf den Bergen verbaute Kapital muss wachsen. Wächst es nicht mehr, dreht sich die Spirale also nicht weiter, sondern zurück, entstehen Brachen, neudeutsch: LSAP – Lost Ski Area Projects. Diese aufgelassenen Skigebiete haben Wissenschaftler der Technischen Universität in Dortmund untersucht. Sie erklären in ihrem Beitrag, wie so eine Form der „Industriekultur" dem unausweichlichen Strukturwandel im Berggebiet ein neues Gesicht verleihen könnte.

Gänzlich aus der wirtschaftlichen Verwertung genommen wurde der Bergwald im oberösterreichischen Nationalpark Kalkalpen. Um ihn geht es, unter anderem, in **Berg-Wissen.** Neuer „Star" im Nationalpark ist eine erst 2019 entdeckte, rund 550 Jahre alte Buche, die älteste Buche Kontinentaleuropas. Ihr Standort bleibt geheim, wahrscheinlich werden noch weniger Menschen sie zu sehen bekommen als die Berge der Antarktis. Ist das ein Schaden? Und, wenn ja, für wen? Wir müssen nicht überall unsere Herzchen einschnitzen.

Mehr Bergwissen vermittelt übrigens die Kartenbeilage, die Alpenvereinsmitglieder in ihrer Jahrbuchausgabe finden: Es handelt sich um die historische Alpenvereinskarte Zillertaler Alpen West von 1930, ergänzt durch die Gletscherstände der Jahre 2018 (Österreich) beziehungsweise 2017 (Italien) und weitere Informationen zum Klimawandel in den Alpen – ein einzigartiges Zeitdokument.

BergWelten

Das „ewige Eis" hat seine beste, sprich kälteste, Zeit fürs Erste hinter sich. Südlich von **Ortler**, Königspitze und Cevedale, auf der lombardischen Seite des Nationalparks Stilfserjoch, kann man der Zunge des Fornigletschers mit der gebührenden Vorsicht beim Kollabieren zusehen. Erdgeschichte vollzieht sich nicht nur in Jahrmillionen, sondern auch im Verlauf eines Menschenlebens.

Der geborene Gigant

Ortler – Einblicke in eine lebendige Berglandschaft

\>\> **Jochen Hemmleb**

3905 Meter: Höher wird es nicht in den Arbeitsgebieten der Alpenvereine Deutschlands, Österreichs und Südtirols. Als wahrhaft „königlicher" Berg gebietet der Ortler über ein Reich von faszinierender Vielgestaltigkeit.

Ich wollte zu den lebendigen Dingen über die Kräfte gelangen, die sie schufen. Denn der Berg ist eins, untrennbar. Felsen, Erde, Wasser und Luft sind nicht mehr oder weniger seine Bestandteile als alles, was aus der Erde wächst und die Luft atmet. Alle sind Aspekte einer Einheit, des lebendigen Berges.

Nan Shepherd, „The Living Mountain"

Wir drehen einen Film über den Ortler. „Achtung! Kamera läuft!" Ächzend und knirschend setzt sich der tonnenschwere Marmorblock in Bewegung. Mit ein paar schnellen Schritten ist Kameramann Günther Göberl zur Stelle, stellt sich mit seinem Stativ unter das in Drahtseilschlaufen hängende weiße, kantige Monstrum und filmt, wie es von der Transportseilbahn langsam zu Tal gehievt wird. Hoffentlich hält die Aufhängung, denke ich mir. Wäre kein schönes Ende: Erschlagen von einem Ortler-Baby – oder auch Baby-Ortler, je nach Ansicht.

Geburt: Laas und sein Marmor

Um uns den Anfängen des Gebirges zu nähern, müssen wir *in* den Berg. Der berühmte Marmor von Laas im Vinschgau, dessen helle, gefaltete Bänder an der Jennwandspitze am Nordrand der Ortlergruppe schon von Weitem sichtbar sind, ist schon seit der römischen Antike bekannt. Die heutigen Marmorbrüche liegen in Höhen oberhalb von 1500 Metern, und der Abbau erfolgt großteils untertage. Die aus dem Gebirge heraus-

Erhaben: Der Ortler beherrscht das Leben im oberen Vinschgau – auch über den Schlummhöfen bei Schluderns.

Entrückt: Geschützte Bergnatur im hinteren Martelltal unter dem Sallentjoch.

© M. Ruepp

BergWelten | 11

Erdgeschichte in Stücken: Marmor aus der Kaverne des Weisswasserbruchs über Laas zählt zu den ältesten Gesteinen der Ortlergruppe.
© M. Ruepp

gesägten Riesenquader haben gewaltige Kavernen hinterlassen, in denen milchiges Sickerwasser gespenstisch blau schimmert.

Steine stehen eigentlich in einer Reihe mit Journalisten, Historikern und Archäologen. Denn auch sie erzählen Geschichten, überliefern Geschichte. Unser Marmor war ursprünglich ein Kalkstein. Abgelagert wurde er in einem Urmeer, dem Rheischen Ozean, zwischen den alten Großkontinenten Gondwana – bestehend aus dem heutigen Afrika, Südamerika, der Antarktis und Australien –, Laurentia (Nordamerika) und Baltica (Europa). Dieser Ozean wurde während des Karbons vor 350 bis 290 Millionen Jahren infolge der Kontinentalverschiebung „ausgequetscht". Es entstanden der Superkontinent Pangäa und entlang der Kollisionsnaht die Züge des Variszischen Gebirges. Bei dessen Auffaltung wurden die Kalksteinpakete des ehemaligen Meeresbodens zehn bis 15 Kilometer tief in die Erdkruste versenkt. In diesen Tiefen herrschen Temperaturen von 600 bis 700 Grad Celsius, bei denen Kalk zäh und formbar wie ein Kuchenteig wird und seine Mineralkörner zu neuen Kristallen umgewandelt werden. Aus dem Kalk wird ein Umwandlungsgestein, ein Metamorphit: der Marmor mit seinen glitzernd weißen „Zuckerkristallen" und dekorativen Faltenmustern. So stecken in den ältesten Gesteinen der Ortlergruppe die Spuren eines voralpinen Gebirges.

Auch Gebirge haben Lebenszyklen, sie entstehen und vergehen. Mit seiner Heraushebung begann sogleich die Abtragung des Variszischen Gebirges, und Dehnungsprozesse unter Pangäa sorgten dafür, dass Teile des Festlands von Osten her zunehmend unter den Meeresspiegel sanken. Es bildete sich ein neuer Ozean, die Tethys, in dessen Lagunen abermals Kalke wie der Hauptdolomit aus der Obertrias (vor etwa 230 bis 210 Millionen Jahren) gebildet wurden. Der Superkontinent zerbrach in verschiedene große und kleine Schollen, von denen eine, der Mikrokontinent Apulia, die Ablagerungsgesteine aus der Tethys mit sich trug – sozusagen die Gebärmutter des Ortlers.

Mit der Kreidezeit vor rund 100 Millionen Jahren setzten dann allmählich die „Presswehen" ein: Abermals sorgte die Kontinentaldrift für einen Zusammenschub, Apulia drängte nach Nordwesten gegen den Rand von Eurasia. Der Geburtsvorgang war chaotisch. Alte Gesteine unter den Tethys-Sedimenten wurden wieder in große Tiefen versenkt und abermals umgewandelt. Am Kollisionsrand der Kontinente wurden Gesteinspakete wie an der Schnittkante eines Hobels in Späne zerlegt und aufeinandergestapelt. Reihenfolgen kehrten sich um, ältere Gesteine legten sich über jüngere, Schichtabfolgen wiederholten sich. So wurde der Hauptdolomit, aus dem sich der Ortler aufbaut, im Bereich des heutigen Bergmassivs wie ein Blätterteig dreimal übereinandergelegt und auf die alten karbonischen Gesteine, zu denen auch der Laaser Marmor zählt, geschoben.

Mit dem Stapelvorgang war nun eine große Masse relativ leichter Gesteine in große Tiefen hinabgedrückt worden. Und wie bei einem Korken,

den man ins Wasser drückt und wieder loslässt, setzte vor rund 30 Millionen Jahren im Tertiär eine Ausgleichsbewegung ein und der zentrale Alpenteil schwamm auf, wölbte sich heraus. Zwar „flutschte" der Ortler nicht gerade korkengleich an die Oberfläche, aber eine Hebungsrate von bis zu fünf Millimetern pro Jahr ist geologisch betrachtet durchaus schnell. Das heutige Hochgebirge entstand – und eigentlich sind wir heute noch immer Zeugen des Geburtsprozesses, denn in den Zentralalpen ist laut jüngsten Forschungen aus dem Jahr 2020 die Hebung selbst heute noch schneller als die Abtragung.

Während Günther die Kamera zusammenpackt, rinnt zu unseren Füßen das Wasser aus den Kavernen und spült den Marmorstaub der Bohrer und Steinsägen zu Tal. Die Etsch wird ihn Richtung Mittelmeer tragen. Und irgendwann werden einige Partikel des Baby-Ortlers – oder Ur-Ortlers, je nach Ansicht – vermengt sein mit Sedimenten, aus denen sich irgendwann die Gesteine eines neuen Gebirges bilden. Irgendwann.

Pulsschlag: Sulden und der Tourismus

Szenenwechsel. Möchte man den absoluten Gegensatz zu jener „Entdeckung der Langsamkeit" erleben, zu der die Auseinandersetzung mit der Entstehungsgeschichte und Geologie führt, so empfiehlt sich der Ausflug in das touristische Zentrum der Ortlergruppe, nach Sulden. Steht man auf der Anhöhe der Kirche St. Gertraud und schaut von dort auf die Wiesen im Talgrund, die Hotels und die Seilbahnanlagen, so erfasst man mit einem Blick, welche Entwicklung dieser Ort in nur 200 Jahren durchschritten hat.

Jäger, Hirten und Knappen waren die ersten Menschen, die vor fast 1000 Jahren erstmals in das grasige Hochtal dicht unter der Waldgrenze auf fast 1900 Meter Meereshöhe vorstießen. Aus Sommerweiden und Almhütten entstand dann im 12. Jahrhundert allmählich eine ganzjährig bewohnte Siedlung aus Gehöften, die aber eine abgelegene, geheimnisumwitterte Enklave hoch oben in den Bergen blieb. Noch 1802 bezeichnete das *Innsbrucker Wochenblatt* das Suldental als „Sibirien Tirols, [in dem] die Bauern mit den Bären aus einer Schüssel essen und die Kinder auf Wölfen herumreiten".

Mit der Erkundung und bergsteigerischen Erschließung der Ortlergruppe im 19. Jahrhundert nahm der Tourismus seinen ersten zögerlichen Anfang. Das Pfarrhaus von Johann Eller, Kurat und Pfarrer in Innersulden, wurde zur ersten Touristenunterkunft (mit sechs Betten); 1870/71 entstanden die ersten Pensionen, wenige Jahre darauf die ersten Schutzhütten im Hochgebirge, darunter die Payerhütte (3020 m) am Ortler.

Dem Tourismus endgültig den Weg ebnete im wahrsten Wortsinne die Fahrstraße nach Sulden, die durch das Engagement des Fremdenverkehrspioniers Theodor Christomannos entstand und 1892 eingeweiht wurde. Das gleichzeitig errichtete Luxushotel Sulden bot neben Dampfheizung, Bädern, Tennisplätzen, einer eigenen Bäcke-

Einheimische, Touristen, Rindviecher: Die landschaftlichen Attraktionen von Sulden bereicherte Reinhold Messner 1985 mit einer Herde tibetischer Yaks. Hinten das Schrotterhorn.

© G. Bodini

Mit moderner Technik in eine Urlandschaft: die Großkabinenbahn von Sulden zur Schaubachhütte vor Monte Zebrù und Ortler.

Spiegel der Gegenwart: Skitouristen genießen von der Bergstation des Kanzellifts den Blick auf die Königspitze.
© G. Bodini

Kleiner Mensch am großen Berg: Christoph Hainz bei der Free-Solo-Erstbegehung von „Golden Pillar of Ortler" (rechts).
© J. Hemmleb

rei und Wäscherei als erstes Gebäude elektrisches Licht. Es zog zahlungskräftige Gäste an, die viel Geld nach Sulden brachten. Der Erste Weltkrieg beendete diesen ersten Tourismusboom, der aber nach Kriegsende rasch wieder Fahrt aufnahm. Bereits 1925 reichte die Kapazität der Betten nicht mehr aus, sodass „etliche Fremde im Heu übernachten mussten", wie es heißt. Zum Sommer- gesellte sich nun auch zunehmend ein Wintertourismus; mit dem Zweiten Weltkrieg kam er aber wieder vollständig zum Erliegen.

In den 1950er-Jahren begann dann eine kontinuierliche Entwicklung, die im Prinzip bis heute anhält. 1959 wurde mit dem Langensteinlift auf der Ortler-Ostseite der erste Sessellift gebaut, 1975 entstand die inzwischen zur Großkabinenbahn modernisierte Seilbahn zur Schaubachhütte unter der Königspitze – die Herzschlagader für das Skigebiet Madritsch im Talschluss.

Heute erstrecken sich die Seilbahn- und Liftanlagen wie Spinnenbeine in fast alle Himmelsrichtungen – und eine Fahrt mit ihnen weckt je nach Jahreszeit ganz unterschiedliche Gefühle. Im Winter ermöglichen sie Fahrten bis auf über 3000 Meter und berauschende Abfahrten. Auch im Sommer ermöglichen die Anlagen den schnellen Zugang zu den Aussichtsbalkonen rund um Sulden. Aber man sieht neben den herrlichen Panoramen eben auch die Narben, die der Tourismus in der Natur hinterlassen hat: in die Bergflanken planierte Zufahrtsstraßen, kahle Pistenhänge …

Doch am Ende kann eine Fahrt mit der Seilbahn auch zu einem Wechsel in der Perspektive auf sie selbst führen. Von den höchsten Bergstationen aus betrachtet, sind die Schneisen und Pfeilerreihen nur Striche in der Landschaft. Und bei all seinem Wachstum während der vergangenen zweihundert Jahre bleibt Sulden mit seinen Häusern und Hotels schlussendlich eine Miniatur am Fuß der bis zu 2000 Meter hoch aufragenden Berggiganten. Der Blick von oben rückt Verhältnisse gerade, räumlich wie zeitlich.

Zweihundert Jahre sind geologisch betrachtet weniger als ein Wimpernschlag – und Covid hat gezeigt, dass es noch weniger benötigt, um eine solche Entwicklung zu unterbrechen oder gar zu beenden. Was wird von Sulden bleiben, falls der Klimawandel den Skitourismus einmal unmöglich machen und den Menschen wieder aus den Hochregionen verbannen sollte?

Und so drängt sich dem Betrachter der Gedanke auf, dass „Naturschutz" oder „Klimaschutz" eigentlich fehlleitende Begriffe sind. Dass es eher „Menschenschutz" heißen sollte. Denn in Wahrheit ist es der Mensch, der angesichts dieser Dimensionen von Raum und Zeit winzig klein und bedroht erscheint.

Rückgrat: Die hohen Gipfel

Mit dem Trio Königspitze – Monte Zebrù – Ortler besitzt die Ortlergruppe das ostalpine Pendant zum berühmten Dreigestirn der Berner Alpen, Eiger – Mönch – Jungfrau. Die Verbindung geht noch weiter: Denn aufgrund seiner geologischen

Entstehungsgeschichte ist der Ortler nach dem 62 Meter höheren Eiger der zweithöchste Gipfel der Alpen, der aus Sedimentgestein aufgebaut ist. Das hat Konsequenzen für die Bergsteiger, denn was die Eiger-Nordwand zu einem Stück „geologischen Terrorismus" macht, gilt auch hier: Aufgrund der größeren Höhe ist der Dolomit des Ortler weitaus mehr der Frostverwitterung ausgesetzt, was ihn gleichsam mürber und deutlich weniger kletterfreundlich macht als den Dolomit in den Dolomiten. Brüchige, von tiefen Rinnen durchzogene, steinschlaggefährdete Wände bilden die steilen Seitenflächen eines mächtigen Ambosses, dem eine dicke Eiskappe aufliegt, welche den Zugang zum 3905 Meter hohen Gipfel durch kalbende Séracabbrüche erschwert. Nur auf der etwas flacheren und weniger zerklüfteten Nord- und Nordwestseite erlaubt das Gletscherdach einen einfacheren Durchstieg.

Dass der Ortler dann nicht über diese Schwachstelle in seinem Eispanzer, sondern von Trafoi aus über einen komplexen Weg am Rand der Südwestwand – die „Hinteren Wandlen" – erstbestiegen wurde, gilt als alpiner Geniestreich. Und dieser geschah bereits im Jahr 1804! Reinhold Messner hält die Tat des Gemsjägers Josef Pichler vulgo „Pseirer Josele" und seiner Zillertaler Begleiter Johann Klausner und Johann Leitner alpinhistorisch für bedeutender als die Erstbesteigung des 900 Meter höheren, aber technisch leichteren Mont Blanc 18 Jahre zuvor.

Hundert Jahre später waren ein Großteil der Wände und Grate des Ortlers begangen: der heutige Normalweg von Norden über den Tabarettagrat, der Meraner Weg von Nordwesten, der beliebte Hintergrat (Ostsüdostgrat), der Hochjochgrat (Südgrat), der lange Marltgrat (Nordostgrat), der den Vergleich mit großen Westalpengraten an Matterhorn oder Weißhorn nicht scheuen braucht, sowie die Minnigerode-Rinne in der Südwand und die Schückrinne in der Ostwand, die heute infolge der Ausaperung außerhalb des Winters nicht mehr begehbar sind, aber zu extremen Skiabfahrten wurden.

Blieb noch die kalte, schattige Nordwand, mit 1300 Metern die höchste Eiswand der Ostalpen. 1931 kämpften sich die „Bergvagabunden" Hans Ertl und Franz Schmid als erste in 17 Stunden durch den düsteren Schlund. Bei der Umgehung

BergWelten | 15

Mondkratzer: Surreale Abendstimmung an der Payerhütte.
© G. Bodini

Cineastische Zeitreise: Autor und Kameramann beim Nachstellen der Geschichte von Julius Payer und seinem Bergführer Johann Pinggera.
© J. Hemmleb

Ursprünglicher Charakter: St. Walburg im Ultental.
© M. Ruepp

Rollende Passstraße: Vom Stilfser Joch aus sind die Radfahrer auf den letzten Serpentinen ein gern gesehenes Spektakel.
© G. Bodini

des Eiswulsts, der damals noch das obere Wanddrittel abriegelte, kletterten sie an die 80 Grad steile Passagen – mit Hanfseilen, Zehnzackern und schmiedeeisernen Eishaken. Im Sommer zuvor hatte Ertl mit Hans Brehm bereits das blanke Eisschild der Königspitze-Nordwand erstbegangen. Diese zwei Sternstunden der Alpingeschichte waren zugleich ein eindrückliches Vorspiel für das bald darauf einsetzende Wettrennen um die großen Nordwände der Westalpen.

Seitdem nahm auch in der Ortlergruppe das bergsteigerische Geschehen seinen üblichen Lauf. Die großen Anstiege wurden wiederholt, es gab Winterbegehungen, Alleinbegehungen, Enchaînements, Speed-Begehungen und so weiter. Der Charakter der Wände veränderte sich, manche Linien wurden unbegehbar. Gleichzeitig eröffneten sich gerade durch die Weiterentwicklung im Eis- und Mixed-Klettern neue Möglichkeiten. Routen wie „Schachmatt" (M10+/WI5) und „Serac" (WI4) von Florian und Martin Riegler an Königspitze und Zebrù, Simon Messners Solo der Nordost-wand-Diagonale (M5/55°) am Ortler, die reine Felsroute „Golden Pillar of Ortler" (bis VI+) von Christoph Hainz oder der ernste „Pleißhornwasserfall" (M7+/WI6, Lemayer-Platter-Ladurner) bewiesen im letzten Jahrzehnt, dass das Dreigestirn für kreative Alpinisten noch immer Neuland zu bieten hat.

Aber auch jenseits der prominenten drei Gipfel und des extremen Alpinismus besticht die Ortlergruppe durch ihre Vielfältigkeit. Es war der österreichisch-ungarische Offizier, Kartograf und spätere Polarforscher Julius Payer, der zwischen 1865 und 1868 das Bergmassiv erstmals in vollem Umfang auf die Landkarte bannte und dabei mit seinem Bergführer Johann Pinggera über 50 Gipfel bestieg – von den schroffen Kristallingipfeln um Vertainspitze und Angelus im Nordosten über die wilden, von Eisflanken und Eisbrüchen umsäumten Kämme im Westen (Trafoier Eiswand) bis zu den formschönen Gletscherbergen um Cevedale und Punta San Matteo im Süden. Und genau diese südlichen Ortlerberge bieten bis heute ein absolutes Highlight für Normalbergsteiger: die komplette Überschreitung des Halbrunds über dem Fornigletscher – ein Gang über 13 Gipfel mit moderaten Schwierigkeiten in Fels und Eis, dabei fast immer unmittelbar auf dem Kamm über den weiten weißen Eisfeldern. „Payer-Feeling" …

Lebensadern: Die Täler und der Nationalpark Stilfser Joch

Wir wollen für den Film, nach dem Auftakt in den Laaser Marmorbrüchen, charakteristische Eindrücke von allen Seiten der Ortlergruppe einfangen – an einem einzigen Tag. So wird unsere Durchquerung im wahrsten Wortsinn eine Pilger*fahrt*.

Mit dem Auto oder Motorrad kann die gesamte Ortlergruppe mühelos in dieser Zeit umrundet werden: Nach dem Start in Meran führt uns die Fahrt zunächst ins untere Ultental, welches wie das weiter westlich gelegene Martelltal noch eine große Ursprünglichkeit bewahrt hat. Gerade der tief eingeschnittene und dicht bewaldete Beginn läßt noch erahnen, wie beschwerlich der Weg durch diese Eintrittspforten ins Gebirge lange Zeit war. Auch die südlichen Täler, insbesondere das von Rabbi, haben viel von ihrem ehemaligen Charakter behalten. In den versprengten Weilern mit ihren alten Häusern und Gehöften scheinen die Uhren ein wenig langsamer zu ticken … Die Weiterfahrt über den Tonalepass und den Passo di Gàvia auf die Westseite erschließt die karge, schroffe Berglandschaft um das Valfurva. Ortler, Zebrù und Königspitze sind von hier aus betrachtet nicht mehr ein strahlendes Dreigestirn, sondern drei graue Felsburgen. Ein Abstecher durch das Valle dei Forni leitet ganz dicht heran an den schimmernden Kessel des Fornigletschers, während das Val Zebrù mit seiner reichhaltigen Flora und Fauna – es ist bekannt für seine Gämsen – dem Autofahrer verschlossen bleibt. Bormio im obersten Veltlin ist mit seinem Tourismus und den dicht gedrängten Häusern dann ein kräftiger Schuss Zivilisation vor dem sprichwörtlichen Höhepunkt der Rundreise: Die bereits 1826 eröffnete Straße über das 2758 Meter hohe Stilfserjoch ist eine Meisterleistung der Ingenieurskunst – und die 48 Haarnadelkurven hinab nach Trafoi sorgen je nach Gemüt für ultimativen Fahrspaß, Nervenkitzel oder puren Stress. Auch Radfahrer und Bergläufer kommen hier auf ihre Kosten.

Urwelt: Der Talschluss von Trafoi mit dem Trafoier Ferner und den Wänden der Madatschspitzen.

Ursprung: Wasserspiele bei den Heiligen Drei Brunnen südlich von Trafoi.

© M. Ruepp

Das Stilfserjoch war auch Namensgeber für den 1935 gegründeten und seitdem mehrfach erweiterten Nationalpark, mit dem die Vielseitigkeit der Landschaft, der Tierwelt und der Vegetation in der Ortlergruppe geschützt werden soll. Der Ausblick vom Joch scheint dieses Vorhaben zunächst ad absurdum zu führen: Imbissbuden, Souvenirshops, ineinander verschachtelte Hotels und Wirt-

„Es liegt eine unausgesprochene Demut in … wiederholten Durchquerungen eines Gebirges. Sie wirken als Korrektiv gegen die Überheblichkeit des bergsteigerischen Hungers nach dem höchsten Punkt. Der Pilger begnügt sich mit dem Blick nach innen, auf das Geheimnisvolle. Der Bergsteiger dagegen strebt nach dem Blick hinab und nach draußen, auf totales Wissen."

(Robert MacFarlane, „The Living Mountain")

schaftsgebäude, Kabel und Stützen von Seilbahnen bilden den brutalen Vordergrund für die besonders im Abendlicht so prachtvolle Bergkulisse. Es ist dieser Widerspruch innerhalb der Nationalparkgrenzen, der die altbekannten Fragen immer wieder aufwirft. Wie weit sind Naturschutz und ein Tourismus, der für viele Menschen in der Region eine Lebensgrundlage bedeutet, in Einklang zu bringen?

Unten im kleinen Dorf Trafoi, wo die Bergstraße ausläuft, kehrt sich der Eindruck wieder um. Alles hier ist kleiner, bescheidener, ursprünglicher

als beim „großen" Nachbarn Sulden. Und der Blick auf den gewaltigen Talschluss unter den „Drei Fernern" zeigt, dass der Ortler hier noch immer etwas von der Wildheit und Unnahbarkeit besitzt, die er zur Zeit der ersten Besteigungen hatte. Es ist ein Blick, der uns mit Demut durch den Vinschgau nach Meran zurückfahren lässt.

Sicher hatte Robert MacFarlane nicht den motorisierten Pilger vor Augen, als er die begleitenden Zeilen zu diesem Abschnitt – siehe links – schrieb. Aber auch unsere automobile Umrundung der Ortlergruppe lenkte den Blick ins Innere. Sie weckte Gedanken über die Beziehung zwischen Mensch und Berg, und wie diese erst über die Täler ihre Wirkung entfaltet. Denn erst die Täler verzahnen beide, sorgen für Austausch und gegenseitige Beeinflussung, erlauben tiefe Einblicke wie auch Betrachtung aus der Distanz. Sie tragen das Leben ins Gebirge.

Begegnung mit dem Tod: Rabbi und die Hochgebirgsfront

Es ist eine kleine Pforte im Dorf Peio, die zum Abschluss den Einblick in ein großes, dunkles Kapitel in der Geschichte dieser Gebirgslandschaft eröffnet: der Eingang zum etwas versteckt gelegenen Museum mit dem vielsagenden Namen „La guerra sulla porta" – der Krieg vor der Haustür.

Während des Ersten Weltkriegs verlief die Front zwischen Österreich und Italien direkt entlang der höchsten Kämme des Massivs. Es war einer der höchstgelegenen Kriegsschauplätze aller

Zeiten. Auf der Königspitze (3851 m) stand eine Militärbaracke, direkt unter dem Ortlergipfel befand sich eine mit Geschützen bestückte Stellung. Ins Eis der Hohen Schneide (3434 m) wurde ein über zwei Kilometer langer Stollen getrieben, die Gipfelstellung dazu mit einer ebenso langen, freihängenden Seilbahn vom Nachbargipfel, der Naglerspitze, aus versorgt. Die oft nur unzureichend ausgerüsteten und unterernährten Soldaten kämpften nicht nur gegen den Feind, sondern gegen die Naturgewalten des Hochgebirges. Am Ende forderten Kälte, Hunger, Krankheiten und Lawinen mehr Todesopfer als die Kampfhandlungen selbst. Die übermenschlichen Anstrengungen brachten nur trivialen Landgewinn – und da dieses Land zudem kaum nutzbar war, interessierte es in den Niederungen nur wenige.

Mehr als hundert Jahre liegen die Ereignisse zurück, doch das Gebirge hat die Erinnerungen daran konserviert. Bei unseren Helikopterflügen über den Ortler im Rahmen der Filmarbeiten sahen wir die Reste von Baracken an den unglaublichsten Stellen: am äußersten Rand des Gipfelplateaus, am Ausstieg der Südwestwand oder am Hochjochgrat, wo der Zustieg zur Stellung schon Kletterei im dritten bis vierten Grad erfordert haben dürfte. Dazu gibt das schmelzende Eis laufend Relikte frei: Holz und Stacheldraht, Waffen, teilweise noch scharfe Munition – und immer wieder die Überreste von Gefallenen. Maurizio Vicenzi, der das kleine Kriegsmuseum in Peio leitet, stieß 2004 im Eis der Punta San Matteo auf die mumifizierten Leichen von drei jungen Kaiserschützen.

Über viele Jahre hat Vicenzi die Zeugnisse des Krieges gesammelt und für sein Museum zusammengestellt. Ein rekonstruierter Maschinengewehrstand, eine fahrbare Feldküche, ein Feldlazarett (inklusive schaurig rudimentärer Operationsbestecke), Waffen und Munition in allen Kalibern, aber auch berührende Alltagsgegenstände wie Essbesteck und Geschirr, zum Teil improvisiert aus Kriegsschrott. Inzwischen hat die Ausstellung noch eine außergewöhnliche, beeindruckende „Nebenstelle" erhalten. An der Punta Linke, auf 3600 Meter Höhe, wurden eine in Eis und Permafrost konservierte Seilbahnstation und ein Stollen ausgegraben und für Besucher des nahen Rifugio Vioz begehbar gemacht. Hier oben wird der Hochgebirgskrieg nicht nur seh- und greifbar, sondern mit allen Sinnen fühlbar. Die Kälte, die feuchte Luft im Tunnel, der modrige Geruch … Es mag dem Besucher wie ein Hauch von Tod vorkommen und ihn an seine Sterblichkeit erinnern. Im „Leben" des Berges war es nur eine verschwindend kurze, absurde Episode.

Beklemmung: Ausstellung im Kriegsmuseum in Peio.

Mahnung: Eine der drei Kanonen, die Kriegsgefangene 1918 durch das Martelltal bis auf eine Felsinsel im Zufallferner auf 3276 Meter Höhe zogen.

© J. Hemmleb

Je tiefer ich in das Leben des Berges eindringe, desto tiefer dringe ich auch in mein eigenes ein. … Das eigene Sein zu erkennen ist das abschließende Geschenk, das der Berg gibt.

Nan Shepherd, „The Living Mountain"

BergWelten | 19

Freizeit macht Arbeit

Wie man auf den Ortler kommt – und wer einem dabei hilft
>> **Walter Würtl, Christina Schwann und Peter Plattner**

Niemand kennt die Berge hier so gut wie sie: Die Bergführer Olaf Reinstadler und Kurt Ortler (sic!) bringen ihre Kunden sicher auf den Ortler und wieder hinunter. Auch „Führerlose" profitieren von ihrer Arbeit. Peter Plattner und Walter Würtl, beide Bergführer aus Innsbruck, und die Ökologin Christina Schwann trafen die Südtiroler Kollegen zu einem „Werkstattgespräch" über Vergangenheit, Gegenwart und die mögliche Zukunft der hohen Tourenziele rund um Sulden.

Peter Plattner, Walter Würtl (PW) » *Lieber Kurt, lieber Olaf, ihr arbeitet als Bergführer für die Alpinschule Sulden. Mit welchen Bergen verdient ihr im Sommer euer Geld?*
Kurt Ortler (KO) » Die Melkkuh ist der Ortler. Das war schon vor 120 Jahren so. Dann kommt die Königspitze, die allerdings mittlerweile immer weniger gegangen wird, weil sie einfach zu gefährlich geworden ist.
Olaf Reinstadler (OR) » Ja, auch wenn wir aufgrund der schlechter werdenden Verhältnisse nicht mehr so viele Anstiege haben wie früher, ist der Ortler nach wie vor *der* Berg für uns. Bis vor gut 25 Jahren gab es in den Sommermonaten einfach mehr Schnee, was für einige Anstiege Voraussetzung ist. Dazugekommen ist, dass die Bergsteiger heute eher abgesicherte Routen suchen, also auch Hochtouren, wo Sicherungspunkte und so weiter installiert sind und wo auf diese auch geschaut wird, sprich, wo immer wieder nachgebessert wird. So ist es keine Überraschung, dass heute kaum noch jemand Anstiege wie den Marlt- oder den Hochjochgrat macht. Nicht nur wir als Bergführer sind dort kaum mit Kunden anzutreffen, es sind auch nur wenige private Seilschaften unterwegs.
PW » *Was suchen die Bergsteigerinnen – ob als Gast oder selbständige Alpinistin –, die nach Sulden kommen?*
OR » Da muss unterschieden werden: Es gibt die Gipfelsammler, wie wir sie bezeichnen, die nur wegen seinem Namen den einen bestimmten Gipfel machen wollen, bevor sie weiterziehen. Und es gibt solche, die einfach Berggehen wollen: Denen ist es nicht so wichtig, auf welcher Route sie welchen Gipfel erreichen, sondern dass sie ein schönes Bergerlebnis mit nach Hause nehmen.
KO » Was die verschiedenen Routen betrifft, da informiert sich der Gast heute natürlich vorher im Internet und in der Führerliteratur, zum Beispiel über den Ortler. Dessen Normalweg wird oft als konditionell und technisch „machbar" beschrieben. Aber wenn wir von der Alpinschule den Weg nicht immer wieder herrichten würden, damit er eben auch irgendwie „normal" bleibt, dann wäre er schon lange nicht für so viele Bergsteiger machbar – und damit meine ich jetzt unsere Kunden, aber auch und vor allem die selbständigen Seilschaften. Dazu kommen die von Olaf erwähnten Veränderungen durch das Klima. Ein Beispiel vom Ortler-Normalweg: Früher musste man nach den Felspassagen eine Eisrinne queren, was gefährlich war. Denn einerseits war die Rinne steinschlaggefährdet und andererseits kam dort immer wieder Blankeis heraus. Diese Stelle ist jetzt kein Problem mehr, im Sommer geht man ohne Steigeisen wie auf einem schmalen Wanderweg darüber. Allerdings wartet am Ende dieser Stelle inzwischen eine fast senkrechte Felsplatte, die auf einem Klettersteig überwunden wird. Früher ging man hier mit den Händen im Hosensack einfach über den Schnee, heute hat man eine Kletterstelle im 3. Grad zu meistern. Ohne den Klettersteig wäre dieser Normalweg also wesentlich anspruchsvoller und für alle Beteiligten – Alpinschule, Hüttenwirte, Bergführer, Alpinisten – ein Problem. Ich denke da nur an die Wartezeiten, die wir manchmal auch auf dieser Steiganlage haben …
OR » Auch andere Anstiege und Passagen werden von uns regelmäßig hergerichtet. Wir entschärfen die Felsen, setzen eventuell Bohrhaken oder auch mal eine Stange zum Sichern. Dabei wägen wir aber sorgfältig ab, was unserer Meinung nach – und ich spreche jetzt als Bergretter und Bergführer – notwendig ist, und wir tun nur das, was wir unbedingt glauben tun zu müssen. Natürlich könnte man über alles einen Klettersteig bauen oder aber alles Installierte wieder entfernen. Wir machen weder das eine noch das andere. Gerade ein „Normalweg" soll auch ein solcher bleiben, das heißt, er soll für einen Durchschnittsbergsteiger auch ohne Bergführer begehbar sein. Außerdem macht das auch unsere Bergführerarbeit sicherer. Um zum Ortler-Normalanstieg zurückzukommen: Im unteren Bereich gibt es eine Passage mit sehr brüchigem Fels, die wir mit Ketten versichert haben, denn wenn dort viele Leute gehen, würde einfach zu viel passieren. Weiter oben weist dieser Grat wieder guten und festen Fels auf und ist gut und sicher zu begehen, deswegen haben wir dort nichts installiert. Trotzdem werden wir regelmäßig gefragt, ob wir die Ketten nicht bis ganz hinauf verlängern könnten … Naja, man kann natürlich auch eine Rolltreppe hinauf bauen.
PW » *Wo passieren am Ortler-Normalweg die meisten Unfälle?*
OR » Vor allem in der Eisrinne passierten früher viele Unfäl-

Olaf Reinstadler, Jahrgang 1964, gelernter Bäcker, seit 28 Jahren Bergführer, seit 30 Jahren Bergretter, seit 2000 Leiter der Bergrettung Sulden. Langjähriger Leiter der Alpinschule Sulden, in der er als Bergführer tätig ist. Olaf kennt die Berge um Sulden mit ihren schönen und tragischen Gesichtern wie kein anderer.

Kurt Ortler, Jahrgang 1967, gelernter Tischler, hat mit Olaf gemeinsam die Bergführerprüfung gemacht und ist Ausbilder in der Bergrettung und auch als Bergführer in der Alpinschule Sulden tätig. Kurt ist heute mit rund 1500 Besteigungen ziemlich sicher der Mensch, der am häufigsten auf dem Ortlergipfel stand. Und obwohl er nicht aus Sulden stammt, ist sein Nachname tatsächlich: Ortler.

© argonaut.pro

Damit der Normalweg auf den Ortler „normal" bleibt, muss er auch für Normalbergsteiger „machbar" sein. Ketten im Fels und, wenn nötig, Leitern über Gletscherspalten helfen dabei.
© K. Ortler

le, besonders nachmittags, wenn der Schnee weich war. In den alten Steigeisen ohne Antistollplatte blieb der Schnee haften, dann griffen die Zacken nicht mehr ordentlich, und wenn dann einer aus der Seilschaft wegrutschte, konnten die anderen ihn mit dem Seil nicht mehr halten und wurden mitgerissen. Außerdem waren die Leute oft auch falsch angeseilt, vor allem die Abstände zueinander waren viel zu lang. Auf dem Gletscher ist das richtig, um Spaltenstürze zu halten, aber im felsigen Absturzgelände fördern weite Abstände nur solche Mitreißunfälle. Wir haben schließlich in diese Stelle Ketten reingehängt, aber in den letzten Jahren hat sich die Eisrinne ohnehin von selbst entschärft – es gibt sie heute so nicht mehr.

KO » Auch die Klettersteigstelle am Ortler-Normalweg unterliegt laufenden Veränderungen: Wir haben diese Passage vor rund zehn Jahren mit Ketten eingerichtet, auch mit dem Ziel, dass die Bergsteiger in der Linie bleiben und nicht links und rechts überholen, denn dadurch treten sie Steine ab und verletzen andere. In letzter Zeit macht diese Stelle allerdings aufgrund der Erwärmung wieder Probleme, wir müssen diese Entwicklung genau beobachten.

Auch am Hintergrat hatten Bergsteiger immer wieder Schwierigkeiten und gerieten in Not. Kritisch war hier die obere Platte, die mit 4 bewertet ist. Hier hing – noch vom Krieg – ein alter geringelter Metallstift, ähnlich einem Sauschwanz, den einige Bergsteiger zur Sicherung einzuhängen versuchten. Sie kannten das Modell aber nicht und wussten teilweise nicht recht, wie damit umzugehen ist. Das führte letztendlich zu mehreren Abstürzen. Wir haben diesen alten Haken entfernt und durch einen neuen und eben allgemein bekannten Bohrhaken ersetzt. Seither gab es hier keinen Unfall mehr. Jetzt haben die meisten Leute an der unteren 4er-Stelle Probleme, allerdings rein klettertechnischer Natur …

OR » Natürlich haben sich auch die Gletscher massiv verändert, nicht nur bei uns, sondern überall in den Alpen. Wie ich mit dem Bergführer begonnen habe, war am Ortler-Normalweg der Übergang vom Gletscher zum Fels eine unspektakuläre flache Stelle, über die man wie durch eine Mulde einfach zusammen „drübergegangen" ist. Heute bildet sich dort im Lauf des Sommers eine große Randkluft, über die wir auch schon einmal eine Leiter legen müssen. Dafür hing über dem heutigen Felsriegel früher eine große Wechte und dort waren Unfälle durch Wechtenabstürze beziehungsweise -abbrüche keine Seltenheit. Ich erinnere mich, dass Anfang Juli 1993 ein Kollege von uns gemeinsam mit seinem Gast, dem Japanischen Botschafter, verunglückt ist.

KO » Im Verhältnis zur Masse an Bergsteigern, die am Normalweg unterwegs sind, passiert heute aber sehr wenig. Und wenn etwas passiert, dann betrifft es meistens Personen ohne die notwendige Bergerfahrung, die oft auch nicht fit genug sind. Andererseits: Würden wir unsere Arbeiten hier einstellen, dann wären die Unfallzahlen vermutlich höher und es würde bald heißen, dass der Ortler-Normalweg nicht mehr oder nur noch schlecht zu begehen ist. Das wäre schlecht für die Hütte und auch schlecht für uns Bergführer

Hintergrat, Hochjochgrat & Co. verlangen von ihren Begeherinnen die hohe Kunst der Seil- und Sicherungstechnik mit variablen Abständen im kombinierten Gelände – was viele überfordert.
© K. Ortler

– gut, für uns vielleicht weniger schlecht, denn dann würden wohl mehr Leute mit uns gehen.
Wenn Bergsteiger heute in eine Notsituation kommen, dann meistens oben bei der Biwakschachtel oder direkt beim „Bärenloch", dort wo der Felsriegel ist, den man rechts im Schnee umgeht. Das ist eine steile Passage, wo im Frühjahr viel Triebschnee liegt, der im Lauf des Sommers immer mehr abschmilzt, bis irgendwann das Blankeis herauskommt. Für Bergsteiger, die nicht mit Steigeisen gehen können, wird diese Stelle rasch zum Problem, vor allem im Abstieg, wenn sie schon müde und unkonzentriert und noch dazu am viel zu langen Seil angeseilt sind.

PW » *Auch am Normalweg auf den Ortler ist man als Bergführer also gefordert und muss verschiedene Seil- und Sicherungstechniken anwenden?*
OR » Ja, mit Fortschreiten des Sommers ändern sich natürlich die Verhältnisse. Im Frühsommer kann man meistens am schönsten und sichersten unterwegs sein. Passen die Verhältnisse, gehen wir schon auch mal mit drei Kunden. Da sagen jetzt sicher manche Bergführerkollegen: Das sind zu viele! Aber das müssen wir als Einheimische ein wenig selber entscheiden ... Am Hintergrat nehmen wir verständlicherweise nur maximal zwei Personen mit, ebenso wie am Ortler-Normalweg bei ungünstigen Verhältnissen.
KO » Man muss wissen, dass wir uns auch am Normalweg unsere Kunden recht gut anschauen. Alle müssen eine sehr gute Kondition mitbringen und mit Steigeisen gehen können – was vor allem im Hochsommer, wenn es eisig wird, besonders wichtig ist. Sie sollten auch über Felserfahrung verfügen und schwindelfrei sein. Wer zwar viel am Berg unterwegs ist, aber eben diese Vorkenntnisse nicht hat, dem empfehlen wir zuerst ein mindestens eintägiges Training. Es heißt dann zwar oft, dass wir damit nur Geld verdienen möchten, aber daran, dass wir die letzten Jahre praktisch keine Probleme mehr hatten, sieht man, dass diese Maßnahme greift. Nicht nur die Bergführer, vor allem die Kunden selber haben ein besseres Gefühl, wenn sie die notwendigen Techniken geübt haben und vorbereitet sind auf das, was auf sie zukommt. Die meisten sind dankbar für dieses Angebot und oft sagen sie, dass es etwas Druck und Stress von ihnen genommen hat. Und für uns Bergführer ist es sowieso viel angenehmer, wenn wir unsere Kunden schon etwas kennen und wissen, wo ihre Stärken, Schwächen und Erwartungen liegen.

PW » *Sulden ist umgeben von tollen Bergen, auf die viele grandiose Hochtouren führen. Welche Ziele sind noch beliebt?*
OR » Generell sind zwei Drittel der Gäste am Ortler unterwegs, das andere Drittel verteilt sich auf die restlichen Berge wie Cevedale oder Suldenspitze. Die Königspitze ist ein wenig ins Hintertreffen geraten, da Besteigungen im Sommer höchstens noch bis ungefähr Ende Juli möglich sind. Wir führen sie aber nur noch bis etwa Mitte Juli. Denn wenn im Gipfelbereich die Steine herauskommen, dann muss man es einfach gut sein lassen. Und was die Ortler-Besteiger betrifft: Von denen wählen ungefähr 70 Prozent den Normalweg, fast alle anderen nehmen den Hintergrat.

BergWelten | 23

PW » *Der Zebrù spielt für die Alpinschule keine Rolle?*

KO » Ja, der ist komplett in den Hintergrund geraten, doch seitdem das Hochjoch-Biwak komplett neu hergerichtet wurde, rutscht er ein kleines bisschen im Ranking hoch. Das Hauptproblem dabei ist, dass das Hochjoch so stark ausgeapert ist, dass man von der Suldener Seite nicht mehr hinaufkommt, weil praktisch nur noch Fels herausschaut – höchstens ginge es noch im Frühjahr, aber der Abstieg müsste dann entsprechend früh stattfinden.

OR » Auch für selbständige Alpinisten ist der Zebrù von Sulden aus kein ganz einfaches Gipfelziel, zumindest was die Logistik betrifft: Nur um zum Ausgangspunkt zu gelangen, macht man eine halbe Weltreise über Bormio nach Sant Antonio und dann zehn Kilometer mit dem Taxi ins Val Zebrù. Und dann sind es noch ungefähr zwei Stunden Gehzeit zur Hütte, dem Rifugio Quinto Alpini. Von dort ist der Zebrù dann keine schwierige Tour.

PW » *Rund um Sulden gibt es neben dem Hintergrat ja weitere tolle Grate, die aktuell nicht oft gegangen werden. Glaubt ihr, man sollte sie ein wenig „sanieren", sprich Sicherungspunkte setzen, um sie beliebter zu machen?*

OR » Mit Sicherheit. Und man müsste das auch bekannt machen. Denn wenn nichts gemacht wird, dann traut sich kaum jemand mehr dorthin. Ob man das allerdings auch umsetzen möchte, ist eine andere Frage. Generell sind alle Routen, die früher über den Gletscher gegangen sind, heute schwerer und gefährlicher, weil sich das Eis so weit zurückgezogen hat. Vor 30 Jahren hat man von der Hintergrathütte sämtliche Klassiker gemacht: Königspitze-Nordwand, Königspitze-Suldengrat, Zebrù-Nordwand, Zebrù-Hochjochgrat zum Biwak, Hochjochgrat und Marltgrat auf den Ortler und noch mehr. Die Berge waren im Sommer weiß, und die tollen Firnhänge machten die Begehungen möglich. Heute sind die Flanken im Sommer schwarz, weil sie völlig ausgeapert sind. Deswegen sind wir früher, Mitte der 1980er-Jahre, als Bergsteiger den Hintergrat nicht gegangen, weil den ohnehin jeder gemacht hat. Wir wollten etwas Schwierigeres ins Tourenbuch schreiben, zum Beispiel die Nordwand. Heute sind wir froh, dass wir den Hintergrat immer noch gehen können, denn der hat sich auch im Lauf der Zeit kaum verändert. Im oberen Bereich am Grat sind ein paar Teile weggebrochen, da wurde er etwas in Mitleidenschaft gezogen, aber ansonsten ist er noch recht fit.

PW » *Kommen heute mehr oder weniger Bergsteiger nach Sulden?*

KO » Weniger, was man vor allem an der Auslastung der Hütten sehen kann. Ich denke, das liegt daran, dass die Vielfalt an Tourenmöglichkeiten und Routenvarianten abgenommen hat. Heute machen Bergsportler, die eine sehr gute Kondition haben, viele Touren allerdings auch ohne Hüttenübernachtung, direkt vom Tal aus. Da kann es durchaus vorkommen, dass die ersten schon an der Hütte vorbei sind, wenn wir mit den Gästen dort starten. Aber noch bevor die Schwierigkeiten etwa am Hintergrat richtig losgehen, haben wir sie wieder eingeholt, weil sie ganz oft falsch gehen. Und dann bauen sie auch noch Steinmännchen am falschen Weg … Vielleicht, um wieder zurückzufinden? Wir wissen es nicht. Jedenfalls, wir sind es nicht, die die Leute dort in die Irre leiten!

PW » *Wie ist das Verhältnis zwischen den einheimischen Bergführern und jenen, die ohne Bergführer unterwegs sind?*

OR » Als Bergführer brauchen wir die notwendige Sicherheit für unsere Kunden und für uns. Deswegen entschärfen wir in manchen Anstiegen gewisse Passagen und deswegen gehen wir oft voraus. Der Ortler-Normalweg geht zu zwei Dritteln über Eis und Schnee, und dort legen wir meistens die erste Spur an – einfach weil wir als erste da sind. Sogar die auswärtigen Bergführer fragen, ob schon gespurt ist. Ehrlicherweise machen wir als Locals ohnehin lieber selber die Spur, denn dann wissen wir, dass sie gut ist. Das ist im Grunde auch unser Job, unsere Berufung, unsere Aufgabe und vielleicht auch ein bisschen unsere Visitenkarte. Grundsätzlich ist es natürlich auch in Ordnung, wenn alle anderen dieser Spur nachgehen. Aber wenn manche drei Stunden unserer Spur nachgegangen sind und dann meinen, die letzten 400 Höhenmeter zum Gipfel vorausrennen zu müssen, ist das schon ärgerlich.

PW » *Der beliebte Hintergrat wird jeden Sommer von zahlreichen führerlosen Seilschaften bestiegen. Was läuft dabei oft nicht so gut?*

KO » Naja, der Hintergrat ist eine lange Hochtour. Kletterer und Seilschaften, die nicht oft am Berg unterwegs sind, also denen sieht man es auf den ersten Blick an. Schon wenn sie das Seil aus dem Rucksack nehmen und herrichten, ist dann schnell klar, dass sie wenig Ahnung vom richtigen Handling haben. Manchmal weisen wir sie darauf hin, dass sie mit dem Anseilen besser noch etwas warten sollen, bevor es sie nur behindert und für sie und andere gefährlich wird. Denn am Hintergrat startet man ohne Seil, die ersten eineinhalb Stunden benötigt man es nicht, dann kommt allerdings der erste Felsriegel im 2. Grad und wer hier ungesichert ausrutscht, ist weg. Dieses leichte Gelände im 2. und 3. Grad ist nicht nur für uns Bergführer das gefährlichste, weil man hier jemanden, der die Schwierigkeiten nicht seilfrei beherrscht,

„Das letzte flache Stück zum Gipfel ist wunderschön …", doch der Obere Ortlergletscher verlangt weiterhin Aufmerksamkeit. © K. Ortler

sichern muss – aber weil man das ehrlicherweise nicht optimal machen kann. Passt man hier nicht höllisch auf und arbeitet mit allen Tricks, dann kann eine stürzende Person die ganze Seilschaft mitreißen. Private Seilschaften seilen deswegen meist erst auf 3700 Metern bei der Signalkuppe an, wo es wirklich steil, ausgesetzt und zum Klettern wird. Eine gute Idee, aber der Hintergrat ist kein Klettergarten und viele wissen nicht, wie sie dort im felsigen Gratgelände eigentlich sichern sollen. Stehe ich als Bergführer gerade neben ihnen, dann bemerke ich fast immer, dass sie ein wenig schauen, wie ich so sichere. Und dann versuchen sie es nachzumachen. Aber egal ob es am Grat hinaufgeht oder hinter einem Felskopf wieder hinunter, sie haben zwei große Probleme: Sie gehen immer am langen Seil und sie sehen die Schuppen, Kanten und Haken nicht, wo man sichern könnte. Diese Sicherungstechnik im leichten kombinierten Gratgelände mit variablen Seillängen verlangt viel Übung und ist komplexer als klassisches Felsklettern. Man muss permanent aufmerksam sein und mitdenken, was an der jeweiligen Stelle passieren kann: auf welche Seite der Nachsteiger wegrutschen könnte, wie das Seil am besten läuft, wo ich den Stand mache, wann ich vom Fixpunkt sichere, wann ich parallel gehe und so weiter. Auch mit schwächeren Gästen holen wir hier dann auch die meisten vorausgehenden Seilschaften wieder ein, weil diese bei ihrem Seilhandling viel Zeit benötigen.

OR » Manche sind dann beim Abstieg über den Normalweg irgendwann überfordert. Kurt hat schon die Stelle am Biwak erwähnt, wo im Hochsommer der Weg ausgeapert ist und man über die Felspassage klettern muss – das ist eine 3er-Stelle. Vom Eis steigt man mit den Steigeisen auf den Fels – da wissen viele nicht, sollen sie die Eisen ausziehen, oder anlassen … Weiter unten ist das Problem dann oft noch größer: Wir gehen mit unseren Gästen gern bis zu einer Abseilstelle und lassen sie rund 18 Meter ab. Dort befindet sich dann ein Haken, von dem wir sie weitere 30 Meter

Von der Berglhütte, links an der Vegetationsgrenze, folgt der Meraner Weg dem Pleisshorngrat zum Oberen Ortlerferner. Oben rechts, noch etwas verschneit, die „Hinteren Wandlen".
© J. Hemmleb

abseilen. Das ist für den Durchschnittsbergsteiger, der irgendwie den Hintergrat heraufgekommen ist, oft nicht machbar, weil er die entsprechende Technik nicht kennt. Da wird dann umständlich das Seil ausgefädelt und woanders wieder durchgefädelt – natürlich immer die ganzen 60 Meter – was ewig dauert und einen Stau verursacht. Und dann muss man direkt vom Felsen den Fuß in 45 Grad steiles Eis setzen …

PW » *Welches Seil verwendet ihr?*

KO » Wir gehen mit einem ganz normalen 40-Meter-Einfachseil. Dyneema-Leinen verwenden wir nicht, weil wir viel am kurzen Seil unterwegs sind und für das Handling lieber etwas mehr in der Hand haben als so ein dünnes PE-Reepschnürl.

PW » *Ihr habt mehrfach betont, dass der Ortler euer prominentester und wichtigster Gipfel ist. Woher kommt die Strahlkraft dieses Berges?*

OR » Oft haben unsere Gäste ihre Besteigung zehn oder 20 Jahre lang geplant und sie wissen mehr über den Ortler als wir. Dass er der höchste Berg der früheren Österreichisch-Ungarischen Monarchie war und heute der höchste Gipfel Südtirols ist, spielt jedenfalls eine Rolle. Außerdem kann man direkt vom Dorf in einem Zug auf den Gipfel gehen, das ist schon einzigartig. Bei anderen Bergen ist oft der Zustieg schon sehr lange. Im Unterschied zu vielen anderen Prestigebergen in den Alpen – ich denke da an Matterhorn, Piz Palü und Mont Blanc – gab es dabei über den Ortler eigentlich keine bekannten Filme. Tragödien spielten sich am Berg vor allem ab, als er Kriegsfront war. Auch die Besteigungsgeschichte ist eher unspektakulär, einmal abgesehen von der wirklich erstaunlichen Erstbesteigung am 27. September 1804 durch den „Pseirer Josele": von Trafoi über den Unteren Ortlergletscher und die „Hinteren Wandlen" zum Oberen Ortlerferner. Man glaubt das kaum, wenn man sich das Gelände heute ansieht.

KO » Dass die Ortler-Nordwand immerhin die höchste der Ostalpen ist und lange Zeit in das Tourenbuch jedes ernsthaften Alpinisten gehörte, hat schon auch zur Popularität beigetragen. Aber man muss einfach auch sagen, dass der Normalweg eine wirklich schöne Route ist – gerade im Vergleich zu vielen anderen Anstiegen auf Berge dieser Höhe.

PW » *Was macht diesen Normalweg so besonders?*

KO » Da ist zum einen die Aussicht mit vielen verschiedenen Einblicken und Perspektiven. Dann die Abwechslung: Das erste Drittel des Weges ist Fels mit steilen Passagen und Graten, dann folgen steileres Eis und schließlich ein normaler Gletscher – es sind also drei komplett unterschiedliche Abschnitte. Gerade das letzte, flache Stück zum Gipfel, ist wunderschön: Da hat man die Schwierigkeiten hinter sich und kann die letzte Stunde richtig genießen, weil im Gipfelbereich keine steilen und ausgesetzten Passagen mehr kommen – anders als auf vielen anderen Hochtouren.

OR » Du hast den ganzen Anstieg lang diesen erhabenen Berg vor dir, und erst wenn du oben auf dem Gipfel bist, eröffnet sich der Blick zur Königspitze. Außerdem ist der Ortler ein mächtiger Berg, der immer noch über schöne Eisbrüche und Gletscher verfügt, was in den Alpen nicht mehr selbstverständlich ist. Und auch der Abstieg hält die Spannung bis zuletzt aufrecht, denn die schwierigen Stellen kommen erst weiter unten. Wir gehen angeseilt von der Payerhütte weg und kommen auch angeseilt wieder zur Payerhütte zurück.

PW » *Was ist mit dem Meraner Weg über den Pleisshorngrat auf den Ortler? Hat dieser Anstieg an Beliebtheit gewonnen?*

KO » Da waren immer schon einige Seile zur Sicherung drinnen, auch im unteren Bereich bei einer 4er-Stelle. Und gerade die hat den Meraner Weg eigentlich ausgemacht. Inzwischen hängt dort eine Leiter, das heißt, es gibt diese charakteristische Stelle nicht mehr. Der ganze restliche Grat ist mehr zum Gehen als zum Klettern. Startpunkt ist auf der Berglhütte, knapp 2200 Meter hoch, was bedeutet, dass man eine ziemlich gute Kondition bis zum Gipfel braucht – solche Gäste gibt es wenige, und die entsprechend guten

Bergsteiger gehen dort lieber alleine. Aber dass der Meraner Weg seit dieser Entschärfung boomt, kann man nicht sagen. Das hat mehrere Gründe: Zum einen wechselt die Führung der Berglhütte häufig, was nicht unbedingt zur Beliebtheit beiträgt. Der Weg selbst ist dann zwar gelb markiert, aber eher brüchig. Man muss wirklich aufpassen, wenn man mit zwei Leuten geht oder wenn andere vor einem unterwegs sind. Oben kommt man dann auf den Gletscher – dort steht eine alte Baracke vom Krieg – und wenn es hier neblig ist, wird die weitere Orientierung schwierig. Zum Schluss kommt man auf den Normalweg und geht dann mit allen anderen weiter zum Gipfel. Das ist irgendwie nicht lohnend, denn schließlich hat man viel mehr Höhenmeter gemacht und kommt doch „nur" am Normalweg zum Gipfelkreuz. Vor allem für Einheimische ist der Meraner Weg – oder auch Westgrat genannt – dennoch interessant, weil er zumindest „etwas anders" ist.

OR » Aber wer ihn einmal gegangen ist, macht ihn in der Regel kein zweites Mal mehr – obwohl er landschaftlich sehr schön ist. Ich persönlich finde es aber eher schade, dass der Hochjochgrat von Sulden aus nicht möglich ist.

PW » *Wäre der vielleicht wieder ein Zukunftsthema?*

OR » Ja, der Grat ist jedenfalls schön: Er beginnt am Hochjoch, zwischen Zebrù und Ortler, und ist praktisch die Verlängerung des Grats von der Königspitze zum Zebrù, auf dem es dann weiter auf den Ortlergipfel geht. Man erreicht ihn auch von der Berglhütte über Ortlerferner und Ortlerpass, aber das ist ein sehr langer Zustieg. Über den Gletscher, der früher ziemlich spaltenreich war, kommt man so auf das Hochjoch, in dessen Nähe das 2015 neu gebaute Hochjochbiwak Citta di Cantù liegt. Hier beginnt der Grat, der zwar nicht mehr viele Höhenmeter aufweist, technisch aber eher schwierig ist, schmal und ausgesetzt. Eine lohnende Tour, auf der man ziemlich sicher allein ist.

PW » *Könnte man hier mit dem ein oder anderen Haken etwas nachhelfen?*

OR » Früher konnte man von Sulden bzw. der Hintergrathütte aus durch eine Eisrinne zum alten Biwak gelangen. Heute geht das wegen der Ausaperung nicht mehr, und man müsste in die Felsen ausweichen, wo allerdings immer wieder größere Brocken heruntergekommen sind. Mittlerweile wird dieser Anstieg wieder sehr selten gemacht, es gibt bereits zwei Haken, aber es ist nicht ganz leicht. Wir beobachten die Veränderungen aber, denn für gute Bergsteiger könnte dieser Anstieg vielleicht so etwas wie ein Edelklassiker werden: lohnend, schön, „besonders" und technisch durchaus fordernd.

Die letzten Schritte auf dem hier gut verschneiten Normalweg zum Gipfel der Königspitze. Der Unterstand aus dem Ersten Weltkrieg ist in den letzten Jahren ausgeapert.
© K. Ortler

KO » Der Neubau des Biwaks ist übrigens keine Reaktion auf eine gestiegene Besucherfrequenz, vielmehr hat die Sektion Cantù des CAI die Tradition dieser Unterkunft fortsetzen wollen. Eine Ortlerbesteigung über den Hochjochgrat hinauf und den Normalweg herunter ist aber auf jeden Fall eine super Tour für gute Bergsteiger.

PW » *Gibt es sonst noch „alte" Anstiege, die in Zukunft für Bergsteiger wieder interessant werden könnten?*

KO » Ja, der Marltgrat auf den Ortler hätte zum Beispiel Potenzial. Als Bergführer kann man zwar nur eine Person mitnehmen, privat würde ich ihn aber jederzeit gerne wieder einmal machen. Früher waren dort in den flachen Passagen viele Schneefelder, man musste also ständig von Fels auf Schnee und umgekehrt wechseln. Das ist jetzt, wie überall, anders: Dort wo früher Schnee lag, sind jetzt Schotterfelder. Am Anfang ist das Gestein brüchig, es wird dann aber bald fester. Allerdings braucht man heute viel länger als früher, denn damals konnte man auch einmal links oder rechts vom Grat entlang, während man jetzt über die Türme klettern muss.

PW » *Und der Suldengrat auf die Königspitze?*

OR » Auch den haben wir früher öfter mit Gästen gemacht. Heute seltener, weil die Verhältnisse schlechter geworden sind und zwar speziell beim Abstieg, also auf dem Normalweg der Königspitze: Bereits Ende Juni sollte man gegen

BergWelten | 27

sechs oder spätestens sieben Uhr in der Früh auf dem Gipfel sein, denn sonst kommt man eventuell nicht mehr sicher hinunter. Aber auch der gesamte, lange Suldengrat ist viel schwieriger geworden: Nach der Rampe beim Kamin ist alles heruntergebrochen und weiter oben, wo damals steile Firnflanken waren, ist heute nur noch Fels. Das heißt, es muss viel mehr geklettert werden, teilweise im brüchigen Gestein. Erst weiter oben, wo von Westen der kleine Suldengrat vom Suldenjoch kommend mündet, wird es besser. Mittlerweile ist die Nordwand manchmal einfacher als der Suldengrat. Deswegen und vor allem auch, weil man nicht mehr sicher auf die Suldener Seite hinunterkommt, gehen wir den Suldengrat praktisch nicht mehr.

PW » *Gibt es größere alpine Unternehmungen, die auch die Jungen, die heute gerne Mixed klettern, ansprechen?*

OR » Ja, immer wieder gehen Bergsteiger zum Beispiel noch die Königspitze-Nordwand. Als Bergführer, der am Berg arbeiten und den Gästen Sicherheit geben muss, macht man solche Touren aber nicht mehr.

KO » Möglichkeiten gab und gibt es genug, um sich auszutoben. Ich bin insgesamt dreimal die Überschreitung von der Königspitze bis zum Ortler gegangen: Um Mitternacht Start am Schaubachhaus, bei Dunkelheit hinauf auf die Königspitze, dann über den kleinen Suldengrat runter bis auf das Suldenjoch, wo ich gegen sechs Uhr angekommen bin. Weiter über den Grat rauf auf den Zebrù – nicht schwierig und super Fels bis zum Ostgipfel. Dann hinunter zum Biwak und über den Hochjochgrat zum Ortler. Mittags bin ich auf dem Ortlergipfel gewesen und über den Normalweg hinunter zur Payerhütte gestiegen. Insgesamt waren das etwa zwölf Stunden in Summe. Ich habe diese Runde auch mal als Bergführer mit einem Gast gemacht, den ich sehr gut kenne und mit dem ich auch viel in den Westalpen unterwegs war.

Diese Überschreitung wird aber nur selten gemacht, denn sie ist konditionell und technisch anspruchsvoll, bietet dafür aber alles, was man sich vorstellen kann. Jedenfalls muss es dafür kalt sein, und die Verhältnisse müssen zu hundert Prozent passen.

PW » *Gibt es eigentlich auch Leute, die mehrmals auf den Ortler gehen? Euch natürlich ausgenommen!*

OR » Ja, die gibt es. Oft haben sie Freunde mit oder wollen mit 70 noch einmal auf dem Gipfel stehen, bevor es nicht mehr geht. Oder sie wollen das Bergerlebnis mit ihrer Enkelin wiederholen. Manche sind auch regelmäßig hier, um – vor allem am Hintergrat – für die Westalpen zu trainieren. Viele Bergsteiger und Gäste kommen aber nicht nur wegen

dem Ortler regelmäßig nach Sulden. Wir bieten natürlich auch Touren oder Wochenprogramme Richtung Vertainspitze und Angelus in der Umgebung der Düsseldorfer Hütte an, wo es alpinistisch etwas ruhiger zugeht und wo dafür mehr Wanderer unterwegs sind. Viele, die ein paar Tage hier sind, bereiten sich auch selbständig auf der „Düsseldorfer" Seite vor und machen zum Schluss den Ortler – was ideal ist.

PW » *Ausgehend von den Hütten im Schatten des Ortlers gibt es rund um Sulden wunderschöne Wanderungen. Wie werden diese angenommen?*

OR » Wandern wird auch für uns immer wichtiger, und die Nachfrage steigt. Die Hütten auf der Ortler-Seite sind aber auf Hochtouren spezialisiert, so leben die Schaubach- und die Payerhütte fast ausschließlich von dieser Klientel. Selbes gilt für die Hintergrathütte, und die Düsseldorfer Hütte ist so dazwischen. Die Tabarettahütte verzeichnet hingegen zunehmend mehr Tagesgäste und stellt sich jetzt stärker auf diese Zielgruppe ein. Mit der Alpinschule sind wir dabei, Ein- und Zweitageswanderungen zu entwickeln, die vor allem für die weniger sportlichen Genusswanderer interessant sind. Beim Wandergast sehen wir noch viel Potenzial.

PW » *Vor gut zehn Jahren wurde von euch, der Bergrettung Sulden, ein Klettersteig auf die Tabarettaspitze gebaut. Was war die Motivation dafür?*

OR » Dazu muss man vorausschicken, dass dies die einzige Möglichkeit war, hier im Nationalpark einen Klettersteig zu errichten, weil dort früher schon eine Kletterroute war. Auch Bergführer mit Gästen sind diese alte Route gegangen, bis einer samt Gästen abgestürzt ist – danach ist niemand mehr eingestiegen. Die Anstiegslinie, die zwischen der Tabaretta- und der Payerhütte liegt, eignete sich aber perfekt für einen Klettersteig. Letztendlich ist er ziemlich anspruchsvoll geworden, was den Gegebenheiten geschuldet ist, denn einige Passagen konnte man einfach nicht umgehen. Außerdem haben wir bewusst keine Tritthilfen gesetzt, also keine Bügel, Leitern oder ähnliches, denn schließlich soll es ein Klettersteig mit dem entsprechenden Bergerlebnis sein und kein Spazierweg.

KO » Am Anfang war der Andrang auf dem Klettersteig sehr groß, auch weil wir dort immer wieder Rettungseinsätze hatten und er dadurch rasch bekannt geworden ist – so komisch das klingt. Inzwischen ist es ein wenig ruhiger und es steigen nur noch geübte Klettersteiggeher oder gute Bergsteiger ein. Als Alternative zum Normalweg auf die Payerhütte eignet sich der Klettersteig allerdings nicht wirklich, da sich der Aufstieg mit einem schweren Rucksack für die weitere Ortlerbesteigung schnell bemerkbar macht.

PW » *Was sind die Ursachen dafür, dass die Bergrettung zum Klettersteig gerufen wird?*

OR » Schockierend finde ich, dass es Klettersteiggeher gibt, die in der Gruppe gemeinsam starten, aber wenn einer zu schwach für eine Stelle ist, dann lassen sie ihn dort einfach hängen. Anstatt sich gegenseitig zu helfen, gehen sie tatsächlich weiter!

KO » Meist ist es eine totale Überforderung, die dort zu einem Einsatz führt. Am Klettersteig gab es bisher zwei Tote, die sind aber ohne Klettersteigset eingestiegen und abgestürzt – obwohl man sich bei der Tabarettahütte alles ausleihen könnte.

PW » *An welche skurrilen Erlebnisse eurer Bergführerkarriere im Ortlergebiet erinnert ihr euch?*

OR » Am Ortlerbiwak habe ich einmal einen getroffen, der sich dort mit seiner Wasserpfeife gemütlich eingerichtet hatte und schon komplett zu war. Das hat mich beeindruckt: Jemand, der bis dort hinaufgeht, um seine Ruhe zu haben und seine Pfeife rauchen zu können …

KO » Mich hat am Ortlergipfel einmal ein Einheimischer angesprochen und gefragt: „Du, dich heißen sie alm Ortler Kurt. Weil du so oft am Ortler warst?" Da habe ich geantwortet: „Na, na, ich heiß schon Ortler Kurt, des isch der Familienname."

PW » *Kurt, wenn du so oft auf den Ortler gehst, bisher über 1500 Mal, wird das nicht langweilig?*

KO » Kurz unterhalb der Payerhütte hängt eine Glocke, die ich jedes Mal läute, wenn ich an ihr vorbeigehe. Ich denke dann an meine Familie, aber auch an den Berg. Würde ich nur an die Familie denken, wäre der Berg beleidigt. Das mache ich mit keinem anderen Berg – das ist der Ortler, zu dem ich eine sehr intensive Beziehung habe.

Wenn man so oft auf einem Berg war, wenn man die Route so gut kennt, dann bekommt man Routine – keine Frage. Aber wenn es in der Nacht auf der Hütte schneit, dann schlafe ich auch nicht so gut, weil ich weiß, dass ich spuren muss. Auch weiß ich nie so genau, wie die Leute tatsächlich drauf sind. Und am Anfang der Saison muss man sich sowieso erst selbst ein Bild von den aktuellen Verhältnissen machen – also langweilig wird es nie.

Von oben nach unten: Schaubachhütte mit Ortler, rechts, und Zebrù (zwischen beiden das Hochjoch); Payerhütte mit dem Ausstieg der Ortler-Nordwand und dem obersten, gerade noch von der Sonne beschienenen Abschnitt des Marltgrats von links; Düsseldorfer Hütte mit Ortler, Zebrù und Königspitze.

© J. Hemmleb, P. Trenkwalder, B. Ritschel

BergWelten | 29

Naturschutz mit Kurven

Der Nationalpark Stilfserjoch
>> Wolfgang Platter

Stilfserjoch: Dieser Name hat bei Naturliebhabern einen ebenso guten Klang wie bei Autofahrern – ein Zwiespalt, der den Nationalpark seit seiner Gründung im Jahr 1935 prägt.

Er erstreckt sich von Latsch im Vinschgau, 650 Meter, über alle Höhenstufen der Vegetation, von der montanen Fichtenwaldstufe bis zu den Pionierpflanzen der Nivalstufe und bis hinauf zur Spitze des Ortlers auf 3905 Metern Höhe.

Der Nationalpark Stilfserjoch gehört zu den drei historischen Nationalparks Italiens. Er wurde 1935 von der damaligen faschistischen Regierung per Staatsgesetz auf Betreiben des italienischen Touringclubs und einiger Universitätslehrer ausgewiesen. Entgegen heutigen Ansätzen und Beteiligungsformen bezog man die lokale Wohnbevölkerung damals nicht ein. Dabei lagen und liegen innerhalb seiner Abgrenzung auch dauerbesiedelte Gebiete mit geschlossenen Ortschaften und Bergbauernhöfen in Streusiedlungsweise. Die Grenzziehung des Nationalparks enthielt damit von Anfang an Konfliktpotential. Entsprechend groß waren Skepsis, Ablehnung und Gegnerschaft bei der im Park ansässigen Bevölkerung. Diese bangte ob der Auflagen und Einschränkungen um ihr wirtschaftliches Fortkommen und Überleben im Schutzgebiet. Manche politischen Vertreter der deutschsprachigen Wohnbevölkerung Südtirols artikulierten die Ausweisung des Nationalparks auch als eine Pönalisierung der faschistischen Machthaber gegenüber der deutschsprachigen Südtiroler Bevölkerung im Berggebiet. Volksvertreter stellten die Arbeitserschwernisse und damit die Auflassungsgefahr in der Berglandwirtschaft oder auch das negative Bevölkerungssaldo immer wieder in den Raum. Von italienischen Autoren – Vertretern der Wissenschaft, Universitäten und gesamtstaatlich organisierten Naturschutzvereinigungen vor allem aus dem urbanen und gebietsfremden Raum – wurden diese Befürchtungen mit gleicher Heftigkeit als unbewiesen oder unzutreffend in Abrede gestellt.

Heute gibt es in Italien 23 Nationalparks. Die meisten davon sind jüngeren Datums, das heißt, sie wurden ab den 1980er-Jahren ausgewiesen. Zum Vergleich: Im Alpenbogen zwischen Frankreich und Slowenien existieren derzeit 13 Nationalparks, und weltweit zählt man etwa 3700 Schutzgebiete in diesem Rang.

Mit einer Gesamtfläche von 131.000 Hektar ist der Nationalpark Stilfserjoch nach dem österreichischen Nationalpark Hohe Tauern das zweitgrößte Landschaftsschutzgebiet der Alpen. Am Nationalpark Stilfserjoch haben die Region Lombardei (45 Prozent) sowie die beiden autonomen Provinzen Trient (14 Prozent) und Bozen-Südtirol (41 Prozent) Flächenanteile. Das Schutzgebiet betrifft 23 Verwaltungsgemeinden. Innerhalb dieser Nationalparkgemeinden leben 64.000 Menschen dauerhaft, 12.000 davon innerhalb der Grenzen des Nationalparks – wobei nur zwei Prozent der Gesamtfläche des Nationalparks dauerbesiedelt sind und landwirtschaftlich genutzt werden.

Ein Drittel der gesamten Fläche des Nationalparks Stilfserjoch entfällt auf den Lebensraum Wald, ein weiteres Drittel auf Almen an der Waldgrenze und alpine Rasengesellschaften oberhalb der Wald- und Baumgrenze und das letzte Drittel auf Berge, Felsen, Schuttkare und Gletscher in der Alpin- und Nivalstufe.

Insgesamt 16 Flächen sind als Natura 2000-Gebiete der Europäischen Gemeinschaft ausgewiesen und als Besondere Schutzgebiete (BSG) und/oder Gebiete von gemeinschaftlicher Bedeutung (GGB) klassifiziert.

Weil es im Ortlergebiet Überschneidungen zwischen silikatischen Gesteinen vulkanischen Ursprungs und kalkhaltigen Ablagerungsgesteinen aus marinen Sedimenten gibt, ist die Flora in den Kontaktzonen besonders artenreich. So wächst zum Beispiel die Rostrote Alpenrose *(Rhododendron ferrugineum)* auf sauren Böden und die rosa blühende Bewimperte Alpenrose *(Rhododendron hirsutum)* auf kalkigem Untergrund.

Gletscher und Klimawandel

Strahlendes Weiß prägt dagegen die Gipfelregionen des Nationalparks – noch. Gletscher sind in den Bergen die auffälligsten „Fieberthermometer" des menschengemachten Klimawandels. Betrug die vergletscherte Fläche der Alpen im Jahr 1850 noch 4460 Quadratkilometer, war sie bis 2012 auf 2153 Quadratkilometer (48 Prozent) zusammengeschmolzen.

Gletscher sind auch paläoklimatische Archive. Die in ihrem Eis gespeicherten Informationen zur Klima- und Florengeschichte gehen verloren, wenn das Eis abschmilzt. Im September 2011 fanden daher im Rahmen des wissenschaftlichen Projektes „Ortler Ice Core" auch auf der Eiskalotte des Ortlergletschers Bohrungen statt. Knapp unterhalb des Gipfels wurden vier Bohrkerne mit einem

Wildorchideen unterm Ortler: Der Frauenschuh *(Cypripedium calceolus)* ist ein Kalkanzeiger.
© W. Platter

Die Stilfserjochstraße in ihren letzten Kehren an der Vinschgauer Rampe nach einem Neuschneefall im September (2007).
© W. Platter

BergWelten | 31

Almsömmerung auf der Forni-Alm (hinten der Fornigletscher mit der Punta San Matteo) und ein steingedecktes Almhüttendorf in der Valle di Viso.

© W. Platter

Durchmesser von jeweils zehn Zentimetern entnommen. Die Bohrungen ergaben eine Schichtmächtigkeit des Gletschereises von der Eisoberfläche bis zum Felsuntergrund von 76 Metern.

Der Ortler türmt sich im niederschlagsarmen Vinschgau zu einem der höchsten Berge der Ostalpen auf. Bei geringen jährlichen Niederschlagssummen braucht es eine lange Zeit, bis sich aus den geringen Schneeauflagen über Firnbildung ein Eispanzer von vielen Metern Mächtigkeit aufbaut. In den oberen 30 Metern seiner Eiskalotte hat sich der Ortlergletscher bereits zu einem sogenannten temperierten Gletscher erwärmt: Das Eis hat dort eine Temperatur von plus/minus null

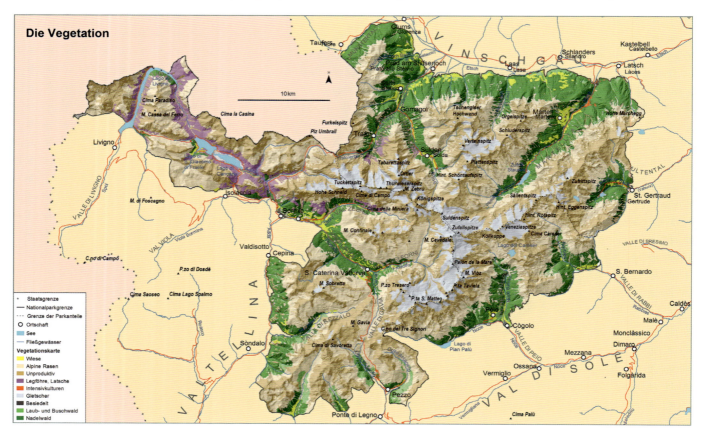

© Luca Pedrotti/Monica Carro

Grad Celsius, liegt also hart an der Grenze zu seinem Schmelzpunkt. In den unteren Schichten von 30 bis 70 Metern Tiefe nahm die Eistemperatur bei der Bohrung 2011 von –0,5 bis –3,5 Grad ab. Die oberen Eisschichten des Eismantels am Ortler wirken ob ihrer Erwärmung nur mehr bedingt als Isolator gegen das Eindringen der Wärme in das tiefe Eis. Mittelfristig wird sich der Ortlergletscher in seiner gesamten Schichtmächtigkeit zu einem temperierten Gletscher umwandeln. Erreichen die steigenden Temperaturen das Grundeis am Ortler, wird das Schmelzwasser wie ein Gleitmittel wirken und die Fließgeschwindigkeit des Gletschers beschleunigen.

Der international renommierte Glaziologe Georg Kaser, einer der Mitautoren des Weltklimaberichtes im Sachbereich Gletscher, stellt fest, dass alle Südtiroler Gletscher im 21. Jahrhundert ausapern werden, wenn der Trend der letzten 20 Jahre anhält; in dieser Zeit haben die Gletscher einen Meter Schichtmächtigkeit pro Jahr verloren.

Die Eiskernbohrung am Ortler gab auch eine ökologische Sünde der Vergangenheit preis: In einer Eistiefe von 40 bis 45 Metern wurde eine erhöhte Radioaktivität von Tritium festgestellt, welche auf die Jahre 1956 bis 1963 zurückgeführt werden kann. In dieser Zeitspanne haben verschiedene Länder ihre Atomtests überirdisch in der Erdatmosphäre durchgeführt. Dies hatte eine weltweite Fernverfrachtung radioaktiver Teilchen und deren Ablagerung auch im Eis der Gletscher zur Folge. Andererseits lässt sich daraus ableiten, dass die obersten 40 bis 45 Meter Eis am Ortler erst im Verlauf der letzten 50, 60 Jahre entstanden sind. Um das Alter des Grundeises zu bestimmen, verwendete man die Nadel einer Lärche (*Larix decidua*), die in einem der Bohrkerne in 72 Metern Tiefe eingeschlossen war. Deren C-14-Datierung ergab ein Alter von 2650 Jahren – somit ist das Grundeis archäologisch in die Eisenzeit einzuordnen.

Natur und Kulisse

Vom Ortlergipfel fällt der Blick nach Nordwesten auf das Stilfserjoch. Mit seiner beeindruckenden Passstraße, der zweithöchsten Bergstraße Europas, verbindet es den Südtiroler Vinschgau mit dem lombardischen Veltlintal. Und es ist bezeichnend, dass diese Straße, die bis auf 2756 Meter hinaufführt, und nicht etwa die Ortler-Cevedale-Gebirgsgruppe dem Schutzgebiet seinen Namen gab. Wie schon erwähnt, gehörten 1935 vor allem auch Touristiker des italienischen Touringclubs zu den Promotoren. Liest man in den historischen Dokumenten zur Begründung der Ausweisung, so findet man bei den Zwecken auch die touristische und automobilistische Erschließung der Gebirgskulisse.

Die Straße über das Stilfserjoch wurde in nur fünfjähriger Bauzeit von 1820 bis 1825 erbaut, als die Lombardei noch zur österreichisch-ungarischen Monarchie gehörte. Kaiser Franz I. hielt eine direkte Straßenverbindung über die Alpen zwischen Wien und Mailand für strategisch wichtig. Der Brescianer Ingenieur Carlo Donegani, ein Pionier des Alpenstraßenbaues, der auch die Straße über den Splügenpass plante und realisierte, war Projektant und Bauleiter. Die Strecke führt von

Eiskernbohrung am Ortlergletscher: Im September 2011 betrug die Schichtmächtigkeit des Eises nahe dem Gipfel 76 Meter bis zum Grund.

© R. Stecher/Archiv NP Stilfserjoch

Spondinig/Prad über das Stilfserjoch (vormals Ferdinands-Höhe, nach dem Habsburger Erzherzog Ferdinand) nach Worms (Bormio). Die Trasse weist auf der Vinschgauer Rampe 48 Haarnadelkurven und auf der Veltlintaler Rampe 40 Serpentinen auf. Während der Bauzeit waren auf beiden Rampen jeweils bis zu 1000 Straßenarbeiter im Einsatz. Die teilweise mehrere Meter hohen Stützmauern wurden noch ohne Beton trocken gestockt.

Vor der Zeit der ersten Automobile gab es eine tägliche Verbindung mit der Postkutsche von Spondinig bis Bormio und zurück. Drei Pferdewechsel waren entlang der einfachen Strecke notwendig. Für den Betrieb der Pferdekutsche kaufte der Wirt des Posthotels Spondinig als Betreiber der Kutsche jährlich 70 Pferde in der ungarischen Puszta. Die Kutsche startete täglich um sieben Uhr morgens in Spondinig und war um sieben Uhr abends wieder aus Bormio zurück. Sie verkehrte als Pferdeschlitten auch im Winter. Ja, nach ihrer Eröffnung wurde die Straße nämlich ganzjährig offengehalten! Bergbauern verdingten sich als winterliche Schneeschaufler. Lawinenstriche wurden mit Lärchenbohlen abgedeckt und die Spurbreite für den Schlitten wurde bei großen Schneehöhen durch Schaufeln in Stufenpyramiden freigehalten.

Wildtier-Monitoring

Kutschen und Schlitten, Automobile, Motorräder, Fahrräder: Die „Artenvielfalt" von Fahrzeugen auf der Stilfserjochstraße mag von den Initiatoren des Nationalparks beabsichtigt gewesen sein. Strengen Schutzstatus genießt aber zum Glück die natürliche Fauna. Fünf Wirbeltierklassen werden erfasst, dominierend eigenwarme Vögel (178 nachgewiesene Arten) und Säugetiere (59 Arten), daneben wechselwarme Fische (8 Arten), Lurche (5) und Kriechtiere (9). Nachfolgend seien die wohl prominentesten Arten vorgestellt:

Der Steinadler: Wenn das Stilfserjoch dem Nationalpark seinen Namen gibt, so bildet die stilisierte Silhouette des Steinadlers sein Logo. Der Steinadler *(Aquila chrysaetos)* bildet die Spitze der Nahrungspyramide. Er gehört zu den aufmerksam beobachteten Vogelarten im Park. Als einzige Art ist er unter den Beutegreifern trotz Verfolgung durch den Menschen im Alpenbogen nie ausgestorben. Der Steinadler ist anpassungsfähig, er bevorzugt die felsige Hochgebirgsregion mit weiten und offenen Flächen für die Sichtjagd. Er ernährt sich vorwiegend von Säugetieren und Vögeln mit bis zu fünf Kilogramm Gewicht, die er mit seinem Griff tötet. Im Sommer bilden Murmeltiere die Hauptnahrung, im Winter schlägt er Schneehasen, bringt Gamskitze zum Absturz über die Wände und frisst auch Aas. Der Steinadler ist monogam und territorial – als Paar verteidigt er sein Brutterritorium gegen Artgenossen.

Der Nationalpark Stilfserjoch weist eine der dichtesten Steinadlerpopulationen des Alpenraumes auf. Aus dem inzwischen fast zwanzigjährigen Monitoring der Art wissen wir, dass das Park-

Die Wiederansiedlung des Bartgeiers

Im Jahr 1986 startete ein Projekt zur Wiederansiedlung des Bartgeiers in den Alpen. Federführend war die Veterinärmedizinische Universität Wien mit Prof. Hans Frey und seiner Zuchtstation Haringsee. Elf Jahre nach Projektbeginn kam es 1997 in den Alpen wieder zur ersten Naturbrut von Bartgeiern. Im Lauf der Jahre hat sich das Projekt unter der Koordination von IBM (International Bearded Vulture Monitoring) und der Bartgeierstiftung VCF (Vulture Conservation Foundation) zu einem internationalen Artenschutzprojekt ausgeweitet, an dem über 30 Zoos und Aufzuchtstationen mitarbeiten. Auch der Nationalpark Stilfserjoch hat sich am Projekt zur Wiederansiedlung des Bartgeiers beteiligt und in einer künstlichen Horstnische im Martelltal zwischen 2000 und 2009 insgesamt elf Junggeier aus Zoozuchten freigesetzt.

An den Schwanzfedern aufgeklebte Minisender erlaubten es in den letzten Jahren, mittels Satellitentelemetrie die Flugbewegungen und die Raumnutzung der Vögel genau zu rekonstruieren. Die Aus-

Bartgeier-Paar mit seinem Jungen im Horst. © R. Grassi

wertung der Daten zeigt, dass mehrere Junggeier heimatverbunden (patrophil) sind, andere aber auch große Weitflieger, die sich schon mit den Bartgeiern in den Pyrenäen austauschen.
Für das Jahr 2020 wird der Bartgeierbestand in den Alpen insgesamt auf 300 Individuen geschätzt.

gebiet mit 26 Brutpaaren voll besetzt ist. Jedes Paar hat im Schnitt 5,2 Horste zur Verfügung, neben Brut- auch Schlafhorste. Statistisch gesehen, befinden sich die Horste durchschnittlich in 1992 Metern Höhe (plus/minus 428 Meter), die durchschnittliche Größe eines Territoriums beträgt knapp 68 Quadratkilometer. Die hohe Adler-Dichte weist auf genügend Verfügbarkeit von Beutetieren und gute Brutmöglichkeiten hin.

Der Bartgeier: Er ist inzwischen zum Sympathieträger für einige Nationalparks in den Alpen geworden. Dabei hat sein Trivialname „Lämmergeier" den Bartgeier *(Gypaetus barbatus)* schon den Kragen gekostet: In den Alpen war er 1930 durch uns Menschen ausgerottet worden; nur in den Pyrenäen haben Restbestände überlebt. Dabei ist der Bartgeier ein reiner Knochen- und Aasfresser. Seine Magensäure hat den pH-Wert von Salzsäure. Und mit dieser aggressiven Magensäure hat er sich eine für ihn reservierte Nahrungsnische erschlossen: Er ist imstande, die kalkige Knochensubstanz von Röhrenknochen aufzulösen, um an das eiweiß- und fettreiche Mark zu gelangen. Haben sich an einem Fallwild schon Steinadler, Fuchs, Marder, Kolkrabe und andere bedient und ist nur mehr das Skelett übriggeblieben, dann schlägt die Stunde des Bartgeiers. Im ausklingenden Winter ist das Nahrungsangebot durch ausaperndes Fallwild und Weidetiere, die im vorangegangenen Almsommer verunfallten, am höchsten. Darum brütet der Bartgeier im Winter. Im Januar und Februar erfolgt die Eiablage, nach 57 bis 60 Bruttagen der Schlupf und Mitte Juni bis Anfang Juli ist der Nachwuchs flügge. Bartgeier sind schlechte Horstbauer und nehmen daher gern leerstehende Adlerhorste an. Will aber das Steinadlerpaar in den Horst zurückkehren, muss das Bartgeierpaar weichen: Steinadler sind stark territorial und verteidigen ihr Brutrevier auch an den Außenrändern aggressiv. Aus den Filmaufnahmen einer Webcam, die wir in einem von Bartgeiern bezogenen Adlerhorst angebracht haben, wissen wir, dass nach der erfolgreichen Bartgeierbrut im Jahr 2011 die Steinadler 2013 in ihren Horst zurückkamen. Sie vertrieben die Bartgeier und brüteten danach ebenfalls erfolgreich. Man findet unter den Horsten von Steinadlern auch tote Bartgeier – mit tödlichen Krallenverletzungen durch den Steinadler an den Weichteilen des Bauches.

Bartgeier leben, einmal verpaart, monogam. Erst mit fünf bis sieben Jahren erreichen sie die Geschlechtsreife. Das Weibchen legt nur zwei Eier im Abstand von sieben Tagen und bebrütet diese vom ersten Ei an fest. Das zweite Ei ist jedoch nur eine biologische Reserve. Schlüpft auch das zweite Junge, so wird es kaum gefüttert und vom großen, sieben Tage älteren Geschwister getötet. Die Verhaltensforschung spricht in Anlehnung an den biblischen Brudermord von Kainismus. Bartgeier färben ihr Gefieder mit eisenoxidhaltigen Schlämmen rot ein. Warum sie das machen, darüber gibt es verschiedene Hypothesen. Wahrscheinlich hat der eintrocknende Puder eine Hautparasiten abtötende Wirkung.

Der Steinbock: Etwa 1200 Stück Steinwild *(Capra ibex ibex)* leben, in sechs getrennten Kolonien, im Nationalpark. Steinwild hat die Tendenz, sich weit langsamer auszubreiten als Rotwild, und braucht im Winter steile, sonnenexponierte Südhänge, an

Der Steinadler (links) steht an der Spitze der Nahrungspyramide. Seine stilisierte Silhouette bildet das Logo des Nationalparks Stilfserjoch. 26 Brutpaare leben im Schutzgebiet.
© E. Di Zenobio

Der Bartgeier ist eine der vier historischen Geierarten in den Alpen. Mit einer Flügelspannweite von bis zu 2,80 Metern ist er nach dem südamerikanischen Kondor der größte flugfähige Vogel. Die steifen Federborsten an seinem Unterschnabel bilden einen kleinen Kinnbart und sind namensgebend.
© R. Grassi

Das Steinwild scheint ein Verlierer des Klimawandels zu werden. Durch die Erderwärmung verfrüht sich der Austrieb der Gebirgspflanzen, während die Steingeißen ihre Kitze nach wie vor erst etwa Mitte Juni setzen. Wenn die Geißen eiweiß- und fettreiche Milch für ihre Kitze produzieren sollen, haben die Futterpflanzen ihr Nährwertoptimum schon überschritten.

© M. Berbenni

denen der Schnee abrutscht oder durch die Sonneneinstrahlung früh schmilzt. So gelangt diese Wildziegenart an ihre karge Winternahrung. Wegen seiner im Vergleich zum Rotwild verlangsamten Ausbreitungstendenz besiedelt das Steinwild noch nicht alle potentiellen Lebensräume. Im Nationalpark Stilfserjoch gehört es zu den aufmerksam monitorierten Huftierarten. Einige Individuen sind mit Senderhalsbändern markiert, um über Satellitentelemetrie die Raumnutzung dieser Tierart zu studieren. Zwischen 1990 und 2000 musste eine Abnahme der Steinkitze an der Gesamtpopulation beobachtet werden: von 30 Prozent im Jahr 1990 auf nur noch 16 Prozent im Jahr 2000. Dabei ist das vermehrte Kitzsterben nicht auf erhöhte Wilderei oder eine Tierseuche zurückzuführen. Eine unserer Arbeitshypothesen lautet, dass der Steinbock ein Verlierer des Klimawandels werden könnte: Durch die Erderwärmung verfrüht sich die Phänologie der Gebirgspflanzen um Wochen. Die Steingeißen aber setzen ihre Kitze immer noch zur gleichen Zeit – Mitte Juni. Wenn die Geiß eiweiß- und fettreiche Milch produzieren soll, haben die Futterpflanzen ihr Nährwertoptimum schon überschritten. Die Kitze könnten verhungern.

Das Rotwild: Der Rothirsch (*Cervus elaphus*) ist das größte einheimische Wildtier. Er hat eine hohe Reproduktion und eine schnelle Ausbreitungstendenz. Im Vinschgau ist seine Dichte besonders hoch, sie führt zu Verbiss-Schäden im Wald und Ernteverlusten in der Landwirtschaft und sie geht auch zu Lasten der Biodiversität: Rehe sind vor allem im Winter konkurrenzschwächer – ihr Bestand schwindet. Dem Auerhuhn fehlt die beerentragende Strauchschicht am Waldboden. Da Bergwald vor allem auch Schutzwald ist, gilt in der Forstwirtschaft die Regel, dass die Naturverjüngung des Bergwaldes nur gewährleistet ist, wenn die Rotwilddichte fünf Stück je 100 Hektar nicht überschreitet. Im Jahr 2000 war sie im Nationalpark Stilfserjoch fast doppelt so hoch, weshalb das Rotwild seither durch herbstliche Abschüsse eingegrenzt wird. Diese Entnahmen basieren auf wissenschaftlichen, vom nationalen Wildbiologischen Institut validierten Monitoring-Programmen und beziehen die lokale Revierjägerschaft ein. Zugegriffen wird vor allem auf die weiblichen Tiere und auf Jungtiere. So wurden in den 20 Jahren bis 2020 insgesamt 7500 Stück Rotwild entnommen, was die Bestandsdichte auf fünf bis sechs Stück pro 100 Hektar drückte, ohne die Art in ihrem Bestand zu gefährden. Ein Kernsatz der Ökologie besagt, dass ein Ökosystem umso stabiler ist, je artenreicher es bei einer kontrollierten Zahl der Individuen ein und derselben Art ist.

Schwierige Erbstücke

Fauna und Flora beeindrucken, und sie verdienen unseren Schutz. Doch der Nationalpark Stilfserjoch ist, wie schon erwähnt, keine unbewohnte *Wilderness*, sondern ein Natur- und Kulturland-

Der Nationalparkplan

Das italienische Staatsgesetz sieht als Lösungsansatz bei der Erarbeitung von Nationalparkplänen vier verschiedene Zonen beziehungsweise Schutzstufen vor – so auch für den Stilfserjoch-Nationalpark: Zone D ist der Wirtschaftsraum des Menschen im Dauersiedlungsgebiet, in welchem die Gemeindebauleitpläne gelten. Zone C wird das bergbäuerliche Streusiedlungsgebiet mit Einzelhöfen umfassen; dieses soll belebt und erhalten bleiben, bauliche Tätigkeiten und andere Eingriffe werden den Bestimmungen der Gesetze zum Landschaftsschutz, zur Raumordnung und zum Nationalpark unterstellt. In der Zone B wird das Almgebiet und der Schutzwald liegen; alle Eingriffe dort werden dem Gutachten der Nationalparkverwaltung unterworfen sein. In der A-Zone oder Kernzone wird schließlich ein generelles Eingriffs- und Bauverbot gelten, das nur Instandhaltungsarbeiten, Sanierungen und beispielsweise Anpassungen an gesetzliche Bestimmungen bei bestehenden Schutzhütten zulässt.

schaftsmosaik. Soll die Entsiedlung der oftmals strukturschwachen und peripheren Randgebiete verhindert und die weitere Bewirtschaftung der bergbäuerlichen Landwirtschaftsflächen erhalten werden, sind auch in Schutzgebieten manche Kompromisse zu akzeptieren. Überalterung und Abwanderung der Bevölkerung in Teilen der Westalpen geben ein mahnendes Beispiel.

Neben der Landwirtschaft ist in den Tälern des Ortlergebiets der Tourismus ein zweites, wirtschaftlich bedeutsames Standbein. Dazu kommt das übergeordnete nationale Interesse an der hydroelektrischen Nutzung der Reliefenergie im Gebirge, die auch im Nationalpark Stilfserjoch zu großen baulichen Eingriffen wie beispielsweise dem Bau von Stauseen in Martell, Ulten und im Trentiner Peiotal geführt hat. Doch zurück zum Tourismus: Sommerskilauf auf dem Gletscher am Stilfserjoch ist ein anderes Beispiel, das sich mit den rechtlichen Vorgaben der Schutzvinkulierungen schlägt. Das Sommerskigebiet wurde als Bestand aber akzeptiert, so wie etwa die Marmorbrüche im Bauch der Jennwand zwischen Laas und Göflan und wie die Anlagen für die hydroelektrische Stromgewinnung.

Der Bau von Pisten für die Weltmeisterschaften im Alpinskilauf der Damen 2005 in Santa Caterina Valfurva wurde durch ein Urteil des Europäischen Gerichtshofes mit hohen Bußgeldzahlungen sanktioniert; vorgeschrieben wurden dabei auch Ersatzmaßnahmen wie ein neues Schutzgebiet bergseits von Santa Caterina Valfurva.

Ein weiteres kritisches und nicht unumstrittenes Projekt ist der geplante Zusammenschluss von Skipisten und Aufstiegsanlagen in Sulden am Fuß des Ortlers. Das Projekt hängt derzeit in Gerichtsrekursen, welche von Naturschutzorganisationen angestrengt wurden. Die Projektwerber und die Nationalparkverwaltung hatten sich vorab als Kompromiss auf ein autofreies Sulden nach dem Modell von Zermatt im Schweizer Kanton Wallis geeinigt.

Mittel- und langfristig gedacht, werden sich die Touristiker neue und andere Angebote zur Auslastung ihrer Betriebe ausdenken müssen. Der Klimawandel wird sie mangels Schnee dazu zwingen. Sanfter Wander- und Kulturtourismus mit einer stärkeren Verschiebung in den Sommer hat im Nationalpark Stilfserjoch Zukunft.

Vergletscherte Dreitausender im Dreiländereck: Die Königspitze (links) liegt in Südtirol, der Monte Vioz (rechts) im Trentino und der Pallon de la Mare, auf dessen Gipfel das Foto entstand, ist lombardisches Gebiet.
© W. Platter

www.nationalpark-stelvio.it

Angebote zur Umweltbildung

Wie alle Schutzgebiete bietet auch der Nationalpark Stilfserjoch im Sommerhalbjahr geführte Wanderungen, Vortragsabende und andere Fortbildungs- und Informationsmöglichkeiten. Herzstück der Umweltbildung sind die Nationalparkhäuser oder Besucherinformationszentren in Trafoi, Prad am Stilfserjoch, Schlanders, Martell, St. Gertraud im Ultental (Südtirol), Rabbi und Peio (Trentino) sowie in Bormio und St. Antonio Valfurva (Lombardei).
Die fünf Nationalparkhäuser im Südtiroler Länderanteil ergänzen sich thematisch:
- In Trafoi zeigt das *naturatrafoi* als Schwerpunktthemen die Anpassungen der Pflanzen und Tiere an den Lebensraum Hochgebirge und die Geologie.
- Das *aquaprad* in Prad am Delta des Suldenbaches ist der Fischfauna in den fließenden und stehenden Gewässern Südtirols gewidmet.
- Schlanders stellt im *avimundus* das vollständige Arteninventar der Vögel Südtirols in ihren jeweiligen Lebensräumen vor.
- Im *culturamartell* in Martell widmet man sich der bäuerlichen Kulturlandschaft im Berggebiet sowie dem Leben und Arbeiten der Bergbauern.
- Die *Lahnersäge* in St. Gertraud in Ulten behandelt schließlich das Thema Wald und Holz. Hier, im waldreichen Ultental, wurden Wohn- und Wirtschaftsgebäude jahrhundertelang in Rundholz-Blockbauweise errichtet. An der restaurierten, wasserbetriebenen Venezianersäge wird das Schneiden von Brettern aus dem Baumstamm demonstriert.

© W. Platter

„Der Schafhirte von der Schönleitenhütte"

Johann Pinggera (1837–1916),
Bergführer und Erstbesteiger aus Sulden

>> **Andrea Kuntner**

*In der Alpingeschichte steht er hinter dem berühmten Julius Payer.
Am Berg ging er voran. Johann Pinggera ist eine der prägenden Bergführer-Persönlichkeiten aus der „goldenen Zeit" des Alpinismus.*

Vor über hundert Jahren, im Jahr 1916, verstarb der legendäre Bergführer Johann Pinggera. Erst kürzlich las ich in einem Bericht, verfasst von Bergführer Ulrich Kössler, dass er Johann Pinggera als einen der herausragenden Bergführer der Geschichte bezeichnet. Wie kommt der erste ausgebildete Bergführer aus Sulden, vielleicht sogar ganz Südtirols, zu dieser Ehre?

Begonnen hatte alles damit, dass der junge deutsch-böhmische Offizier Julius Payer aus Teplitz-Schönau nach seiner Teilnahme an den Feldzügen von Solferino und Custozza in die topografische Abteilung des Wiener Hauptquartiers kam. Seine Bergbesessenheit entwickelte sich, als er während seines Kommandos im Trentino immerzu sehnsüchtig zum Monte Baldo und zu den Lessinischen Bergen hinaufblickte. Die wenigen Tage Urlaub nützte er nicht zur Rückkehr in die Heimat, sondern unternahm kleine Expeditionen in die bis dahin wenig bestiegenen Berge des Trentino.

Ein glücklicher Zufall wollte es, dass er nach Ablauf eines Kurzurlaubes von einem Major den Auftrag erhielt, bei seiner Rückreise in Trient dem General Franz von Kuhn drei lebende Bergforellen zu übergeben. Diese Begegnung sollte über sein künftiges Schicksal entscheiden. Als General von Kuhn ihn nach dem Beweggrund für seinen Aufenthalt im Adamellogebiet fragte, antwortete Payer, dass er Karten zeichne. Der General sah sich das Kartenmaterial an und erkannte das Talent, das in Payer schlummerte. Er versprach, ihn nicht nur finanziell zu unterstützen, sofern er Kriegsminister werde. Dieses Versprechen löste er dann 1868 ein: Er berief Payer von seinem Regiment ab und bestellte ihn als Generalstabsoffizier zum Militärgeografischen Institut nach Wien.

Bis dahin hatte Payer seine Arbeit und die dafür benötigten Geräte, wie einen Theodoliten – ein Instrument zur Vermessung von horizontalen und Höhenwinkeln –, von seinem kümmerlichen 36-Gulden-Gehalt finanziert. Kuhn ordnete an, dass Payer ab sofort 1000 Gulden als Entlohnung erhielt, eine Wohnung am Ort seiner Tätigkeit sowie drei Dienstkräfte. Solcherart komfortabel ausgestattet, erforschte Payer von 1865 bis 1868 die Ortlergruppe. Er bestieg fast alle namhaften Gipfel, vermaß ihre Höhe, erstellte Karten und entwarf Skizzen. Sein Freund, der Maler Moritz Menzinger, fertigte dann Zeichnungen der Berggipfel

an. Begleitet wurde Payer zumeist von Johann Pinggera, seinem über Jahre treuen Bergführer aus Oberthurn in Außersulden.

„Eine seltene Ausnahme unter den Führern"

Wer aber war nun Johann Pinggera? Sulden war in den 1860er-Jahren ein ärmliches, auf fast 2000 Metern Höhe gelegenes Bergdorf mit einem Dutzend Bauernhöfen. Touristen hatten sich bis dahin nur wenige ins Tal verirrt. Beim Versuch, die umliegenden Berge zu besteigen, scheiterten die meisten. Louis Friedmann, Bergsteiger und Autor, wetterte, dass einzig die unfähigen einheimischen Bauernburschen schuld daran seien.

Pfarrer Johann Eller, der das erste Gästehaus im Widum, dem Pfarrhof von Sulden, führte, empfahl dem Kartografen und Alpenforscher Julius Payer als Führer den einfachen Holzarbeiter Johann Pinggera aus Außersulden. Dieser war am 15. Oktober 1837 als drittes von neun Kindern am Oberthurnhof geboren worden. Aus der frühen Kindheit und Jugend ist nichts bekannt. Laut dem Stammbaum erreichten außer ihm nur seine zwei Brüder Josef und Alois sowie seine Schwester Maria das Erwachsenenalter.

Den damals 28-Jährigen beschrieb Payer 1865 als „untersetzt, stark, von sicherer Kühnheit, munterem und bescheidenem Wesen, aber auch von mäßiger Intelligenz". Dieses letztgenannte Manko machte Pinggera mit seinen charakterlichen und

Links: Johann Pinggera in den 1880er-Jahren.
© Fotoausdruck: Sandra Pinggera

Oben: 1881 kaufte Johann Pinggera den Gampenhof in Innersulden. Im Hintergrund die Suldenspitze (links) sowie das Schrötterhorn.
© Archiv des ÖAV, Innsbruck

Unter Bergführerkollegen. Vorne links Johann Pinggera, rechts Peter Dangl. Auf der Treppe zwei weitere Bergführer.
© Fotoausdruck: Sandra Pinggera

Im Fotoalbum von Walter Reinstadler, Seniorhüttenwirt der Düsseldorfer Hütte, geblättert: Suldner Bergführer um 1900. Vorne in der ersten Reihe, vierter von links, steht Johann Pinggera (Bild oben).
© A. Kuntner

körperlichen Eigenschaften leicht wett, womit er eine rühmliche Ausnahme unter den Bauernburschen war. Künftig sollte er damit gutes Geld verdienen und es zu Ruhm und Ansehen bringen, weit über die Landesgrenzen hinaus. „Er war eine seltene Ausnahme unter den Führern, einer, der mit der in den 1870er-Jahren sehr rasch fortschreitenden hochtouristischen Entwicklung vollkommen Schritt halten konnte, und er stand voll und ganz auf der Höhe des alpinen Könnens", schrieb Heinrich Menger im Alpinen Handbuch von 1932.

Die lange Liste seiner Touren in der Ortlergruppe – von der Vertainspitze bis zum Ortler, von der Schneeglocke bis zu den Cristallspitzen, vom Cevedale über den Vioz bis zum Pizzo Tresero – bestätigen diese Fähigkeiten.

Als Begleiter des rastlosen Payers brauchte es Zähigkeit und Durchhaltevermögen. So bestiegen Payer und Pinggera 1865 innerhalb von vier Tagen den Ortler (Start von Sulden über den heute als Normalweg bekannten Anstieg, Abstieg über Trafoi und retour nach Sulden), die Königspitze und den Cevedale. Noch heute wäre diese Tourenabfolge, trotz der modernsten Ausrüstung, ein körperlicher Gewaltakt.

In den steilen Eiswänden und auf dem Gletscher fühlte sich der Suldner zu Hause, er mied aber möglichst Felsen, die ihm stets unsicher erschienen. Zur Ausrüstung gehörten in dieser Zeit ein Seil und eine Axt, zum Teil ist in den Originaltexten auch von „Steigeisen" zu lesen. Vielleicht kann man sich diese als die genagelten Schuhe, also Schuhe mit Nägeln an den Sohlen, vorstellen. Oftmals musste Pinggera in den steilen Eiswänden, wie beim Zustieg zur Königspitze, mit der Axt Stufen hacken, um ein zügiges und sicheres Weitergehen zu ermöglichen.

Die richtige Nase

Johann Pinggera war stolz auf seinen richtigen Riecher, den er beim Auskundschaften eines neuen Zugangs wiederholt bewies. Es ist wohl der herausragendste Wesenszug von Pinggera, der ihn fast unverzichtbar für Payer werden ließ – so nachzulesen im Bericht über die von Payer langersehnte Besteigung des Ortlers. Die beiden wählten letztlich den heute als Normalweg bekannten Zustieg, der bis dahin so nicht gewählt worden war. Payer selbst schrieb lobend, Pinggera sei wie eine „Gams, ein Kerl, kühn und ausdauernd, mit einem großartigen Spürsinn, dass er mit Recht sagen konnte, zu was denn eine Karte, wenn man die richtige Nase hat".

Diese Qualität, gepaart mit Kühnheit und einem Quäntchen Glück spiegelt sich auch in der Liste der späteren Erstbesteigungen wider: die Durchsteigung der Minnigeroderinne (1878 und 1881), der lange Suldengrat 1878 und die Nordostwand der Königspitze 1881. Unglaubliche Leistungen, handelt es sich dabei um bis zu 50 Grad steiles Gelände, vorwiegend in Eis und Schnee, beim langen Suldengrat sogar um bis zu 60 Grad steile Flanken und Kletterstellen im vierten Grad, gemeistert vor 140 Jahren: bergsteigerische Meisterleistungen.

Lieber in Eis und Schnee als im Fels: Johann Pinggeras Arbeitsplatz, der Ortler über dem Suldenferner, in den 1870er-Jahren.

© *Fotografie von Bernhard Johannes/Archiv des DAV, München*

Aber die Fähigkeiten des Johann Pinggera sind nicht nur auf alpintechnischem Gebiet herausragend. Auf jeden Gipfel, den er zusammen mit Julius Payer erklomm, mussten schließlich auch Theodolit, Barometer und Zeichenmaterial mitgeschleppt werden. Nicht immer stand für diese mühevolle Tätigkeit ein Träger zur Verfügung, auch weil sich nicht jeder von ihnen als trittsicher und vertrauenswürdig erwies. So musste oftmals Pinggera die schwere Last tragen, zusätzlich zu seiner verantwortungsvollen Aufgabe als Seilerster.

Da er die Funktion eines Barometers nicht begreifen konnte, nannte er die Vermessungstätigkeit seines „Herrn" der Einfachheit halber „Geometrie". Da halfen auch Payers wiederholte Erklärungen nichts. Wie innig und eng die Verbindung zwischen den beiden grundverschiedenen Charakteren war, verdeutlicht die Tatsache, dass der Bergführer dem Kartographen kleingeschnittene Stücke Speck und Brotstücke in den Mund schob, während dieser zeichnete und skizzierte. Denn jede Minute auf dem höchsten Punkt musste genützt werden, so sah es der ehrgeizige und unermüdliche Payer.

Bekannt war Pinggera auch für seine unverblümte und spontane Art, für seine markigen Sprüche. „Sie sind ja dümmer als die Nacht", musste Payer sich anhören, als er beim Abstieg vor Punta San Matteo (3633 m) über eine Eiswechte schritt, die dann in einem zweiten Moment abbrach und beide in die Tiefe riss. Sie überlebten den 250-Meter-Absturz nahezu unverletzt. Unten angekommen, prüfte Pinggera zuerst die Instrumente, die in seinem Rucksack waren. „Sie leben noch alle!", rief er erfreut und: „Diese Himmelfahrt wäre halb in die Hölle gegangen!"

Wohl oft mit einem Schmunzeln im Gesicht und als Revanche für manch frechen Spruch, den sie sich von Pinggera anhören mussten, verpassten ihm die vielen berühmten Herrschaften den einen oder anderen Beinamen. „Schafhirte von der Schönleitenhütte" nannte ihn Julius Payer. Hermine Tauscher-Geduly, die bekannte ungarische Bergsteigerin, bezeichnete ihn gar als „den ältesten Eismann Tirols", lange bevor die Gletschermumie „Ötzi" gefunden wurde. Die Suldner nannten ihn bis ans Lebensende liebevoll den „olten Honnesle".

Grabstein der Familie Pinggera am Friedhof in Innersulden.
© A. Kuntner

Zwei Lieder sind genug

Der Anmarsch durch das Val di Genova zum Mandrongletscher ist lang. Aber wenn Johann Pinggera auf seiner selbst geschnitzten kleinen Flöte zu spielen begann, verging die Zeit um einiges schneller. Nur waren es immer dieselben zwei Lieder: „Überm Bachl isch a Hüttl" und „Deas Diendl keart mir". Payer wollte ihm ein drittes Lied beibringen, gab es aber nach einigen Monaten auf. Pinggera meinte, er habe schon für diese zwei zwölf Jahre gebraucht, da sei es vergebliche Mühe, ihm ein drittes beizubringen, denn ein Dirndl warte ja bereits zu Hause auf ihn. Johann heiratete am 23. Januar 1872 Maria Zischg vom Pichlhof, die damals bereits den erstgeborenen Sohn Johann Josef unterm Herzen trug. Sechs weitere Kinder sollten folgen: Friedrich, Marianna, Filomena, Franz, Hedwig und Amalia. Zwei Söhne werden in seine beruflichen Fußstapfen treten und ebenfalls erfolgreiche Bergführer werden: Johann Josef, genannt Hanssepp und Franz Pinggera, der 1925 beim Aufstieg zur Tabarettaspitze mit Graf Giuliani tödlich abstürzt.

Auf keiner ihrer Bergtouren fehlen durfte das Stärkungsmittel Rotwein. Meist waren es mehrere Flaschen oder sogar ein kleines Fässchen. Später wurden die leeren Flaschen bei den Steinmännchen, die sie auf den höchsten Punkten bauten, deponiert. Bei der Besteigung des Großen Eiskogels geschah es, dass Payer eine solche Flasche noch gefüllt vorfand, sie in einem Zug leerte und danach erhebliche Schwierigkeiten hatte, die mehrere hundert Meter lange Schneeschneide entlang zu balancieren. Nur weil Pinggera ihn angeseilt hatte, konnte ein Unglück verhindert werden.

Doch zu den Eigentümlichkeiten von Pinggera zählte auch seine Unpünktlichkeit, über die in Payers Berichten wiederholt zu lesen ist. So musste der Kartograph, sehr zu seinem Leidwesen, an manchem Starttag mit anderen Begleitern vorlieb nehmen. Aber spätestens am Folgetag stand Pinggera wieder bereit, denn er wollte ja seinem Auftrag nachkommen und glänzende Gulden verdienen.

Letztlich blieb Johann Pinggera aber im Herzen Bauer. So saßen die beiden einst auf einer Bergspitze, die für Payer noch ein unbedeutender Hügel war, Pinggera aber meinte: „Sakrawoll, so ein schöner Berg, da könnte man leicht dreißig, vierzig Stück Vieh hinauftreiben. Die hätten genug zu fressen, den ganzen Sommer lang."

Als sie am 4. September 1865 auf dem Ortler saßen und Payer seine Zeichnung anfertigte, sah Pinggera ihm über die Schulter und sagte unvermittelt: „Da fehlt noch was, die spitzen Türme vom Mailänder Dom." Payer verstand nicht, was sein Begleiter meinte. Nun, der Pfarrer hatte Pinggera erzählt, dass man vom Ortlergipfel aus bis zum Mailänder Dom sehen könne. Obwohl Payer ihm wiederholt widersprach, ließ sein Gegenüber sich nicht davon abbringen. Wenn der Pfarrer das sage, dann stimme das, so der fromme Pinggera.

Goldene Teller

Nach drei Sommern war die umfassende Erschließung der Ortlergruppe vollbracht, markante Messpunkte richtiggestellt und die geografische Fixierung vollendet. Zielstrebig und konsequent hatten Payer und Pinggera über 60 Bergtouren durchgeführt, dabei mehr als 50 Gipfel bestiegen und 43 Erstbesteigungen ohne wesentliche Bergunfälle vollendet. Mit dem Abschluss der Vermessungsarbeiten trennten sich die Wege der beiden.

Doch schon ein Jahr später, 1869, wollte Payer Johann Pinggera zu seiner ersten Nordpolarexpedition in die Arktis mitnehmen. Mit der Postkutsche fuhren sie bis Meran, dann weiter Richtung Bozen. Da packte Pinggera angeblich das Heimweh, dass Payer bang ums Herz wurde: Er pfiff nicht mehr, sang nicht mehr und der Tabak wollte ihm auch nicht schmecken. Da entließ ihn Payer aus seinem Dienst und schickte ihn zurück nach Sulden.

Trotz seines wohl kargen Honorars, aber aufgrund seiner Beliebtheit bei den vielen berühmten „Herrschaften" konnte er sich im Jahre 1881 den Gampenhof in Innersulden kaufen. Früher hatte er Veit Reinstadler gehört, auch einem Bergführer. Somit wurde Pinggera vom Außer- zum Innersuldner, oder vom Holzarbeiter zum Bauern: für die damalige Zeit ein gesellschaftlicher Aufstieg. Er und seine Nachkommen wurden nun „Gomper" genannt, nicht „Tammele", wie der Vulgoname der Oberthurner lautete.

Johann Pinggera wurde ein bei der Wiener Gesellschaft gefragter Bergführer. Die Habsburger Prinzen, die Fürsten Windischgrätz und Graf Pallavicini, Moritz von Déchy, Viktor Hecht, Julius Meurer, B. Minnigerode, J. A. Mojsisovics, Theodor Petersen und Josef Anton Specht ließen sich von ihm führen. Zahlreiche Erstbegehungen absolvierte er auch außerhalb Südtirols, in den Stubaier, Zillertaler und Ötztaler Alpen – Routen an der Wildspitze, am Schrankogel, der Schwarzwandspitze und am Lodner.

Bei der Verleihung der „D'Altenberger Prämie" 1902 wohnte er beim Baron Albert Salomon Anselm von Rothschild. „In seinen alten Tagen soll er immer noch vom Luxus der Villa Enzenberg in Wien erzählt haben, weil er dort auf vergoldeten Tellern speiste und als einfacher Suldner gern eins eingesteckt hätte", schrieb Hans Reinstadler, ein Suldner Chronist.

Trotz der bescheidenen Entlohnung verband Payer und Pinggera zeitlebens eine besondere Freundschaft. Die gemeinsam bestandenen Abenteuer, das stetig steigende Vertrauen ineinander, auch weil sie gemeinsam an einem Seil gingen, trugen wohl das Ihre dazu bei. Beide erblindeten nahezu zeitgleich, wohl aufgrund der vielen Stunden auf den Gletschern, nur geschützt mit einem Gesichtsschleier oder, später, einer Schneebrille. Pinggera und Payer trafen sich noch einige Male in Sulden, so beispielsweise bei der Enthüllung des Denkmals für Payer im Jahr 1893. Ihr Zusammentreffen war stets geprägt von gegenseitigem Respekt und Anerkennung.

Auf den Tag genau ein Jahr nach Julius Payer verstarb Johann Pinggera, der „olte Honnesle", am 24. August 1916 in Sulden. In den Bozner Nachrichten war zu lesen, dass Pinggera an Altersschwäche und nach längerem Krankenlager im Alter von 79 Jahren starb, „der Senior der Ortler-Bergführer", der „erste Suldner Bergführer", bekannt und gesucht, klein von Statur, aber kräftig gebaut, zäh und von unverwüstlicher Gesundheit.

Pinggera hatte an die 30 Jahre lang geführt und mit seinen vielen Erstbesteigungen deutliche Spuren in der Bergsteigergeschichte hinterlassen. Spuren, die bis in die heutige Zeit und darüber hinaus reichen.

Quellen:

Andrea Kuntner (Hrsg.): Die Bergführer von Sulden und Trafoi, Legende und Geschichte, Schlanders 2004

Frank Berger: Julius Payer, Athesia 2015

Sandra Pinggera, Marling/Sulden, Urenkelin J. Pinggeras: Originalausdrucke sowie der Stammbaum der Familie Pinggera, Pichlhof

Denkmal für Julius Payer (im Relief) „und dessen getreuen Führer Johann Pinggera aus Sulden, gewidmet vom Deutsch-Österreichischen Alpenverein 1892" am Beginn des Kulturwegs in Sulden.
© A. Kuntner

Ulten – Welten in einem Tal

Berge und Landschaften im Osten der Ortlergruppe
>> **Jochen Hemmleb**

Naherholung: Wer in Lana bei Meran wohnt, darf das Wort mit einem besonderen Lächeln aussprechen. So wie der Autor dieses Beitrags, der im Ultental ein Wanderparadies vor der sprichwörtlichen Haustür kennen und lieben gelernt hat.

Manchmal sind es kleine Hände, die Türen und Wege in ein Paradies öffnen. Emily, unsere sechsjährige Tochter, stupst mich in die Seite: „Du, Papi, fahren wir morgen wieder ins Ultental?" Noch bevor ich antworten kann, ruft auch schon Jeremy, ihr großer Bruder, aus dem Nebenzimmer: „Au jaaaa!" Dieser gedoppelten Überzeugungskraft ist einfach nicht zu widerstehen.

Ultental. Eine Zeit lang schien es fast *zu nah* zu liegen. Eine halbe Stunde ist es von unserer Wohnung in Lana entfernt. Zu Fuß, wohlgemerkt. Und da beim Wecken von Neugierde und Forschergeist die Ferne immer wieder eine bedeutende Rolle spielt, brechen wir immer wieder auf.

Bis zu meinem 40. Geburtstag hatte es mich regelmäßig in die Ferne gezogen: Ostafrika, Neuseeland, Himalaya, Karakorum. Dabei ging der Blick für die kleineren, naheliegenden Ziele etwas verloren. Mit der Geburt unseres Sohnes änderte sich das. Mein erster Gipfel danach war ein eigentlich unbedeutender Zweitausender. Doch mir war, als unterschieden sich die Landschaftseindrücke dabei nur unwesentlich von denen, die ich ein Jahr zuvor in Tibet gesammelt hatte. Ich merkte plötzlich, dass alles, was ich an Abenteuer und Glück in den Bergen suchte, in einem Umkreis von 150 Kilometern um unser Zuhause zu finden war. Und so waren wir eines Tages zum ersten Mal ins Ultental gestartet.

Ein-Tages-Welten: Zwischen Zoggler Stausee und Weißbrunn

Schon die Straße ins Tal lässt erahnen, wie mühsam der Zugang einst gewesen sein muss. 250 Meter über dem tief eingeschnittenen Canyon der Gaulschlucht wirkt sie regelrecht wie an den Hang geklebt. Noch im ersten Ort, St. Pankraz, ist die Talflanke so steil, dass die Eingänge zu den Häusern auf der Talseite unter der Straße oft im Obergeschoss

Mir kommt der Gedanke, dass Paradiese nicht weit entfernt sein müssen, dass sie vor der Haustüre beginnen können, dass ich nur offen sein muss für Paradiese.

Reinhard Karl, „Unterwegs nach Hause"

liegen. Erst am Pankrazer See erreicht die Straße den nun flacher und breiter werdenden Talboden.

Um so überraschender ist daher die lange Siedlungsgeschichte dieser Landschaft. Erste Spuren reichen zurück bis in die späte Bronzezeit um 1000 v. Chr. Bereits im Frühmittelalter war das Ultental voll besiedelt; es besaß ein fortschrittliches Rechts- und Wirtschaftssystem, das den Bauern bemerkenswerte Freiheit und Autonomie gab. Die Aufteilung in selbständige Höfe und, später, Kleingemeinden bestimmte lange das Siedlungs-

Hoch über der Ultental-Welt: Blick vom Grat zwischen Schöngrubspitze und Ultner Hochwart auf Hasenohr (links), Hohen Dieb (Mitte) und Muttegrubspitze (rechts).
© Alle Fotos: J. Hemmleb

Familienprogramm: Unterwegs auf dem Ultner Höfeweg mit dem Zoggler Stausee im Hintergrund.

Herbsttraum: Kurz vor den Walschgruben beim Aufstieg zum Ultner Hochwart.

bild – und ist noch heute in Grundzügen sichtbar. Zwar liegen neben St. Pankraz im Talgrund noch der Hauptort St. Walburg und die Dörfer Kuppelwies, St. Nikolaus und St. Gertraud, doch gerade die südostexponierte Sonnenseite des Tals ist überzogen von einem Netz aus Hangstraßen zwischen einzelnen Höfen und kleinen Streusiedlungen. Auf solchen Wegen wie dem Ultner Höfeweg, der beiderseits am Fuß der Talflanken von Kuppelwies nach St. Gertraud und wieder zurück führt, lässt sich die lebendige Ursprünglichkeit des Ultentals erwandern und erfassen: die gut erhaltene Höfearchitektur mit ihren charakteristischen Schindeldächern, die weiterhin bedeutende Landwirtschaft (im Ultental existieren heute noch rund 270 bewirtschaftete Höfe!), traditionelles Handwerk wie die Wollverarbeitung und vieles andere mehr. Gerade für unsere Kinder erscheint es mir mehr und mehr als ein großes Geschenk, dass der Kontakt zu dieser Welt so eng ist und dass wir sie so schnell erreichen können; sie scheint mir in vielen Bereichen näher am Leben zu sein als die moderne Welt mit ihren diversen „Bullshit-Jobs", hinter deren hochtrabenden Titeln in Wahrheit sinnentleertes Tun steckt.

Der Ultner Höfeweg erschließt noch ein weiteres bedeutendes Element des Ultentals: Wasser. Von seinem nordseitigen Abschnitt aus betrachtet, verwandelt der drei Kilometer lange Zoggler Stausee das mittlere Ultental in einen Fjord. Es ist eine Idylle, die aber auch eine verborgene Schattenseite hat. Nach der Fertigstellung des Sees 1964 waren mehr als zwei Dutzend Bauernhöfe und andere Anwesen, manche bis zu 600 Jahre alt, im Wasser verschwunden. Auf dem 2020 fertiggestellten Uferweg kann man den See zu Fuß oder mit dem Fahrrad umrunden. Am Westende lädt das Ufer der Falschauer, die den See speist, auf halber Strecke zum Picknick ein; am Südufer gibt es eine Kneippanlage und einen Waldspielplatz – aber es lohnt eben auch, jene Schautafeln zu studieren, die daran erinnern, dass der heutige Spaß vor mehr als einem halben Jahrhundert seinen Preis forderte. Auch die weiteren Stauseen des Ultentals sind dankbare Ausflugsziele, darunter der von Wald und Wiesen umsäumte Weißbrunnsee im Talschluss oder der hoch gelegene Arzkarsee im kargen Felskessel über der Kuppelwiesalm. Für unsere Kinder sind es „Ein-Tages-Welten", groß, weit und voller Möglichkeiten und Geheimnisse, die es zu erkunden gibt.

Geisterwelt: Mitterbad

„Es ist dort wie in einer Geisterstadt", hatte ein Freund gemeint, als er uns den Tipp gab, einmal nach Mitterbad zu fahren. Logisch, dass die Kinder für so etwas Feuer und Flamme waren. Ich selbst hoffte allerdings zunächst, dass uns aus der Geisterstadt kein Geisterfahrer entgegenkäme, denn auf den letzten 300 Metern zu dem verwunschenen Ort wäre ein Ausweichen auf der einspurigen Straße kaum möglich gewesen.

Mitterbad ist die größte der vier Ultner Mineralquellen. Es liegt im unteren Marauntal, welches

Bewahrtes Handwerk:
Die restaurierte Venezianersäge im Nationalparkhaus bei St. Gertraud.

Vergangenes Handwerk: Das verfallene Aquädukt des Tarscher Jochwaals am Latscher Joch.

südwestlich von St. Pankraz vom Ultental abzweigt und mit seinem Verlauf die Periadrische Naht nachzeichnet, die geologische Kontaktlinie zwischen Afrika und Europa. Sie ist eine natürliche Leiterbahn, an der mineralreiche Wässer aus dem Untergrund aufsteigen. Im 19. Jahrhundert war Mitterbad eine der meistbesuchten Heilanstalten Tirols, 1825 kamen über 2000 Kurgäste zu Besuch. Zu den prominenten Besuchern zählten der spätere deutsche Reichskanzler Otto von Bismarck, Kaiserin Elisabeth „Sisi" von Österreich oder die Schriftsteller Heinrich und Thomas Mann. Mit dem Ersten Weltkrieg kam der Bäderbetrieb zunehmend zum Erliegen; 1971 wurden die Anlagen geschlossen, seither sind sie dem Verfall preisgegeben.

Gespenstisch ist der Gang durch die Ruinen. Im großen Speisesaal des Hotels ist der hölzerne Fußboden eingebrochen, das steinerne Kellergewölbe ist sichtbar, bis zum Rand angefüllt mit Müll. Von der Decke hängt eine einsame Lampe. Im langen Badehaus lugt unter den Trümmern noch eine Badewanne hervor. Im ehemaligen Kaffeehaus finden sich noch ganze Kücheneinrichtungen, und in der kleinen Kapelle scheinen die verstaubten Bänke noch immer auf die nächsten Gottesdienstbesucher zu warten … Mitterbad ist geradezu ein Zombie-Ort, an dem neben allen Zeichen der Vergänglichkeit und des Zerfalls die Vergangenheit auf schaurige Weise untot ist.

„Gruselig", meinte unser Sohn, für den die Grenzen zwischen Fantasie und Wirklichkeit glücklicherweise noch immer fließend sind – und für den etwas, das sich nicht mit herkömmlichen physikalischen Gesetzen oder Begriffen erfassen lässt, deshalb noch lange nicht *nicht* existiert.

Welt-Weit: Ultner Hochwart

An einem kühlen Herbstmorgen fahre ich abermals hinauf zum Zoggler Stausee. Diesmal allein. Schon vor St. Walburg sehe ich links über mir den Gipfel des Ultner Hochwarts. Kein Kletterberg, aber dennoch jäh und hoch. Lockend das Ziel, herausfordernd der Weg dorthin.

Die ersten 650 Höhenmeter im noch schattigen Wald sind überraschend – und anhaltend – steil. Irgendwann ersehne ich fast die Geländekante über mir, wo es flacher wird und ich ins Sonnenlicht hinaustrete. Im Kontrast dazu führt der Weiterweg fast horizontal zur urigen Pfandlalm und weiter bis in das nächste Hochkar der Walschgruben. In einem weiten Linksbogen zieht der Steig durch das grasige Halbrund, das Gelände wird nun karger und schroffer. Über eine kurze Schrofenpassage erreiche ich die Kammhöhe – und unvermittelt öffnet sich der Blick nach Süden bis zum Lago di San Giustina im oberen Nonstal und zu den ausgedehnten Waldflächen um den Mendelpass. Von der nahen Schöngrubspitze weitet sich die Aussicht zusätzlich nach Osten hinüber zur burgähnlichen Laugenspitze zwischen Ultental und Gampenpass.

Weiter auf dem Grat hinüber zum Hochwart erlebe ich einen dieser Prachttage, die einen ganzen Monat, manchmal sogar ein ganzes Jahr vergol-

BergWelten | 47

den können. Keine Wolke am Himmel. Zu Füßen der schmale Pfad im braungelben Gras, erst noch am Kamm, dann links in der Flanke. Eine Eisenkette sichert eine Querung über ein Band aus warmem, rostrotem Gneis. Weiter oben dann noch zwei kurze Kletterstellen. Es sind Momente, in denen alles Denken eine Pause macht. Es gibt nur das Steigen, den Fels, das Gras, den Himmel, den Wind. Nur *sein* – wenn auch bald nicht mehr allein: Von Süden her ist der Hochwart bedeutend müheloser zu besteigen, entsprechend teile ich den Gipfel mit einem guten Dutzend Leuten.

Das ändert sich aber sofort wieder, als ich vom Grat nach rechts, nordwestlich auf die Ultner Seite wechsle. Steil geht es zwischen einem zersägten

Weltsicht: Der lange Kamm zum Hasenohr

Bleibt zum Abschluss noch ein Weg, der sich mir beim Betrachten der Landkarte geradezu aufdrängte. Es ist mein persönlicher Ultner Königsweg: über den rund 20 Kilometer langen Kamm vom Vigiljoch (1743 m) oberhalb von Lana bis zum Hasenohr (3257 m), dem nordöstlichsten Dreitausender der Ortlergruppe über St. Gertraud.

Nach dem Start am Joch bleiben die Gasthöfe und die geschotterten Wege bald hinter mir. Dicht an der Waldgrenze geht es zuerst durch die offenen, mit Alpenrosen und Schwarzbeeren bestandenen Wiesen der Naturnser Böden, dann südseitig unter dem Naturnser Hochjoch hinauf auf die

Dank meiner Kinder verwandelte ich mich langsam wieder zurück in den Menschen, der einen Weg beschreitet ... jenen ewigen Weg, der zu dir selbst führt und durch dein Innerstes zurück zu den Menschen. ... Ich erkannte, dass nicht ich die Kinder gezeugt hatte, sondern sie mich.

Nejc Zaplotnik, „Der Weg"

Felskamm und einem blockigen Rücken abwärts bis zu einem alten Moränenrücken neben den beiden kleinen Hochwartseen, dann durch den dichter werdenden Lärchenwald und an einem weiteren hübschen See vorbei zur Seegrubenalm. Keine Menschenseele ist in dem verborgenen Hochkar unterwegs. Ein mit Lärchennadeln weich gepolsterter Waldpfad führt eben zurück zur Pfandlalm. Weil ich mir den steilen Weg vom Morgen im Abstieg ersparen will, folge ich stattdessen dem plätschernden Bach durch den dichten Wald hinab zur benachbarten Holzschlagalm und von dort zurück zum See.

Die große „8", die ich an diesem Tag über den Ultner Hochwart zog, hatte etwas Symbolisches: ein Weg, der auf und ab führt, den Höhepunkt überschreitet und umkreist und am Ende auf sich selbst zurückführt. Die Ultner Berge (und viele andere auch) ermöglichen mir, als Erwachsener Kind zu sein, mit derselben Neugierde, spielerischen Leichtigkeit und Unbeschwertheit. Und auch wenn ich an einem solchen Tag von unseren Kindern zunächst weggehe, komme ich ihnen damit jedes Mal wieder ein Stück näher.

Norderscharte (2372 m). Von dort an bleibt der schmale Pfad die nächsten fünf Kilometer immer am Kamm: über den aussichtsreichen Kegel des Naturnser Hochwarts (2608 m) hinweg, dann in ständigem Auf und Ab am teils überraschend schmalen Grat zur Drei-Hirten-Spitze und unter dem kurzen Felsriff des Kräuterknotts entlang zu einer weiteren Scharte. Es ist ein Gang zwischen zwei Welten: der dicht bewaldeten Furche des Ultentals zur Linken und dem lichteren Flickenteppich des Vinschgaus mit seinen zahllosen Apfelplantagen zur Rechten. Über den nun wieder breiteren Grasrücken erreiche ich die kleine, mit Holzschindeln verkleidete Tonne des Schwarzer-Biwaks (2616 m), das mit Tisch und runder Sitzbank zur verspäteten Mittagsrast, aber nicht zum Übernachten einlädt. Der kurze Grat hinunter zu den Drei Seen ist kahl, aus grobblockigem Schutt bestehend, das kleine Seenplateau wirkt beim Blick zurück wie eine Impression aus dem schottischen Hochland. Im Wechselspiel von Wolken und Sonne ist es einmal schattig und kühl, dann wieder sonnig und warm, und die Wasserflächen wechseln ihre Farben von dunklem Schwarzgrün zu sattem Aquamarin. Der Weiterweg vom Rontscher Berg über die Muttegrubspitze (2736 m) zu den tiefblauen Kofelrastseen ist dann ein fast schwereloses Entlangschlendern über den mit Felsblöcken durchsetzten Graskamm.

Hinter dem kleineren der beiden Seen wechselt der Weg für die nächste Etappe auf die Vinschgauer Seite: nördlich unter dem Gipfel des Hohen Diebs vorbei – auf ihm brachte ein Unbekannter einst mit bissigem Humor das Schild „Monte Berlusconi" an – und dann auf einem bequemen Höhenweg über Wiesenflecken und durch schütteren Bergwald bis zu den Sieben Brunnen, wo in 2300 Metern Höhe aus mehreren Klüften klares Quellwasser üppig sprudelt. Von dort führt der Weg weiter über eine grasige Geländerampe zum architektonisch beeindruckenden Tarscher Jochwaal. 1782 hatten Almbesitzer aus Tarsch im Vinschgau die wasserreiche Kuppelwiesalm auf Ultner Seite erworben. Um das Wasser auf ihrer Bergseite nutzen zu können, bauten die Tarscher 1865 eine Wasserleitung quer durch die nördliche Bergflanke. In dieser Höhe (2650 m) ließ der Waal sich jedoch nur schwierig instand halten, und so wurde er nach relativ kurzer Zeit wieder aufgelassen. Doch die mit Steinplatten eingefasste und abgedeckte Wasserrinne ist noch immer erhalten. Unter dem Latscher Joch, dem Anfangspunkt, stehen noch die Pfeiler eines Aquädukts; auch einige ausgehöhlte, sonnengebleichte Baumstämme der ehemaligen Wasserleitung liegen herum.

Am Latscher Joch beginnt der Schlussanstieg zum Hasenohr: ein hübscher Bergpfad entlang des Nordostgrats, stellenweise mit einem Anflug von Ausgesetztheit und Schrofenkletterei. Ab dem Vorgipfel der Blauen Schneid (3026 m) wird der Felskamm alpiner, es geht um einige schärfere Gratzacken herum, bei einer der Querungen hilft ein Drahtseil. Ein paar Kraxeleinlagen später steht man schließlich auf dem Gipfel und genießt die atemberaubende Rundumsicht. Sie reicht von den Ötztaler Alpen mit dem Similaun im Norden über Ortler und Cevedale im Westen zur Brenta im Süden und über den gesamten Ostkamm zurück bis zum Etschtal. Ein königliches Panorama am Ende des Königswegs.

Die Gehzeit für den gesamten Grat? Die Frage erinnert mich an einen überlieferten Dialog zwischen zwei Trekkern im Himalaya: *„Du, ich habe*

gehört, man kann die Annapurna-Runde in zwölf Tagen machen!" „Ja, du kannst sie aber auch in 20 machen ..." Ich habe mir den Kamm in drei Etappen aufgeteilt. Nach dem ersten langen Abschnitt vom Vigiljoch zu den Kofelrastseen stieg ich ins Ultental nach Kuppelwies ab. Der Mittelteil war eine schöne Rundtour von der Kuppelwiesalm, und vom Hasenohr führte ein Abstieg durch die marsähnliche Felslandschaft um den „Getristeten Stein" hinunter ins beliebte Ski- und Wandergebiet Schwemmalm. Jeder einzelne Tag war ein Erlebnis für sich. Wer die Herausforderung sucht, der kann den gesamten Kamm gewiss auch an einem Tag begehen. Das käme einem langen Trekkingtag im Himalaya schon sehr nahe – besonders wenn man die Bergwelt mit anderen Augen sieht. Mit Kinderaugen.

Blaue Augen: Die Kofelrastseen vor der Muttegrubspitze.

So weit das Auge reicht: Blick vom Gipfel des Hasenohrs hinaus in den Vinschgau.

Gedrängt auf brüchigem Terrain

Stilfs und wie man hier lebt
>> **Susanne Gurschler**

Von angenagelten Erdäpfeln ist die Rede und von Hennen, die Steigeisen tragen. Das ehemalige Knappendorf Stilfs im Vinschgau glänzt mit Geschichte und zerbröselt an Leerstand.

Beginnen wir damit, wie wir hinkommen. Am großen Kreisverkehr in Spondinig abzweigen nach Prad und weiter die steile Bergstraße hinauf zum Weiler Gomagoi. Von hier ginge es links weiter nach Sulden, wo Angela Merkel gern urlaubt, und geradeaus nach Trafoi, wo Skilegende Gustav Thöni herkommt, und von dort weiter die Stilfserjochstraße hinauf und hinten hinunter ins italienische Bormio. Nach Stilfs aber zweigt man in Gomagoi rechts ab, den Moränenhügel hinauf geht's oben wieder talauswärts.

Am Steilhang klebt Stilfs. Häuser und Wirtschaftsgebäude dicht an dicht, schmale, steile Gassen, enge Treppen. Ein pittoresk anmutendes Haufendorf mit tiefschürfender Geschichte und ungewisser Zukunft.

Über die Brücke

Mitte der 1960er-Jahre verschlug es Thomas Bernhard hierher. Und dann noch einmal 1977. „In kürzester Zeit, denke ich, wird hier in Stilfs alles zerbrochen, nur mehr noch irreparabel sein", schrieb er in seiner 1969 erschienenen Erzählung „Midland in Stilfs". Nicht gut, an diese Zeilen zu denken, wenn man an der Schmiedbrücke steht, die den Ortsteil Patzleida mit dem Altdorf verbindet. Sie verstellen den Blick.

Stilfs, das die Einheimischen Stilz aussprechen, liegt auf 1300 Metern Seehöhe, ist Hauptort der gleichnamigen Gemeinde, zu der Gomagoi, Sulden und Trafoi gehören. Über allen erhebt sich der Ortler, der König der Berge, der höchste Berg Südtirols, erstmals bestiegen 1804.

In Stilfs Dorf leben 421 der 1157 Einwohner der Gemeinde (Stand 31. Dezember 2020), dicht gefolgt vom Wintersportort Sulden, dessen Einwohnerzahl kontinuierlich steigt. In Stilfs sank dieselbe über Jahre, um nun seit Jahren zu stagnieren – immerhin, wie allenthalben zu hören ist.

All die Hohen Mauern

Vor und nach der Schmiedbrücke, die so heißt, weil hier ein Schmied seinem Handwerk nachging, stellen die meisten Einheimischen und fast alle Gäste ihre Autos ab, der Parkplatz auf Stützen, hineinbetoniert ins steil zum Bach abfallende Gelände.

Die schmalen, steilen Gassen des Altdorfs befahren nur Ortskundige. Solche, die die raren Wendemöglichkeiten kennen, wissen, welche Gasse in einen Steig übergeht, Weltmeister im Rückwärtsfahren sind – oder Gäste der Sonne. Das Hotel steht auf etwa Dreiviertelweg rechts der einspurigen Dorfstraße, die zur Kirche führt. Hinter der Sonne gibt's einen Wendeplatz und neben der Sonne ein Parkdach nur für Gäste.

Im Gasthof Sonne stieg damals Thomas Bernhard ab. Die Gegend inspirierte ihn. In vier literarischen Texten verewigte er sie: „Midland in Stilfs", „Am Ortler. Nachricht aus Gomagoi" (1971), „Entdeckung" und „Nahe Sulden" (beide 1978).

Links: Wohn- und Wirtschaftsgebäude wurden auf engstem Raum hinter- und übereinander gestapelt und verschachtelt.
© S. Gurschler

Blick auf das romanische Haufendorf Stilfs, gesprochen: Stilz. Im Vordergrund der Ortsteil Patzleida (links). Diese historische Ansicht von Stilfs, vom Ortsteil Stilfser Brücke aus, entstand um 1905.
© S. Gurschler, TLM/Bibliothek

Gleichsam als Folie für eine Erzählung über Stillstand, Enge und Tod diente ihm das Haufendorf Stilfs in „Midland in Stilfs". Im Gegensatz zum realen ist das Bernhard'sche Stilfs als weitläufiges Gut mit Wohn- und Wirtschaftsgebäuden angelegt. Und es fließt dort auch nicht der Tramentanbach, sondern die bayerische Alz.

Bezüge lassen sich dennoch herstellen. So verarbeitet Bernhard in „Midland in Stilfs" literarisch ein historisches Ereignis. Um an ihr Erbe zu gelangen, stieß ein Engländer 1876 seine Frau auf der Stilfserjochstraße in den Tod. Ein Mord, der für großes Aufsehen sorgte und sich im kollektiven Gedächtnis der Region verankerte.

Bei Bernhard kommt der wohlhabende Engländer Midland jedes Jahr nach Stilfs, um das Grab seiner Schwester zu besuchen, die unter mysteriösen Umständen zu Tode kam. Sie stürzte „von der Hohen Mauer kopfüber hinunter in die Alz". Möglichkeiten abzustürzen, gibt es in Stilfs viele.

„In Stilfs miassn die Hennen Steigeisn trogn und di Erdäpfl miassn si feschtnogln, damit sie nit ins Tol oi rolln." – So lautet ein Spruch, den die Autorin noch aus Kindertagen kennt. Für alle nicht Dialekt Sprechenden: In Stilfs müssen die Hennen Steigeisen tragen und die Kartoffeln müssen sie festnageln, damit sie nicht ins Tal hinunterrollen.

Hinein in die Erde
Gleich nach der Schmiedbrücke steht neben dem neuen Feuerwehrhaus das alte. Der Holzturm und das an den Felsen gedrückte Gebäude fallen ins Auge. Im Innern befindet sich das Bergbaumuseum „Der Einstieg". Ein kleiner Raum, der an die Geschichte erinnert, die Stilfs groß machte, die Geschichte des Erzabbaus.

Das ehemalige Feuerwehrhaus beherbergt heute das kleine Bergbaumuseum „Der Einstieg".
© S. Gurschler

Fasura, Serra und Gaschaun
Bis ins 17. Jahrhundert sprach der Großteil der Stilfser Bevölkerung Rätoromanisch, trotz Christianisierung und Zuzug von deutschsprachigen Knappen in der Blüte des Bergbaus. Nicht zuletzt die Schulpflicht, eingeführt unter Maria Theresia von Österreich, verdrängte das Rätoromanische schließlich. Noch heute lässt sich aber ein Großteil der Orts-, Flur-, Hof- und Gewässernamen auf rätoromanische Wurzeln zurückführen. Einige Bezeichnungen finden sich an Hausmauern in Stilfs. So bedeutet Fasura oberes Tal, Serra Viehpferch, Gaschaun Bauerngut und Pinggara Wasserwaal. Seit letztem Jahr gibt es Straßennamen in Stilfs, die alte Bezeichnungen aufgreifen. An vielen Häusern steht noch die frühere Hausnummer neben der neuen.

Anhand von Kupferschlacken gelang vor einigen Jahren der Nachweis, dass in der Region bereits in prähistorischer Zeit Erze geschürft wurden. Auf Kaschlin, einem Hügel rund eine halbe Stunde Gehzeit entfernt, befand sich eine urzeitliche Siedlung, auf dem Weiberbödele ein Brandopferplatz. Die erste urkundliche Nennung von Stilfs ist datiert mit dem Jahr 1229.

Richtig in Schwung kam der Bergbau im Mittelalter. Knappen aus anderen Bergbauregionen siedelten sich in Stilfs an, Handwerke und Dienstleistungen blühten. Die weitere Siedlungsentwicklung schloss an die bisherige an.

Die ersten Wege und Behausungen waren rund um die lebenswichtigen Quellen, die in Stilfs sprudelten (und sprudeln), entstanden. Noch heute lässt sich deren sternförmige Anlage um die öffentlichen Brunnen nachvollziehen. Die raren nicht steil abfallenden Wiesen und Felder sollten weiterhin dazu dienen, die Ernährung von Mensch und Tier sicherzustellen. Schwierig genug.

Den Stilfser Berg durchzieht ein verzweigtes Stollensystem. Die meisten Zugänge sind längst verschüttet. Zahlreich die Sagen von gierigen Knappen und dunklen Schlünden, zahlreich die Mythen von alten Mundlöchern, die direkt von den Häusern in den Berg führten.

Eines vermeinte man beim Umbau des alten Feuerwehrhauses freizulegen, doch es war nur ein Felsspalt. Eines fand man tatsächlich bei der Sanierung eines Wohnhauses wenige Meter oberhalb des alten Feuerwehrhauses.

Das Gebäude steht dominant, da freistehend und vier Stockwerke hoch, an der Hangkante am Eggsteig, der vom Karmatschweg (siehe Kasten unten links) abzweigt.

Raus aus der Stadt
Vor rund zehn Jahren kauften es die Boznerin Karin Della Torre und ihr Mann. Sie ehemalige Leiterin der Abteilung Museen und des Betriebs Landesmuseen und heute oberste Denkmalpflegerin des Landes Südtirol. Er Rechtsanwalt. Sie sind nicht die Einzigen, die diesen von Natur aus verkehrsberuhigten Ort, dieses aus der Ferne so pittoresk anmutende Schwalbennest im oberen Vinschgau für sich entdeckt haben.

Es gibt einige, die für zwei, drei Wochen im Jahr das genießen, was viele Stilfser talaus nach

52 | BergWelten

Prad oder Mals oder Schlanders treibt: die Ruhe, die Abgeschiedenheit, die Enge – der Stillstand. Bis auf zwei, drei Wochen im Jahr bleiben viele Vorhänge zu, Jalousien geschlossen. Rund zwanzig Wohneinheiten seien Zweitwohnsitze und etwa 25 Häuser unbewohnt, weiß Gemeinderat und Lehrer Roland Angerer.

Die Familie Dalla Torre hat ihren Hauptwohnsitz nach Stilfs verlegt, lebt unter der Woche im geschäftigen Bozen, am Wochenende im Haus mit Blick aufs Dorf, ins Suldental und den alles überstrahlenden Ortler. Bei der Generalsanierung legten die Arbeiter in der Küche ein Knappenloch frei, ansonsten fand sich am Haus nichts von Wert. Es galt vielen als Schandfleck. Die Dalla Torres renovierten es trotzdem behutsam, erhielten den Charme des Überkommenen.

Alte Mauern sehen Kunst

Noch mehr bei der Haushälfte, die sie einige Jahre später erwarben. Ein altes Steinhaus nur wenige Gehminuten von ihrem Wohnhaus entfernt. Wie alles im Dorf eigentlich nur Gehminuten entfernt ist. Errichtet wurde das Haus zwischen 1863 und 1867, unmittelbar nach dem verheerenden Brand, der leichtes Spiel hatte im baulichen Gedränge. Das Feuer vernichtete rund die Hälfte der bis dahin vorwiegend aus Holz und Lehm bestehenden Gebäude.

Das Karge des Bäuerlichen zu erhalten, war Karin Dalla Torre ein Anliegen, ebenso, die Räume mit zeitgenössischer Kunst zu füllen. Jedes Jahr gestaltet hier ein Künstler, eine Künstlerin eine Ausstellung, lädt Dalla Torre Freunde und Bekannte aus nah und fern zur Eröffnung.

Ähnliches, aber übers ganze Jahr verteilt und noch durchdrungen vom Geist der 1970er, hatte Jahrzehnte zuvor Guido Moser im Sinn. Auf Anregung seines Bruders Roman kaufte der Künstler und Therapeut das desolate Pfeiferhaus am Widumweg und richtete es sukzessive her.

In den folgenden Jahren fanden hier Ausstellungen und Happenings, Performances, Lesungen und Seminare statt, wurden Theateraufführungen und Kunstwanderungen konzipiert und umgesetzt. Heute konzentrieren sich die Aktivitäten vorwiegend auf das „Mutterhaus" im Ortsteil Stilfser Brücke. Kunst begegnet einem dennoch auf Schritt und Tritt, an den Wänden, in den Nischen und im Gebälk. Und mit seinen unterschiedlichen Ebenen, Treppchen und Stiegen entspricht das Pfeiferhaus den verschachtelten Formen von Stilfs.

Geteilter Herd, geteilter Tisch

Wie in den meisten Wohngebäuden im Dorf wohnten auch im Pfeiferhaus früher zwei und mehr Familien, teilten sich Küche und Stube. Im ganzen Dorf gut zu sehen an den verschiedenen Eingängen, geteilten Gebäuden, an den kleinen Parzellen auf den Bödenäckern am unteren Dorfrand.

Geschuldet war dies der Realteilung, bei welcher der Besitz zu gleichen Teilen an die Erbberechtigten ging. Mit verheerenden Folgen. Die Besitztümer wurden immer kleiner und konnten die Familien nicht mehr ernähren. Neben dem Niedergang des Bergbaus einer der Hauptgründe,

Wasser ist ein wertvolles Gut. Alle Wege in Stilfs führen zu öffentlichen Brunnen. Diese wurden vor Jahren erneuert.

Links geht es den Karmatschweg hoch, geradeaus führt die Dorfstraße weiter zur Kirche (links).

© S. Gurschler

warum im 19. Jahrhundert bittere Armut in Stilfs herrschte. Viele wanderten ab – ins Tal –, einige aus – ins verheißungsvolle Amerika.

Die, die blieben, schickten ihre Kinder als Schwabenkinder in die Fremde, wo sie sich als Knechte und Dienstmägde verdingten, schlecht behandelt und nicht selten misshandelt wurden. Viele zogen als Karrner durch die Lande, lebten von den mageren Einkünften als Kesselflicker, Scherenschleifer oder Korbflechter. Verschrien als Taugenichtse, Diebe und Lumpenpack.

Knödel stehlen am Kirchplatz

Die Konflikte zwischen Sesshaften und Fahrenden, zwischen Besitzenden und Besitzlosen, zwischen Bergknappen und Alteingesessenen spiegeln sich im „Stilzer Pfluagziachn". Der uralte Fruchtbarkeitsritus, 1991 wiederbelebt, funktioniert als eine Art Stationentheater, er läutet den Langes, den Frühling, ein.

Hier die Bauern mit dem Pflug, dem Sämann, dem Gesinde, dort das Gesindel, die Pfannenflicker, Schneider und Messerschleifer. In den engen Gassen treffen die beiden Gruppen immer wieder aufeinander, die Konflikte nehmen zu. Höhepunkt der Auseinandersetzung ist das Knödelessen auf dem Kirchplatz.

Die Bauern tischen mächtig auf, die Armen versuchen immer wieder, Knödel zu ergattern, ernten dafür wilde Beschimpfungen und Prügel. Neben dem Klosn (siehe Kasten) ist Pfluagziachn ein Brauch, den es in dieser Form nur in Stilfs gibt.

© L. Grutsch

Esel, Klaubauf, Nikolaus und Weiße

Spricht man in Stilfs das Thema Klosn an, ist man mit einem Schlag mittendrin – und komplett draußen. Seit alters her ist das Klosn ein Brauch von Stilfsern für Stilfser. Auswärtige sind maximal Zuschauer. Ein archaischer Brauch mit besonderen Regeln, der Masterarbeiten und Filmarchive füllt.

Das von Peter Grutsch zum Beispiel. Schon in Kindertagen leidenschaftlicher Kloser, dokumentiert er das Klosn heute in Bild und Ton. Nur beim letzten im Dezember 2020 überließ er die Kamera seiner Tochter Lisa. Dank Corona waren die Stilfser erstmals seit vielen Jahren unter sich. Griffiger Pulverschnee auf den Wegen und auf den Larven – ein Klosn wie im Bilderbuch, ein Klosn wie früher.

In seinen Grundzügen ist das Klosn mit dem Perchtenlauf in Nord- und Osttirol zu vergleichen. „Ursprünglich fand das Klosn in den Rauchnächten zwischen Thomastag (21. Dezember) und Heilig-Drei-König (6. Jänner) statt", so Angerer. Mit der Christianisierung verschmolzen der alte Brauch und der Nikolausumzug (Klaus – Klosn) miteinander. Heute findet es immer am ersten Samstag im Dezember statt. Schon im Spätherbst dominiert das nahende Ereignis die Gespräche der „Stilzer". Die Frauen setzen die Gewänder instand und nähen neue, die Männer richten ihre Larven her. „Die Nächte werden immer länger und die Aufregung immer größer", sagt Peters Sohn Andreas.

Das Klosn folgt einer klaren Dramaturgie. Die Esel mit ihren bunten Gewändern, Schlappohren und heraushängenden Zungen sammeln sich am Hang von Gaschitsch oberhalb des Ortsteils Patzleida. Begleitet vom Nikolaus und den Weißen (Engeln) bewegen sie sich den steilen Pfad hinunter Richtung Schmiedbrücke.

Dabei springen, rollen und purzeln die Esel wie wild und läuten rhythmisch die Schellen, die sie um den Leib gebunden haben. Bis zu 40 Kilogramm schwer ist das Geläut. Es versetzt die Kloser in eine Art Trance, sie spüren weder Blutergüsse noch Schrammen. Nicht nur einmal trug einer einen Tinnitus davon, laborierte danach an einem Gehörsturz, trotz Ohrstöpseln. Die Esel stehen für die Triebe, das Unkontrollierte im Menschen. „Beim Klosn lassen die Teilnehmer allen Emotionen freien Lauf. Es ist wie ein Ventil, alles kommt raus", erklärt Peter Grutsch.

An der Schmiedbrücke treffen die Esel mit den Klaubauf zusammen, finsteren Gesellen mit wüsten Larven, Hörnern und Fellumhängen. Sie stehen für den Winter, die Kälte, das Böse. Der Zug bewegt sich durch das ganze Dorf bis zum Kirchplatz. Dort endet der erste Teil des Klosns. Um 17 Uhr stimmen die Kloser mit dem Nikolaus und den Weißen ins Gebet ein. Der Nachtumzug beginnt um 20 Uhr im Ortsteil Karmatsch im Nordosten des Dorfs. Die Kloser bewegen sich springend und Schellen läutend bis zum Kirchplatz. Im Anschluss finden wieder Hausbesuche statt. Jede Gruppe hat die ihr zugewiesene Tour.

Als Kloser gehen dürfen nur Männer aus Stilfs. Junge Kloser müssen eine Mutprobe bestehen (das sogenannte „Abklosn"), um bei den Großen mitlaufen zu dürfen. Frauen sind grundsätzlich ausgeschlossen. Das war immer schon so, sagen die Männer, und das stellt hier auch niemand infrage. Wehe denen, die es trotzdem wagten! Die Geschichten von Enttarnung und Strafe sind nichts für sensible Gemüter.

Weitab vom Gipfelsturm

Der Fremdenverkehr allerdings war ein Segen für die Region. Das Ortlermassiv zog ambitionierte Alpinisten an, Städter dürstete es nach würziger Luft und beschaulichen Almen. Am Ende des 19. Jahrhunderts standen in Gomagoi, in Sulden und in Trafoi Grandhotels, die betuchten Gästen jenen Komfort boten, von dem die Bauern reihum noch lange träumten, das heißt fließend warmes Wasser, Bäder, Strom, Telefon. In Stilfs klotzte zwar kein Grandhotel – wo auch? –, doch auch hierher zog es Naturliebhaber.

Die Perspektiven ab den 1950er-Jahren, als Wirtschaftswunder, Sommerfrische und Wintertourismus immer mehr Menschen in die entlegensten Orte Südtirols spülten, waren so grandios, dass Anfang der 1970er-Jahre ein pekuniäres Sanierungspaket das Haufendorf erreichte. Mithilfe der Landesmittel wurden Häuser auf Vordermann gebracht. Raus den alten Krempel, rein die Einbauküchen. Später erhielten die Gassen ein solides Gesicht aus Asphalt und Pflastersteinen, die zahlreichen Quellen neue Brunnen.

Im Tiefflug dahin

„Stilfs war damals weitum bekannt für seine hervorragenden Handwerker", erzählt der Historiker Gerd Klaus Pinggera, Verfasser des Dorfbuchs. Die Stilfser schickten ihre Kinder auf höhere Schulen, nicht wenige studierten.

„Mit der Herzlichkeit ‚gegen' Fremde werde ich in meinem Heimatdorf aufgenommen. / Ich bin kein Dorn im Auge. / An unbekannte Einheimische hat man sich in derselben Weise wie an Touristen gewöhnt. / Ich bin nicht lästig. / Ihre Spielregeln sind die alten. / An einem Tisch gibt jeder eine Runde aus." Das schrieb der Student und spätere Verleger Ludwig Paulmichl 1980 über seinen Heimatort.

Die Stilfser Handwerker stießen im verwinkelten Altdorf bald an die jahrhundertealten Grenzen. Während im Tal unten Gewerbezonen sprossen, war in Stilfs kein Grund zu haben. Heute arbeiten die meisten Stilfser auswärts, die wenigen Bauern im Dorf führen ihren Betrieb im Nebenerwerb. Mit ein paar Ziegen oder ein, zwei Kühen ist kein Staat zu machen.

Ein Lebensmittelgeschäft zählt Stilfs und drei Hotels, den Stilfser Hof, die Traube und die Sonne, die seit Kurzem in moderner Architektur erstrahlt, durchdesignt bis zu den Vorhängen. Sommers sitzen die Gäste auf der Aussichtsterrasse vorne raus und die Einheimischen am Stammtisch hinten raus – den Ortler sehen sie jeden Tag.

Die Rede ist viel von Stagnation, von Resignation allenthalben. Da und dort aber sprießt Perspektive. Der eine renoviert ein Haus, der andere züchtet Kräuter. Wieder ein anderer baut Weinreben an oder probiert es mit Ziegenkäse. Es gibt Pläne für interaktive Dorfrundgänge und Vorstellungen von Kunsthandwerksbetrieben und Direktvermarktern in leerstehenden Gebäuden.

Die Stille, die Ruhe, die Beschaulichkeit seien Ressourcen, die man nutzen könnte, meint Pinggera. Es brauche keine Massen. „Nur jeder Hundertste, der über die Stilfserjochstraße fährt, müsste hier vorbeischauen", sagt er. Nur jeder Hundertste.

Ob das reicht? – Wer kann das wissen?

Enden wir, bevor wir wieder hinunter nach Gomagoi und dann aufs Stilfserjoch fahren, doch noch mit Thomas Bernhard. „In Stilfs den Hebel ansetzen, die Welt verändern!", ruft der Engländer in „Midland in Stilfs". So ließe sich beginnen.

Anfang der 1990er-Jahre begann Guido Moser, das Pfeiferhaus Schritt für Schritt zu renovieren und zu einem kulturellen Zentrum auszubauen.
© S. Gurschler

Der Historiker Gerd Klaus Pinggera verfasste das Dorfbuch von Stilfs. Letztes Jahr erschien „Stilfs. Zeitenwende im Bergdorf".
© S. Gurschler

BergWelten | 55

Sehnsucht nach Schnee

3000 Meter, drunter und drüber – auf Skihochtour in der Ortlergruppe
>> **Stefan Herbke**

Im Martelltal starten Skibergsteiger zu einer der großartigsten Durchquerungen der Ostalpen: von Hütte zu Hütte rund um den Monte Cevedale.

„Das war wirklich die schönste Zeit, die ich je hatte", erinnert sich Ulrich Müller. Er meint den ersten Lockdown im Frühjahr 2020. Kurz hält man inne, ob man sich nicht gerade verhört hat, doch der Wirt der Zufallhütte lässt trotz aller wirtschaftlichen Schwierigkeiten und Folgen keine Zweifel aufkommen. „Zwei Monate war ich komplett allein hier oben – es war traumhaft." Dabei hatte er gerade erst die Hütte aufgesperrt, die Buchungen stimmten ihn zuversichtlich, und die Schneelage war ausgezeichnet. Und dann beendete Corona die Saison abrupt. Mit Blick auf die strengen Ausgangssperren im Tal entschied sich Uli, die Zeit lieber am Berg auszusitzen. „Die Lebensmittel hätten locker für zehn Tage Vollbelegung gereicht", erzählt er lachend, „damit hatte ich für mich auf Wochen genug zum Essen."

Rund 80 Schlafplätze gibt es in der komfortablen Zufallhütte, die auf einer Sonnenterrasse in 2265 Metern Höhe am Ende des Martelltals thront – für viele die Eingangspforte ins Skitourenparadies der Ortlergruppe. Das über 25 Kilometer lange Tal führt vom Vinschgau, wo schon früh im Jahr ein Hauch von Frühling zu spüren ist, hinein in den Winter, der im Talschluss selbst Anfang Mai noch Abfahrten bis zum Auto garantiert. Außergewöhnlich ist das Martelltal nicht nur, weil es hier im Gegensatz zu Sulden oder dem Ultental keinerlei Aufstiegsanlagen gibt. Mitte der 60er-Jahre des

Die Cima Marmotta (Köllkuppe) zählt zu den beliebtesten Zielen, was bei dem Blick auf Königspitze, Ortler & Co. nicht weiter verwundert.

Seit 20 Jahren bewirtschaftet Ulrich Müller die Zufallhütte im hintersten Martelltal.

© alle Fotos: S. Herbke

BergWelten | 57

Das Martelltal ist bekannt für den Anbau von Erdbeeren, einsame Tourenziele wie die Hintere Nonnenspitze (Mitte) und den Monte Cevedale, einen der beliebtesten Ski-dreitausender der Ostalpen (oben, gesehen vom Aufstieg zur Köllkuppe).

letzten Jahrhunderts stiegen die ersten Landwirte von der Viehwirtschaft auf den Obstanbau um, da sie aufgrund der kleinstrukturierten Höfe nicht vom Milchverkauf leben konnten. Für die älteren Bauern ein Kulturschock: Auf einmal waren die Ställe leer, und im Talboden wurden die grünen Wiesen von Erdbeerfeldern abgelöst! Doch der radikale Wechsel hat sich ausgezahlt – einige können mittlerweile von ihrem Betrieb leben. Aufgrund der Höhenlage zwischen dem Taleingang bei Morter (727 m) und dem Biathloncenter unter der Staumauer des Zufrittsees, rund 1000 Meter höher, können die Erdbeeren den ganzen Sommer über bis September geerntet werden. Sie reifen aufgrund der warmen Tage und kühlen Nächte eher langsam und punkten zudem durch eine intensive rote Farbe. Das Martelltal gilt damit als das höchste europäische Beerenanbaugebiet.

Im Winter dreht sich dagegen alles um die Farbe Weiß. Neben Biathlon und Schneeschuhwandern sind es vor allem die vielen Skitouren, die das Martelltal auszeichnen. Es gibt sonnseitige Ziele wie Laaser Spitze, Schluderspitze, Lyfispitze, Schöntaufspitze oder die 3422 Meter hohe Plattenspitze, wobei die Anstiege trotz der deutlich über 3000 Meter hohen Gipfel komplett gletscherfrei und oft auch im Hochwinter schon möglich sind. Und es gibt schattseitige Ziele wie die Hintere Nonnenspitze, die sich hoch über dem Zufrittsee versteckt und beim Blick von der schmalen Uferstraße nur einen wenig attraktiven Waldgürtel zeigt. Doch wer diese Hürde gemeistert hat, wird reichlich belohnt, denn über dem Zufritttal öffnet sich ein großartiger Nordhang über rund 900 Höhenmeter: Für abfahrtsorientierte Tourengeher ist diese immer noch als Geheimtipp gehandelte Tour der skifahrerische Höhepunkt des Martelltals.

Dennoch steuert die Masse der Skitourengeher auf schnellstem Weg den Talschluss an – die Anziehungskraft von Cevedale, Zufallspitze & Co. ist einfach zu groß. Der Anstieg zur Zufallhütte vom Parkplatz am Ende der schmalen, kurvenreichen Straße ist überschaubar: Erst durch einen engen Graben, dann über eine flache Ebene und schließlich hoch über der tief eingeschnittenen Plimaschlucht, über die eine spektakuläre Hängebrücke führt, zur Hütte. In gemütlicher Gangart benötigt man für die Strecke keine 45 Minuten. Als Alternative bieten sich die gut 300 Meter höher liegende Marteller Hütte oder einer der beiden Gasthöfe in Parkplatznähe als Stützpunkte an.

Komfort am Ende der Welt

Die meisten bevorzugen allerdings die Zufallhütte, die Ulrich Müller seit 2002 bewirtschaftet. Der Schritt vom Obstbauern zum Hüttenwirt überraschte selbst seinen Freundeskreis. „Mein Vater wollte mich zum Psychologen schicken", erinnert er sich, „verstanden hat das niemand, aber für mich war es eine Herausforderung – und ich wollte einfach mal etwas anderes machen." Bereut hat er die Entscheidung nie, und so wurden aus den anfangs geplanten neun Jahren mittlerweile 20. Geändert haben sich in diesem Zeitraum vor allem die Ansprüche der Gäste. „Die Leute wollen mehr Komfort", ist seine Erfahrung, „und zum Glück haben wir schon immer relativ viele Zwei- und Drei-Bett-Zimmer gehabt." Sogar eine Sauna gibt es – eine willkommene Abwechslung für Gruppen, die hier eine ganze Woche bleiben. Dennoch sind die Übernachtungen trotz des Skitourenbooms kaum gestiegen. „Früher gab es mehr

Der Schluchtenweg

Seit dem Sommer 2016 errichtete man entlang der eindrucksvollen Plimaschlucht, die vom Talschluss bis in die Ebene oberhalb der Zufallhütte verläuft, vier außergewöhnliche Bauwerke aus Cortenstahl, die überraschende Einblicke in die bisher versteckt liegende Klamm ermöglichen.

Die „Kelle" führt steil hinunter in die enge Schlucht, die „Sichel" leitet den Besucher mit Panoramablick vorsichtig an der Geländekante entlang und die „Kanzel", dritter Aussichtspunkt, steht unter dem Motto „Wer noch weiter hinaufsteigt, kann noch weiter hinunterschauen". Während diese Plattformen im Winter bei Schnee und Eis gesperrt werden, kann die elegante Hängebrücke ganzjährig genutzt werden. Dadurch können Schneeschuhwanderer eine kurzweilige Rundwanderung unternehmen – und Tourengeher können von der Zufallhütte aus ganz bequem die Talseite wechseln, um die Gipfel zwischen der Cima Marmotta (Köllkuppe) und der Dritten Veneziaspitze zu erreichen.

Wochengäste", erklärt Uli, "heute bleiben die meisten eher drei bis vier Tage."

Rund neun Monate im Jahr verbringt der ehemalige Obstbauer auf seiner Hütte. Obwohl die ausgefüllten Tage oft schon morgens um fünf Uhr beginnen, genießt er die Zeit. "Du lebst einfach im Paradies", meint er, "und wenn du das ein paar Jahre machst, dann kannst du dir eigentlich gar nichts anderes mehr vorstellen." Auch den Kontakt mit den Gästen, von denen viele schon öfter hier waren, schätzt er. Und dann, im Frühjahr 2020, war Uli auf einmal allein in seiner Hütte; kein einziger Skitourengeher verirrte sich während der Ausgangssperre in die Ortlergruppe. "Seit der Schule war das meine erste Auszeit, wo du dir keine Gedanken über die anstehende Arbeit machen musstest", erzählt er. Und schiebt fast entschuldigend hinterher: "Du durftest ja nichts tun, doch für mich war das erst einmal richtig befreiend." Tag für Tag saß er auf der Terrasse, genoss die ausnehmend sonnigen Frühlingstage, den Blick auf die einsame Bergwelt und die Skitouren – die Wasserstelle musste ja regelmäßig kontrolliert werden … "Du kannst dir das nicht vorstellen", schwärmt er, "ich habe einfach in den Tag hineingelebt, am Schluss sind die Gämsen vor der Hütte rumgelaufen, nachts kamen die Hirsche und tagsüber hat der Birkhahn gesungen – das war einfach eine geile Zeit."

Ihre Tage auf der Zufallhütte genießen auch die Gäste. "Hier fehlt es mir an nichts", so freut sich etwa Kurt Ortler immer wieder auf die Tourenwochen im Martelltal. "Eigentlich könntest du zwei Wochen lang jeden Tag einen anderen Gipfel machen", schwärmt der Bergführer aus Prad vom Tourenangebot. "Selbst bei ungünstigen Verhältnissen kannst du etwa Richtung Langenferner auf die Eisseespitze starten." So groß die Auswahl an lohnenden Dreitausendern auch ist, an erster Stelle stehen mit großem Abstand die Zufallspitze (3757 m) und der benachbarte Monte Cevedale (3769 m), die quasi den Mittelpunkt der Ortlergruppe bilden. Von allen Seiten kann man die beiden stark vergletscherten Gipfel besteigen. Von der Zufallhütte aus bieten sich drei Routen an. Die einen wählen den extralangen Weg über den – nomen est omen – Langenferner, während andere die Schleife über den Zufallferner bevorzugen. Der Großteil wählt allerdings die direkte Linie über den Fürkeleferner und hält direkt auf die Zu-

BergWelten | 59

Traumziele am laufenden Band (von links nach rechts): Punta San Matteo, Königspitze und Ortler vom Anstieg zur Suldenspitze …

fallspitze zu, um schließlich unter dem Gipfel nach links auf den felsigen Südostkamm zu queren, über den man problemlos aufsteigt – und schließlich begeistert innehält: Gleich vis-à-vis erhebt sich die weiße Pyramide des Monte Cevedale, und daneben tauchen die grandiosen Gletscherhänge von Palon de la Mare und Punta San Matteo auf.

Zwischen Trubel und Einsamkeit

Auf der Zufallspitze, die vom Skidepot in wenigen Minuten erreicht wird, steht man im Zentrum der Ortlergruppe und genießt einen grandiosen 360-Grad-Rundblick. Früher galt der Cevedale als höchster Skitourengipfel der Ostalpen, doch mittlerweile stehen selbst die deutlich höhere Königspitze mit ihrer steilen Ostflanke und der 3905 Meter hohe Ortler – mit Anstieg von der Berghütte über die Trafoier Eisrinne – bei vielen ambitionierten Skitourengehern auf dem Programm. Natürlich ist das Können der Skitourengeher gestiegen, vielleicht haben sich durch den Gletscherrückgang aber auch die Verhältnisse verbessert. „Am Cevedale ist der Gipfelgrat in den letzten zwei Jahren etwas flacher und damit leichter geworden", hat Kurt Ortler beobachtet. Sichtbar wird dies auch ein paar Meter vor dem Gipfelkreuz an den Resten eines Holzunterstands, von dem vor ein paar Jahren nur die obersten Zentimeter aus dem Eis schauten. Mittlerweile ist das Relikt aus dem Ersten Weltkrieg komplett ausgeapert.

Platz gibt es hier oben mehr als genug. Den braucht es an manchen Tagen auch, wenn die aus dem Martelltal, von Sulden und von der Pizzinihütte aufgestiegenen Tourengeher gleichzeitig am Gipfel eintreffen. Überraschenderweise kommt kaum einer über die südostseitigen Hänge, dabei sind diese das skifahrerische Aushängeschild des Cevedale. So beliebt und frequentiert die Ortlergruppe auf den ersten Blick auch sein mag, selbst hier ist es ganz einfach, dem Trubel zu entkommen. Bei der Abfahrt über die traumhaft geneigten, teilweise sogar recht steilen Hänge wird man häufig komplett allein unterwegs sein. Dabei wartet unten, auf Höhe der imposanten Seitenmoräne des arg zurückgegangenen Vedretta de la Mare, das Rifugio Cevedale G. Larcher auf Skitourengeher – ein traumhaft gelegener Stützpunkt auf der stillen Seite der Ortlergruppe.

Im Sommer 2009 wurde die Hütte renoviert und wintertauglich gemacht. Trotz aller Annehmlichkeiten samt gemütlicher, holzgetäfelter Stube mit Fußbodenheizung und Kachelofen lassen viele Tourengeher den Stützpunkt links liegen. Die im Vergleich zu den anderen Hütten etwas spätere Öffnung im Frühjahr und eine leichte Ungewissheit über die tatsächliche Bewirtschaftung schreckt viele ab. Manuel Casanova, dessen Eltern die Hütte im Jahr 1967 gepachtet haben und der seit seinem dritten Lebensjahr quasi hier oben aufgewachsen ist, sperrt aufgrund der geringen Nachfrage eben lieber etwas später auf. Was schade ist, denn die Cevedalehütte ist ein wichtiges Puzzlestück für eine überaus interessante Runde durch die Ortlergruppe. Auch wenn viele Touren-

… der Gipfel des Monte Cevedale und der wilde Anstieg durch die Trafoier Eisrinne auf den Ortler.

geher aus Bequemlichkeit lieber mehrere Tage auf einem Stützpunkt verbringen: Die wahren Skiqualitäten der Ortlergruppe entdeckt man erst auf einer Durchquerung.

An Wochenenden zählt Manuel vielleicht einmal 40 Übernachtungsgäste – für doppelt so viele wäre Platz –, doch unter der Woche sind es manchmal nur eine Handvoll. Und das in Zeiten, in denen alle anderen Hütten der Ortlergruppe mehr oder weniger ausgebucht sind. Entsprechend einsam ist daher auch der landschaftlich großartige Anstieg auf die Gletscherkuppe des Palon de la Mare (3703 m), die den Übergang zur Brancahütte ermöglicht. Eine großartige Tour mit tollem Ausblick bis zur Brenta und in die Bernina – und auf die imposanten Gletscherhänge der Punta San Matteo, dem Höhepunkt des Skitourenangebots der beliebten Brancahütte. Wer von der Cevedalehütte kommt, wird bei dem Trubel in und um die Hütte erst einmal auf den Boden der Tatsachen zurückgeholt. Die Hütte ist voll, es ist laut und das Publikum international. „In manchen Wochen haben wir Gäste aus zwölf Nationen da", erzählt Eugenio Alberti stolz, „einige kommen sogar aus Neuseeland, Kanada, Amerika, Russland, Australien und Japan."

Endlose Weiten – ohne Netz

Seit der Einweihung im Jahr 1934 kümmert sich die Familie Alberti um die Brancahütte, mittlerweile in der dritten Generation. Bereits der Bau war eine reine Familienangelegenheit. Ein Maurer und ein Tischler – beide Brüder des ersten Hüttenwirts Felice Alberti – bauten die erste Hütte mit 28 Schlafplätzen. Das dafür benötigte Holz wurde kurzerhand von den alten Stellungen aus dem Ersten Weltkrieg auf der Cima S. Giacomo zusammengeklaubt. Mehrmals wurde die Hütte erweitert und modernisiert, selbst auf das Internet müssen die Skitourengeher hier nicht mehr verzichten. Das mag überflüssiger Luxus sein, doch auf der Runde durch die Ortlergruppe wird man überrascht sein, wie selten das Handy Empfang hat. Im Grunde ist das Gebiet ein riesiger weißer Fleck ohne Netz.

Während sich das Gebiet um die Zufallhütte durch seine Weite auszeichnet, sind die Berge im Bereich der Brancahütte deutlich wilder. „Bei Schlechtwetter musst du in der Hütte bleiben", meint Kurt Ortler, „die Berge hier sind einfach deutlich anspruchsvoller, die Gletscher viel spaltiger." Bester Beweis dafür ist die Tour zur Punta San Matteo (3678 m), dem optischen Höhepunkt über der Brancahütte. Überaus spannend führt die Route durch die nahezu komplett vergletscherte Flanke, zum Greifen nah sind die Eisbrüche und dazwischen – gewissermaßen zum Fallen nah und leicht zu übersehen – das eine oder andere tückische Loch. Der Matteo ist ein schönes Ziel: Bis zum höchsten Punkt kann man mit Ski gehen, und bei der Abfahrt stehen einem alle Möglichkeiten offen.

Auch rund um die Brancahütte gibt es genug Ziele für eine abwechslungsreiche Tourenwoche, doch im Rahmen einer Durchquerung geht es

BergWelten | 61

weiter. In diesem Fall zur Pizzinihütte, die nach der Tour auf die Punta San Matteo nach einem schweißtreibenden Anstieg über sonnige Hänge erreicht wird. Auf der einladenden Hütte am Fuß der 3859 Meter hohen Königspitze kümmern sich die Brüder Claudio und Mauro Compagnoni, Verwandte der berühmten Skirennläuferin Deborah, zwischen der Bar, dem großzügigen Speisesaal und schönen Zimmern im Neubau aufmerksam um die Gäste. Bei guten Verhältnissen zieht es die Könner auf die Königspitze, ansonsten steht der Monte Cevedale hoch im Kurs. Zwischen den beiden Gipfeln ragt mit der Suldenspitze ein weiterer überaus beliebter Dreitausender auf, der über die Casatihütte ganz einfach zu besteigen ist – ein lohnender Abschluss der Skitourenrunde.

In der Regel wird die Suldenspitze allerdings vom Suldener Skigebiet über die vergletscherte Nordflanke bestiegen – für Kurt Ortler die schönste Skitour von Sulden. Der Lohn für den mit rund 800 Höhenmetern recht überschaubaren Anstieg von der Schaubachhütte, die man ganz bequem mit der Seilbahn erreicht, sind grandiose Ausblicke, vor allem auf Königspitze und Ortler. „Im Sommer ist der Ortler meine Arbeitsstelle", erzählt Kurt Ortler, der seinen Hausberg mittlerweile mehr als 1500 Mal bestiegen hat. Einmal sogar an 19 Tagen hintereinander, ohne Ruhetag dazwischen. „Mal geht's über den Hintergrat rauf, dann wieder über den Normalweg", sagt Kurt, „und viele wollen einfach mit mir gehen, wobei das sicher auch an meinem Namen liegt."

Ski und Kanonen

Beim Blick von der Suldenspitze nach Süden dominiert neben dem Gletscherkessel unter der Punta San Matteo der Monte Cevedale mit seinen sanften Gletscherdünen, über die früher, ab dem Jahr 1957, ein bei der Casatihütte startender Schlepplift den Sommerskibetrieb ermöglichte. Der Zugang war allerdings recht mühsam: Mit dem Jeep ging es auf steiler Straße bis zur Talstation der Materialseilbahn auf Höhe der Pizzinihütte und von dort zu Fuß weiter zur großen Casatihütte, die direkt am Gletscherrand steht und aussieht wie eine Kaserne – im Grunde ein wenig einladen-

Rund um den Monte Cevedale

Diese anspruchsvolle Skitourenrunde verlangt eine gute Kondition und unbedingt gute Wetter- und Sichtverhältnisse. Eine komplette Gletscherausrüstung sowie Harscheisen und Steigeisen sind erforderlich. Achtung: Nahezu auf der kompletten Tour gibt es keinen Handyempfang! Im Marteltal selbst gibt es leichte bis anspruchsvolle Ziele für Skitourengeher. Beste Zeit ist Ende März bis Anfang Mai; einige Touren im Marteltal können auch schon früher im Jahr begangen werden.

Anreise
Mit der Bahn über Bozen nach Meran und mit der Vinschger Bahn (www.sad.it) nach Goldrain, anschließend mit dem Bus nach Martell und mit dem Taxi (z. B. Erwin's Bus, Tel. +39 380 7021405) in den Talschluss.
Mit dem Auto entweder über Brenner, Bozen und Meran oder über den Reschenpass in den Vinschgau. In Goldrain zweigt die Straße ins Marteltal ab.

Hütten
- Zufallhütte (2265 m), bewirtschaftet von Mitte Februar bis Anfang Mai, +39 335 6306603, www.zufallhuette.com
- Marteller Hütte (2585 m), Alpenverein Südtirol, bewirtschaftet von Ende Februar bis Anfang Mai, +39 335 5687235, www.martellerhuette.com
- Rif. Cevedale G. Larcher (2608 m; Foto), bewirtschaftet von Ende März bis April, +39 328 6529615, www.rifugiocevedale.it
- Rif. C. Branca (2493 m), bewirtschaftet von Anfang März bis Mitte Mai, +39 0342 935501, www.rifugiobranca.it
- Rif. Pizzini (2706 m), bewirtschaftet von Anfang März bis Mitte Mai, +39 0342 935513, www.rifugiopizzini.it

Bergführer
Alpinschule Ortler, www.alpinschule-ortler.com; Kurt Ortler, www.ortler-kurt.com

Karte
Tabacco, Blatt 08, Ortlergebiet, 1:25.000

Info
Tourismusverein Latsch – Martell, Tel. +39 0473 623109, www.vinschgau.net

der Bau, dessen beste Zeiten schon lange vorbei sind. Im Jahr 1979 endete die Ära des Sommerskilaufs und der Lift versank langsam im Schnee, bis vor einigen Jahren die Reste abgebaut und ins Tal geflogen wurden.

Noch zu sehen sind dagegen immer wieder Relikte aus dem Ersten Weltkrieg. Zum Beispiel am Cevedale oder am Eiskofel, einer 3275 Meter hohen Felskuppe zwischen Zufall- und Langenferner. Dort erinnern drei jeweils gut sechs Tonnen schwere Kanonen an die Schrecken des Krieges. Die bei der Isonzoschlacht von den Italienern zurückgelassenen Geschütze wurden ab Mitte Februar 1918 von 120 Mann auf Schlitten über den Langenferner auf den Eiskofel gezogen. Nach vier Monaten war man am Ziel und konnte trotz der Entfernung von der Front italienische Stellungen erreichen, die sogar versteckt hinter der Königspitze lagen. Eine absurde Episode aus der Endphase des Krieges, ein denkwürdiger Platz und ein lohnender Abstecher im Anschluss an die Suldenspitze.

An dem schier unerschöpflichen Angebot an Skitourenzielen wird nach der viertägigen Runde durch die Ortlergruppe wohl keiner mehr zweifeln, doch zur Sicherheit zeigen sich einige der Klassiker auf der Abfahrt noch einmal von ihren schönsten Seiten. Diese wurden auch im Frühjahr 2021 häufig bestiegen, doch an eine Skidurchquerung war aufgrund des erneuten Lockdowns nicht zu denken. Arbeit gab es für Ulrich Müller trotzdem genug, denn im Gegensatz zum Beginn der Pandemie hoffte er diesmal wie viele seiner Kollegen Woche für Woche auf Lockerungen und den Start in die Saison. Letztendlich vergebens. Aber es geht weiter, es muss weitergehen. „Natürlich gibt es Situationen, in denen du dich fragst, warum du das eigentlich machst", sagt Uli während der Vorbereitungen auf die Sommersaison, „aber insgesamt überwiegt die Freude. Du machst ja so einen Job nicht aus finanziellen Gründen – da hätte ich meinen alten Job behalten müssen –, sondern aus Überzeugung."

Skiklassiker, die während des Lockdowns nur wenig Besuch bekamen: Blick vom letzten Aufschwung zur Suldenspitze auf Zufallspitze und Cevedale.

BergFokus

Sie hätten sich damals, im Sommer 1962, auch wesentlich bequemer betten können. Doch Pit Schubert und Jürgen Winkler, der junge Mann hinter der Kamera, ließen das Berghaus Diavolezza links liegen und wählten das Nachtlager unter freiem Himmel: auf einer Felsinsel im Persgletscher unter dem Piz Palü. **Freiheit** findet, wer sie sucht, in vielen Formen – und am sichersten jenseits der Bequemlichkeit.

Im Gespräch

Ich muss auf den Berg – bin ich frei? Neurowissenschaften und Informatik lehren uns, dass es so etwas wie den freien Willen gar nicht gibt. Was ist es also, das uns ins Gebirge treibt? Bilden wir uns die Freiheit, die wir dort empfinden, nur ein? Und ist der selbständige Bergsteiger in Wirklichkeit nur ein weiteres „autonomes System", das von Algorithmen gesteuert wird? **Nico Hochgeschwender**, *Professor für Autonome Systeme an der Hochschule Bonn-Rhein-Sieg, KI-Forscher am Deutschen Zentrum für Luft- und Raumfahrt und leidenschaftlicher Bergsteiger, gibt Antworten. Nur für Schwindelfreie.*

»Je größer die Unsicherheit, desto größer auch die gefühlte Freiheit.«

Axel Klemmer (AK) » *In Douglas Adams' Science-Fiction-Satire „Per Anhalter durch die Galaxis" wird dem Supercomputer Deep Thought die Frage „nach dem Leben, dem Universum und dem ganzen Rest" gestellt. Seine Antwort ist legendär. Sie lautet „42". Könnten Sie bitte mal Ihre beste KI fragen, was Freiheit ist – und ob man sie in den Bergen findet?*

Nico Hochgeschwender (NH) » Meine KI würde, da sie den Begriff der Freiheit kennt, nicht aber dessen Bedeutung, vielleicht den entsprechenden Wikipedia-Artikel zitieren und darauf verweisen, dass Freiheit als Konzept in den unterschiedlichsten Bereichen wie Philosophie, Theologie, Recht und Politik eine Bedeutung hat. Die eigentliche Transferleistung, nämlich das Bergsteigen mit der Freiheit zu verknüpfen und zu argumentieren, dass man vielleicht die Freiheit beim Bergsteigen findet, würde die KI nicht können. Nicht unbedingt, weil man ein solches System nicht bauen könnte, sondern weil es dem System an eigener Freiheitserfahrung fehlt.

AK » *Im Jahr 1950 hatte der englische Mathematiker Sir Alan Turing die Idee zu einem Test: Der Proband sitzt allein in einem Zimmer am Bildschirm und chattet mit zwei Gesprächspartnern, von denen einer eine Maschine ist – aber welcher? Kann der Proband diese Frage auch nach intensivem Gespräch nicht beantworten, hat die Maschine den Test bestanden: Sie besitzt ein dem Menschen ebenbürtiges Denkvermögen.*
Wir führen dieses Gespräch schriftlich. Wie kann ich wissen, dass Sie nicht doch eine Maschine sind?

NH » So abwegig ist die Vorstellung nicht, dass meine Antworten durch ein Computerprogramm produziert wurden. Das neuartige Programm GPT-3, ein statistisches Sprachmodell, ist in der Lage, automatisch Texte zu generieren. Dabei wird – ich vereinfache – die Wahrscheinlichkeit berechnet, mit der ein Wort auf ein anderes Wort folgt. Man kann sich das wie eine sehr mächtige Autovervollständigung auf Ihrem Mobiltelefon vorstellen. Das Besondere an GPT-3 ist, dass es nicht nur schon eingesetzt wurde, um Kommentare in renommierten Zeitungen zu schreiben, sondern auch um Texte automatisch aus den unterschiedlichsten Bereichen wie Kunst, Sport und Zeitgeschehen zu generieren. Sie würden aber, insbesondere bei einem langen und intensiven Gespräch, feststellen, dass GPT-3 teilweise Probleme mit inhaltlichen Fragen hat und dass hinter der syntaktisch korrekten Fassade oft keine Substanz vorhanden ist. Das wird ersichtlich, wenn sich das Gespräch um individualisierte Erfahrungen und Erkenntnisse dreht, die ein Gesprächspartner durch Interaktion mit seiner Umgebung gewonnen hat. Wir sollten also über meine persönlichen Bergerfahrungen und deren Bedeutung für mein Leben sprechen, damit Sie ganz sicher gehen können, dass ich keine Maschine bin.

AK » *Sie forschen zur sogenannten Künstlichen Intelligenz, kurz: KI. Erklären Sie uns bitte die wichtigsten Unterschiede zur natürlichen Intelligenz?*

NH » Von der berühmten KI-Forscherin Elaine Rich gibt es eine, in meinen Augen, sehr hilfreiche Definition: Künstliche Intelligenz ist die Erforschung, ob und wie Computer Dinge tun können, die wir Menschen heute noch besser können. Für mich als Wissenschaftler ist diese Definition sehr dienlich, kann man mit ihr doch sehr plausibel die eigene Forschung motivieren. Oder kennen Sie einen Roboter, der Ihnen den Frühstückstisch deckt, ein Frühstücksei kocht und beim Brötchenholen Ihre Sonntagszeitung nicht vergisst? Den Umkehrschluss, dass meine achtjährige Tochter, die hin und wieder am Sonntag für uns den Frühstückstisch deckt, besonders intelligent ist, würden Sie wahrscheinlich nicht gelten lassen. Und doch kann man bei ihr, wie bei allen Kindern, Merkmale natürlicher Intelligenz beobachten, zum Beispiel die Fähigkeit, aus sehr wenigen Beispielen oder Demonstrationen zu lernen und zu generalisieren. Denn ich zeigte ihr nur einmal, wie und in welcher Reihenfolge man den Tisch decken sollte. Nach unserem Umzug in eine neue Wohnung, samt neuer Küche, musste man ihr das Decken nicht noch mal demonstrieren.

Zum anderen hat sie die Fähigkeit zur Kooperation und Antizipation, denn sie bindet ihre kleine Schwester, unter Abwägung ihrer Fähigkeiten, in den Prozess des Tischdeckens ein. So können beide mit neuen Situationen umgehen und adäquate Handlungsalternativen entwickeln: Wenn beim Bäcker die Rosinenbrötchen aus sind, werden eben Croissants gekauft.

Zusammenfassend kann man also sagen, dass sich natürliche Intelligenz durch den Lösungsweg auszeichnet und nicht auf die Lösung als solche beschränkt ist.

AK » *Ihr Spezialgebiet sind Roboter und autonome Systeme. Leitbild des Alpenvereins ist der – generisches Maskulinum – selbständige Bergsteiger. Kann man ihn auch als ein „autonomes System" begreifen?*

NH » In der Tat sehe ich einige Parallelen zwischen einem selbständigen Bergsteiger und einem autonomen System. Zunächst sind beide eingebettet in eine natürliche und teilweise lebensfeindliche Umgebung und interagieren mit dieser in einer kreativen Art und Weise. Denken Sie nur an den anspruchsvollen und schöpferischen Prozess, eine neue Kletterroute durch eine unbestiegene Wand zu finden. Der Bergsteiger führt beim Begehen der Route eine kontinuierliche und adaptive Komposition und Regelung seiner sensorischen und motorischen Fähigkeiten aus. Was heißt das? Jeder kennt vielleicht diese Situation beim Klettern: Obwohl man den Tritt, auf dem die Zehen aufsetzen, nicht sieht, werden wir unseren Körperschwerpunkt verlagern, damit wir den nächsten Griff erreichen können. Dazu werden sensorische und motorische Fähigkeiten situativ geregelt und orchestriert – man spricht auch von einer verkörperten Intelligenz. Obwohl wir in der Robotik schon enorme Fortschritte gemacht haben, sind wir jedoch noch sehr weit davon entfernt, Roboter in den Bergen zu sehen, die ähnliche sensor-motorische Fähigkeiten wie Steve House oder Alexander Huber haben.

Ich möchte aber noch auf zwei weitere Ähnlichkeiten eingehen. Da ist zunächst die intrinsische Fähigkeit, sich eigene Ziele zu setzen. Niemand schreibt mir als Bergsteiger vor, welche Berge ich besteigen soll. Das Ziel, in diesem Jahr endlich einmal den Biancograt zu machen, habe ich mir selbst gesetzt und verfolge es nun im Sinne meiner alpinistischen Freiheit. Die heutigen autonomen Systeme jedoch agieren noch primär so, dass sie zwar Ziele verfolgen, diese jedoch nicht zwangsläufig selbst definiert haben.

Autonome Systeme und Bergsteiger müssen sich beide anpassen können. Das erfordert noch eine weitere Fähigkeit, nämlich mit beschränkten Ressourcen wie Kondition und Kraft Entscheidungen zu treffen.

AK » *Was bedeutet überhaupt Autonomie? Und was unterscheidet sie von der Freiheit?*

NH » Ich hatte ja gerade skizziert, dass ein wesentliches Merkmal autonomer Systeme die Selbstbestimmung ist, also unter anderem die Fähigkeit, eigene Ziele zu definieren und sie zu verfolgen. Seit der Aufklärung und der dahingehenden Betrachtung des Individuums können wir, und das ist ja das Schöne, personalisierte Ziele verfolgen – also autonom handeln.

Ich sehe daher Autonomie als Mechanismus zur Befähigung der Freiheit. Autonomie ist aber nicht grenzenlos. So stehen Ziele mit anderen im Konflikt oder sie sind, durch äußere Umstände und die Limitierung meiner Fähigkeiten, nicht erreichbar. Was uns Menschen aber auszeichnet, und da sind wir wieder bei der Intelligenz, ist, dass wir in der Lage sind, unsere Ziele zu reflektieren und Zielkonflikte aufzulösen.

AK » *Braucht Freiheit immer das Bewusstsein ihrer selbst?*

NH » Gehen wir einmal davon aus, dass es so was wie Bewusstsein überhaupt gibt: Unabhängig von der Frage, wie und ob es aus physikalischen Hirnzuständen entsteht, denke ich, dass Bewusstsein benötigt wird, um Freiheit zu erleben. In meinen Augen ist das Bewusstsein ein immenser und kontinuierlicher Zustandsraum, gespeist aus unseren Emotionen, Wünschen, Vorstellungen und Intentionen. In diesem Zustandsraum bewirken bestimmte Zustände und Zustandsübergänge Freiheitserfahrungen. So führt doch zum Beispiel erst die Anstrengung am Berg in Kombination mit einem Sonnenstrahl, einer Wolkenbildung oder einem anderen Ereignis zu einem Freiheitsgefühl.

AK » *Die Neurowissenschaften lehren uns, dass es so etwas wie die Freiheit oder den freien Willen gar nicht gibt. Es handle sich dabei nur um Verschaltungen im Gehirn, befeuert durch einen biochemischen Cocktail. Wie sehen Sie das mit den Augen des Informatikers?*

NH » Der israelische Historiker Yuval Noah Harari ist ja ein Befürworter dieser Anschauung, dass es zwar einen Willen gibt, dieser aber nicht frei ist und dass wir sogar im weitesten Sinne programmierbar sind. Ich halte diese technisierte Sichtweise auf den freien Willen für gefährlich, könnte er doch dazu führen, dass wir als Individuen und Gesellschaft in eine apathische Haltung verfallen. Natürlich, und da stimme ich Harari zu, sind wir manipulierbar und als Informatiker sehe ich mit großer Besorgnis die Möglichkeiten und Gefahren der Manipulation, insbesondere im Kontext der fortwährenden Daten-Ökonomisierung.

Aber zu glauben, dass Prozesse unumkehrbar sind, ist falsch. Wer hätte es denn für möglich gehalten, dass wir im Zuge der Corona-Pandemie angeblich unumkehrbare Arbeits- und Mobilitätsprozesse von heute auf morgen verändern? Im Kontext meiner eigenen Forschung betrachte ich die durch das Grundgesetz garantierte Freiheit in Forschung und Lehre als Verpflichtung und Ansporn zugleich, meine Forschungsfragen selbst zu definieren, und zwar ganz autonom.

AK » *Sie sind leidenschaftlicher Bergsteiger. Der Südtiroler Alpinist Hans Kammerlander bezeichnete sich schon als „berg-*

Roboter Wall-E räumt im gleichnamigen Kinofilm Berge von Müll auf, den die Menschen auf der Erde zurückgelassen haben. Wall-E arbeitet selbständig und völlig autonom. Er hat alle Zeit der Welt. Und er weiß, dass er allein ist. © Walt Disney Pictures/Pixar Animation Studios

süchtig". So oder so: Wie frei ist man, wenn man unbedingt auf den Berg steigen muss?

NH » Ist es nicht so, dass ein autonomes Leben uns genau dies ermöglicht, nämlich immer wieder auf Berge zu steigen? Das Entscheidende ist doch, dass wir als intelligente Wesen in der Lage sind, darüber zu reflektieren, ob wir das eigentlich noch möchten. Dabei akzeptieren wir, dass der Auslöser zur Reflexion oft eine objektive oder subjektive Grenze sein kann, zum Beispiel ein Gewitter oder die eigene Leistungsfähigkeit. Diese Grenzerfahrungen charakterisieren doch besonders intensive Freiheitserlebnisse.

AK » *Freiheit mag ja nur ein Algorithmus oder eine neuronale Verschaltung sein, aber wenn sie sich am Berg ganz real anfühlt? Ist das Erlebnis dann weniger wert?*

NH » Nehmen wir einmal an, dass die Freiheit nur ein Algorithmus ist, dann stellt sich im Sinne einer algorithmischen Betrachtungsweise doch die Frage, ob der Algorithmus deterministisch ist oder nicht? Das heißt: Ist zu jedem Zeitpunkt der nächste menschliche Handlungsschritt eindeutig definiert? Ich denke, das ist nicht der Fall. Vielmehr ist die Freiheit wesentlich durch Spontanität geprägt und daher hochgradig nichtdeterministisch. Dies und die Unsicherheit, in welcher Form sich Handlungen auswirken, sind doch wesentliche Merkmale des „Algorithmus der Freiheit". Je größer die Unsicherheit, so berichten es Bergsteiger und Abenteurer, desto größer auch die gefühlte Freiheit.

AK » *Kinofilme wie „Matrix" oder „Total Recall" zeigen das Leben und unsere Erinnerungen als programmierte Computersimulationen. Ist es für Sie grundsätzlich vorstellbar, ein „authentisches" Bergerlebnis mit Mitteln der Informatik/KI nachzubilden? Seilfrei durch die Nordwand der Großen Zinne oder im Alleingang auf den Mount Everest steigen – dabei im Sessel sitzen, aber sich wie Alexander Huber oder Reinhold Messner fühlen ...?*

NH » In den letzten Jahren konnte man enorme Fortschritte bei der technischen Realisierung von virtuellen, erweiter-

BergFokus | **69**

Der Mensch als digitaler Avatar und Reisender in virtuellen Räumen: Auf der Sportartikelmesse ISPO. © A. Klemmer

ten und vermischten Realitäten beobachten. Schon heute werden Menschen, die Höhenangst haben, mithilfe von virtuellen Realitäten und sogenannten VR-Brillen therapiert. Ich kann mir daher sehr gut vorstellen, dass das Eintauchen in eine virtuelle Himalaya-Umgebung machbar ist, jedoch müssen sicherlich einige Herausforderungen, insbesondere bei der haptischen Interaktion mit einer virtuellen lebensfeindlichen Umgebung, gelöst werden. Ob dieses Erlebnis jedoch authentisch wäre, wage ich zu bezweifeln. Authentizität zeichnet sich gerade beim Bergsteigen nicht nur durch das phänomenale Erleben aus, sondern durch das Bewusstsein, dass ein falscher Schritt oder eine Entscheidung mittelbar oder sogar unmittelbar den Tod bringen kann. Daneben spielt die körperliche Leistung am Berg, sowie das Vorbereiten der Tour eine wesentliche Rolle für ein nachhaltiges Bergerlebnis. Vielleicht sollten wir uns daher eher darauf konzentrieren, dass wir die reale Bergwelt erhalten, damit nachfolgende Generationen von Bergsteigern eigene Erlebnisse zum Beispiel in der Nordwand der Großen Zinne sammeln können.

AK » *Die immer engere Interaktion zwischen Mensch und Maschine zwingt den Ersteren dazu, sich der Zweiteren immer mehr anzugleichen. Sollte man also den Turing-Test heute nicht umdrehen? Dann müsste der Mensch beweisen, dass er wie eine Maschine denken und handeln kann …*

NH » Ihre Frage zielt ja eigentlich auf eine andere fundamentale Frage ab: Wie gehen wir als Gesellschaft mit den sogenannten disruptiven Technologien wie der Künstlichen Intelligenz um? Entweder wir verfallen in eine passive Rolle und nehmen die Auswirkungen hin oder aber wir evaluieren und gestalten, ganz im Sinne der Technikphilosophie, das Verhältnis zwischen Menschen, Technik und Umwelt. Noch sind wir nicht so weit, dass wir in eine Situation kommen, dass Maschinen uns Menschen den Turing-Test aufzwingen können, und in meinen Augen sollten wir die Zeit nutzen, darüber zu debattieren, wie und zu welchem Grad die Maschine dem Menschen dient und nicht umgekehrt.

AK » *Halten Sie es grundsätzlich für möglich, dass ein autonomes System mittels neuronaler Netzwerke und Deep Learning beziehungsweise Maschinenlernen ein eigenes Bewusstsein entwickeln und in der Folge Freiheit „lernen" kann?*

NH » Nehmen wir meinen Gedanken einmal auf, dass das Bewusstsein ein immenser Zustandsraum ist und dass bestimmte Belegungen in diesem Raum die „Freiheit" repräsentieren, dann könnte man sicherlich argumentieren, dass eine Maschine Freiheit „lernen" kann. Aber warum sollte eine Maschine das tun? Welchen Nutzen kann sie aus der Freiheit ziehen? Dieses im Bereich der Superintelligenz und technologischen Singularität bekannte Wertgebungsproblem sollte man, in meinen Augen, nicht als technologische, sondern als gesellschaftliche Motivation nehmen, grundsätzlich über die Freiheit nachzudenken.

AK » *Das asiatische Brettspiel Go ist wesentlich komplexer als Schach. Lange dachte man, dass kein Computerprogramm den weltbesten Go-Spieler besiegen könnte – bis im Jahr 2016*

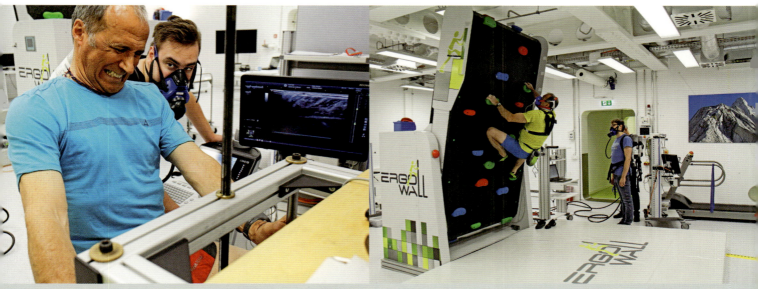

Die Menschmaschine: Profibergsteiger Ralf Dujmovits am Deutschen Zentrum für Luft- und Raumfahrt DLR. © N. Hansen, R. Dujmovits

genau das geschah. Das Programm AlphaGo ließ dem Menschen im Spiel keine Chance. Dabei überraschte es die Experten weniger mit streberhaft-fehlerlosen, sondern teilweise mit ausgesprochen wilden und kreativen Zügen, die in der Geschichte des Spiels keine Vorbilder hatten. Was ist da in der Blackbox passiert? Ist das schon genial?

NH » Bei AlphaGo muss man zunächst feststellen, dass dies wirklich eine großartige Demonstration der Leistungsfähigkeit moderner maschineller Lernverfahren ist. Durch die Kombination aus gigantischen Datenmengen und hoher Rechenleistung konnte AlphaGo selbständig ein Modell erlernen, das komplexe Sachverhalte lösen kann. Gerade weil das Modell selbst lernt und nicht händisch programmiert wurde, hat es ja die spezifische Fähigkeit zu generalisieren – das heißt, es hat nicht alle Spielzüge auswendig gelernt. Es verwundert mich daher nicht, dass AlphaGo „kreative" Lösungen entwickelte. Ganz im Gegenteil, es hätte mich gewundert, wenn das nicht der Fall gewesen wäre.

AK » Liegt das „echte" Bewusstsein hinter einer Grenze, die das beste Programm niemals überschreiten wird? Bleibt die Maschine also immer abhängig von ihren Schöpfern – selbst wenn diese im Einzelnen nicht mehr nachvollziehen können, wie ihre Schöpfung „denkt" und handelt?

NH » Als Informatiker, der physikalische Systeme baut, könnte man annehmen, dass ich aus einer rein funktionalen Sicht das Bewusstsein betrachte und daher, selbst wenn nicht mehr nachzuvollziehen ist, wie das System funktioniert, meinen Robotern so etwas wie Bewusstsein einräumen würde. Aber das Gegenteil ist der Fall. Gerade als Bergsteiger erlebt man doch das spannende Zusammenspiel zwischen dem subjektiven Erleben von Zuständen wie Schmerz, Hitze oder Kälte und rationalem Denken, das uns dabei hilft, diese Zustände zu überwinden, um unsere Ziele zu erreichen.

Selbst wenn wir Roboter bauen, die mentale Zustände wie Schmerz empfinden können – und ich denke, das ist eine gute Idee –, dann bleibt die Verkörperung doch immer eine Maschine und deren Bewusstsein daher auch ein Konstrukt ihres Schöpfers.

AK » Wann hat eine KI etwas getan, das Sie sich nicht erklären konnten – und haben Sie in dieser Situation einen Kontrollverlust erfahren?

NH » Ein Student von mir hat einmal unserem Roboter durch mehrere Demonstrationen beigebracht, verschiedenste Objekte zu greifen. Als wir dann die Greifstrategien mit neuen Objekten evaluierten, stellten wir fest, dass der Roboter interessante und nicht einprogrammierte Strategien verfolgt. Zum Beispiel: Eine Flasche wird dann direkt am Flaschenkopf gegriffen. Teilweise waren diese Strategien nicht sehr zielführend, da das Objekt wieder fallen gelassen wurde, aber teilweise waren sie einfach nur ungewöhnlich. Einen Kontrollverlust habe ich dabei nicht erfahren, vielmehr eine Bestätigung, dass solche Lernverfahren elementar sind zur Konstruktion von autonomen Systemen, die sich an unterschiedliche Umgebungsbedingungen anpassen können.

„Ich *muss* auf den Mount Everest!" Es ist nicht bekannt, wie viele der Menschen, die am 18. Mai 2012 beim Aufstieg in der Lhotse-Flanke Schlange standen, ein Gefühl von Freiheit empfanden.

© R. Dujmovits

AK » *Stellen Sie sich vor, Sie bauen sich selbst als bergsteigenden Roboter nach: Wie würden Sie Ihr alpinistisches Maschinen-Ego optimieren?*

NH » Mein Maschinen-Ego sollte etwas mehr Ausdauer haben, damit der Roboter nach einer Hochtour nicht, so wie mir es oft passiert, zu spät auf der Hütte ankommt und das Abendessen verpasst. An dieser Stelle vielleicht ein Gruß an die Oberaletschhütte! Damit mein Maschinen-Ego auch viel Spaß hat, würde ich außerdem dafür sorgen, dass meine Seilkameraden ebenfalls ein Maschinen-Ego besitzen, dann ist mein Maschinen-Ego nicht einsam, und man kann zusammen Touren gehen, die man lieber in einer Seilschaft machen sollte.

AK » *Was bedeutet Freiheit für Sie persönlich, in der Arbeit und am Berg?*

NH » Freiheit am Berg und in der Arbeit ist für mich das Resultat einer autonomen Haltung, die mich emanzipiert, eigene Wege zu gehen, eigene Entscheidungen zu treffen, diese auch insbesondere im Kontext von Beziehungen anzupassen, zu erklären und auch einmal zu verwerfen. Sie trägt damit zur selbstbestimmten Biografie bei.

AK » *Wo nimmt uns Künstliche Intelligenz beim Bergsteigen heute schon Verantwortung und Entscheidungen – also Freiheit – ab?*

NH » Ich würde nicht so weit gehen zu sagen, dass Künstliche Intelligenz uns heute schon beim Bergsteigen Entscheidungen abnimmt. Vielmehr ist es doch so, dass KI-Funktionen uns unterstützen. Das fängt schon bei der Anfahrt an. Soll ich über den Furkapass fahren, wenn ich ins Wallis möchte, oder soll ich die Autoverladung nehmen? Ihr Routenplaner wird dazu sicherlich eine gut begründete und durch maschinelle Lernverfahren unterstützte Meinung haben. Auch Wetter- und Lawinenprognosen verwenden teilweise Verfahren der Künstlichen Intelligenz.

Wir sollten das Bergsteigen nicht als eine von der Gesellschaft entkoppelte Sphäre betrachten. Gesellschaftliche und technologische Entwicklungen spiegeln sich auch im Bergsteigen wider – man zähle nur einmal die geschossenen Selfie-Fotos auf dem Gipfel des Großglockner. So wenig wie ich den Hüttenwirt dafür verantwortlich machen kann, dass seine Einschätzung zum Zustand des Gletschers meinen Tourenverlauf bestimmt, so wenig werden wir in Zukunft KI-basierte Assistenzfunktionen beim Bergsteigen verantwortlich machen können. Wir als Entwickler solcher Funktionen sollten aber einen benutzerorientierten Entwicklungsansatz wählen. Was bedeutet das? Der Mensch und seine Anforderungen bezüglich einer autonomen Entscheidung müssen im Mittelpunkt stehen. Eine KI-Funktion sollte daher immer seine Empfehlungen und Entscheidungen erklären können. Ganz konkret: Warum sollte ich diesen Hang jetzt nicht befahren? Eine Erklärung wäre vielleicht, dass es gestern geschneit hat und starker Nordostwind über 2000 Metern herrschte.

AK » *Roboter als persönliche Bergführer, die alles übernehmen: Tourenauswahl, Zeit- und Routenplanung, Reservierung auf der Hütte, Wetterdienst, Sicherung … Wie realistisch oder verrückt ist das?*

NH » Wenn ich mir die sensorischen, motorischen und kognitiven Anforderungen an einen Bergführer anschaue, dann gehe ich ganz fest davon aus, dass dieses Berufsbild noch für sehr lange Zeit gesichert ist und nicht durch Roboter ersetzt wird. Was wir aber schon jetzt beobachten: Digitale und KI-basierte Verfahren und Technologien halten vermehrt Einzug in unseren Alltag.
Dadurch entstehen spannende Applikationen. Ich nenne Ihnen ein Beispiel: Vor einigen Jahren wurde ein Forschungsprojekt von der EU gefördert, das die Kooperation zwischen autonomen Robotern und der Bergwacht bei der Rettung von Lawinenopfern untersuchte. Dazu wurden nicht nur neuartige Roboter entwickelt und unter realen Bedingungen erprobt, sondern auch untersucht, wie gut diese Systeme den Menschen bei seiner Aufgabe, nämlich der Rettung, unterstützen können: ein großartiges Beispiel für eine benutzerorientierte Entwicklung, die uns nicht Freiheit nimmt, sondern die uns befähigt, unsere Ziele zu erreichen.

AK » *Letzte Frage an den Informatiker und KI-Forscher: Wird Freiheit überschätzt?*

NH » Ich denke nicht, dass Freiheit überschätzt wird. Vielmehr ist es doch so, dass wir auf der einen Seite vor enormen gesellschaftlichen Herausforderungen stehen – als Beispiele seien der Klimawandel oder die Alterung der Gesellschaft genannt. Und auf der anderen Seite entstehen neuartige technologische Werkzeuge, die zur Lösung dieser Probleme beitragen können. Tendenziell können diese Technologien aber die Freiheit betreffende Nebeneffekte hervorrufen. Ich hätte vor zehn Jahren nicht gedacht, dass ich einmal über solche Fragen nachdenken muss, bereue es aber auch nicht.

„Wir sollten über meine persönlichen Bergerfahrungen und deren Bedeutung für mein Leben sprechen, damit Sie ganz sicher gehen können, dass ich keine Maschine bin."
Nico Hochgeschwender am Ortler-Hintergrat.

© privat

BergFokus | 73

Die Fesseln der Freiheit

Eine alpinistische Ideengeschichte
>> **Tom Dauer**

Trügen Bergsteiger – welcher Epoche, welcher alpinen Spielart, welchen Alters und Geschlechts auch immer –, trügen Bergsteiger Fahnen, würden sie darauf in großen Lettern das Wort „Freiheit" schreiben. Was aber meinen sie damit? Freiheit wovon, Freiheit wozu? Und könnte der Mensch das überhaupt: frei sein?

Die Freiheit sei ein „poröser Begriff", resümierte der Philosoph Isaiah Berlin (1909–1997), nachdem das Nachdenken über ebendiesen viele Jahre lang sein Steckenpferd gewesen war. Dies habe zur Folge, „dass es kaum eine Deutung gibt, gegen die er sich sperrt".

Tatsächlich haben Menschen zu allen Zeiten und Gelegenheiten die Freiheit im Munde geführt und ihre Idee davon in den politischen, gesellschaftlichen und wirtschaftlichen Ring geworfen. Das aber soll hier nur im Hintergrund interessieren und als Hinweis darauf, dass es wichtigere Freiheitsdebatten gibt als diejenigen, die im Alpinismus geführt werden – setzt doch allein die Ausübung desselben schon ein gewisses Maß an Handlungsoptionen voraus. Freilich, auch der Alpinismus kann sich nicht den Umständen entziehen, unter denen er praktiziert wird. Vor allem aber ist er ein egozentrisches Spiel und wenn sich seine Spieler seit knapp 250 Jahren auf *die* Freiheit berufen, meinen sie damit meist ihre individuelle.

Freiheit als Leitmotiv alpinistischen Handelns zu betrachten, legt allerdings die Überzeugung zugrunde, dass es sie überhaupt gibt. Das ist nicht selbstverständlich. Wer die Freiheit der Berge als gegeben betrachtet, kommt also nicht umhin, die Möglichkeit ihrer Existenz zu begründen.

Ob er also über einen freien Willen verfüge, fragt sich der Mensch seit der Antike. Heute ist die Suche nach einer Antwort aktueller denn je, und die modernen Neuro- und Kognitionswissenschaften scheinen diesbezüglich die Deutungshoheit innezuhaben. Folgt man ihrem mehr oder weniger stark ausgeprägten materialistischen Ansatz, sind Phänomene wie „Ich", „Bewusstsein" oder „Identität" allesamt Ergebnisse neuronaler Aktivitäten im Gehirn. Dieser Grundannahme, die mal mit großer Absolutheit, mal durch die Hintertür in die Debatte eingeführt wird, tritt die Philosophie des Geistes seit Mitte des 20. Jahrhunderts vehement entgegen. Ihre Vertreter argumentieren, dass das Bewusstsein an sich wirklich und keinesfalls identisch ist mit dem Organ in unseren Köpfen. „Ich ist nicht Gehirn" lautet der Titel eines Buches von Markus Gabriel (*1980), einem der jüngsten und zugleich einflussreichsten Gegenwartsphilosophen.

Vermutlich liegt die Wahrheit – obwohl von „Wahrheit" zu sprechen erkenntnisphilosophisch eher frech ist – irgendwo dazwischen. Mit heutigen Messmethoden lässt sich einerseits nachweisen, dass biologische und neuronale Aktivitäten unser Bewusstsein beeinflussen. Andererseits wäre es wohl vermessen, allein diese als Bausteine dessen zu betrachten, was wir „Ich" nennen. Viel eher ist „Bewusstsein" ein Sammelbegriff, der sowohl physische als auch geistige Phänomene umfasst. Seine Einzigartigkeit, und damit auch der Unterschied zwischen menschlichem und tierischem Bewusstsein, besteht darin, dass es uns überhaupt erst ermöglicht, uns über Bewusstseinsvorgänge Gedanken zu machen. Das Bewusstsein bringt sich sozusagen ständig selbst hervor. Diese Idee wurde bereits von Vertretern des so genannten Deutschen Idealismus, zu denen Immanuel Kant (1724–1804) und Georg Wilhelm Friedrich Hegel (1770–1831) zählen, entwickelt. Ihren Theorien zufolge besteht der menschliche Geist darin, sich selbst in einer Wirklichkeit, die weit über ihn hinausgeht, verorten zu können.

Wenn dem aber so ist, dann ist der Mensch weit mehr als eine neuronal gesteuerte Maschine, deren Handlungen von Naturgesetzen bestimmt werden. Gerade die Fähigkeit, „Selbstporträts von uns, wer wir sind, sein wollen und sein sollen" zu entwerfen, schreibt Markus Gabriel, macht den Menschen „insofern frei, als er sich ein Bild von sich selbst machen muss, um überhaupt erst jemand zu sein". Dieser selbstreferentielle Vorgang hat nichts mit den Luxusproblemen der Sinnsuche zu tun, die in westlichen Gesellschaften eine regelrechte Selbstverwirklichungsindustrie entstehen ließen. Vielmehr handelt es sich dabei um eine existenzielle Kategorie. Der menschliche Geist, postuliert Gabriel, „existiert nur so, dass er sich Selbstbilder macht. Er wird damit immer auch zu dem, wozu er sich macht."

Leider schützt uns diese im Tierreich vermutlich einzigartige Begabung nicht davor, auch falsche oder verzerrte Selbstbilder zu entwerfen. Ebenso unbestritten ist die Abhängigkeit unserer Eigenwahrnehmung von genetischen Voraussetzungen, von körperlichen Vorgängen unterhalb unserer Aufmerksamkeitsschwelle oder vom Meinen und Denken der Gesellschaft, in der wir leben. Dennoch lässt sich feststellen: Der Mensch ist insofern frei, als dass er „Selbstbildfähigkeit" (Gabriel) besitzt. Dieses Talent wiederum versetzt ihn in

Reinhard Karl 1979 im Biwak am „Shield" des El Capitan.

© R. Karl, E. Altmeier/ Archiv des DAV, München

Alpiner Egomane:
Eugen Guido Lammer
© Archiv des DAV, München

die Lage, sich selbst als frei zu betrachten. Freiheit ist somit einerseits Voraussetzung und im besten Fall auch Teil des Bildes, das wir uns von uns machen – womit zumindest schon mal geklärt wäre, dass wir die vermeintlich in den Bergen wohnende Freiheit tatsächlich suchen und vielleicht sogar finden können.

Eugen Guido Lammer – Schutzlos in Todesgefahr

Als einer der ersten deutschsprachigen Alpinisten artikulierte der österreichische Philosoph, Schriftsteller und Pädagoge Eugen Guido Lammer (1863–1945) die Sehnsucht nach und das Glück der Freiheit in Erlebnisberichten und Aufsätzen. Erschöpft von der „ganzen furchtbaren Zerrissenheit der zweiten Hälfte des 19. Jahrhunderts", unternahm Lammer vornehmlich wilde Alleingänge in den Gletscherregionen der Ost- und Westalpen. Damals unüblich, verzichtete er auf die Begleitung von Bergführern. In seinem 1884 erschienenen Plädoyer für „Führerloses Alleingehen im Hochgebirge" schreibt Lammer: „Schreite ich hinter dem Führer einher (…) fühle ich mich beschützt und bevormundet wie das Kind von seinem Kindermädchen." Damit aber wäre „ich nichts als unselbständiger Handlanger eines fremden Willens". Eigenverantwortlich und im Vertrauen auf das eigene Können unterwegs zu sein, sei dagegen Ausdruck eines freien Willens.

Im Sommer 1886 stiegen Lammer und ein Gefährte „Im Schneesturme auf die Dent Blanche, 4364 m", womit ihnen die „erste führerlose Besteigung" des Gipfels gelang. In seiner Erzählung schildert Lammer, wie knapp die beiden „Wagehänse" einer Katastrophe entgingen, „sämtliche Fingerspitzen hatten wir uns erfroren, auch ein Ohr". Johann Wolfgang Goethes „Faust", Der Tragödie zweiter Teil, Fünfter Akt, zitierend, zog Lammer dennoch ein positives Resümee: „Ja! diesem Sinne bin ich ganz ergeben, / Das ist der Weisheit letzter Schluss: / Nur der verdient sich Freiheit wie das Leben, / Der täglich sie erobern muss."

In seinem Werk „Freiheit: Vier Versuche" führt Isaiah Berlin mit der Unterscheidung zwischen „negativer" und „positiver" Freiheit eine Bezugsgröße ein, die das alpine Freiheitsstreben durch die Zeitläufte hinweg verständlich macht. Negative Freiheit, also das Freisein *von* etwas, bedeutet, „dass ich von anderen nicht behelligt oder gestört werde. Je größer der Bereich der Ungestörtheit, desto größer meine Freiheit." Nachtigall, ick hör' dir trapsen, möchte man da sagen: ein „Bereich der Ungestörtheit", ein Freiheitsreservat quasi, bewahrt durch jahrhundertelang tradierte Erzählungen und Bilder – oft genug bis zum Klischee überzeichnet und geschützt von behördlich verfassten Artikeln und Paragraphen. Eine bessere Beschreibung der Berge kann es doch gar nicht geben! Negative Freiheit, die Berlin mit individueller Freiheit gleichsetzt, benötigt jedenfalls „ein Höchstmaß an Nichteinmischung", einen von gesellschaftlicher Kontrolle unbehelligten Bereich, „in dem ich ungehindert agieren kann". Auf in die Berge also! Dass dies nicht nur ich, sondern Millionen andere Freiheitsuchende so sehen, steht freilich auf einem anderen Blatt und sorgt für den kollektiven Selbstzweifel, der Merkmal eines aufgeklärten Alpintourismus ist.

Aber zurück zu Lammer, dem Vordenker der alpinen Erlebnisgesellschaft. Dem Lehrer, der an einem „verachtenden Ekel an der Zivilisation" litt, „eingeengt von der lebensfremden Pädagogik des Gymnasiums, eingepresst in dumpfe Stuben und lebensmordende Großstadtgassen". Es zog ihn nicht von ungefähr ins Hochgebirge. Dabei machte er keinen Hehl daraus, dass ihm die Berge lediglich Bühne waren, auf der er sein ureigenes Schauspiel aufführen konnte: „Der Mensch in den Bergen ist es, der uns interessiert. Noch brutaler will ich mich ausdrücken; denn es scheint nun einmal meine Mission in der alpinistischen Literatur zu sein, das, was die anderen sich kaum zu gestehen wagen, mit der ganzen naiven Offenherzigkeit eines enfant terrible auszuplaudern. Also: Gehen wir denn in die Berge um der Berge willen? Nein, nur um unsertwillen. Die Spitzen und Täler an sich sind uns gleichgültig wie die Mondgebirge; nur unsere Eigenart soll sich an ihnen entfalten." Kaum jemand, bis heute nicht, fasst unsere Alpinegomanie so schonungslos in Worte. Und „Eigenart", das bedeutet eben auch: Freiheitsdrang.

In den Bergen jedenfalls fand Lammer einen Ort der Zuflucht vor den Niederungen gesellschaftlicher Konventionen, und damit sein ganz privates Freiheitselysium: „Aber die Sicherheit des Daseins ist es, die der Bergsteiger hasst! Er fühlt sich beschämend umhegt, beäugt und behütet von Wächtern seiner körperlichen und seelischen ‚Sicherheit', die ihn sogar mit weiß behandschuhter Winkhand über bedrohliche Autostraßen hinübergängeln. Wir Flüchtlinge vor dieser Herdenkultur suchen dort oben in der steingrauen oder schneeweißen Wüste genau das Gegenteil. Schutzlos wollen wir sein wie die wilden Tiere im Dschungel. Hinter jeder Felskante, in jeder Eisschlucht möge die Todesgefahr sprungbereit lauern, unter dem losen Stein, aus der verborgenen Firnspalte mag sie emporzüngeln, als Lawine oder einstürzender Sérac auf uns losspringen. Wir wollen mit gespannten Sinnen sie erspähen und höchstgespannten Geistes mit höchstgespannten Gliedern sie bekämpfen. Wir wollen in Spannung leben!" Den Preis für seine negative Freiheit, die Gefahr für Leib und Leben, nahm Lammer gern in Kauf: „Wir wollen ja gewöhnlich nicht die Gefahr selbst, sondern unseren Sieg über die Gefahr, wir begehren nicht den Tod, sondern wir wollen das goldene Leben siegreich herausholen. Der wissende Bergsteiger kennt nicht nur alle die Gefahren dort oben – er kennt auch die Kräfte seines Körpers und die unerschöpflichen Finten seines bergkundigen Verstandes, die jenen Naturgefahren die Waage halten. Das heißt nicht das Leben verneinen, sondern es glühend, jauchzend bejahen."

Romantische Lebensform: Leo Maduschka (oben).
© Archiv des DAV, München

Leo Maduschka – Wandern, ein Leben lang

Zwar klingt der Ton, in dem Lammer seine zornigen Tiraden verfasste, in den Ohren heutiger Leser oftmals befremdlich. Seine Aufsätze sind dennoch bemerkenswert, weil sie einen von Zivilisationsmüdigkeit geprägten, eskapistischen Drang ausdrücken, der die Menschen bis heute und in immer stärkerem Maße erfasst. In die gleiche Kerbe, wenngleich wesentlich sanfter, schlug eine Generation später der Münchner Kletterer Leo Maduschka (1908–1932). In seinem kurzen Leben verfasste der Schriftsteller und Germanist zahlreiche Texte und Gedichte, in denen er das Denken und Fühlen seiner Zeitgenossen festhielt. Besondere Beachtung fand Maduschkas Aufsatz „Bergsteigen als romantische Lebensform", durch die sich „das Dasein verzaubert". Ungleich vieler Romantiker, auf die sich der junge Alpinist bezog, beließ er es nicht beim sehnsuchtsvollen Herbeifantasieren anderer Wirklichkeiten. Als habe er um seinen frühen Tod in der Civetta-Nordwestwand gewusst, reihte Maduschka ruhelos eine Bergfahrt an die andere. „In einer geheimen Kammer seines Herzens ist der Bergsteiger eben ein Abenteurer wie seine Ahnen: die Wikinger, Ritter, Kreuzfahrer, Entdecker, Vaganten, Konquistadoren und wie sie alle heißen mögen. Sein Drang ist Ausdruck eines ungestümen Freiheitstriebes."

Im Gegensatz zu Lammer, dem die alpine Tat allein der Ertrag war, „der reichlich lohnt", sah Maduschka erst im Zusammenspiel von Tun und Lassen die Voraussetzung für ein Leben in Freiheit

BergFokus | 77

Hunger nach Anerkennung: Reinhard Karl.
© R. Karl, E. Altmeier/ Archiv des DAV, München

erfüllt. Demnach empfinde Glück, Zufriedenheit, Gelassenheit nur der, der den Zwiespalt zwischen Sehnsucht und Erfüllung, Fern- und Heimweh, Unrast und Geborgenheit, Abenteuer und Sesshaftigkeit auszuhalten wisse. Dies gelte für Alpinisten nicht nur in Augenblicken des Geschehens, sondern ein Leben lang: „Und sie alle haben noch eines gemein: Sie haben letztlich kein Ziel; sie wandern ein ganzes Leben lang für die Ferne, zwecklos, nutzlos – und sie wissen darum; (…) Bergsteigen ist Wandern, und auch der Bergsteiger ist ein Wanderer. Auch sein Ziel ist der Weg." Und weiter schlussfolgerte Maduschka: „Was anderen alles bedeutet, ist ihm nichts: das Feste, Dauernde, Bindende, das er verschmäht um seiner ungebundenen Wandertage und einsamen Wandernächte willen, denen er es opfert."

Reinhard Karl – Ich muss hier raus!

Deutlich kommt in diesen Zeilen zum Ausdruck, dass die Abkehr von bürgerlicher Konformität durch die Zeiten als wesentliches Element bergsteigerischen Freiheitserlebens empfunden wird. (Inzwischen allerdings stehen wir vor der paradoxen Situation, dass das nichtkonforme Tun, solange es sich im gesetzlich, gesellschaftlich und ästhetisch sanktionierten Rahmen bewegt, zum guten Ton geworden und damit seines rebellischen Ursprungs leider verlustig gegangen ist.)

Die individuelle Not, deren Ende die Leidenden in der Befreiung durch die Berge und in den Bergen erleben, hat niemand anschaulicher beschrieben als Reinhard Karl (1946–1982). In seinen Schriften schildert der Heidelberger Alpinist, Autor und Fotograf die moderne Variante der Gesellschaftsflucht – und es ist bezeichnend, dass Karl bis heute zu den wohl meistzitierten Alpinautoren zählt. Den Nerv des Freiheitsstrebens scheint der Freikletterpionier und Höhenbergsteiger jedenfalls getroffen zu haben. Seine Geschichte, die ihn aus der „düsteren Werkstatthalle" – in der er den „dreckigsten und miesesten unter den Traumjobs" erlernt, nämlich Automechaniker – bis auf den Gipfel des Mount Everest führt, ist eine ziemlich attraktive Variante des Tellerwäscher-Millionär-Märchens. Und sie steht, um noch einmal Leo Maduschka zu zitieren, in romantischer Tradition: „War der Drang früher allein Ausdruck eines ungestümen Freiheitstriebes und Wandersehnens, so trägt er heute (…) noch die besondere Note einer Gegenbewegung wider all das, was gewöhnlich mit den Schlagworten: Zivilisation, Rationalismus, Zeitalter von Technik und Maschine, Entgötterung der Welt und des Mythus, Kollektivismus u.a. gekennzeichnet wird."

Anders als viele Freiheitsdürstende gestern und heute ließ Karl das Stadium des Selbstmitleids tatsächlich hinter sich. Nach seinen ersten Erlebnissen im Klettergarten und im Gebirge, wo ein „Berg Heil" zu einem „Abrakadabra" und dem „Schlüssel zum Licht" wird, veränderte er sein Leben konsequent: „Ich wusste jetzt, dass Autoreparieren für mich nicht der Sinn des Lebens sein kann. Ich wusste, dass hinter dem Abendrot die Freiheit der Berge liegt. Ich wusste jetzt, dass Bergsteiger, die nicht mehr weiterkönnen oder wollen, sich abseilen. Ich musste hier raus!" Das Auto, für Karl bis dato Symbol von Fremdbestimmtheit, wurde zum Freiheitsvehikel – in den 1970er-Jahren eine durchaus noch legitime Sichtweise: „Fahren, Berge, Freiheit; es ermöglichte mir, eine Sache zu tun, die ich machen wollte."

Die Wandlung Karls vom „ölverschmierten Wesen an der Box 2 in Halle 1" zu einem „‚Extremen', den die anderen Kletterer mit ‚Reinhard' begrüßen", bliebe eine nette Anekdote, bereicherte sie den alpinen Freiheitsdiskurs nicht um einen wichtigen Aspekt. Karl – und das ist bis heute das Aufsehenerregende an seinen Texten – schildert nämlich mit entwaffnender Ehrlichkeit, dass sein

Drang nach Freiheit zugleich ein Hunger nach Anerkennung war. Beispielhaft dafür stehen seine Versuche, die Eiger-Nordwand zu durchsteigen. „Ich glaubte, mein Leben würde sich ändern, wenn ich diese Wand mache. Dann könnte ich ruhig antworten, wenn mich der Meister fragen würde: ‚Na, Karl, welchen Berg hast du denn dieses Mal bestiegen?' Denn den Eiger, den kennt er ja aus der Boulevardpresse, (…) wie ich auch. Ich musste diesen Berg wirklich machen. Wir alle waren Opfer der Zeitung (…)." So wie wir alle heute Opfer einer Aufmerksamkeitsökonomie geworden sind, deren Währung sich in Followern, Klicks und Likes misst. Und in der das Metathema „Freiheit" zu einem leichtfertig getippten Hashtag verkümmert ist.

Wie aber befreit man sich aus den Fesseln der Freiheit?

Dass die negative Freiheit, die den alpinen Diskurs bis heute bestimmt, nicht automatisch zu Zufriedenheit führt, dass sie gar in ihr Gegenteil umschlagen kann, musste schon Leo Maduschka erfahren. Bei ihm liest sich das noch etwas verbrämt: „Immer wieder steht von neuem hinter jedem erreichten Ziel ein weiteres, das nach Erreichen ruft – das ist ein endloser Kreislauf zwischen den Polen: Wunsch und Erfüllung, Erfüllung und Wunsch." Derart von Bergsehnsucht und einem unterschwelligen Wunsch nach Anerkennung getrieben, fühlte sich Reinhard Karl bald „fremdbestimmt". Nach seinen Sturm-und-Drang-Jahren ging ihm auf, „wie wenig ich mich von meiner Akkordarbeitszeit entfernt hatte". Aus der Freiheit der Berge war eine „Freiheitstortur" geworden und aus den Bergen ein „Gefängnis".

In Konflikt mit der negativen Freiheit, „die darin besteht, dass man in seinen Entscheidungen nicht von anderen Menschen beeinträchtigt wird", steht Isaiah Berlin zufolge ihr positives Gegenstück. Dieses leite sich aus dem Wunsch des Individuums ab, sein eigener Herr zu sein. Was zunächst klingt wie zwei Varianten desselben Phänomens, entpuppt sich bei genauerer Betrachtung als „grundverschiedene, unvereinbare Einstellungen zu den Zielen des Lebens". Oder anders gesagt: Wer sich von dem Wunsch nach negativer Freiheit leiten lässt, will sich von fremden Wünschen, Aufforderungen, Gängeleien und Wil-

lensakten lossagen. Wer sich dagegen auf seine positive Freiheit beruft, „will von Gründen, von bewussten Absichten, die zu mir gehören, bewegt werden" und sein Leben selbstbestimmt leben. Positive Freiheit ist also die Freiheit *zu* etwas. Eugen Guido Lammer entschied sich für das Schreiben – freilich um sich damit wiederum gegen die „Strickstrumpfmoral" zu wenden, die „immer nur knurrt: Don't!" Reinhard Karl entdeckte die Fotografie für sich, mit deren Hilfe „ich sehen lernte". Im Abstand eines Jahrhunderts schafften es beide Männer, ihren Fluchtimpuls in Produktivität und Kreativität zu verwandeln. „Die totale Freiheit", zog Karl Bilanz, „ist nicht die größte Freiheit. Gib etwas davon auf, und du wirst mehr bekommen."

Berge besteigen, Autos reparieren: Was ist Freiheit? Was Gefängnis?
© R. Karl, E. Altmeier/
Archiv des DAV, München

Die Aneignung des Lebens durch das Selbst: Reinhold Messner nach der Überschreitung des Nanga Parbat 1970 im Krankenhaus in Innsbruck.
© Toni Hiebeler, Archiv des DAV, München

Reinhold Messner – Freiheit selbst gestalten

Dass die Berge bis heute als Hort der Freiheit begriffen werden, mag daran liegen, dass sie einerseits als Fluchtraum dienen, andererseits aber auch die Möglichkeit zur Selbstentfaltung bieten – und damit eine Chance, negative und positive Freiheit zu erfahren. In seinem Aufsatz „Performance am Südpol" nimmt der Philosoph Wilhelm Schmid (*1953) die Antarktis-Durchquerung, die Reinhold Messner und Arved Fuchs 1989/90 gelang, zum Ausgangspunkt verschiedener Überlegungen zum Thema Lebenskunst. Sein Text zieht eine interessante Parallele: So wie der einzelne Mensch sich mit der Aufklärung von Autoritäten und Ideologien befreit und sich nun selbst „um die Bewältigung seines Lebens zu bemühen habe", so bewege sich Reinhold Messner bei seinen Unternehmungen „auf der Schwelle des Übergangs vom Paradigma der *Befreiung* zu dem der *Formgebung* (Hervorhebungen im Original, Anm. d. Verf.). Er befreit sich nicht mehr nur von Vorgaben und überkommenen Grenzziehungen, sondern nimmt selbst die Zielsetzung vor und erlegt sich selbst Grenzen auf – und auch die Disziplin, die zum Erreichen selbstgesetzter Ziele erforderlich ist, Selbstgesetzgebung und Selbstdisziplinierung, Autonomie und Asketik im Wortsinne."

Tatsächlich ist Reinhold Messners (*1944) alpinistischer Werdegang in mehrfacher Hinsicht exemplarisch. Er spiegelt, schreibt Schmid, „die Situation des modernen Individuums, das sich von allen lästigen Bindungen der Tradition, Konvention, Religion befreit hat und demzufolge keine heteronom vorgegebenen Aufgaben und Ziele, keine von außen kommenden Verpflichtungen mehr kennt". An die Stelle eines belastenden und unterdrückenden Geflechts verschiedener Systeme tritt die „Lebenskunst, die bewusste Lebensführung, die Aneignung des Lebens durch das Selbst, die Ausarbeitung eigener Formen, in denen das Leben gelebt werden kann, die immer wieder zu treffende Wahl, die Setzung von Zielen, die Suche nach ‚Sinn'." Die hier geschilderte Entwicklung ist nicht nur stellvertretend für gesellschaftliche, sondern auch für biografische Umbrüche ganz allgemein – denn dass sich die Definition von Freiheit im Laufe eines Bergsteigerlebens ändert, hat auch mit der Unausweichlichkeit biologischen Älterwerdens zu tun.

Mit eigenen Worten erzählt Messner von seinem Werdegang in dem 2012 erschienenen Buch „Die Freiheit aufzubrechen, wohin ich will". Den Titel entlehnte der Südtiroler dem 1800 erschienenen Gedicht „Lebenslauf" von Friedrich Hölderlin (1770–1843), dessen vierte Strophe lautet: „Alles prüfe der Mensch, sagen die Himmlischen / Dass er, kräftig genährt, dankend für Alles lern' / Und verstehe die Freiheit, / Aufzubrechen, wohin er will." Auf seine Kindheit und Jugend zurückblickend, erscheint Messner dieser Aufbruch als Ausbruch, der ihm die Welt der Berge und eine Welt der Möglichkeiten öffnet. Erst nach langen Wanderjahren, die über 14 Achttausender und die Seven Summits bis an Süd- und Nordpol führen, kann sich Messner eingestehen: „Viele sind fremdbestimmt, warum nicht auch ich? Ich kann nicht gegen alles ankämpfen, ich will es auch nicht. Vielleicht schaffe ich mir in meinem bürgerlichen Leben größere Freiräume als in meinem Grenzgängerleben. Wenn ich sagte: ‚Ich muss noch zum Nordpol', dann klang auch eine gute Portion Fremdbestimmung mit."

Einen Ausweg aus diesem Dilemma findet der Südtiroler, indem er – in den Worten des Philosophen Peter Sloterdijk (*1947) – „vom bloßen Geformtsein auf die Seite des Formenden" tritt. Messner verschreibt sich dem Verzichtsalpinismus, verzichtet an hohen Bergen auf Fixseile, Höhenträger und Flaschensauerstoff ebenso wie auf

Die Kunst, einen Berg zu besteigen, besteht darin, Entscheidungen zu treffen.
© R. Karl, E. Altmeier/ Archiv des DAV, München

Nahrungsmitteldepots auf dem Weg zu den Polen und unterwirft sich damit selbst aufgestellten Regeln. So nimmt er eine „Grenzziehung" vor, „die aus Freiheit geschieht, sodass Freiheit nicht mehr nur als Befreiung verstanden wird" (Schmid). Das beständige Training, das Überlegen und Ausprobieren, Versuch und Irrtum sowie kalkulierte Askese führen Messner nicht nur zu seinen alpinistischen Erfolgen, sondern ebnen ihm auch einen Pfad zur Erleuchtung: „Der Sinn ist eine rein menschliche, subjektive Erfindung. Ich stifte Sinn! Alle können wir das. Aber jede und jeder nur für sich." Oder um es nochmals in Bezug zum Begriff der „Freiheit" zu setzen: „Mir geht es um Selbstbestimmung, und diese ist kreativ und nicht als Flucht zu verstehen."

Entscheidungen entscheiden

Es ist kein Zufall, dass in diesem Beitrag ausschließlich Alpinisten zitiert werden, die die bewusst erlebten Schritte der Befreiung und Formgebung – den Zweiklang alpinistischer Freiheit – literarisch und künstlerisch verarbeitet haben. Damit zeigen Eugen Guido Lammer, Leo Maduschka, Reinhard Karl und Reinhold Messner, dass und wie ein freier Geist sich Ausdruck zu schaffen vermag. „Die Kunst, einen Berg zu besteigen, wird jetzt das Problem für mich sein", resümierte Reinhard Karl, nachdem er die „Einsamkeit an der Schreibmaschine" hinter sich gelassen hatte.

Der Alpinismus ist bis heute eine gute Schule, um freie Entscheidungen treffen zu lernen. Wer in den Bergen an FOBO (Fear Of Better Options) leidet – der blockierenden Angst, vermeintlich bessere Handlungsalternativen ungenutzt zu lassen –, wird weder im Gelände noch im Kopf weit kommen. Der dänische Philosoph Søren Kierkegaard (1813–1855) beschrieb in seinem Werk „Entweder – Oder", mit welchen Winkelzügen sein Protagonist A sich das Reich des Möglichen erhalten will. Seine Strategie der Entscheidungsvermeidung führt allerdings dazu, dass sein Leben wie ein Film an ihm vorbeizuziehen scheint. Aus dieser Situation der Teilnahmslosigkeit führt laut Kierkegaard nur ein Weg: die Entscheidung, Entscheidungen zu treffen. Das aber machen wir in den Bergen andauernd. Und auch wenn Isaiah Berlin „das quälende Privileg der freien Wahl die Bürde der Freiheit" nennt, so ist dies doch bei weitem besser, als nicht frei zu sein.

Sommer 1962

Jürgen Winkler

Zwei junge Männer, ein Motorrad, wenig Gepäck und viel Zeit. Eine kleine Erinnerung an die große Freiheit in den Bergen – vor 60 Jahren.

Eines Tages im Jahr 1961 fragte mich Pit Schubert, ob ich Zeit und Lust hätte, mit ihm einen Sommer lang durch die Alpen zu ziehen, auf Berge zu steigen, große Touren zu klettern. Da meine Lehre im Fotografenhandwerk abgeschlossen war, sagte ich begeistert zu. Von da an hatten wir den nächsten Sommer im Kopf und bereiteten uns entsprechend darauf vor. Unsere Devise war es, ein freies Leben ohne Komfort zu führen, mit einfachsten Mitteln Touren zu gehen, frei zu entscheiden, ohne Druck von außen, einfach nur im Hochgebirge unterwegs zu sein.

Der Pit hatte ein Motorrad, eine Bücker mit 250 ccm Hubraum. Ein Anhänger machte es möglich, das notwendige Gepäck unterzubringen. Zu Pfingsten kletterten wir noch mit Freunden am Battert bei Baden Baden. Dann mussten die Freunde zurück in ihren Alltag, in ihr geregeltes, von der Uhr bestimmtes Leben. Wir zwei dagegen fühlten uns frei wie Vögel unter dem Himmel und fuhren gen Süden. Das heißt erst mal gen Südosten: Unser erstes Ziel war der Wilde Kaiser.

Im Regen klettern wir über den Nordgrat des Predigtstuhls und tags darauf im Sonnenschein durch die Fleischbank-Ostwand. Eine Höhle dient als Nachtlager. Latschen, etwas trockenes Gras und die Seile bilden den Untergrund. In der Westwand des Totenkirchls kommen meine Kameras erst weit oben am berühmten Nasenquergang zum Einsatz – die alte Leica für farbige Dias und die Rollei für Schwarzweißaufnahmen.

In der Wiesbachhorn-Nordwestwand machen wir erstmals Bekanntschaft mit steilem Eis, und nach der Durchsteigung der Pallavicinirinne in Sulzschnee und Wassereis stehen wir bei null Sicht auf Österreichs höchstem Gipfel.

Lang ist die Fahrt nach Molveno in der Brenta, mühsam der 1500-Höhenmeter-Anstieg mit

schwerem Gepäck zur Tosa-Hütte. Die Guglia beziehungsweise der Campanile Basso ist ein Muss für Bergsteiger. Unsere Wahl fällt auf die Foxkante: wenige Haken, freie und ausgesetzte Kletterei in gutem Fels – Genuss pur. Nach zwei Tagen Regen, Nebel und viel Zeit im Zelt zur Brenta Alta, zum Einstieg in die Oggioni-Verschneidung. Für mich ist es die erste Tour im VI. Grad. Nach zwölf Stunden auf dem Gipfel – steht in meinem Tagebuch.

In der Nordwand der Königspitze sind die Verhältnisse sehr schlecht. Beim Queren einer Rinne – Pit ist schon auf der anderen Seite – saust ein Schneerutsch herunter. Im letzten Moment gelingt es, das Seil zu straffen und über den Schnee zu halten. Beinahe wäre es das Ende gewesen. Nach dem Schneefall sind wir zu früh eingestiegen.

Nach Bumillerpfeiler am Piz Palü, Badile-Nordostwand und Gemellikante führt der Weg Richtung Zermatt. Zweimal Umkehr wegen Unwetter am Berg der Berge. Im Nachbartal, in Saas Fee, treffen wir Freunde aus Frankfurt.

Am 24. August steht unser Zelt im Val Veni auf der Südseite des Mont Blanc. Am Nachmittag Aufstieg zur kleinen Noire-Hütte; die Rucksäcke sind schwer. Neben der Bergausrüstung für Eis und Fels tragen wir Proviant für vier bis fünf Tage. In der winzigen Hütte sind wir allein. Heißer Tee, ein Stück altes Brot und zurückgelassener Käse sind unser Abendbrot. Der Südgrat der Aiguille Noire ist das erste große Teilstück zum höchsten Gipfel der Alpen. Nach 450 Metern Abseilen im Dülfersitz (es gibt noch keine Abseilachter) geht es hinauf zur Aiguille Blanche. Das dritte Biwak ist das angenehmste. Lang ausgestreckt, tief schlafend verbringen wir die Nacht in 4000 Metern Höhe. Noch einmal 120 Meter abseilen, dann der Schlussanstieg. Abends um 19 Uhr stehen wir ganz oben. Die Sonne geht unter. Ich bin dankbar und ergriffen und mache kein einziges Foto – es ist mir nicht wichtig.

Ein Wunsch steht noch im Raum: der Walkerpfeiler an den Grandes Jorasses. Vier Tage später richten wir uns her für die erste Nacht, ein Biwak im Sitzen. Dann Genussklettern, bis der Himmel grau wird. Es beginnt zu schneien und ein zweites Biwak etwa 80 Meter unter dem Gipfel ist nicht zu vermeiden.

In den Dolomiten gelingen noch einige schöne Touren, und Anfang Oktober sind wir wieder daheim in Frankfurt. Am Montag darf ich wieder zur Arbeit gehen – auch das ist Freiheit.

Auf den Bergen wohnt die Freiheit: am Bumillerpfeiler zum Piz Palü, über den Peutereygrat auf den Mont Blanc und im Biwak unter der Fleischbank (von links nach rechts).

© Alle Fotos: J. Winker

Easy Rider in den Alpen: Pit Schubert und seine 250er Bücker.

BergFokus | 83

„In den Bergen sind wir frei"

Wie fühlt sich Freiheit an? Und warum finde ich sie im Gebirge?
Zwölf Bergmenschen schreiben über das Höchste der alpinen Gefühle.

»Freizeit bedeutet nicht alles«

Frei fühle ich mich besonders dann, wenn ich vom Berg ins Tal schau und kaum Zeichen von menschlicher Zivilisation sehe. Das gelingt mir tagtäglich, beim Blick vom Hans-Berger-Haus durch das Kaisertal. Da weiß ich ganz genau, dass ich diesen Lebensweg und diesen Lebensort bewusst gewählt habe. Seit über 50 Jahren lebe ich jeden Sommer dort. Als Kind der Berge hatte ich in den späten 1960er-Jahren weder Spielgefährten noch Spielplatz da oben. Fast unvorstellbar heute, in einer Zeit der fürsorglichen Überwachung, bin ich allein im Wald hinter der Hütte herumgestreift. Ich kann mich nicht daran erinnern, dass mir jemals bang oder langweilig war. Über Freiheit denkt ein Kind nicht nach, ich war einfach „um die Hütte", meist in Rufweite der Mutter. Mit dem Größerwerden hat sich mein Radius naturgemäß aus der Rufweite hinausbewegt. Zum Bergsteigen angeleitet durch meinen Vater, der als Bergführer unseren Gästen und auch mir die Grundbegriffe des Kletterns beibrachte, wurde mein Spielplatz definitiv sehr viel größer. Allerdings wurde ich auch immer mehr zur Arbeit auf der Hütte gebraucht. Doch nützte ich jede freie Minute für Touren in den Kaiserbergen. In meinen Sturm-und-Drang-Jahren empfand ich Freiheit also als Freizeit. Nachdem ich dann doch bereits als junge Frau von 27 Jahren die Hütte als Wirtin übernommen habe und die Freizeit somit ziemlich auf der Strecke blieb, war meine Freiheit in die Sackgasse geraten. Im Erwachsenenleben konnte ich aber sehr bald feststellen, dass Freizeit nicht alles bedeutet. Durch die frühe Selbstständigkeit kam ich bald auf den Geschmack, wie wichtig mir selbstbestimmtes Handeln ist. Die Möglichkeit, als Hüttenwirtin doch in meinen Bergen zu leben und dabei noch ein selbstbestimmtes, unabhängiges Leben zu führen, tröstet mich über den Mangel an Freizeit hinweg. Denn schließlich gibt es ja auch ein Leben zwischen den Hüttensaisonen. Diese Zeit kann auch ich dann zum aktiven Bergsteigen nützen. Ob in heimischen Bergen oder in den Gebirgen ferner Länder, zieht es mich besonders zu jenen Bergen, von denen aus ich ins Tal schau und kaum Zeichen von menschlicher Zivilisation wahrnehme.

© privat

Silvia Huber, *1963 in der Obersteiermark geboren, verbringt seit 1969 die Sommermonate im und um das Hans-Berger-Haus im Kaisergebirge, seit 1990 als Wirtin. Ein Sohn, ein Lebensgefährte und wirkliche Freunde bereichern ihr Leben.*

»Frei fühle ich mich in den Bergen eher selten«

Vorausschicken möchte ich, dass ich normalerweise die großen und oft missbrauchten Begriffe des Lebens, wie Liebe, Freiheit, Heimat, in meinem Sprachgebrauch tunlichst vermeide und sie dafür zu beschreiben versuche, um sie zu *befreien* aus der schwammigen Hülse, in der sie oft stecken.

Frei fühle ich mich in den Bergen eher selten. Viel mehr bin ich gefangen von den selbst gestellten Aufgaben, die bis zur Besessenheit wachsen können – gefangen auch von den Verantwortungen, die diese Aufgaben bedingen und von einem Zeitplan, der ganz oft Voraussetzung für eine glückliche Rückkehr ist. Dieses Spannungsfeld, das zwischen Aufbruch und Rückkehr entsteht, macht für mich die Intensität des Bergsteigens aus. Ungewissheit, Ahnung und Hoffnung, Sorge um die Partner und um mich selbst, manchmal sogar Angst machen nicht frei, sondern maximal fokussiert und konzentriert. Wenn dann irgendwann alle Hürden überwunden, alles Unvorhergesehene gemeistert und alle Zweifel durch Gewissheit beseitigt sind, dann stellt sich jener innere Frieden ein, der eine Zeit lang frei macht von der Fülle der Aufgaben und der Intensität der Ereignisse. Dieser Zustand der „Freiheit" stellt sich aber oft erst weit unten beim Abstieg, meistens im sicheren Tal, beim Auto, in der Hütte oder beim Zelt ein.

Ich kenne aber auch eine sehr extreme Form der Freiheit, eine, die ich instinktiv zu vermeiden versuche. Sie entsteht bei mir in jenen – zum Glück wenigen – Momenten, in denen der persönliche Spielraum so eng wird, dass die ganze körperliche und mentale Kraft für die Bewältigung des nächsten Schrittes, der nächsten Minute, der nächsten Stunde gebraucht wird. Dieser Moment macht frei von jeder Vergangenheit und jeder Zukunft, von jeder alpinistischen Ethik und von jeder gesellschaftlichen Moral – sogar frei von Angst und Mut! Alles Leben konzentriert sich auf die animalische Lösung einer Situation. Das Erleben dieser „Anima", dieses Kerns unserer Existenz, würde ich sogar als die absolute Freiheit bezeichnen und gleichzeitig behaupten, dass so richtig frei in Wirklichkeit keiner von uns sein will!

Hanspeter Eisendle, *geboren 1956, Ausbildung zum Kunsterzieher, Bergführer, Teilnahme an mehreren Himalaya-Expeditionen, einer der besten Dolomitenkletterer mit zahlreichen Erstbegehungen. Lebt mit seiner Familie in Sterzing.*

© Archiv H. Eisendle

Links: Auf der Fiamma im Bergell. © S. Metz

»Dieser vollkommene Fokus«

Den Kopf frei bekommen, alles vergessen und gleichzeitig fokussiert und voll konzentriert sein: Auf der einen Seite verspüre ich in den Bergen eine Freiheit, wie ich sie sonst nirgends erlebe. Egal ob an guten oder an schlechten Tagen. Egal ob mitten im Lernstress oder nach geschaffter Prüfung. Die Berge sind für mich ein Ort des Wohlfühlens, quasi ein zweites Zuhause. Ein Kraftplatz, um Energie zu tanken, das Leben zu genießen und eine unglaubliche Leichtigkeit und Freiheit zu erfahren. Ein Ort, um den Kopf frei zu bekommen. Auf der anderen Seite kommst du bei alpinistischen Herausforderungen in den Bergen immer wieder in Situationen, die dir alles abverlangen und dich an deine Grenzen bringen. In solchen Momenten ist voller Fokus gefragt. Alles muss funktionieren, jeder Schritt. Bereits der geringste Fehler könnte das Ende der Freiheit bedeuten. Der Kopf ist voll. Voll mit Wissen, voll mit Gedanken, voll mit Handlungsstrukturen. Ist das die wirkliche Freiheit? Führen diese Situationen, dieses Leben am Limit und die Herausforderungen, für welche du deine Grenzen überschreiten musst, wirklich zu Freiheit? Vielleicht ist es gerade dieser vollkommene Fokus, der uns alles andere vergessen lässt. Im Grunde ist in dieser Freiheit auch eine gewisse Unfreiheit und ein Ausgesetztsein gegenüber den Naturgewalten inkludiert. Diese Mächte haben das Potential uns zu zeigen, wie winzig und verletzlich wir als Menschen in dem System der Schöpfung sind.

Doch irgendwie ist es genau dieses Zusammenspiel der verschiedenen Komponenten, welches die Freiheit am Berg ausmacht: das Gefühl, den Kopf frei zu bekommen, alles sonst Belastende hinter sich zu lassen, und dennoch dieser volle Fokus. Die Machtlosigkeit gegenüber der Natur und dennoch die Fähigkeit, diese Herausforderungen immer wieder zu überwinden und am Ende eines erfolgreichen Bergtages wieder sicher im Tal angekommen zu sein. Vielleicht ist es gerade dieses Zusammenspiel zwischen „frei" und „voll" sowie zwischen Freiheit und Unfreiheit, das die Erlebnisse in den Bergen so besonders macht.

Hanna Löberbauer, Jahrgang 1998, aufgewachsen am Mondsee in Oberösterreich, studiert Sportwissenschaft sowie Lehramt Sport und Geographie in Innsbruck. Seit 2020 Teil des Junge Alpinisten Teams des ÖAV.

»Freiheit durch Vernunft«

John Locke und Immanuel Kant als Erklärung dafür, warum ich mich beim Klettern frei fühle? Das klingt so trocken wie ein Bürojob beim Finanzamt. Ich versuche es trotzdem: Wie kann ich mich frei fühlen, wenn ich weit über einem rostigen Haken stehe und mit der Flucht nach vorn buchstäblich nur eine einzige Handlungsmöglichkeit habe? Wo ich doch im Alltag unzählige Optionen habe?

Die Zauberformel lautet: Freiheit durch Vernunft. Sinngemäß erklären Locke und Kant, dass der Mensch kraft seines Verstandes in der Lage ist, das Richtige zu erkennen und danach zu handeln. Das klingt logisch. Wenn ich erkenne, dass es richtig ist, meinen Biwakmüll wieder mitzunehmen, dann mache ich das. Vorausgesetzt ist allerdings das Leitmotiv der Aufklärung „Habe Mut, dich deines Verstandes zu bedienen", das den dennoch auffindbaren Müll mit dem fehlenden Mut jener Anderen erklärt.

Spannend wird es jetzt, wenn ich nur eine Handlungsoption habe. Wenn diese Option mit dem Vernünftigen zusammenfällt, ist es für die praktische Freiheit irrelevant, ob es noch andere Optionen gibt. Locke schreibt sogar, man müsse ein Narr sein, wenn man sich wünscht, immer auch das tun zu können, was man als falsch erkennt.

Weit über dem letzten Haken gibt es zwei Möglichkeiten: Entweder werde ich von der Angst überwältigt, dann fühle ich mich alles andere als frei. Oder ich erkenne, dass die Flucht nach oben die vernünftigste Option ist. Vielleicht ist also das Spannende am extremen Klettern, dass es Freiheit bei sehr wenigen Handlungsmöglichkeiten intensiv erlebbar macht – im Gegensatz zum Alltag, wo ich mich trotz vieler Optionen nicht immer für die vernünftigste entscheide.

Das Beste ist, ich kann daraus lernen, mehr Freiheit zu spüren: zum Beispiel, wenn ich nicht im Naturschutzgebiet biwakieren darf, aber eben auch erkenne, dass es vernünftig ist, sensible Bereiche zu schützen. Oder wenn ich während der Pandemie nur vor der Haustüre bergsteigen darf und gleichzeitig verstehe, dass Reisen unvernünftig wäre.

Silvan Metz, Jahrgang 1997, Bergführeraspirant und Fotograf, liebt ungestellte Momente und extreme Situationen. Fotografiert die DAV-Expedkader und schreibt für „Panorama" und „Knotenpunkt".

»Umkehren bewahrt die Freiheit wiederzukommen«

Frei leben in frischer Luft, das war mir als Dorfkind von klein an vertraut. Gemeinsam leben verbindet mit ähnlich fühlenden Menschen. Freiheit erlebe ich im Wünsche-Haben, Ziele-selber-Wählen und Ihrem-Sog-folgen-Können. Gebirge bietet das intensiv. Dort gehört zur Freiheit das Steigen in erhabener Landschaft und das Ausgeliefertsein an reale Gefahren. Jubel und Angst im Doppelpack.

14-jährig auf den Hohen Ifen – neue Welt; 16-jährig allein und weglos am Hohen Göll – mütterliche Umsorgung verlassen; 18-jährig am Großglockner-Stüdlgrat – im Wettersturz übermächtige Naturgewalten gespürt, in der riesigen Watzmann-Ost bedrohliche Dimensionen erfahren. Vor verlässlichen Wetterprognosen und Permanentkommunikation via Handy war so was immer hochriskant. Frei sein bedeutete, solche faszinierenden Ziele mit jugendlicher Unbedingtheit trotz der Risiken anzugehen. Später wurde Freiheit am Berg zum respektvollen Steigen, nur im Rahmen des sicheren Könnens.

Nach ersten großen Wänden trat neben die Bergziele der Wunsch nach sinnvoller Rolle in der Gesellschaft. Ich wollte Lehrer werden, mitwirken an der Begleitung junger Menschen, lebensnützliche Inhalte präsentieren als Herausforderung für ihre Hirne und Herzen, um sie fit zu machen für gutes Leben in der Zukunft. Die Schule ließ Räume zu eigener Gestaltung. Ferien waren Zeit zur freien Verfügung. Zeit mit der Familie, auch für die Leidenschaft Bergsteigen. Als Amateur blieben wenige Wochen für die Berge. Ich genoss sie als frei von Vorgaben durch Sponsoren oder Klienten. Frei für die romantische Suche nach wildem Gebirge und auch neuen Wegen. Immer von unten, die volle Palette der Aufgaben. Routen und Schwierigkeiten ungewiss, Sicherung improvisieren, naturgegebene erste Linien des geringsten Widerstands finden, möglichst in freier Kletterei, mit normalen Schlaghaken, am besten clean und onsight. Gern abgelegen. Burel Süd, Pala Tissi-Südwest, Zwölfer „Traumtour", Langkofel „Riesenpfeiler", „Pfeiler über den Wolken" … Auch mal leichtleicht free solo. Der Wert rechtzeitigen Verzichts am Berg wurde mir immer deutlicher bewusst. Zu spüren, wann eine Tour riskant wird, und rechtzeitig umkehren und heil zurück, das ist auch ein Sieg. Er bewahrt die Freiheit wiederzukommen. Sich frei halten von Erfolgszwängen ist bei ersehnten Zielen schwierig, aber gerade dort wichtig.

Solche Erfahrungen draußen bot ich nebenher als Jugendleiter des Alpenvereins an. Das verkürzte die Zeit für eigene Touren. Lohn war die miterlebte Begeisterung der Jugendlichen.

Führer machen bringt tieferen Kontakt zu Gebirge und Menschen. Im Beschreiben sah ich Freiraum: Es machte mir Freude, darin präzise zu sein, aber zugleich die – selber begeistert gelebte – traditionelle heroische Pose selbstironisch durch den Kakao zu ziehen. All dies war Kontrast zum verlässlichen Funktionieren im Schulleben. Das eine machte das andere intensiv. Großes Einatmen und Ausatmen.

Gebirge ist nur unverbaut intakter Erlebnisraum. Ich engagierte mich für seinen Erhalt. Bei Mountain Wilderness. Im Alpenverein. Parteipolitisch bei den Grünen. Ich kann Freiheit in den Bergen nur dann mit reinem Gewissen erleben, wenn ich auch beitrage, ihre Voraussetzungen zu erhalten.

Im Alter bleibt Freiheit selbstbestimmtes Steigen, wo und wie weit ich mag. Die – im Gebirge vom Ambiente aufgefrischte – Erinnerung der gewagten großen Tage dort oben ist mir ein Elixier. Sie verbindet mich dankbar mit denen, die lebensfroh mit mir gingen. Und sagt: Es hat gelohnt.

Mit dem Klima muss sich unser Gebirgserleben ändern. Der kleine ökologische Fußabdruck befreit unser Gewissen. Hin optimal zu Fuß, per Rad, per ÖV! Hin- und Rückweg als Teil des Unternehmens würdigen! Berge von ganz unten besteigen macht sie größer und vielfältiger. Gelegenheit zu neuen Erfahrungen und Erstleistungen! Wir sind frei, so was auszuprobieren!

Richard Goedeke, geb. 1939, Dr. phil., lebt in Braunschweig, Lehrer i. R., Kletterer und Allroundbergsteiger, weit über hundert Erstbegehungen, Autor von Berg- und Kletterführern, ehrenamtlich beim DAV tätig (Jugend, Ökologie, Kultur).

»Die Freiheit«

Willensfreiheit, Pressefreiheit, individuelle Freiheit, frei wie ein Vogel, frei von Konservierungsstoffen, freier als Paul Preuss, und und und … Es gibt viele Bestrebungen, frei zu sein … ganz erreichen werden wir sie aber nie … die Freiheit. Sie wird immer eine Illusion bleiben. Freilich auch in den Bergen.

Lisi Steurer, Jahrgang 1979, Sport-, Kultur- und Eventmanagerin, externe Lektorin der FH Kufstein, Berg- und Skiführerin und Ausbildnerin im Verband der österr. Bergführerausbildung, Mentorin im Junge Alpinisten Team des ÖAV, Top-Alpinistin in Fels und Eis.

»Freiheit bedeutet Verantwortung übernehmen«

Für mich bedeutet „frei sein", alle von außen auferlegten Regeln ablegen zu können, um aus innerem Antrieb, zwanglos, aber selbstbestimmt zu handeln. Um mich wirklich frei zu fühlen, will ich alle Entscheidungen selbst treffen und dabei nur für mein eigenes Wohl geradestehen müssen. „Frei sein" bedeutet für mich im Wesentlichen auch, Erfahrungen machen zu können, die ich in unserer bestens abgesicherten Konsumgesellschaft nicht mehr machen kann: Ich will mich verausgaben, Anstrengung und Kälte spüren. Ich will Angst haben, euphorisch, angespannt oder zufrieden sein können. Vor allem aber will ich die Möglichkeit zu einer unverfälschten und somit ehrlichen Auseinandersetzung mit mir selbst haben. Meine Vorstellung von Freiheit hat demnach mit dem Drang nach Selbstbestimmung und Autonomie zu tun, basiert aber auf dem Wissen um meine Verantwortung, denn ich kann meine Freiheit nur so weit ausleben, bis ich jene der anderen zu beschneiden beginne.

Nun ist es in der eilig gedrängten Gesellschaft von heute schwer geworden, solche Freiräume überhaupt noch zu finden. Wir sind so viele geworden, auch im Gebirge, und die wichtigste Ressource, die wir als Alpinisten haben, die natürliche Bergnatur, droht uns abhandenzukommen. Wir wissen das, doch es wird weiterhin fleißig erschlossen und versichert, um möglichst vielen Menschen den Zugang ins Gebirge zu erleichtern. Indem wir aber weiter Infrastrukturen ausbauen, Zugänge erleichtern und Attraktionen ins Gebirge tragen – weil die Berge ohne Aussichtsplattformen, Liftanlagen, übergroßzügige Schutzhütten, Klettersteige, Plaisirrouten, Zufahrtsstraßen bis zu den Wänden und so weiter „langweilig" wären –, schaffen wir nicht mehr Freiraum für alle, nein, wir berauben uns dessen, weil wir ihn ganz einfach zubauen. Dabei ist eine verbaute Umwelt steril, sie bietet keinen Platz für Ideen und Kreativität. Sie ist verbraucht und somit auch als „Erlebnisbringer" unbrauchbar, leider. Wenn ich mich hier zu Wort melde, dann auch, weil wir zukünftigen Generationen von Alpinisten und Bergbegeisterten jene Möglichkeit erhalten sollten, die es braucht, um sich zu erfahren, indem man selbst Erfahrungen macht. Es sollten Erfahrungen annähernd derselben Qualität sein, wie wir sie machen durften. Nämlich abseits der Pisten, Lifte und Klettersteige. Ich füh-

© Archiv S. Messner

le ganz einfach eine Mitverantwortung, was die Zukunft unseres „Freiraumes Berg" betrifft, und ich bin überzeugt davon, dass unser einzig vernünftiger Weg in die Zukunft im Rückbau und im Verzicht liegt. Mehr denn je sollte es uns um das *Wie*, also um Inhalt und Qualität, und nicht um das *Wie viel* gehen. Ein Umdenken wird nicht von heute auf morgen möglich sein. Es wird bestimmt auch nicht einfach werden – eher wird es knüppelhart! –, auch braucht es viel Überzeugungskraft. Aber es ist unsere einzige Chance, um für die Zukunft wenigstens die Möglichkeit zu erhalten, hie und da auszubrechen aus einer Gesellschaft, die zu schnell und zu oberflächlich geworden ist, um dauerhaft in ihr leben zu können.

Simon Messner, 1990 in Südtirol geboren, studierter Molekularbiologe, leidenschaftlicher Alpinist. Betreibt seit 2017 die Filmproduktionsgesellschaft „Messner Mountain Movie GmbH". Lebt in Innsbruck.

»Und neu erschaffen wird die Erde«

„Geben Sie Gedankenfreiheit!"
Schiller, Don Karlos

Es ist warm, ja fast heiß an diesem sonnigen Februarvormittag. Mein Freund Peter und ich sitzen auf einer verwitterten Holzbank vor einer kleinen Alm auf 1700 Metern Höhe. Peter ist vom benachbarten Pflerschtal aus Südtirol aufgestiegen. Wir treffen uns an einem versteckten Platz, der nach dem Krieg Schmugglern als Zwi-

schenstation diente. Die Erinnerung an jene Zeiten versetzt uns trotz der herrlichen Landschaft und eines exzellenten Glases Rotwein in eine eigenartige Stimmung. Es herrschen seit Monaten fast schon Ein- und Ausreiseverbote mit Quarantäneandrohungen zwischen unseren Ländern. Zuerst trennte ein großer Krieg, nun trennt eine Epidemie zwei nebeneinanderliegende Gebirgstäler, die durch eine gemeinsame Geschichte, Kultur, Freundschaften und Hochzeiten verbunden sind. Auch in den Bergen ist die vielbesungene Freiheit eng geworden. Die zweite Wintersaison schon können wir nicht miteinander unsere gewohnten Skitouren unternehmen.

Ja, das Moment der Freiheit ist ein essentielles beim Bergsteigen, wo es gilt zu entscheiden, zu wagen und zu verantworten. Freiheit heißt nicht Beliebigkeit, indem alles geht und es auf nichts mehr ankommt. Freiheit gründet auf einem gemeinsam akzeptierten Wertekanon, dessen Schlüsselbegriffe seit der Aufklärung auf die Macht der Vernunft, der Freiheit, Gleichheit und Solidarität im Zusammenleben der Menschen reflektieren und der schließlich nach dem Zweiten Weltkrieg in der Deklaration der Menschenrechte gipfelte. Dieses Verständnis von Freiheit auch als Verantwortung wandelte sich im Zeitalter eines ungebremsten, Lebenssinn ersetzenden Konsumismus in ein „I want it all, I want it now!", wie es ein Lied der unvergesslichen Band Queen auf den Punkt bringt. Auch im Bergsteigen, wo als ein Beispiel der Traum der Besteigung des Mount Everest durch die Vergewaltigung der Realität ausgelöscht wurde und weniger zu einer Frage des Könnens denn der finanziellen Mittel wurde – wo die unverfälschte Begegnung von Mensch und Bergnatur als essentielles Moment des Erlebnisses immer weiter durch Einsatz von technischen Hilfen verwässert wird, wo nicht das Können als des Dürfens Maß bei der Auswahl von Tourenzielen gilt, sondern eher das Wissen darum, dass eine Bergung per Hubschrauber oder durch eine nahezu perfekte terrestrische Rettungskette jederzeit und überall möglich ist. Die Macht des Faktischen walzt nieder und stempelt eine kritische Auseinandersetzung zum kulturpessimistischen Lamento. Und doch, stand nicht vor den großen Zäsuren in der Entwicklungsgeschichte das Wort am Anfang, die Idee eines neuen Verständnisses von Leben und Welt? Ein freudiger Verzicht und Selbstbeschränkung zugunsten von Erlebnis- und Daseinsqualität könnte zu einem Schlüsselbegriff nicht nur beim Bergsteigen, sondern viel mehr noch im Leben generell werden: ein Erkennen und Akzeptieren der eigenen Grenzen und jener, die unser Planet als gesamthaftes Ökosystem setzt.

Auch wenn uns der Aufstieg über einen schwindelerregenden Grat, das Spüren des Abgrunds zu unseren Füßen beim Erreichen des Gipfels und das Schauen eines ins Unendliche zerfließenden Horizonts in ein unbändiges, intuitives Gefühl von Freiheitserleben versetzen kann, wissen wir, dass das Bergsteigen nicht als Eskapismus von den gesellschaftlichen Entwicklungen dienen sollte. Das Tal holt uns ein, so oder so, und Freiheit verweist letztlich auf die Notwendigkeit eines wachen, verantwortungsbewussten Geistes.

Das Coronavirus hat, was Demokratie, Gesellschaft und unser Wirtschaften angeht, bislang nichts wirklich Neues gezeitigt, sondern nur Entwicklungen zugespitzt und beschleunigt. Der Wandel der Demokratie in eine Postdemokratie, das Zerren an oder das Ignorieren von verfassungsgarantierten Grundrechten, das bewusste Infragestellen der Balance von Judikative, Exekutive und Legislative, das zunehmende Unvermögen, einen gesellschaftlichen, kritischen Dialog ohne Hasstiraden und unversöhnliche Positionskämpfe zu führen oder die manchmal unerträgliche Bevormundung einer zunehmend aggressiven Minderheit, die vorschreiben will, was zu denken, zu sagen und zu schreiben Sache ist und welcher Wertekanon zu gelten hat, das alles sind Ausflüsse einer schon seit Jahren begonnenen Zeitenwende der geistigen und auch physi-

© privat

schen Verengung. Die Welt und unser Leben sind nicht nur schwarz oder weiß, sondern, ihrer Buntheit und Vielschichtigkeit folgend, meist in der Mitte des Kompromisses angesiedelt. Demokratie darf ebensowenig die Diktatur der Mehrheit sein wie Toleranz jene der Minderheit.

Algorithmen übernehmen immer mehr den Börsenhandel, manipulieren demokratische Wahlen und beeinflussen unsere Art zu denken, zu handeln und letztlich zu fühlen. In welchem Maß das geschehen darf, wo es nützt oder wo es zutiefst menschenfern ist, darüber braucht es einen breiten gesellschaftlichen Diskurs und schließlich einen gesetzlich verankerten Rahmen. Diese Verantwortung wahrzunehmen, liegt in der Freiheit jedes Einzelnen.

Kehren wir zurück auf unsere Alm. Spüren wir der Botschaft nach, die uns ein tiefgehendes Bergerleben vermitteln kann, beschrieben in einem Vorwort, das Reinhold Messner für ein Jubiläumsbuch des Kletterklubs der Gipfelstürmer verfasste: „Das Bergsteigen und Klettern kann eine Möglichkeit des Erlebens von Nicht-Banalem, Nicht-Konsumierbarem und Risikobehaftetem bleiben. Denn zum Felsklettern im Gebirge gehören Himmel und Hölle, Mut und Angst, Erschrecken und Aufatmen, jeweils zur Hälfte eines unteilbaren Ganzen, das nie nur Sport sein wird."

Was sonst als eine Umschreibung des Begriffs von Freiheit und Abenteuer lesen wir hier? Brechen wir auf ins Abenteuer Berg und Leben und achten wir darauf, dass das zarte Pflänzchen, das die Freiheit immer war und mehr denn je ist, auch die neue Zeitenwende überdauert!

Robert Renzler, *Jahrgang 1956, Berg- und Skiführer, alpiner Allrounder, Expeditionsbergsteiger, Gründungsmitglied des ersten Kletterweltcups und ehemaliger Präsident der UIAA Mountaineering Commission. Von 1986 bis 2002 Leiter der Bergsportabteilung des ÖAV, von 2002 bis 2020 dessen Generalsekretär.*

BergFokus | 89

»Über den Wolken«

Sommer 1975. Noch nicht 16 Jahre alt, klettere ich mit meinem Bruder und seinem Freund den Weissmies-Nordgrat in den Walliser Alpen. Zur italienischen Seite hin breitet sich ein Wolkenmeer aus. Bei einer Pause summt der Freund den Song von Reinhard Mey: „Über den Wolken muss die Freiheit wohl grenzenlos sein …" Damals wusste ich noch nicht, was diese Worte – für mich – bedeuteten. Aber dann spürte ich immer mehr diese buchstäblich unbändige Freiheit, von weit oben den Blick über die fernen Gebirgsketten schweifen zu lassen, aufbrechen zu können, wohin auch immer, und dabei mit der Natur eins zu sein. Wobei ich neben diesen großen Gefühlen, die ich am intensivsten beim Alleinsein empfinde, auch die „kleinen" Berg-Freiheiten schätze, zum Beispiel wenn ich mich, geeignetes Gelände vorausgesetzt, überall dort hinsetzen und pausieren kann, wo ich möchte.

Ich erlebte allerdings auch Zeiten mit Limitierungen, als ich im manchmal ermüdenden Korsett eines Familienalltags eingespannt war und Bergfluchten dazu dienten, neue Kräfte zu mobilisieren. Im Frühjahr 2020 dann der große Bruch: Corona! Bergbahnen und Staatsgrenzen werden zeitweise geschlossen und Berge sind auf einmal unerreichbar. Schlagartig wird mir klar, dass es allein auf den ungehinderten Zugang zu ihnen ankommt und dass die heutigen, oft kostenpflichtigen „Erlebniswelten" in den Bergen für intensive Naturerfahrungen nicht nötig sind, sondern diese sogar einschränken. So drückt es übrigens auch die Alpenschutzorganisation Mountain Wilderness aus, für die ich seit vielen Jahren aktiv bin.

Ja, und dann gibt es noch meine nächtlichen Berg-Träume, gespickt mit Abenteuern! Die Freiheit der Berge zeigt sich für mich in vielen Facetten.

Gotlind Blechschmidt, Jahrgang 1958, Diplom-Geografin und begeisterte Alpinistin von Kindesbeinen an, freie Publizistin und Lektorin. Sie ist Mitbegründerin und Vorstandsmitglied von Mountain Wilderness Deutschland.

»Freiheit oben, Freiheit unten«

Wir schreiben den März 2021, und wir machen die für durchschnittliche Westmenschen von heute nie gekannte Erfahrung, wie es ist, wenn man plötzlich nicht mehr fahren kann (auch nicht gehen), wohin man will. Bei der ersten Einsperr-Runde im März letzten Jahres war uns hier in Tirol plötzlich nicht nur untersagt, Gemeindegrenzen zu überschreiten, sondern auch das zu tun, was hier zu den grundlegenden Kulturtechniken gehört: aus dem Dorf oder der Stadt oder wo man eben wohnt kurz eine Runde in Richtung Berg zu drehen, irgendwann im Lauf des Tages, wenn man gerade Zeit hat. Mit der Begründung, dass auf diese Weise die üblichen Sportunfallopfer nicht die Krankenhäuser verstopften und allfällige Bergretter vor einer Ansteckung bewahrt werden sollten, wurden auch Schitouren und ähnliche Betätigungen im Gebirge besonders streng verboten. Ein alter Bergsteigerfreund und Schitourenfex, der neben uns wohnt, sagte, als wir uns trafen, alle diese Maßnahmen seien freilich sehr nötig und sinnvoll. Auf die Frage, ob er sich daran halte, meinte er: „Naja, die ersten drei Wochen, aber seither bin ich schon ein paar Mal gewesen." Es war, wie man weiß, ein sonnenreicher Frühling mit einem Haufen Schnee – und kein Mensch unterwegs, oder fast keiner. Auch sonst fand sich diese Spaltung zwischen dem Selbst und der Gesellschaft bei fast allen im Freundes- und Bekanntenkreis. „Alle einsperren? Ja, natürlich, sehr vernünftig. Gestern war ich auf der Höttinger Alm, wir wohnen ja Gott sei Dank am Stadtrand, gleich hinter uns fängt der Wald an!" Selten haben wir die paar Wanderungen, die wir im Sommer unternahmen, so genossen wie in diesem Sommer 2020, als so halbhalb wieder aufgesperrt war. Oft wurde man auf kleinen Parkplätzen am Ausgangspunkt nicht übermäßig populärer Routen (etwa im Wildlahnertal, wo man zum Steinernen Lamm oder zum Ramsgrubensee startet) von einer erstaunlichen Menge ausschließlich einheimischer Autos überrascht, die sich da in jeden Winkel gequetscht hatten. Niemand durfte in die Weite, also strebte alles in die Höhe.

Genau dreißig Jahre früher, es war der Sommer 1990, ging ich mit meiner Mutter auf die Zwickauer Hütte im weltfernen Pfelderer Tal. Nach vier ausnehmend schweißtreibenden Stunden waren wir oben und kamen beim lebensrettenden Bier mit dem Wirt zu reden. Dieser Tage waren die ersten echten Zwickauer seit Menschengedenken hier am Alpenhauptkamm in 2989 Metern Höhe eingetroffen. Geweint haben sie, sagte der Wirt, und in heiliger Unschuld glaubten wir zuerst, das sei wegen des so langen, so steilen Weges gewesen. Erst dann kapierten wir, daß es wegen der wiedergewonnenen Freiheit war, hier heraufzuschwitzen.

Walter Klier, geboren 1955, lebt in Innsbruck. Schriftsteller und Maler. Autor von Führern für Wanderer und Bergsteiger, Verfasser von Beiträgen in alpinen Zeitschriften, Redakteur des Alpenvereinsjahrbuchs von 1995 bis 2001.

»Freiheit besteht darin, zu entscheiden«

Freiheit bedeutet für mich aufzubrechen, wohin ich will. Am liebsten in die Natur und auf Berge. Zweimal musste ich die Extremerfahrung machen, dies nicht einfach tun zu können. Das erste Mal war es nach meinem Unfall 1999 mit der Folge Querschnittslähmung, die mich zwang, meine Situation anzunehmen und langsam in die Freiheit zurückzukehren.
Das zweite Mal zu Zeiten der Corona-Pandemie, die mir wieder Grenzen aufzeigt. Aber in beiden Fällen hatte ich die Wahl … zumindest im Kopf. Deshalb ist für mich die größte Lernerkenntnis, dass Freiheit vor allem darin besteht, zu entscheiden, wie ich auf Dinge reagiere und damit umgehe.

Andrea Szabadi-Heine, geboren 1968, Sozial- und Erlebnispädagogin, Trainerin und Beraterin für zwischenmenschliche Prozesse, seit 1999 inkomplett querschnittsgelähmt. Sie möchte einen Beitrag dazu leisten, die Welt ein bisschen bunter zu gestalten.

»Frei sein von und frei sein für«

„Can you smell the freedom?" („Kannst du die Freiheit riechen?"), schreibt jemand, der gerade auf einem Berggipfel steht und auf die tiefverschneite Landschaft hinunterblickt, am 9. März 2021 auf Instagram. Ein anderer notiert am 15. Februar desselben Jahres auf Facebook: „En las montañas somos libres y por libres condenados a ser felices." („In den Bergen sind wir frei und als Freie verurteilt, glücklich zu sein.") Und über den weltberühmten Bergsteiger Louis Lachenal (1921–1955) schreibt sein bester Freund Lionel Terray, dass er „immer auf der Suche nach totaler Freiheit (war) – auch, und gerade dann, wenn die Risiken sehr hoch waren" (Wen die Götter lieben. Schicksale von elf Extrembergsteigern, Alpinverlag 2012).
Bei herrlichem Wetter auf einem wunderbaren Gipfel zu stehen, den Blick in die Ferne schweifen zu lassen, den Abstand zum Alltag zu spüren, die Ruhe zu genießen, das ist für mich etwas Besonderes, und auch ich fühle dann etwas, das ich Freiheit nennen würde. Aber was meint Freiheit?
Die Frage ist gar nicht leicht zu beantworten. Vielleicht hilft es, eine andere Erfahrung in Erinnerung zu rufen. Im März und April 2020, im November 2020, im Februar und März 2021 herrschte in Südtirol wegen der Corona-Pandemie ein Lockdown. Dies bedeutete, dass die eigene Wohnsitzgemeinde nicht verlassen werden durfte. Jemand meinte scherzhaft, dass er in diesen Zeiten verstanden habe, was das deutsche Wort „wohnhaft" meint. In der Tat waren wir in unseren Wohnungen „in Haft". Die Menschen diskutierten, was denn wichtiger sei, Freiheit oder Gesundheit, und ob man nicht frei sein müsse, um gesund zu bleiben. Aber was meint Freiheit?
Beide Erfahrungen machen zwei Pole bewusst, die Freiheit kennzeichnen. Freiheit ist zum einen ein Freisein von etwas – wie Stress, Lärm, Enge, Belastungen, Sorgen, Ängste, Zwänge, Böses. Aber Freiheit ist auch ein Freisein für etwas – wie sich zu bewegen, seine Meinung zu sagen, sich zu entfalten, sich einer Sache hinzugeben: Hoffnung, Liebe, Gutes, Neues.

Ich fühle mich frei, wenn zwischen diesem Freisein von etwas und dem Freisein für etwas, zwischen Abstand und Nähe ein gutes Gleichgewicht herrscht. Und dieses finde ich am Berg viel leichter als anderswo.
Aber noch etwas prägt meine Erfahrung von Freiheit am Berg. Berge waren und sind für viele Menschen mystische Orte. Bis heute gelten sie für manche Kulturen als Sitz von Gottheiten. Der Berg ist auch für mich ein spiritueller Ort, einer der mich jenem Gott näher bringt, der alles erschaffen hat und in Liebe auf uns schaut und für uns sorgt.
In den Bergen bin ich frei, weil dort meine Sehnsucht nach Unabhängigkeit und meine Sehnsucht nach Bindung einander nicht widersprechen, sondern ergänzen und in mir für Ausgeglichenheit sorgen und weil ich dort oben Jenem nahe bin, der mich zu einem freien Menschen gemacht hat, Gott.

Eugen Runggaldier, Jahrgang 1968, wuchs in St. Christina im Grödnertal auf. Er studierte katholische Theologie in Brixen und in Rom. 1993 wurde er zum Priester geweiht, seit 2016 ist er Generalvikar der Diözese Bozen Brixen. Seine Freizeit verbringt er gerne in den Bergen. Er ist Mitglied des Alpenvereins Südtirol und aktives Mitglied der Bergrettung Südtirol.

Die Hölle, das ist die Freiheit der anderen*

„Shared Space" im Gebirge – und wie alle etwas davon haben
>> **Thomas Bucher**

Konflikte allenthalben. Was ist los in den Bergen, auf denen doch angeblich die Freiheit wohnt? Diese Freiheit ist eben speziell: Sie ist Problem und Lösung zugleich.

Ich hatte mich behutsam genähert. Mit einem gut hörbaren „Achtung" hatte ich auf mich aufmerksam gemacht. Beim Vorbeilaufen hatte ich Abstand gehalten, so gut es ging. Unmittelbar danach ließ mich der Herr trotzdem an seiner Missbilligung teilhaben. Was ich denn da mache, rief er mir hinterher. Das sei doch nicht richtig. Ich war schon einige Meter weg, eigentlich schon zu weit. Aber ein Impuls ließ mich stoppen und umdrehen. Also fragte ich, was denn nicht richtig sei. Das Tempo, sagte der Herr. Das sei doch gefährlich. Auf einem Wanderweg solle man nicht laufen, sondern wandern. Ein unspektakuläres und eher kurzes Hin und Her folgte, und wir trennten uns mit wechselseitigem Kopfschütteln.

Ob der Herr über unseren Disput noch länger nachdachte, weiß ich nicht. Mich jedenfalls ließ die Situation erst einmal nicht mehr los. Wie kann es sein, dass ein Wanderer und ein Bergläufer, zwei Menschen also, die bei objektiver Betrachtung etwas doch sehr Ähnliches machen, so wenig Verständnis füreinander aufbringen? Er mir gegenüber nicht, und ich ihm gegenüber, ehrlich gesagt, auch nicht so richtig.

Eine Ausnahme ist diese Begebenheit nicht. Denn die Welt der Berge ist auch eine Welt der Auseinandersetzungen. Der Konflikte zwischen den großen Anspruchsgruppen in den Bergen sowieso – zwischen Jägerinnen, Grundstücksbesitzern, Almbäuerinnen, Naturschützern und einigen mehr. Aber um diese Art der Konflikte, hinter denen klare und bereits auf den ersten Blick gut sichtbare Interessen stehen, soll es hier nicht gehen. Sondern um die Konflikte zwischen Pistengeherinnen und Alpinskifahrern. Zwischen Plaisirkletterern und Trad-Climbern. Zwischen Mountainbikerinnen und Wanderern. Zwischen erfahrenen Bergsportlerinnen und Einsteigern. Zwischen Bergsportlern mit urbanem Wohnort und solchen, die bergnah zu Hause sind. Die Liste der Konflikte ist lang, und doch haben sie alle eins gemein: Es sind lauter Auseinandersetzungen innerhalb der Bergsportszene. Noch einmal deshalb

die Frage: Warum streiten sich Menschen, die eigentlich eine Leidenschaft teilen?

Soziologisch gesehen ist das erst einmal überhaupt kein Wunder. Reibung entsteht eben da, wo sich etwas berührt. Beispiele gibt es zuhauf, natürlich auch jenseits alpinistischer Horizonte. Man denke nur an die diversen Ausprägungen von Nachbarschafts-Streitigkeiten. Dass die Menschen da besonders empfindlich sind, ist ja irgendwie logisch. Denn immerhin geht es um eines der zentralsten Konzepte moderner Gesellschaften, um die Privatsphäre. Also um den Bereich, wo jeder Mensch tun und lassen darf, was er will. Dass sich die Freiheitsansprüche des einen und die des anderen Menschen dabei bisweilen in die Quere kommen, liegt auf der Hand.

Das ist mein Raum!

Nun geht es bei Auseinandersetzungen in der Bergsportgemeinde aber nicht um Besitzansprüche. Betreten werden dürfen die Berge bekanntlich ja von allen Menschen, und die alpinen Vereine sehen es als eine ihrer wichtigsten Aufgaben an, dieses Betretungsrecht zu verteidigen. Und doch gehen die Konflikte im Bergsport auf etwas zurück, das sich auch in den Nachbarschafts-Streitereien findet. Meine These lautet: Die Bergsportgemeinde beansprucht den alpinen Raum für sich. Sie hat ganz klare Vorstellungen davon, wie dieser Raum auszusehen hat, welche Regeln dort gelten sollten und wer dort etwas verloren hat. Und wer nicht. Diese Vorstellungen haben sehr viel mit Freiheit zu tun – allerdings mit einem ganz speziellen Konzept von Freiheit, das einiges an Konfliktpotenzial birgt. Die gute Nachricht dabei: Der Anspruch auf die Berge hat gute Gründe und die Konflikte sind lösbar. Beides gilt aber nur, wenn sich die Bergsportgemeinde an eine Sache erinnert, die den Kern moderner Gesellschaften ausmacht und die gerade in diesen Zeiten irgendwie aus der Mode kommt.

Fangen wir mit dem Konfliktpotenzial an. Die Szene spielt an einem sonnigen Wintertag im Februar, nordseitig liegt perfekter Powder. Zwei Skitourengeherinnen ziehen ihre Linien durch einen großen, genialen, unverspurten Hang und schwingen unterhalb ab. In wenig erfreutem Ton fragt ein aufsteigender Herr die beiden, woher sie diese Abfahrtsvariante kennen würden. Es sei doch nur

---

* „Die Hölle, das sind die anderen": Dieses berühmte Sartre-Zitat verwendet Ingrid Hayek in ihrem Beitrag in „Berge 2017" als Überschrift. Darin geht es ebenso um Konflikte in der Bergsportszene wie hier – nicht zuletzt deshalb die Anlehnung.

Wie viele Menschen verträgt die Natur? Eine andere Frage erscheint oft drängender: Wie viele Menschen ertragen einander?

© DAV/M. Scheuermann

Die Bergwelt ist im Wandel. Skitouren finden zunehmend auch auf (beschneiten) Pisten statt, was zu neuen Begegnungen führt – und neue Konflikte schaffen kann.
© DAV/M. Scheuermann

Einheimischen bekannt, wie man die Einfahrt in diesen Hang findet. Sie hätten sich das Gelände von unten gut angeschaut, sagt eine der beiden, weil sie mal gehört hätten, dass diese Variante viel besser sei als die normale Abfahrt. „Aha", sagt der Herr, mehr zu sich als zu seinen Gesprächspartnerinnen und auf jeden Fall in sehr mürrischem Ton. „Jetzt ist das auch schon bei den Städtern angekommen." (Übersetzung aus dem Dialekt.)

Solche Situationen gibt es natürlich viele. Da sind einheimische Bergsportlerinnen auf der einen Seite und mal mehr, mal weniger weit hergereiste Bergsportler auf der anderen. Objektive Kriterien für den Status des oder der Einheimischen existieren dabei freilich kaum. Das macht aber nichts, denn es geht um gefühlte Zugehörigkeiten und Gemeinschaftsgeister, die mal auf diesem und mal auf jenem gründen und selbstverständlich relativ sind. Gegenüber den Städtern zum Beispiel ist auch die Frau aus dem übernächsten Tal noch „eine von uns". Und wenn ein Snowboarder mit GoPro-Kamera auf dem Helm aus dem nahe gelegenen Skigebiet auftaucht und den mit Aufstiegsmühen redlich verdienten Hang zersägt, verbrüdern sich womöglich auch mal ein Münchner und eine Tegernseerin, wenn sie nur beide gestandene Skibergsteiger sind.

So ist's richtig! Und nur so!

Snowboarden und Skifahren? Ja – auch das war mal ein Konflikt, an den sich die eine oder der andere vielleicht noch erinnern und der so weit führte, dass die Boarder die Lifte nicht mehr nutzen durften. Heute ist das passé, dafür haben sich längst neue Konflikte aufgetan. Von den bereits genannten ist der zwischen Mountainbikerinnen und Wanderern derzeit am prominentesten. Womöglich, weil jeder Mensch Situationen kennt, in denen sich Radfahrer und Fußgänger auf mehr oder weniger schmalen Wegen begegnen und weil sich alle vorstellen können, dass es da zu Problemen kommen kann. Prominent ist der Streit aber auch deshalb, weil es so viele Beteiligte gibt, von denen bei Weitem nicht alle zu den Aktiven beider Seiten gehören: Almbauern, Grundstücksbesitzerinnen, Tourismusverbände, Gemeinden, Naturschutzbehörden und so weiter. Und weil sich der Streit medial so gut verkaufen lässt: Nagelbretter! Gespannte Drahtseile! Zerstochene Reifen! Wie viel Streit es im Bergsportalltag tatsächlich gibt, steht auf einem ganz anderen Blatt. Einen überwiegend zivilisierten Umgang miteinander bestätigen denn auch erste wissenschaftliche Untersuchungen.

Im Gegensatz dazu läuft der ganz zu Beginn beschriebene Zwist zwischen Wanderern und Bergläufern weitgehend unter dem Radar der Öffentlichkeit ab. Kein Wunder: Heikle oder spektakuläre Begegnungen im Gelände gibt es selten, die Unterschiede zwischen Laufen und Gehen scheinen marginal. Unterschätzt werden sollte der Konflikt allerdings nicht, denn: Er rührt ans Herz und an die Seele des Bergsteigens – nämlich an die Frage, welche Art von Erlebnissen die Berge und den Bergsport denn eigentlich so besonders und so wertvoll machen. Ist es der sportliche Erfolg? Das Gefühl, alles im Griff zu haben? Die Lust an der Leistungsfähigkeit des eigenen Körpers? Oder die Freude an der Natur? Das Eins-Sein mit der Landschaft? Die Kontemplation? Und überhaupt: Gehört eine ganz bestimmte Geschwindigkeit zu diesen Erlebnissen, die nicht überschritten werden darf?

Die Debatte über den richtigen Bergsport wird emotional geführt, aber selten bis gar nicht im Gelände, sondern beim Bier mit Freunden, in Diskussionsrunden aller Art und nicht zuletzt in vielen einschlägigen Publikationen. Ein schönes Beispiel ist die Ausgabe des Magazins „bergundsteigen" vom Frühjahr 2021, die dem Thema Geschwindigkeit gewidmet ist. Da wird der sehr bekannte Speedbergsteiger Kilian Jornet gefragt, wie man denn die Berge genießen könne, wenn man sich abhetzt. Seine Antwort: „Ich sehe oft Menschen am Berg, die sehr langsam unterwegs, aber trotzdem völlig am Ende sind. Es geht also weniger um die Geschwindigkeit, sondern um die Fitness. Und da schließen viele von sich auf andere, denken, dass das Tempo eines Bergläufers für diesen so anstrengend sein muss wie für sie selbst. (…) An 99 von 100 Tagen trainiere ich – da laufe ich nicht Vollgas und kann die Berge so genießen, wie ich will." Man sieht schon: Die Berglauf-Fraktion ist in der Debatte eindeutig in der Defensive.

Noch mehr in der Defensive bei innerbergsportlichen Auseinandersetzungen sind die Einsteigerinnen und Einsteiger. Egal in welcher Bergsportdisziplin – ihnen traut der erfahrenere Teil der Szene alles und nichts zu. Im Wanderbereich sind derzeit vor allem die jungen Leute unter Beobachtung, die den Verlockungen von Instagram & Co. nicht widerstehen können oder wollen und ahnungslos durchs Gelände torkeln. Sie seien für Vermüllung, Naturzerstörung, Überfüllung und unnötige Rettungseinsätze verantwortlich. Ob das so stimmt, ist derzeit völlig offen, Zahlen gibt es jedenfalls nicht. Eine ähnlich unbeliebte Rolle genießen spätestens seit dem zurückliegenden Winter die zahlreichen Neulinge im Skitourengehen. Erkennungsmerkmal: Komplett nagelneue Ausrüstung, gerne auch mit Lawinenairbag auf Pisten unterwegs. Groß waren die Befürchtungen, dass sich eine Lawine der Unbedarften über die schutzlose Natur ergießen würde, zahlreiche Rettungseinsätze auslösend, Flora und Fauna zerstörend. Geschehen ist das dann allerdings kaum, wahrscheinlich wegen der geschlossenen Skigebiete, die den Rookies für ihre erste Skitourensaison als Auslauf reichten. Und dort konnten sie ja nicht allzu viel Schaden anrichten.

Der „andere Raum"

Einheimische gegen Tagestouristen. Alte Hasen gegen Einsteiger. Mountainbiker gegen Wanderinnen gegen Trailrunner. Pistengeher gegen Skibergsteigerinnen. Was ist denn los in den Bergen? Sind denn jetzt alle verrückt geworden? Ist die Pandemie schuld? Geht das wieder weg? Oder, ganz andere Möglichkeit: Ist es womöglich gar nicht so schlimm? Es lohnt jedenfalls, die Perspektive zu wechseln. Den Blick einmal wegzunehmen von den Konflikten und hin zu dem, was alle Bergbegeisterten eint.

Dabei darf man schon die Frage stellen: Gibt es das überhaupt noch? Eine Idee für alle? Für Sportkletterer, Skitourengeherinnen, Klettersteiger, Wanderer, Schneeschuhgeherinnen, Boulderer, Bergsteigerinnen, Eiskletterinnen, Trailrunner, Mountainbiker, Alpinkletterer, Freeriderinnen, Speedhiker, Hochtourengeherinnen, Trekker. Und für noch ein paar Bergsportler mehr?

Der inzwischen verstorbene Politiker und Hobbybergsteiger Heiner Geißler hat einmal diesen Satz zu Papier gebracht: „Ich kann in den Bergen fast alles vergessen, was mich stört. Man wird zwar vom Alltag wieder eingeholt, wenn man herunterkommt, aber man kann ja auch wieder hinaufsteigen."[1] Ähnlich klingt es aus dem Munde von Reinhard Karl, einst Automechaniker und einer der ambitioniertesten Kletterer und Extrembergsteiger seiner Zeit: „Ihr wisst ja nicht, was es bedeutet hochzuklettern. Oben zu sein, selbst wenn man Angst hat. Und die Endlosigkeit der unreparierten Autos (…) sie verdunkeln mein Leben nur noch fünf Tage die Woche, dann fahre ich zum Battert, und da ist alles anders: Da sind die saubere Luft, der Fels, das Licht, die Wolken…" Ähnliche Beschreibungen von der Faszination und von der Begeisterung für den Bergsport sind leicht und zahlreich zu finden, zum Beispiel bei Ines Papert[2] oder bei Gerlinde Kaltenbrunner[3].

Jetzt könnte man ganz banal sagen: Es geht allen um die Berge. Die Bergsportgemeinde ist selbstverständlich von der speziellen Landschaft fasziniert, von den Herausforderungen, die die Gebirge der Welt bieten. Von der Vertikalität, von der Wildheit, von der Größe, den Naturgewalten, der Erhabenheit und den vielen anderen Eigenschaften, die schon tausendfach beschrieben worden sind. So richtig einig würden sich die Vertreterinnen und Vertreter der diversen Bergsportszenen aber wahrscheinlich nicht werden. Den Kletterern geht es ums Vertikale, den Wanderinnen aber sicher nicht. Den Höhenbergsteigern geht es

---

1 Kleine Philosophie der Passionen: Bergsteigen (2003)
2 „Wenn ich in einer steilen Eiswand hänge, den Alltag mit all seinen Anforderungen hinter mir lasse, fühle ich mich absolut frei." Ines Papert und Karin Steinbach: Im Eis (2006)
3 „Am Berg habe ich ein anderes Lebensgefühl als im Tal. Ich bin in meinem Element." Gerlinde Kaltenbrunner und Karin Steinbach: Ganz bei mir (2009)

um die Größe, den Boulderinnen aber sicher nicht. Und so weiter. Schon wieder lauter Unterschiede?

Keineswegs. Hinter den Details der Berge, die den einzelnen Bergsportszenen so wichtig sind, steht ihre Eigenschaft als „anderer Raum". Als Raum, in dem die Konventionen und Regeln des Alltags (im Tal) nicht vorhanden sind. Als Raum, der nicht gebaut und strukturiert ist für die Bedürfnisse und Wünsche des Menschen. Als Raum, der niemandem gehört, zumindest nicht im klassischen Sinne, und der deshalb ein großes Freiheitsversprechen darstellt.

Die Freiheit in diesem Raum ist allerdings nicht strukturlos – ganz im Gegenteil: Sie kennt ihre klaren Regeln, und nicht zuletzt die Alpenvereine werden nicht müde, diese Regeln anzumahnen. Regel Nummer eins: Wer die Freiheit in den Bergen genießen will, muss sich auskennen. Nicht in allem freilich, aber so weit, wie es eben für die jeweilige Tour nötig ist. Deshalb Regel Nummer zwei: Wer in die Berge geht, muss sich selbst richtig einschätzen können. Und dazu gleich die Regel Nummer drei: Wer eine Tour machen will, muss sie auch gut planen und gut durchführen. Da wären jetzt freilich viele weitere Details fällig, aber letztlich läuft alles darauf hinaus, dass die Freiheit in den Bergen ohne Erfahrung, Können, Wissen und verantwortliches Verhalten nicht zu haben ist.

Frei von Infrastruktur

Persönliches Können als Eintrittskarte in die Freiheit der Berge? Das ist eine durchaus vernünftige Haltung. Weil sie hilft, Unfälle zu vermeiden. Unfälle vermeiden würde allerdings auch eine ganz andere Strategie, die im normalen gesellschaftlichen Leben ständig zum Einsatz kommt: Da wird dann nämlich Infrastruktur ausgebaut, Sicherheitspersonal verstärkt und das Gesetz verschärft. In den Bergen ist das undenkbar, zumindest vorerst: Wer würde ein Geländer an einer ausgesetzten Stelle eines alpinen Steiges installieren, weil dort jemand abgestürzt ist? Wer würde Polizisten abkommandieren, die Bergsteiger bei Gewittergefahr vom Gipfelanstieg abhalten? Wer würde falsch gelegte Klemmkeile verbieten, weil sie nicht gehalten haben? Die Empörung über solche Maßnahmen, die bei uns Bergsportlerinnen und Bergsportlern unweigerlich aufsteigt, zeigt deutlich, dass der alpine Raum tatsächlich ganz anders ist.

Ist die Strategie des sukzessiven Ausbaus an Sicherheitsinfrastruktur in den Bergen tatsächlich undenkbar? Eher nicht. Nehmen wir zum Beispiel den Spitzingsee, wegen der Nähe zu München ein alpintouristischer Hotspot erster Güte. Massen sind dort unterwegs. Entsprechend ist die Gegend auch mit Hütten, Wegen, Markierungen, Schildern und Schutzgebieten üppig ausgestattet. Rund dreißig Ranger sind neuerdings dort unterwegs, sie sollen für die Einhaltung der Regeln und ein angemessenes Verhalten der Menschen sorgen. Alles vernünftige Maßnahmen angesichts der Besuchermassen, kein Zweifel. Aber die Maßnahmen machen etwas mit den Bergen am Spitzingsee: Die Freiheit im alpinistischen Sinne schmilzt dahin. Mit jedem neu etablierten Werkzeug zur Justierung des Verhältnisses von Mensch und Natur werden die Berge ein kleines Stück weiter herausgelöst aus dem alpinen Raum in seiner eigentlichen Form und der Welt im Tal Schritt für Schritt ähnlicher gemacht.

Die Bergsportgemeinde spürt das. Sie spürt, dass ihr Lebensraum (früher hießen die Alpen einmal „Playground of Europe") in Gefahr ist. Klar, das war irgendwie immer schon so. Skigebiete, Almstraßen und Stauseen gefährden den alpinen Raum schon lange. Dieser Angriff ist aber anders, er erfolgt ja „in guter Absicht". Wo viele Menschen sind, also inzwischen auch in den Bergen – Stichwort Overtourism –, da braucht es Lenkungs- und Sicherungsmaßnahmen aller Art. Nicht sofort und nicht gleich überall, aber doch immer mehr. Und so greift das normalgesellschaftliche Institutionengeflecht immer weiter ins Gebirge hinein. Der alpine Raum verliert auf diese Weise immer mehr von seinem Anders-Sein. Das ist viel weniger sichtbar als ein Skigebiet, aber ungleich umfassender und in gewisser Weise auch viel zerstörerischer.

So weit ist es noch nicht. Und so weit kommt es vielleicht auch nie, wenn die Bergsportgemeinde mit ihrer Idee von der Freiheit und der Verantwortung erfolgreich ist. Wenn sie den Rest der Menschheit davon überzeugen kann, dass es ein gutes Konzept ist, wenn hauptsächlich Bergsteiger auf die Berge steigen und man sich deshalb die vielen Sicherheitsstrukturen sparen kann. Dafür braucht es allerdings ein gewisses Maß an Gemeinsamkeit. Es wäre ein Irrtum zu glauben, dass es die Bergsportszenen jeweils alleine schaffen,

ihre Freiheiten zu verteidigen. Die Wanderer schaffen es nicht alleine. Die Mountainbiker schon gleich dreimal nicht. Und die Skitourengeher sollten sich auch nicht drauf verlassen, dass sie in der Öffentlichkeit dauerhaft als smarte und sanfte Alternative zu den Pistenskifahrern durchgehen.

Tolerant, gelassen, frei

Ein letztes Mal deshalb die Frage: Wie viel Gemeinsamkeit steckt denn nun in der Bergsportgemeinde? Schauen wir dabei nicht in die Medienlandschaft, wo solche Sachen zu lesen sind wie „Kleinkrieg am Berg" oder „In den Bergen ist der Teufel los". Und schauen wir auch nicht in die sozialen Medien, denn da kochen die Konflikte schneller über als heiße Milch in einem Topf mit geschlossenem Deckel. Schauen wir lieber auf unsere eigenen Erfahrungen. Ich selber bin regelmäßig unterwegs, und das seit 45 Jahren. Sommers wie winters, beim Klettern, Wandern, Biken, beim Skitourengehen und Bergsteigen. Ja, es gab Konflikte wie den eingangs beschriebenen. Und ich habe mich auch schon hie und da über Winterwanderer und Schneeschuhgeherinnen geärgert, die die Skitourenspur zertrampelt haben. Mehr als kleine Aufreger, die sich hauptsächlich im Kopf abgespielt haben, waren das aber selten. *Kleinkrieg* habe ich tatsächlich noch nie erlebt. Eine Autofahrt quer durch München im Berufsverkehr bietet deutlich mehr Konfliktpotenzial als viele Jahre Unterwegssein in den Bergen.

Die Bergsportgemeinde ist groß und vielfältig, und mit den Bergen steht ihr ein einmaliger, wertvoller, unglaublicher Spielplatz zur Verfügung. Jede und jeder kann da nach seiner und ihrer Façon glücklich werden – ob beim kontemplativen Wandern oder beim Trailrunning mit Puls 200, beim Wühlen in brüchigen Schrofen oder beim Fighten in einer Achter-Seillänge, beim Gleiten durch frischen Powder oder beim Biken auf einem flowigen Trail. Alle haben so ihre Ideen, was der richtige Bergsport sein sollte, was schön und wichtig ist und was falsch und hässlich. Jenseits dieser Nuancen eint uns aber dies: Wir lieben diese Berge. Wir lieben sie, weil sie Freiheiten bieten, die im normalen Alltag vollkommen undenkbar sind. Wir haben die Wahl, ob für uns die Freiheiten der anderen Bergsportler die Hölle sind oder unser gemeinsames Lebenselixier. Dabei kommt es auf vieles an, was schon gesagt worden ist. Zwei ganz wichtige Sachen wurden aber noch nicht genannt – wohl deshalb, weil sie mit dem Bergsport eigentlich gar nichts zu tun haben. Sondern mit dem Fundament des Zusammenlebens in einer liberalen Demokratie: Toleranz und Gelassenheit. Auf diese zwei Grundhaltungen kommt es an, und zwar insbesondere denen gegenüber, die uns eigentlich sehr nahe sind. In der Pandemie sind Toleranz und Gelassenheit irgendwie aus der Mode gekommen. Es wird Zeit, dieses düstere Kapitel abzuschließen.

„Hose voll, aber toll", habe ich mal in einem Gipfelbuch gelesen. Der Autor hat mir aus der Seele gesprochen. Und aus der Seele vieler anderer sicher auch, die dort oben waren: So fühlt sich Freiheit an. Bergsportlerinnen und Bergsportler haben eben einen speziellen Blick auf das Leben – einen bewahrenswerten.

Schiebende Radler, gehende Fußgänger. Solange Begegnungen am Berg im selben Tempo erfolgen, ist alles gut. Doch erhöht einer die Schrittfrequenz – wie der Autor auf der Benediktenwand (rechts) –, haben manche ein Problem damit.
© C. Pfanzelt/DAV, T. Bucher

BergFokus | 97

„Liebe unsere Felsen wie sie sind, andere erreichst du nicht"

Politische Gipfelsprüche im Elbsandsteingebirge aus DDR-Zeiten
Harro Honolka

Gipfelbücher gehören zur Kultur des Bergsteigens. Sich in ein Gipfelbuch einzutragen, ist Brauch, fast Ritual. Was und worüber schreiben Bergsteigerinnen[1], wenn sie in den Alpen einen Gipfel erreicht haben? Und äußern sie dabei auch Politisches? Genaueres wissen wir aus einer Studie über Gipfelbücher aus den Nordtiroler und Bayerischen Kalkalpen[2]. Ausgewertet wurden Gipfelbücher aus den Jahren 1883 bis 2009, vor allem jene vom Biberkopf in den Allgäuer und vom Thaneller in den Lechtaler Alpen, dazu wurden 50 Bergsteigerinnen mit unterschiedlichen Aktivitätsprofilen schriftlich befragt. Das Ergebnis: „Bezüge zur politischen Situation wurden kaum gemacht." Selbst der Klimawandel schlug sich in den Gipfelbüchern selten nieder. Die meisten Eintragungen waren nüchterner Art und bestanden aus kurzen Angaben, wer den Gipfel wann und über welche Route erreicht hat, manchmal kamen Bemerkungen über die Wetterverhältnisse dazu. Wenn die Texte länger ausfielen, brachten sie meistens Empfindungen auf dem Gipfel zum Ausdruck, darunter auch jene „pathetischen Seelenergüsse", über die sich bereits Heinrich Heine anlässlich seiner Besteigung des Brockens 1824 mokiert hatte. Auch mehr oder weniger Spaßiges wurde zu Papier gebracht, dazu viel Gereimtes.

Unpolitisch sind auch die Bücher auf Graubündener Gipfeln. In 140 Gipfelbüchern können Bergsteiger dort Text und Bild digitalisiert hinterlassen, die Sprüche sind im Netz öffentlich einsehbar (gipfelbuch.gr). Unter den circa 2400 Einträgen entdeckte der Verfasser keinen, der eine politische Botschaft enthielt. Selbst zwischen 1933 und 1945 waren Gipfelbücher in Deutschland und Österreich nicht politikhaltiger. In Montafoner Gipfelbüchern fand eine Untersuchung „nur sporadisch" nationalsozialistisches Gedankengut[3].

Die wenigen Studien aus den deutschsprachigen Alpen legen den Schluss nahe, dass Alpinistinnen im Gebirge die Probleme des Tals hinter sich zu lassen versuchen. Da will man beim Aufschlagen des Gipfelbuches nichts Politisches lesen oder schreiben. In demokratischen Gesellschaften gibt es ja viele andere Möglichkeiten, seine politische Meinung zu äußern.

Eine besondere Bergsteigerkultur

Ein anderes Bild ergeben die Gipfelbücher im Elbsandsteingebirge, auch Sächsische Schweiz genannt, südöstlich von Dresden. Die über tausend Gipfel dort sind oft Türme, die nur von Kletterern zu ersteigen sind, und auf fast jedem befindet sich ein Gipfelbuch. Der Historiker des sächsischen Kletterns Joachim Schindler[4] und sein inzwischen verstorbener Bergkamerad Gerd Uhlig haben zwischen 1954 und 2000 bei eigenen Besteigungen die Sprüche in ihnen gesammelt und zusammengestellt[5]. Das Ergebnis ist überraschend: Von den insgesamt 704 als „interessant" ausgewählten Sprüchen sind 81 politischer Natur – also mehr als elf Prozent[6]. Auch wenn Politisches in den Gipfelbüchern des Elbsandsteingebirges somit deutlich häufiger vorkommt als in jenen der Alpen: „Politisiert" darf man die dortigen Gipfelbücher deswegen nicht nennen. Bei den meisten Eintragungen handelt es sich, nicht anders als im alpinen Raum, um Angaben zur Besteigung. Kam weiteres dazu, schrieb man überwiegend über die vollbrachte Bergfahrt oder über das bergsteigerische Tun allgemein, ferner über Themen wie Kameradschaft, Heimatverbundenheit oder Naturerlebnis, dazu

---

1 In diesem Beitrag werden männliche und weibliche Formen abwechselnd verwendet.
2 Nina Opitz, Wir haben den Gipfel erklommen. Eine exemplarische Analyse der Buchsorte Gipfelbuch als kontextuell bedingtes kulturelles Sprachphänomen, Magisterarbeit an der Fakultät für Sprach- und Literaturwissenschaften der LMU, München 2010.
3 Michael Kaspar, Edelweiß und Hakenkreuz. Alpinismus und Nationalsozialismus im ländlichen Raum, in: Edith Hessenberger u.a., Mensch & Berg im Montafon, Schruns 2009, S. 138. Ein ähnliches Ergebnis bei Opitz, S. 60.

---

4 Der Verfasser dankt Herrn Schindler für seine Erlaubnis zum Abdruck von Bildern und Materialien.
5 Gerd Uhlig, Joachim Schindler Hsg., Gipfelbücher & Bergsprüche, Dresden 2003. Eine weitere Sammlung von Elbsandstein-Gipfelsprüchen eines anonymen Verfassers nennt sich „Zwinkis Sprüche" (www.rotweinundradieschen.de/wtal/gipfel.html).
6 Die Einschätzung der Sprüche als „politisch" geschah durch den Verfasser. Da für Schindler und Uhlig politische Sprüche immer als interessant galten (pers. Mitteilung v. J. Schindler), sind sie in der Sammlung wohl etwas überrepräsentiert. Andererseits entgingen den beiden auch politische Eintragungen: Die Sicherheitsorgane der DDR oder einzelne Kletterer entfernten nämlich in nicht genau bekanntem Ausmaß Gipfelbücher mit besonders vielen staatskritischen Sprüchen.

Linke Seite: Gipfelbuch auf der Nonne in der Sächsischen Schweiz. Der Jahres-Erste-Spruch vom 11. Januar 1989 auf dem Freien Turm bekräftigt: „Wenn schon nicht in einem freien Land, dann wenigstens auf dem Freien Turm!"

© Alle Abbildungen: Archiv J. Schindler

Eintragung im Gipfelbuch Schattenturm anlässlich des Einmarsches der Warschauer-Pakt-Staaten in die Tschechoslowakei 1968.

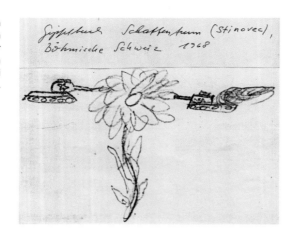

Philosophisches, Gereimtes, Witziges. Aber es gibt eben auch auffällig viele Äußerungen politischer Natur. Warum?

Im sächsischen Elbsandsteingebirge hatte sich schon früh, ab der zweiten Hälfte des 19. Jahrhunderts, eine eigene Bergsteigerkultur entwickelt. Sie ist gekennzeichnet durch besondere Organisationsformen – viele kleine Kletterclubs –, durch ein eigenes Kletterreglement – Freiklettern –, durch hohe Risikobereitschaft – große Hakenabstände –, sogar durch besondere Sicherungstechniken – beispielsweise Knotenschlingen. Zu DDR-Zeiten kamen besondere Leistungsklassifikationen („Meister des Sports") sowie Wettkämpfe mit Kletterinnen aus anderen sozialistischen Ländern hinzu. Man war stolz auf die Höchstleistungen der sächsischen Spitzenkletterer, die 1970 weltweit als erste den Schwierigkeitsgrad IXb (frz. 7b, UIAA VIII) schafften. Einen Einblick in diese spezielle Bergsteigerkultur gibt Gerald Krugs schöner Band „Leben in den kleinen Bergen. Klettern in der DDR"[7].

In der sächsischen Bergsteigerkultur waren politische Auseinandersetzungen immer präsent, man kann eine „linke" und eine „rechte" Geschichte des sächsischen Bergsteigens unterscheiden[8].

---

[7] Gerald Krug, Leben in den kleinen Felsen. Klettern in der DDR, Geoquest Halle 2017.

[8] Ich folge in der Darstellung Uhlig, Schindler 2003, S. 6–67, ferner Kai Reinhart, Wir wollen einfach unser Ding machen. DDR-Sportler zwischen Fremdbestimmung und Selbstverwirklichung, Campus Frankfurt/New York 2010, Kap.7; dazu auch Joachim Unger, Gipfelbücher im Elbsandstein – Zeugen sächsischen Kletterlebens, in: Der neue sächsische Bergsteiger, 3/1994.

So war bis in die 1930er-Jahre hinein „Berg Heil" der „bürgerliche" Berggruß, mit „Berg-Frei" grüßten sich dagegen „rote" Bergsteiger. Häufig strich man in den Gipfelbüchern Grußformeln der Gegenseite aus, kommentierte sie oder warf die Bücher sogar hinunter. In der nationalsozialistischen Zeit wurden die Organisationen der sächsischen Bergsteiger gleichgeschaltet. Viele Kletterinnen, vor allem aus dem Umkreis der Naturfreunde, befanden sich im Widerstand[9]. Nach dem Zweiten Weltkrieg setzte sich die Präsenz des Politischen im sächsischen Klettern unter neuen Koordinaten fort. Der Sport und damit auch das Klettern wurde den Direktiven der sozialistischen Gesellschaft untergeordnet. Die Kletterer sollten „Kämpfer für den Frieden sein" und „die Deutsche Demokratische Republik verteidigen", verkündeten die Leitsprüche auf der ersten Seite der Gipfelbücher. Ihre Organisationen sollten sich der zentralen Sportorganisation „Sektion Touristik" oder Betriebssportgemeinschaften anschließen.

„Staatsfeindliche Schmierereien"

Die Kletterinnen befanden sich dabei in einer besonderen Lage: Zum einen waren sie relativ wenige, zum anderen waren mit ihrer Sportart keine olympischen Medaillen zu gewinnen. Im Schutz dieser sportpolitischen Bedeutungslosigkeit gelang es den Kletterclubs, die staatlichen Neuordnungsbestrebungen zu unterlaufen. Anfang 1960 existierten informell immer noch etwa hundert Clubs. Ihre Mitglieder waren an bunter, unkonventioneller Kleidung und an ihrer „wilden Musik" erkennbar. Klettern bildete in der DDR eine Nische, die reglementierungsscheue Individualisten anzog, unter ihnen auch Systemkritiker. Diese trafen auf Kletterer, die der DDR loyal oder neutral gegenüberstanden, und so wurden persönliche Differenzen oft politisch ausgetragen – oder politische wurden persönlich. Den sozialistischen Sportfunktionären waren die „bürgerlichen Individualisten" im Klettervolk bald suspekt, ihre „Umziehung" sei eine „schwere Aufgabe", wie ein Sportfunktionär 1952 schrieb. Als sich in den

---

[9] Darüber detailreich: AlternativesKultur- und Bildungszentrum e.V. Hsg., Rote Bergsteiger. Unterwegs auf ihren Spuren im Elbsandsteingebirge, Pirna 2008.

1950er-Jahren in Gipfelbüchern „staatsfeindliche Schmierereien" häuften, kam es in den staatlichen Sicherheitsorganen Dresdens zu Überlegungen, „… durch progressive Bergsteiger und informelle Mitarbeiter eine ständige Kontrolle der Gipfelbücher zu gewährleisten, um alle Schmierereien in diesen sofort einzuziehen und Handschriftenvergleich durchzuführen, (…) um eventuell die Identität der Täter festzustellen". Sehr konsequent wurden diese Pläne aber nicht verfolgt, und in den 1970er-Jahren wurden sie stillschweigend eingestellt, weil „die Schmierereien in den Gipfelbüchern stark zurückgegangen" seien. Tatsächlich waren politische Sprüche aber noch zahlreicher geworden. Gipfelbücher boten ja die seltene Möglichkeit, Meinungen über den persönlichen Bekanntenkreis hinaus ungeschminkt zu verbreiten. Unter anderem wurden die sogenannten Jahres-Ersten-Sprüche – die Erstbesteiger des Jahres durften längere Texte einschreiben – dazu genutzt. „Wisst Ihr noch, wie wir Wut und Ohnmacht in die Jahreserstensprüche hineinschrieben?", fragte ein Bautzener Bergsteiger 1994 in „Der neue sächsische Bergsteiger". Die Gipfelbücher des Elbsandsteins waren zu DDR-Zeiten ein kleines politisches Ventil. Mit der Wende wuchs die Zahl der politischen Gipfelbucheintragungen zunächst noch – jetzt kamen auch kritische Stellungnahmen zum Prozess der Wiedervereinigung hinzu –, um dann später deutlich abzunehmen. Gipfelbücher brauchte man nicht mehr, um seine politische Meinung unter die Leute zu bringen. Dennoch wäre es eine eigene Untersuchung wert, ob sächsische Kletterer in jüngster Zeit neue Spuren in den Gipfelbüchern hinterlassen haben.

Gipfelsprüche als politisches Ventil

Die folgenden Beispiele[10] zeigen das Spektrum der politischen Gipfelsprüche: explizit kritische (und nur in wenigen Fällen positive) Bemerkungen über das System der DDR, Kommentare zu aktuellen politischen Ereignissen, sehr häufig Bekenntnisse zu Werten wie Freiheit oder Kameradschaft, die im damaligen Kontext als indirekte Kritik an Politik und Gesellschaft verstanden werden müssen. Manchmal wurden sie von Verteidigern des sozialistischen Systems vice versa kritisch kommentiert. Damit sind Gipfelbuchsprüche ein Spiegel der politischen Befindlichkeiten der Bergsteigerinnen und wohl auch vieler Menschen in der damaligen DDR. Und sie erinnern an eine kleine Geschichte der ideologischen Abweichung in der DDR. Auch wenn sie auf ein kleines Bergsteigerpublikum beschränkt und daher ohne breitere politische Wirkung blieb, sollte sie als Teil der politischen Geschichte des Bergsteigens nicht vergessen werden. Im Westen machte gerade einmal ein kurzer Artikel des geflüchteten DDR-Spitzenkletterers Dietrich Hasse im „Alpinismus" im Mai 1969 auf sie aufmerksam.

Viele Eintragungen thematisieren die eingeschränkten Reisemöglichkeiten, unter denen die Bergsteiger in der DDR litten. Zwar durfte man zum Bergsteigen in die sozialistischen Bruderstaaten fahren, in die Hohe Tatra, die Karpaten oder ins Rila-Gebirge, einige kamen sogar in den Kaukasus oder zu den Bergen des Pamir. Von Alpengipfeln konnte man aber nur träumen:

„Oh Alpenland, wie bist du schön,
wir können dich leider nur
als Rentner sehen.
O Heringshorn, du schöner Gipfel,
doch von der Welt ein kleiner Zipfel.
Die Welt ist schön, so groß und weit,
nur wer sie kennt, der hat viel Freud.
Diese Freude ist hier rar,
wir sitzen fest in GDR."
Heringshorn, 1987

„Von der Ostsee bis nach Sachsen –
kein Berg ist uns gewachsen.
Von Osten nach Westen –
das können wir nicht testen."
Falkenturm, 1988

„Selbst ein Hund kann gehen
wohin er will."
Krampus, 1985

„Liebe unsere Felsen wie sie sind,
andere erreichst du nicht."
o. A.

„Ich kann nur das lieben,
was ich zu verlassen die Freiheit habe,
die Frau, die Stadt, das Land."
Herkulesstein, 1987

„Es gibt vielerlei Grenzen
für den Menschen:
gedachte und bewachte!"
Weberschluchtstein, 1983

Auf dem Deckblatt des Standardgipfelbuches stand der Geleitspruch „Die Deutsche Demokratische Republik, unsere Heimat und unsere Berge sind das, was wir lieben und zu verteidigen jederzeit bereit sind". Er provozierte viele Kommentare, die Kritik am politischen System der DDR, zumindest Distanz zu ihm, zum Ausdruck brachten. Beliebt war das Ausstreichen von „Deutsche Demokratische Republik", so dass nur ein Bekenntnis zur Heimat und zu den Bergen übrigblieb. Einige wa-

---

10 Sie stammen aus der Sammlung von Joachim Schindler und Gerd Uhlig, aus „Zwinkis Sprüchen" sowie aus eigenen Recherchen des Verfassers im Gipfelbucharchiv des Sächsischen Bergsteigerbundes.

ren mit solchen Veränderungen der offiziellen Geleitsprüche nicht einverstanden: „Lasst den Spruch unversehrt, er ist inzwischen eine historische Kostbarkeit", schrieb jemand 1989 im Gipfelbuch auf dem Heringshorn dazu. Aber auch die Eintragungen in den Büchern selbst enthalten viel DDR-Kritisches, oft ironisch gefärbt. Dabei fällt auf, dass sich kein Spruch auf Versorgungsengpässe bezog.

schaft am Berg lobte, vermisste wohl etwas an der verordneten sozialistischen Solidarität. Klettern in der DDR hatte eskapistische Züge. Diese kommen sehr schön in einem rückblickenden Gipfelbucheintrag auf dem Großen Lorenzstein aus dem Jahre 1994 zum Ausdruck: „Was uns blieb, war das ‚Leben in den kleinen Felsen'. Wollen wir nie vergessen, dass sie uns Zuflucht waren in trüber Zeit."

„Über Spanien lacht die Sonne,
über die DDR die ganze Welt."
Goldstein, 1989

"Wenn eine Führerpersönlichkeit
A sagt und dabei den Arsch offen
hat, dann kann das angeführte Volk
durch sie hindurch in die lichte
Zukunft schauen."
Sonnenturm, 1985

„Wo die Macht geistlos ist,
ist der Geist machtlos."
Großer Gratturm, o.A.

„Ein Glück, dass die, die unten
oben sind, oben unten sind."
o. A.

„Die Hummel summt,
die Fliege fliegt –
hurra, der Sozialismus siegt!"
Domerker, 1989

„Es ist unerträglich, in einem Land zu leben,
in dem man keinen Humor kennt. Aber noch
unerträglicher ist ein Land, in dem man
Humor braucht."
Meurerturm, 1989

„Es lebe die DDR im 41. Jahr
ihres Vergehens."
Gratwand, 1989

„Nie wieder SED-Sozialismus."
(Später dazugeschriebener Kommentar:
„Aber vielleicht CDU-Marktwirtschaft,
du Nuß?")
Thorwalder Turm, 1990

„Die uns jagen werden selber müde."
Bergfreundestein, vor 1970

„Ein neues Jahr, ein neues Hoffen,
und wieder nichts eingetroffen –
weiter hoffen!"
Jortanshorn, 1972

„Unsere Bergwelt ist frei
von Lüge und Heuchelei,
auch darin liegt ihre
unendliche Größe."
Kathinkaturm, 1973

„Der Freiheit eine Gasse."
(Nachträglich überschrieben:
„...eine Straße")
Blosstock, 1969

„Nur ein Gefangener,
der sich bewegt,
merkt seine Ketten."
Schiefe Zacke, 1989

„Wer sagt: Hier
herrscht Freiheit,
der lügt, denn Freiheit
herrscht nicht."
o. A.

„Bergsteigen ist eine Weltanschauung,
sie beinhaltet Kameradschaftlichkeit,
Naturverbundenheit und Freiheit."
Kleines Spitzes Horn, 1989

Auch die Verteidiger der DDR meldeten sich zu Wort, allerdings deutlich seltener als die Kritiker, und ihre Eintragungen wurden oft kommentiert oder ausgestrichen:

Einsatz für den Frieden zählte zum sozialistischen Wertekanon. Von der vielen Gipfelbüchern vorangestellten Losung „Bergsteiger kämpfen für den Frieden" distanzierten sich viele mit dem Kommentar „Bergsteiger müssen gar nichts". Viele Eintragungen bringen pazifistische Haltungen zum Ausdruck, die im Gegensatz zur offiziellen Ideologie der antifaschistischen Rüstung standen:

„Bergsteiger sein, ist gut.
Bergsteiger und fortschrittlicher Mensch
zu sein, ist besser."
(Der zweite Satz wurde später übermalt.)
Frienstein, 1955

„Tag der Diktatur des
Proletariats 7.10.1985"
o. A.

„Unsere sportlichen Erfolge dienen
der DDR."
(Nachträglich geändert: „...der Ostzone.")
Bergfreundestein, o. A.

„Entsprechend dem Weg der DDR
steigen wir anlässlich ihres
Geburtstages die Himmelsleiter empor."
Frienstein, 1984

„Gewalt löst keine Probleme!" „Meinst Du die Mauer?"
(später dazugeschriebener Kommentar)
Pilzturm, 1970

„Der Schwachsinn tötet gründlicher als ein Atomkrieg.
Das Schlimme ist nur, er ist schon ausgebrochen."
o. A.

„Die Saurier sind ausgestorben, weil sie
zuviel ‚Panzer' und zuwenig ‚Gehirn' hatten."
Goldstein, 1987

„Die Welt ist so schön und wert, dass man um sie kämpft."
Bergfreundschaftskegel, 1975

„Frieden schaffen ohne Waffen."
auf mehreren Gipfeln im Bielatal, vor 1970

Auffällig viele Sprüche thematisieren Freiheit und Kameradschaft, oft in Zitaten von Goethe, Nietzsche oder Einstein. Sie drücken Politisches eher indirekt aus. Wer in Gipfelbüchern der DDR die Freiheit pries, kritisierte damit sehr wahrscheinlich ihr Fehlen in der DDR oder flüchtete vor sozialistischen Vorstellungen kollektiver Freiheit in eine Welt individueller Freiheit. Und wer die Kamerad-

Die DDR war von massiven Umweltproblemen belastet. Ab Ender der 1980er-Jahre wurden von DDR-Bergsteigerinnen Waldschäden thematisiert, die im benachbarten Erzgebirge unübersehbar waren:

„Vom stillen Gipfel sind braune Fichten zu sehen,
es ist zu wünschen, dass wieder bald saubere Lüfte wehn."
Blaues Horn, 1987

„Wir rüsten ab – der Wald ist schon fort."
Herkuleskopf, 1989

„Der Ignorant des Tages: Mein Auto fährt auch ohne Wald."
o. A.

„Sauer macht lustig, sagte der Wald und lachte sich tot!"
Friensteinwächter, 1989

„Alle wollen zurück zur Natur, nur nicht zu Fuß."
o. A.

Kommentiert wurden auch aktuelle politische Ereignisse wie der Mauerbau oder der Einmarsch der Warschauer-Pakt-Staaten in die Tschechoslowakei 1968. Vor allem die Wiedervereinigung hinterließ Spuren in den Gipfelbüchern. Zunächst dominierten national gesinnte Kommentare, was die Verbreitung einer „Wir sind ein Volk"-Stimmung (gegenüber dem anfänglichen „Wir sind das Volk") widerspiegelt. Zunehmende Erfahrung mit dem wiedervereinten Deutschland führte dazu, dass auf den Gipfeln auch kritische Gedanken über das neue gesellschaftliche System eingeschrieben wurden:

„Bergheil im Jahre der Freiheit anno 1990."
Wartburg, 1990

„Die über Nacht sich umbenennen, zu jeder Sache sich bekennen, das sind die Künstler dieser Welt, man könnte sie auch Lumpen nennen."
Auerhahn, 1995

„Wer vergisst, was gut war, wird böse.
Wer vergisst, was schlecht war, wird dumm."
Felsenturm, 1991

„Oh Alpenland, wie bist Du schön,
wir können Dich nun nicht erst als Rentner sehen!"
Nonne, 1990

„Guten Tag Deutschland!"
(dazugeschrieben statt „Tag": „Nacht")
Thorwalder Turm, 1990

„Der Kapitalismus hat nicht gesiegt,
er ist bloß übriggeblieben!"
Schwarzschlüchteturm, 2000

„Arbeit nein danke, Stütze ja bitte!"
Pechofenscheibe, 1992

„Seid furchtbar und wehret euch!"
Auerhahn, 1993

Die offiziellen Geleitsprüche in den Gipfelbüchern wurden oft verändert.

Politik am Gipfel?

Soll man eine Politisierung von Gipfelbüchern, egal wo, als Erweiterung des Medienspektrums begrüßen – als eine neue Form von Gegenöffentlichkeit? Wenn die Sprüche amüsant und treffend wären, könnte man sie vielleicht als Bereicherung empfinden. Aber: Wie Internetforen laden auch Gipfelbücher dazu ein, Meinung im Schutz der Anonymität sehr überzogen kundzutun. Mit zunehmender politischer Polarisierung in unseren Gesellschaften könnten mehr Bergsteiger dieser Versuchung erliegen. Andere Bergsteiger würden sich dadurch provoziert fühlen und unliebsame Äußerungen nicht weniger überzogen kommentieren, sie durchstreichen oder ausradieren. Radiergummi und Filzstift würden zur Bergausrüstung zählen, Gipfelbücher zur Kampfzone werden. Mahnende Vorworte in den Gipfelbüchern oder Aufrufe der Alpenvereine würden vermutlich wenig ausrichten. Aber vielleicht werden viele, die nach anstrengendem Aufstieg auf einem Gipfel angekommen sind, gar nicht mehr die Kraft und die Konzentration haben, politische Botschaften niederzuschreiben, zu lesen, zu kommentieren oder durchzustreichen …

BergFokus | 103

BergSteigen

Die Filchnerberge in der Antarktis gehören zu den exklusivsten Bergzielen überhaupt. Man kann sie aber auch als die exklusivste Kunstgalerie der Welt betrachten. Exklusiv bedeutet in diesem Fall, dass nur die allerwenigsten die gigantischen Originale zu Gesicht bekommen. Bergsteiger, die das Bein an so einem Kunstwerk heben, werden dadurch übrigens noch nicht selbst zu Künstlern.

Ich fahre, also bin ich da

Gedanken zur Mobilität der Zukunft –
auch auf dem Weg zum Berg(sport)

Andi Dick

Freie Fahrt für freie Bürger? Das Auto verspricht Zugang zum Bergsport nach dem Lustprinzip. Dumm nur, dass individuelle Mobilität – auch für den Bergsport – zu den Anheizern der Klimakatastrophe zählt. Für die große Transformation zu einer menschenwürdigen Klimazukunft ist Umdenken nötig: von jedem und in jeder Hinsicht.

„Bergsport ist Motorsport" heißt eine der unumstößlichen, unangenehmen Wahrheiten unserer Leidenschaft. Kaum ein Film vom Profi-Bergsport, der nicht damit beginnt, wie der Akteur dem Objekt der Begierde entgegensteuert. Auch von uns Ottilie-Normalverbrauchern wohnen die wenigsten in Berchtesgaden, Innsbruck oder Canazei, in Arco, Grindelwald oder Chamonix – und außerdem mag man ja ein bisschen Abwechslung haben bei den Zielen der Begierde. Bevor man also die eigene Körperlichkeit in der Natur erfahren und genießen kann, hockt man diese 80 Kilo Körper in eine tonnenschwere Blechkiste und tuckert stundenlang über plattgewalzte Asphaltpisten der Freiheit der Berge entgegen – gerne vereint mit tausenden Gleichgesinnten in Kolonnen von mehr oder weniger großer Zähflüssigkeit.

So ist die Mobilität die Achillesferse des Bergsports, ein notwendiges Übel, das die Götter vor die Freude am Tun gestellt haben – samt dem Nebenaspekt „Immobilität" in Form von Staus oder der Parkplatzsuche an den Modezielen, vor allem aber unter den Vorzeichen der drohenden Klimakatastrophe: Unsere mobilitätsbedingten Emissionen sind beim persönlichen ökologischen Fußabdruck für viele der größte Zeh (oder eben die Ferse). Beispiel gefällig? Von München jedes zweite Wochenende (26-mal im Jahr) in die Bayerischen Alpen fahren (etwa 200 Kilometer) und sechsmal für einen Kurzurlaub nach Arco (800 Kilometer), mit einem Mittelklasse-Auto (180 Gramm Kohlendioxid pro Kilometer): Das sind schon fast die zwei Tonnen Kohlendioxid, die als Grenzwert der jährlich zukunftsverträglichen Gesamtemissionen (Mobilität + Konsum + Ernährung + Heizen + Strom) pro Kopf genannt werden – wobei klar ist, dass mittelfristig nur ein Null-Emissionsziel eine Chance bietet, die Lebensverhältnisse auf der Erde für künftige Generationen erträglich zu gestalten. Es kann also nicht so weitergehen! Genauer: Wir können nicht so weiterfahren!

Zu schade eigentlich. Denn die Entwicklung von Autos und Straßen macht es so leicht. Wo früher die Münchner zu den Nordwänden von Eiger, Matterhorn, Grandes Jorasses radelten, mit Ausrüstung und Zeltsachen für drei Wochen auf dem

Leider geil: Bergsteigen vor der klimamoralischen Zumutung. Andi Dick (rechts), sein Opel Corsa und Kletterpartner Ralf Dujmovits anno 1986 auf dem Campingplatz in Argentière.

Nur eine Generation später ist die Tagestour von München zum Stüdlgrat am Großglockner, 450 Kilometer hin und retour, immer noch möglich, aber sie gilt als unanständig – also im Prinzip (unten).

© A. Dick, T. Bucher

BergSteigen | **107**

1935 eröffnet, symbolisierte die Großglockner-Hochalpenstraße den Fortschritt durch Technik. Ein halbes Jahrhundert später illustrierte der Stau auf der Brennerautobahn bereits die vielzitierten „Grenzen des Wachstums".
© Paul Ledermann/Archiv des DAV München, A. Dick

Anhänger, sind wir von solchen Zielen heute nach 48 Stunden wieder zurück. Der Stüdlgrat und die Ortler-Nordwand gehen gar als Tagestour, wenn Können und Kondition stimmen. (Die Mobilitätsweste des Autors hat keine sonderlich helle Farbe und soll nicht aufgehellt werden durch den Verweis auf Profis, die für ein Fünftage-Wetterfenster zum Cerro Torre jetten.) Die heutigen Mobilitätsangebote, und ganz besonders das Auto, eröffnen uns unbegrenzte Möglichkeiten: vom „für alle Fälle" gefüllten Kofferraum bis zum maximal effizienten Abknipsen von Tourenwünschen. Aber wir dürfen sie nicht (mehr) unbedarft-sorglos für uns in Anspruch nehmen. Die Freiheit der Berganfahrt endet an der globalen Enkelverantwortung.

Eins vorweg: Es hilft nichts, auf „die anderen" zu verweisen. Freilich: „Flugzeuge impfen das Kohlendioxid direkt in die empfindlichste Atmosphärenschicht", „Kreuzfahrtschiffe fahren mit Schweröl", „Industrie, Heizen und Stromerzeugung verursachen auch Emissionen" … weiß man alles. Aber die Frage, was der und die Einzelne alleine ausrichten kann, führt zur Antwort: Wenn nicht jeder und jede tut, was möglich ist, wird die Menschheit scheitern. Und die Aussage „Solange die Politik nicht ernsthaft handelt, nützt alles Private nichts" mag einen wahren Kern haben – der allerdings darauf hinweist, dass unser Engagement auch politisch sein muss. Mit Wahlentscheidung, Petitionen, Bürgerinitiativen, Demonstrationen können wir darauf drängen, dass die völkerrechtlich bindenden Verträge des Pariser Klimaabkommens mit wirksamen Maßnahmen schleunigst umgesetzt werden. Und mit mindestens so viel Entschlossenheit, wie man sie in der wesentlich weniger zukunftsbedrohenden Corona-Pandemie erlebt hat. Dazu gehören Grenzwerte, Regulierungen, im Zweifelsfall auch Verbote.

Es geht ums (gute) Leben!

Glaubhafter und irgendwie legitimer werden Forderungen an die Politik, die wir mit eigenem Beispiel untermauern – wozu auch ein unverkrampfter Umgang mit dem Reizwort Verzicht gehört. Technische Lösungen gehören dazu, wenn die große Transformation rechtzeitig gelingen soll. Aber sie sind kein Freifahrtschein für ein „Weiter so". Unser derzeitiges Mobilitätsverhalten einfach nur auf andere Technologien umzustellen, wird nicht ausreichen. Es geht nur mit „weniger".

Zu diesem Weniger müssen wir Bergmenschen genauso beitragen wie alle anderen in der Gesell-

Wachstum überall, auch auf dem Parkplatz der Herzogstand-Seilbahn. Genug darf niemals genug sein, und wer das bezweifelt, gilt in der Ideologie des zeitgenössischen Liberalismus als: Ideologe.

© A. Dick

schaft – zu der wir ja immer noch gehören, wenn wir „dem Alltag entfliehen" zu unseren Sehnsuchtsgipfeln. Deshalb zur Erinnerung die wissenschaftlich überwältigend belegten Tatsachen: Die von der Menschheit emittierten Treibhausgase (vor allem Kohlendioxid und Methan) sind die wesentliche Ursache der beobachteten Klimaerhitzung, deren erste schwache Auswirkungen wir als Hitzesommer, Dürrekatastrophen, Hurricane-Serien und Ähnliches erleben, im Gebirge als Gletscherschmelze, Bergstürze, verstärkte Erosion. Derzeit ist die Welt etwa 1,2 Grad wärmer als vor der industriellen Revolution; ab 1,5 Grad dürften die Wirkungen noch übler werden; spätestens ab 2 Grad könnten Kipp-Punkte überschritten werden, die die Situation komplett unbeherrschbar machen: Zu den Blockbuster-Szenarien zählen das Schmelzen der Polkappen, die Freisetzung des Supertreibhausgases Methan aus auftauendem arktischem Permafrost, die Umkehr des Golfstroms und Ähnliches. Wenn wir weiter so viel Treibhausgase emittieren wie derzeit, reißen wir die 1,5-Grad-Latte in zehn Jahren, die 2-Grad-Grenze erreichen wir schon um das Jahr 2050. Unsere Kinder und Enkel können nur dann auf ein menschenwürdiges Leben weltweit hoffen, wenn wir so bald wie möglich klimaneutral werden. Das heißt: Treibhausgas-Emissionen auf null bringen – und möglichst parallel dazu schon emittiertes Kohlendioxid aus der Luft binden. Alles steht und fällt damit, die Verbrennung von Öl, Gas und Kohle (für Mobilität, Heizen und Strom) durch regenerative Energien zu ersetzen. Die Sonne strahlt ein Zigtausendfaches unserer verbrauchten Energie auf die Erde. Wir müssen sie in allen ihren Formen, als Solar-, Wind- und Wasserenergie, nur konsequent nutzen.

Die Herkules-Aufgabe einer weltweiten Klimaneutralität zwischen 2030 und 2050 erfordert eine globale Transformation von beispielloser Dimension. Doch vor der Aufgabe zu verzweifeln hieße, das eigene Todesurteil zu unterschreiben. Bergsteiger wissen, dass jeder Weg zum noch so hohen Gipfel mit dem ersten Schritt beginnt; nur die Richtung muss stimmen. Die Transformation wird mit manch Liebgewordenem, Bequemem aufräumen – aber an dessen Stelle kann Neues treten. Die konsumgetriebene, emissionserzeugende Wachstumswirtschaft könnte „Qualität statt Quantität" nicht nur in ungezählten PR-Texten produzieren, sondern in Form eines „guten" Lebens (statt Scheinbefriedigung durch Konsum)

Bergsport mit öffentlichen Verkehrsmitteln klappt gut – wenn man in Innsbruck lebt.

Auf der einspurigen Bahnstrecke München–Garmisch-Partenkirchen nerven häufige Verspätungen und an Wochenenden oft übervolle Züge.
© A. Klemmer

oder durch selbstbestimmte, freie Zeit (statt Karriere). Arbeitsplätze entstehen in Zukunftstechnologien und nützen vielen statt nur den großen Konzernen, Stichworte Solaranlage auf dem eigenen Dach, Bürger-Windparks, Tausch-, Leih- und Reparaturcommunities. Und Mobilität könnten wir maßgeschneidert, nach tatsächlichem Bedarf kaufen, statt ein eigenes Fahrzeug zu unterhalten, das in der Regel 22 Stunden am Tag ein Stehzeug ist.

Mobilität nach Maß für die Gesellschaft der Zukunft?

Wie könnte eine zukunftstaugliche Mobilität aussehen? Bei allen Nachhaltigkeitsfragen gilt es zuerst, das „Weniger" anzustreben. Brauchen wir Lebensmitteltransporte quer durch Europa? Geschäftsreisen und Pendlerfahrten können, das hat Corona gezeigt, durch Homeoffice und digitale Meetings ersetzt werden. Von Stau und Smog geplagte Städte könnten an Lebensqualität gewinnen, wenn der Individualverkehr unnötig würde – etwa durch bessere Angebote im Öffentlichen Verkehr, sichere Radwege und Sammeltaxi-Systeme: Per App bestellte und bezahlte, elektrisch betriebene, vielleicht sogar autonom fahrende Minibusse sind den ganzen Tag unterwegs für Fahrten zur Arbeit, zum Einkaufen und Besuchen, statt die meiste Zeit Parkraum zu blockieren, den man endlich wieder begrünen und für die Erholung nutzen könnte. Für Fernfahrten (etwa in die Berge) leiht man sich ein Auto oder nutzt die gut ausgebauten

Visionen, bis der Arzt kommt?
Die Mobilität der Zukunft – einige Anstöße zur Diskussion

Trampen: Beschilderte „Mitfahr-Haltestellen" an Hauptstraßen und am Bahnhof helfen sozial denkenden Autofahrern, anderen Wanderfreunden die „letzte Meile" zu verkürzen. Eine freiwillige Tramper-App bringt Angebot und Nachfrage zusammen; die Speicherung der persönlichen Daten ermöglicht eine Corona-Rückverfolgung und hilft, Missbrauch zu vermeiden.

Shuttlebusse: Vor allem für Wochenend-/Tagestouristen könnten Shuttlebusse den Regionalverkehr ergänzen; sie fahren vom Bahnhof regelmäßig die beliebten Startpunkte für Wanderungen an – etwa von einem Großparkplatz bei der Autobahnausfahrt oder am Ortsrand, sodass Ortsdurchfahrten und Wanderparkplätze entlastet werden. Bahnfahrer zahlen nichts, Autofahrer wenig.

Servicestationen: An Bahnhöfen und Wanderparkplätzen gibt es überdachte Wartehäuschen mit Toilette, WLAN, Solarstrom und Schließfächern, wo Verpflegung und frische Kleidung für die Heimfahrt deponiert werden können.

Parkgebühren: Eine elektronisch kontrollierte, vernetzte Parkraumbewirtschaftung finanziert die Shuttlebusse. Per App oder Automat zahlt man am Wanderparkplatz die Parkgebühr, die mit der Tageszeit und Auslastung steigt: von wenigen Euro frühmorgens auf beispielsweise 30 Euro ab dem zwanzigsten Auto. Auslastung und Tarifentwicklung sind im Internet in Echtzeit abrufbar (wie unter Corona-Bedingungen in Kletterhallen). Regelmäßige Polizeikontrollen, ob für das Nummernschild eine Zahlung vorliegt, sichern das Funktionieren.

Bus- und Bahnverbindungen mit bedarfsgerechtem Fahrplantakt und praxistauglicher Radmitnahme. Natürlich fahren die „Öffis" wie der Schwerlastverkehr mit modernen Energieträgern: regenerativ erzeugtem Strom, gespeichert per Batterie oder als Wasserstoff, Methanol, E-Fuel.

Für Städte, Metropolen und Megacitys sind Mobilitätsvisionen wie diese (es gibt viele weitere) Aussichten in eine bessere Welt. Wer von den Wohnkosten aufs Land getrieben wird und in die Stadt pendeln muss, wird häufig noch ein eigenes Fahrzeug brauchen. Auch Bergsportler tun sich schwer, ihre Mobilitätsbedürfnisse „öffentlich" zu befriedigen: Wenn sie häufig weit fahren oder für lange Touren den Tag voll ausnutzen möchten, sind die Fahrplanfenster oft unzureichend geöffnet. Wer einen Felsen im Frankenjura erreichen will oder ein einsames Alpental, findet gewissermaßen keinen Anschluss für diese Nummer. Wer auf dem Land lebt und zuerst ein-, zweimal umsteigen muss, bevor er im Schnellzug Richtung Berg sitzt, hat das Problem – samt Anschlüssen und Verspätungen – an beiden Enden der Strecke. Dennoch geht so manches.

Wer derzeit noch keine Alternative zum eigenen Auto erkennen möchte, könnte zumindest darüber nachdenken, wie sich dieses so klimaverträglich wie möglich bewegen ließe. Norwegen macht es vor: Dort sollen ab 2025 nur noch „Nullemissionsfahrzeuge" zugelassen werden. Zukunftsautos fahren mit Ökostrom! Dazu müssen demokratische Prozesse sicherstellen, dass Anlagen und Leitungsnetze ausgebaut werden und das Speicherproblem gelöst wird. Erste Aufgabe: 100 plus x Prozent Ökostrom! Das x steht dabei für den Strombedarf des E-Verkehrs, der sonst nur mit anderen Verbrauchern um die saubere Ressource konkurriert. Nächste Aufgabe: den Strom dahin bringen, wo er gebraucht wird. Dazu braucht es leistungsfähige Stromnetze und Ladesäulen – in Wohnbereichen, auf Parkplätzen von Firmen, Gasthäusern und Geschäften, ja womöglich auch an frequentierten Wanderparkplätzen. Auch die Ladegeschwindigkeit muss sich verbessern, um bei weiteren Fahrten und engen Zeitplänen nicht zum Ausschlusskriterium zu werden. Tatsächlich ist Elektrizität mit Akku in punkto Energieeffizienz anderen Stromspeichertechnologien wie Wasserstoff, Methanol oder E-Fuels derzeit noch deutlich überlegen; Letztere verlieren so viel Energie bei Erzeugung und Transport, dass sie erst dann realistische Optionen werden, wenn Ökostrom im Überfluss zur Verfügung steht. Die Rohstoffe für die Akkus müssen selbstverständlich sozial- und umweltverträglich gewonnen und im Kreislauf recycelt werden.

Viele Aufgaben für die Politik. Irgendwie ist es verständlich, wenn vielfahrende Bergsportler den Schritt zum E-Auto noch scheuen. Erdgasautos, betankt mit Biomethan aus Abfallstoffen, wären eine gute Übergangstechnologie, sofern man eine Tankstelle in der Nähe hat. Aber viele greifen immer noch zum Diesel mit seiner relativ effizienten Verbrennung und großen Reichweite. Und

Linienbusverkehr ermöglicht Streckenwanderungen ohne umständliche Auto-Logistik – wie (oben links) im bayerischen Mangfallgebirge.

Taxi-Transfers sparen Zeit, sind bequem und machen auch die „Wanderung über die Alpen" auf dem E5 zur Hybridtour – zum Beispiel am Parkplatz unter dem Rettenbachferner.

© A. Klemmer

Was tun die Alpenvereine?

DAV, ÖAV und AVS sehen die Mobilität als wichtigen Teil ihrer Aufgabe, Bergsport, Natur- und Klimaschutz miteinander zu versöhnen. Dabei richten sie sich an die Mitglieder, ihre eigene Organisation und an die Politik.

- Mitglieder: Zentral ist die Sensibilisierung für die Klimawirkung der Mobilität. Durch Information über Möglichkeiten der Anreise mit öffentlichen Verkehrsmitteln soll deren Nutzung angeregt werden. So sind im gemeinsamen Tourenportal alpenvereinaktiv.com ÖV-taugliche Touren mit Links zu Fahrplänen hinterlegt; auch auf Hütten- oder Sportkletter-Webseiten gibt es Öffi-Infos. Weitere Beispiele: Der AVS fordert seine Mitglieder auf, für die Aktion „Mein Hausberg" zumindest einmal im Jahr ohne Auto zum Bergsport zu fahren und darüber zu erzählen; der ÖAV plant Studien zu den Motivationen hinter der Mobilität; der DAV bündelt viele Ideen auf der Webseite alpenverein.de/natur/mobilitaet.
- Intern: Sektionsfahrten sind ein Wesenselement des Alpenvereinslebens. Durch die gemeinsame Anfahrt, womöglich per (Sektions-)Bus, sind sie umweltfreundlicher als die individuelle Tour mit Einzelverkehr. Doch auch hier können Sektionen Verbesserungspotenziale nutzen. Außerdem sind sie für ihre Arbeitsgebiete Experten, was die öffentliche Anreise angeht: Sie können lokale Angebote (etwa Bergsteigerbusse) anregen und darüber informieren. Die Mobilität in der Sektionsarbeit klimafreundlicher zu machen, ist ein Teilziel des umfassenden DAV-Klimaschutzkonzeptes.
- Politik/Tourismus: Gegenüber der nationalen und regionalen Politik fordern die Vereine Verbesserungen im öffentlichen Verkehr vor allem in die Berge. Das betrifft Linien, Takte und Tarifsysteme – und die notorische „letzte Meile" von der Haltestelle zum Beginn des Weges. Der ÖAV sieht auch finanzielle Lenkungsmaßnahmen wie eine Kohlendioxid-Steuer und die Förderung klimafreundlicher Mobilität als wichtig an. Gemeinsam forderten die drei Verbände 2020 die Politik zu einer „Verkehrswende für den Alpenraum" auf, mit den vier zentralen Punkten:
– Güterverkehr auf die Schiene
– EU-weite LKW-Maut
– keine hochrangigen Straßenneubauten in den Alpen
– öffentlichen Nahverkehr ausbauen

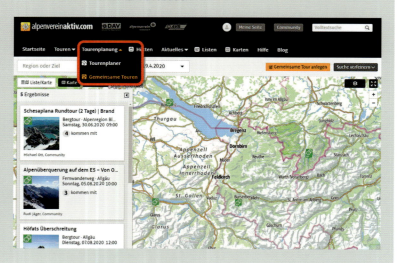

schließlich loben deutsche Politiker die Technologie immer noch, statt konsequent darauf hinzuarbeiten, dass Verbrenner so bald wie möglich ersetzt werden.

Mobilität mit Maß für den Bergsport?

Doch halt! Nach dem besten Antrieb zu fragen, löst das Problem nicht. Die Logik jeder Nachhaltigkeitsstrategie setzt, wie erwähnt, früher an. Beim Thema Lawinen sollte man ja vor allem lernen, gar nicht erst in die Lawine zu kommen, statt nur die Verschüttetensuche zu trainieren. Analog ist im Verkehr der Treibstoff am besten, den wir gar nicht erst (ver)brauchen. Möglichkeiten, sparsamer zu fahren, gibt es viele, und sie nützen neben dem Klima auch dem Geldbeutel. Ein kleines Auto statt der SUV-Version, Tempo 100 bis 120 auf der Autobahn, vorausschauendes und geschmeidiges Fahren anstelle von Vollgas-Vollbrems-Rhythmen: Damit lässt sich der Energieverbrauch annähernd halbieren. Und in Fahrgemeinschaften verteilt sich der ökologische Fußabdruck auf ein Team. Clevere Mitfahrvermittlungen sind auch für Bergsportler eine große Chance – und ein wachsender Markt.

Aber man kann, man sollte sogar noch früher ansetzen. Nämlich bei Fragen wie: Ist es mir das wert? Darf ich der Welt das zumuten? Kann ich nicht auch mal verzichten? Das V-Wort wird in der Wachstumsgesellschaft ungern gehört. Deshalb empfiehlt der Postwachstums-Ökonom Nico Paech eine „Ökonomie des Genug". Das bedeutet, nicht suchtartig Erlebnisse übereinanderzustapeln, sondern, wie beim Alkohol, gezielt und bewusst zu genießen. Will ich mir am Sonntag die Suche nach einer Parklücke am Wanderweg antun? Ist das Wetter wirklich gut genug für einen lohnenden Klettertag? Täte mir nach der Samstagstour nicht etwas Erholung am Sonntag ganz gut? Wenn ich mit dem Gefühl, den Tag zu Hause zu genießen, die Fahrt ins Gebirge bleiben lasse, habe ich das dafür nötige Kohlendioxid zu hundert Prozent gespart.

Unsere Gesellschaft betrachtet das individuelle Streben nach Glück als ein Menschenrecht. Für wen dieses Glück in den Bergen liegt, der wird nach bewusster Abwägung immer wieder mal darauf kommen zu sagen: „DAS ist es mir wert!" Dann lässt sich immerhin noch am DAS schrauben.

Muss es mit dem eigenen Auto sein? Kann ich irgendwo mitfahren? Oder gleich vom (bergnahen) Wohnort mit dem regenerativ geladenen E-Bike losradeln? Welche Möglichkeiten erschließen mir die öffentlichen Verkehrsmittel? Mit etwas Recherche und Kreativität lässt sich da etliches machen. Und wenn die Nachfrage stimmt, wird auch das Angebot an Spezialverbindungen für Bergsportler besser werden – siehe die Bergsteigerbusse, die die DAV-Sektionen München und Oberland 2021 starteten. Zuletzt spielt die Aufenthaltsdauer eine Rolle: Wenn ich drei Tage vor Ort bleibe, fällt trotzdem nur eine Anreise an. Und durch die Einnahmen aus den Übernachtungen haben auch die Einheimischen, die sonst am stärksten unter dem Verkehr leiden, mehr oder weniger direkt etwas davon – zumindest, solange ich nicht als Van-Lifer mein Wohnmobil, Bus, Caddy (oder Zelt) in den Wald stelle, mich von Mitgebrachtem ernähre und die Verdauungsprodukte im Freien deponiere. Corona hat durch den Lockdown der Gastronomie zu einem Boom am Wohnmobilmarkt geführt – und in den Tourismusregionen viel böses Blut erzeugt.

Kriegen wir die Kurve? Gemeinsam?

Die Zukunft der Mobilität hat zwei Perspektiven. Global und mittelfristig gesehen ist es eine große Gesellschaftsaufgabe, den Individualverkehr durch gute Angebote so weit wie möglich unnötig zu machen oder, wo das nicht geht, zumindest klimagerecht umzugestalten. Doch sich zum Ende des Fossilzeitalters zu bekennen und es dann auch einzuleiten, ist für Politiker in Deutschland immer noch eine Art Mutprobe; nur einige Autokonzerne haben den Abschied vom Verbrennungsmotor bereits angepackt.

Für den Bergsport ist Mobilität ein soziales und logistisches Problem. Der boomende (Over-)Tourismus flutet die Alpen mit immer mehr überdi-

In den späten 1930er-Jahren radelte das Turner Alpenkränzchen von München aus in die Alpen. Heute schnallt man das Fahrrad mit Elektromotor ans Auto und beginnt die Tour erst am Ende der Mautstraße.
© Sektion Turner Alpenkränzchen/Archiv des DAV München, A. Klemmer

	Mobilität besser machen	
Reduzieren	Entsagung („Verzicht")	(Heute) Nicht zum Bergsport fahren Ohne Auto im Leben zurechtkommen Bergtouren nur noch mit Öffis
	Reduktion	Weniger häufig zum Bergsport fahren (Heute) Eine Alternative zum Auto finden 1x/Jahr/Monat mit Öffis zum Bergsport
	(Selbst-)Begrenzung	Nicht mehr Touren-Auto-km als letztes Jahr Mitfahrmöglichkeiten nutzen + anbieten Mal eine Öffi-Bergtour ausprobieren
Optimieren	Effizienz	Kleines, sparsames Auto, keine SUV-Version Tempo 100–120, vorausschauend fahren
	Konsistenz/Substitution	E-Auto mit (selbsterzeugtem) Solarstrom Erdgasauto mit Biogas aus Reststoffen
Kompensieren	Emissionen verhindern	Bessere Technologien für Entwicklungsländer Bildung für nachhaltige Entwicklung
	Emissionen wieder binden	Wald anbauen, Rodungen verhindern CCS- und ähnliche Technologien

BergSteigen | 113

Wird endlich alles gut, wenn jedes Auto elektrisch fährt? Gegen Strom aus regenerativer Wasserenergie ist wenig zu sagen. Aber die bestehenden Anlagen wie der Speicher Längental bei Kühtai werden dafür nicht reichen.
© A. Klemmer

mensionierten Blechkisten. Corona hat das Problem noch verschärft, durch den Drang in die einzigen frei nutzbaren Society „Berge" und „Felsen" und durch die Unlust, mit Maske in vermeintlich aerosolgefüllten Bussen und Bahnen anzureisen. Staugeplagte Alpenanwohner legten im Herbst 2020 mit „Ausbremst is"-Demos Hauptstraßen lahm. Überlastete Gemeinden haben Randstreifen durch Steine oder Baumstämme parkuntauglich gemacht und komplette oder zeitlich geregelte Fahrverbote erlassen, sie erheben teilweise auch massive Parkgebühren. Kassieren mag legitim sein, die Lenkungswirkung ist begrenzt. Verbote, vor allem wenn sie im Alleingang verhängt wurden, sind erst recht keine Lösung. Wenn im Allgäu nach dem Sankt-Florian-Prinzip Wanderparkplätze gesperrt werden, leiden die Nachbarn noch mehr. Es braucht Zusammenarbeit, Absprachen und wirksame, kreative Konzepte; ein paar naheliegende Ideen sind im Textkasten „Visionen" zusammengestellt (Seite 110). Sie gehen über die teils gut funktionierenden Angebote hinaus, die in autofreien Alpenstädten oder einigen Bergsteigerdörfern existieren, wie etwa: die öffentlichen Verkehrsmittel für Urlaubsgäste gratis anzubieten, dazu regelmäßige Shuttlebusse, (E-)Bike-Verleih …

Politik und Tourismuswirtschaft sind gefordert, solche Konzepte zu entwickeln und zu realisieren. An uns Bergsportlern liegt es dann, sie zum Erfolg werden zu lassen. Ohne Änderungen unseres Verhaltens (und der zugrunde liegenden Ansprüche) wird das nicht gelingen. Es ist bei der Teilaufgabe Mobilität genau so wie beim übergeordneten Pro-

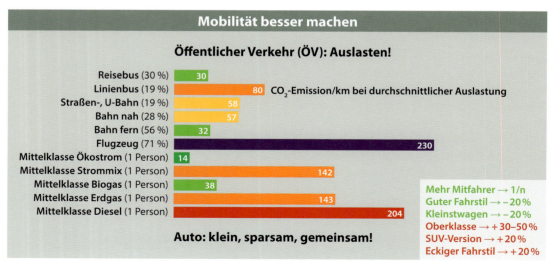

114 | BergSteigen

Im Sommer 2020 noch Avantgarde – in Zukunft Mainstream? Nicolas Favresse (2. v.l.), Sébastien Berthe (r) und Begleiter am Fuß des Wilden Kaisers.
© D. Largeron

blem Klimawandel: Design oder Desaster – entweder wir kriegen elegant die Kurve oder wir rumpeln ins Chaos. Eine kurze Zeit lang haben wir noch die Wahl.

Diese Perspektive könnte uns übrigens beim Umdenken helfen. Es geht schließlich nicht darum, Autofahren und Bergsport komplett zu verteufeln. Weder sollte die Fridays-for-Future-Generation den „Alten" Autoscham aufzwingen, noch darf die Generation Opel Kadett den Jungen verbieten, was sie selbst in vollem Umfang ausgekostet hat. Bei guten Verhältnissen für drei Tage an den Walkerpfeiler zu fahren, gehört zum Bergsteigen dazu, sagte der DAV-Vizepräsident Roland Stierle einmal. Solch herrlicher Wahnsinn kann uns Höhepunkte bescheren, die ein Leben lang leuchten. Nur geht das eben nicht regelmäßig und unreflektiert. Niemand kann heute mehr sagen, er oder sie hätte es nicht gewusst. Jedes Gramm unserer Kohlendioxid-Emissionen müssen wir verantworten – mit den maximal zwei Tonnen pro Kopf und Jahr als erste Richtschnur. Derzeit emittieren wir Deutsche im Durchschnitt knapp zehn Tonnen. Wir haben die Wahl. Wer sagt: „Dieser Berg ist es mir wert", muss eben auf das gewohnheitsmäßige Rindersteak verzichten oder in der Wohnung das Fleece anlassen. Mobilität ist, man kann es nicht oft genug sagen und schreiben, nur ein Teil dessen, womit wir die Welt belasten.

Geht es auch anders? Es geht auch anders!

- Göran Kropp radelte 1996 von Stockholm zum Mount Everest, bestieg den Berg ohne künstlichen Sauerstoff und radelte wieder heim. Das gesamte Gepäck (73 kg) transportierte er im Anhänger.
- Nicolas Favresse und Sébastien Berthe kletterten im Sommer 2020 in zwei Wochen die „Alpine Trilogie", also mehrere Routen im zehnten Grad („Silbergeier", „Des Kaisers neue Kleider" und „End of Silence", zusätzlich noch „Headless Children" und „Odyssee"). Die Strecken dazwischen legten sie mit dem Rad zurück (siehe Foto oben).
- Auch Ines Papert und Caro North radelten bei wechselhaftem Wetter einen Monat lang durch die Alpen und kletterten anspruchsvolle Alpinrouten wie „Intifada", „Peruvian Dust", „Excalibur" und „Deep Blue Sea".
- Der Mountain-Wilderness-Mitarbeiter Tim Marklowski schlug in DAV *Panorama* 2/2021 vor, den Alpinismuspreis „piolet d'or" um Nachhaltigkeitskriterien zu ergänzen, etwa um den Ökologischen Fußabdruck (Kohlendioxid-Emissionen) oder die vor Ort geschaffene Wertschöpfung.

BergSteigen | 115

Einsicht gegen Verbote

Besucherlenkung im Naturpark Ammergauer Alpen

Christian Rauch

Jagdsteige werden dank Internetportalen zu frequentierten Tourentipps. Wanderer dringen in sensible Naturräume und Brutgebiete ein. Mountainbiker fahren auf erosionsgefährdeten Wegen. Im größten bayerischen Naturschutzgebiet steigt der Freizeitdruck. Wie leitet man ihn in geordnete Bahnen?

An einem Augustnachmittag im Jahr 2020 bricht Deniz Göcen zu ihrer Tour auf. Sie geht den schmalen Steig von Graswang über das Mittageck hinauf zur Kieneckspitze. Gerade im oberen Teil führt er durch sensibles Gebiet. Im Umkreis brütet ein Steinadlerpärchen, Rauhfußwild wie Birk- und Auerhühner haben hier ihren Kernlebensraum. Die Rangerin des Naturparks Ammergauer Alpen weiß, dass gerade deswegen nicht zu viele Besucher unterwegs sein sollten. Prompt kommt ihr ein Wanderer entgegen. Deniz Göcen spricht ihn freundlich an. Der Mann erzählt, er habe die schöne große Runde gemacht: den ausgeschilderten Weg durch das Kuhalpenbachtal und über die Kuhalm hinauf zum Kienjoch und nun den versteckten Steig über den Gipfelgrat und die Kieneckspitze wieder hinunter. Ein Tourenportal im Internet habe ihn auf diese Runde gebracht. Die Rangerin informiert ihn über den Artenschutz und die sensiblen Tierarten, die hier durch Wanderer gestört werden. Der Mann zeigt sich sehr interessiert und verständig. „Er wusste das absolut nicht, er wusste nicht mal, dass er hier in einem Naturschutzgebiet, sogar dem größten in Bayern, unterwegs ist", so Göcen. Nach einem längeren, durchweg freundlichen Gespräch verabschieden sich die beiden. Der Wanderer verspricht, den Weg nicht weiterzuempfehlen; gerne unterstütze er den Naturschutz.

Deniz Göcen freut sich. „Ein gutes Gespräch ist das A und O. Und mit einer Drohung wäre ich hier überhaupt nicht weitergekommen." Denn verboten ist es nicht, auf diesem Steig zu gehen. Die bayerische Verfassung garantiert das freie Betretungsrecht in der Natur. Und auch die Verordnung des Naturschutzgebiets Ammergebirge, die von 1986 stammt, verbietet das Begehen beliebiger Steige und Wege nicht, sie untersagt noch nicht einmal das weglose Gehen. Den Ammergauer Naturparkrangern – zum Team gehören neben Deniz Göcen noch Dominik Landerer und Thomas Weber – bleiben da Appelle, Aufklärung und Informationsvermittlung. Die Arbeit der drei Ranger, die zu allen Jahreszeiten rund fünfzig Prozent ihrer Arbeitszeit im Gelände unterwegs sind, ist ein wichtiger Bestandteil der Besucherlenkung in den Ammergauer Alpen.

Viele Rechtsgrundsätze stammen noch aus einer Zeit, in der nahe gelegene Städte wie München und Augsburg deutlich weniger Einwohner hatten, in denen es weniger Wanderbücher und schon gar keine Internetportale und Touren-Apps gab. Heute zählen die Ammergauer Alpen, neben fast einer Million Übernachtungsgästen, rund zweieinhalb Millionen Tagesausflügler pro Jahr. Im Coronasommer 2020 dürfte die Frequentierung zeitweise noch größer gewesen sein. „Das bleibt nicht ohne Folgen", erklärt Naturparkkoordinator Klaus Pukall.

Gespräche, Informationen, Appelle

Am langgestreckten Kuchelberggrat zur Kreuzspitze leben noch Bestände des hierzulande gefährdeten Alpenschneehuhns und des in Bayern vom Aussterben bedrohten Auerhuhns. Bayernweit ging der Bestand dieser beiden Arten in den vergangenen zwanzig Jahren um rund dreißig Prozent zurück. Der aktuelle Managementplan der Regierungen von Oberbayern und Schwaben empfiehlt daher, eine Störung in Kernhabitaten wie am Kuchelberg zu vermeiden. Da war es für die Oberammergauer ein kleiner Schock, als eine auflagenstarke Zeitschrift – es war die DAV-Zeit-

Die Tour über den Kuchelberggrat ist nicht verboten, wildes Campen und geplantes Biwakieren im gesamten Naturpark aber schon – was die drei Bergfreunde offensichtlich ignorierten. Zum Schutz von Rotwild und Alpenschneehuhn könnten einzelne Wege gesperrt werden.
© C. Rauch, Ammergauer Alpen GmbH B. Georgii, Pixabay

Während Deniz Göcen und ihre beiden Ranger-Kollegen Thomas Weber (links) und Dominik Landerer im Gelände unterwegs sind, koordinieren Nina Helmschrott und Klaus Pukall die Besucherlenkung in der Geschäftsstelle des Naturparks.
© *Ammergauer Alpen GmbH, Simon Bauer Photography*

schrift Panorama – den Kuchelberggrat als „drei Kilometer langen Aussichtsbalkon" rühmte.*

In den folgenden Wochen waren die Ranger mehrmals auf dem Grat präsent, um die Wanderer, die dem Tourentipp gefolgt waren, zu sensibilisieren – zu sprechen, zu informieren, zu appellieren. Mehr nicht. Der Kuchelberggrat ist kein Sperrgebiet. Laut Naturparkkoordinator Pukall wäre das

---

* *Der Autor des Beitrags war ich, Christian Rauch, und als ich ihn schrieb, war mir die Artenschutzproblematik am Grat nicht bekannt. Vor Ort standen keine Informationen oder Warnungen und auch im Internet gab es keine unmittelbaren Hinweise. Der Steig am Kuchelberg ist durch alte Tafeln teilweise markiert und im AV-Führer enthalten und er zeigt einmal mehr, dass ein unter Alpinisten traditionell bekannter und offiziell nicht gesperrter Steig wie am Kuchelberg durch sensibles Gebiet führen kann. Er eignet sich daher nicht für massenhafte Begehungen und als Tipp in einschlägigen Medien und viel besuchten Portalen.*

jedoch irgendwann möglich: Die Untere Naturschutzbehörde könnte das Betreten in den kritischen Monaten, zum Beispiel zur Zeit der Aufzucht, untersagen, würden artenschutzrechtliche Gründe wie ein extremer Rückgang der gefährdeten Arten dies als letztes Mittel erfordern. Im Winter gibt es solche Sperrgebiete, so genannte Wildschutzgebiete und Wald-Wild-Schongebiete bereits. Und der Deutsche Alpenverein weist seit vielen Jahren mit seiner umfangreichen Kampagne „Naturverträglich Skitouren- und Schneeschuhgehen" und Tafeln vor Ort am Hörnle, an der Scheinbergspitze oder am Laber in den Ammergauer Alpen darauf hin. Im Sommer gibt es derartige Sperrgebiete, etwa zum Schutz von Wiesenbrütern, bisher nur sehr kleinräumig und zumeist im Tal, entlang der Ammer, nicht aber in den alpinen Wandergebieten. Dort ist lediglich das Übernachten, Biwakieren und Feuermachen offiziell verboten und mit Bußgeldern belegt. Das Thema treibt die Ranger in nicht wenigen Sommernächten um. „Totale Sperrgebiete für Wanderer wünschen wir uns nicht", stellt Klaus Pukall klar. Sein Ziel ist es, neunzig Prozent der wandernden Menschen auf die offiziell ausgeschilderten und gepflegten Wege im Naturpark zu leiten. Alle kleineren und sensibleren Steige sollten den Jägern, Förstern und Gebietskennern vorbehalten bleiben.

In den Jahren 2018 und 2019 wurden in den Ammergauer Alpen auf rund 500 Kilometern Weg und Steig rund 2500 neue gelbe Wegweiser inklusive kleiner Zwischenwegweiser aufgestellt. Ein Ziel war es, den Schilderwald auszudünnen: Wo mancherorts mehrere Schilder unterschiedlichen Alters verschiedene Gehzeiten zum selben Ziel angegeben hatten, wurden sie durch jeweils einen neuen Wegweiser ersetzt. Ein anderes Ziel war die Standardisierung der Tafeln nach den Empfehlungen des Alpenvereins (Seite 120). Doch in erster Linie ging es eben um die Besucherlenkung. An Steigen, die durch naturschutzrechtlich sensibles Gebiet führen – zum Beispiel von Graswang zur Kieneckspitze, von den Brunnenkopfhäusern nördlich zur Klebalm und weiter ins Halbammertal bei Unternogg sowie an einem der zwei Wege aus dem Elmautal auf den Frieder –, wurden die alten Schilder entfernt und gar keine neuen mehr angebracht. Auch im Tal, an manchen Uferabschnitten der Ammer oder zwischen Bad Bayersoien und den Schleierfällen, „entschilderte" man einige Wege. Solange aber Verlage und Anbieter von Touren-Webseiten und entsprechenden Apps solche Steige und Pfade (sowie viele andere, die niemals beschildert worden sind) dennoch beschreiben und dazu sogar GPS-Tracks bereitstellen, sind fehlende Schilder kein Hindernis.

„Forstarbeit" im Internet

Die Naturparkmitarbeiter, unterstützt durch Praktikanten, durchforsten daher regelmäßig Webseiten und Apps wie Komoot, Outdooractive und Alpenvereinaktiv, daneben auch Plattformen für Camper und Mountainbiker wie Park4night und Trailforks. „Entdecken wir eine Tour, die unserer Ansicht nach durch sensibles Gebiet verläuft und nicht den offiziell ausgeschilderten Wegen folgt, nehmen wir mit dem Autor oder dem Portalanbieter Kontakt auf und bitten, den Tipp zu löschen", erklärt Deniz Göcen. Die Betreiber der Onlineportale reagieren auf diese Vorstöße bislang recht unterschiedlich. Positive Reaktionen gibt es, wenn die „Digital Ranger" auf fehlerhafte Tourendaten oder gravierende Mängel hinweisen, zum Beispiel bei Touren, die durch offiziell gesperrte Wald-Wild-Schongebiete führen, oder bei Fotos, die unerwünschtes Verhalten zeigen, etwa das Klettern auf dem porösen Kalktuff der Schleierfälle an der Ammer. Doch wird die Bitte vorgebracht, Touren in oder durch sensible Gebiete zu entfernen, kommt es eher zu Kompromissen. „Statt die Tipps zu löschen, ändern die Portale entsprechende Touren so, dass sensible Bereiche umgangen werden, oder sie ergänzen Tourenbeschreibungen mit entsprechenden Hinweisen und der Bitte um Rücksicht", sagt Ranger Dominik Landerer. Im Gegenzug stellen die Naturparkmitarbeiter selbst die „offiziellen" Routen auf die Portale.

Klaus Pukall kann sich längerfristig eine automatische digitale Lösung vorstellen. Searchbots, zielgerichtete Computerprogramme, könnten das Internet ständig durchforsten und feststellen, wo neue Wanderrouten veröffentlicht wurden. „Ein Mitarbeiter prüft die Ergebnisse dann kurz und wenn ihm die Touren als bedenklich erscheinen, könnte die Software automatisch eine Mail an das Internetportal absetzen, um Löschung bitten und natürlich die Gründe dafür auflisten." Auch im Gelände kann es technische Hilfen geben, etwa

Infrarotsensoren, wie es sie derzeit am Steig zum Kuchelberggrat gibt. Ihre Aufgabe ist es, die Frequentierung auf diesen inoffiziellen und weniger erwünschten Steigen zu messen und zukünftig

Nicht bezeichnete Steige (oben) sind von offiziellen Wegen (unten) oft nicht zu unterscheiden.
© C. Rauch

Mountainbike-Trails

Viele Internetportale und Apps haben sich auf Mountainbiken spezialisiert. Während die Nutzung von Forststraßen meist unbedenklich ist, werden gern Steige als Trails für Mountainbiker empfohlen. Auch in den Ammergauer Alpen werden vermehrt steile Wandersteige befahren, wie am Hinteren Hörnle und Stierkopf, am Kienjoch oder im Pürschlinggebiet. Je nach anstehender Gesteinsart und der Art der Waldbewirtschaftung birgt das die Gefahr von erhöhter Erosion (vor allem an den Flyschbergen wie Hörnle und Aufacker), Schäden bei der Jungwaldaufforstung und Probleme in Almgebieten, wo Kühe vor Mountainbikern flüchten. Konflikte zwischen Wanderern und Mountainbikern spielen nach Angaben des Naturparks hingegen keine große Rolle. „Aufgrund der Steilheit vieler Bergflanken sind die Ammergauer Alpen keine ideale Region für Mountainbike-Trails", stellt Naturparkmanager Klaus Pukall klar. Er räumt jedoch ein: „Da die Nachfrage nach dieser Sportart da ist, können wir davor nicht die Augen verschließen. Wir sind daher dabei, geeignete Wegabschnitte zu suchen, die als offizielle Trails künftig gekennzeichnet werden."

Damit man den Kuchelberggrat auch noch in Zukunft begehen und nicht nur aus der Ferne – wie vom Feldernkopf (oben) – betrachten kann, muss die Störung der Natur begrenzt bleiben.
© C. Rauch

abschätzen zu können. „Denn wenn eben viel mehr als ein paar Gebietskenner einen solchen Steig begehen, und die Störung der Wildtiere über Jahre sehr deutlich zunimmt, könnte die naturschutzrechtliche Sperrung drohen, die wir ja eigentlich vermeiden wollen", erklärt Pukall.

Sensibel bis zur Selbsterkenntnis

Ein offizielles „Schaufenster" mit 500 Kilometern gut beschilderten Wanderwegen für die vielen Urlauber und Ausflügler aus der Stadt und eine (auch mit digitalen Mitteln kontrollierte) „Grauzone" mit vielen kleinen Steigen für wenige Gebietskenner – schürt das nicht Bedenken? Wird es noch mehr Regeln und Kontrolle geben, eine Zensur von Wanderberichten und -empfehlungen? Die Naturparkverwaltung ist sich dessen bewusst. „Wir wollen nicht beliebig in die Geschäftsmodelle von Verlagen und Tourenportalen eingreifen und achten natürlich die journalistische Freiheit", beteuert Florian Hoffrohne, stellvertretender Vorsitzender des Naturparkvereins und Geschäftsführer des Tourismusverbands Ammergauer Alpen. Viel eher sei eine gemeinsame Sensibilisierung, ein neuer Verhaltenskodex das Ziel. Die Menschen sollten selbst erkennen, dass es gar nicht wünschenswert ist, überall zu gehen. Sie sollten sich freuen, „ein Gebiet, in dem sensible Tierarten und Pflanzen leben, eben nicht betreten zu haben, wenn sie vom offiziellen Weg am benachbarten Bergrücken hinüberblicken", findet Deniz Göcen.

Frei von Konflikten und Problemen wird dieser Weg nicht sein, wie auch der Umgang mit den Mountainbike-Trails im Gebiet zeigt (siehe Kasten S. 119). Vor allem könnte sich ein mancherorts bereits vorhandener Stadt-Land-Konflikt verschär-

Neue Schilder für die Ammergauer Alpen

Gelb sind sie, 60 Zentimeter lang und 16 Zentimeter breit, in der Gestalt eines Pfeils. Die 2500 neuen Wanderschilder in den Ammergauer Alpen geben den jeweiligen Schwierigkeitsgrad – gelb (sehr einfach), blau, rot oder schwarz –, das Ziel und seine Höhe an. Daneben sind die Gehzeit sowie verschiedene Symbole aufgedruckt, zum Beispiel eine Einkehr, eine Liftstation oder der Anschluss an Fernwanderwege. Sie sind auch nach Typ ausgezeichnet: Hüttentouren, Rundwanderungen, Fernwege oder Themenwege. Winterwanderwege, die geräumt werden, tragen eine Schneeflocke als Symbol. Dieses Format hat der Deutsche Alpenverein schon vor einigen Jahren standardisiert. Mittlerweile stehen sie in immer mehr bayerischen Bergregionen. In den Ammergauer Alpen half die Murnauer Firma Green Solutions bei der Neubeschilderung. Mitarbeiter gingen die Wege mit GPS-Geräten ab, erfassten zahllose Standorte mit alten Schildern und erarbeiteten einen Plan, wo neue Schilder stehen sollen. Die Montage der neuen Schilder und Zwischenwegweiser teilten sich die Ranger des Tourismusverbands, die Bauhöfe der Gemeinden und der Deutsche Alpenverein. Ergänzt wurde das Ganze mit über hundert Infotafeln und einer neuen Wander- und Winterkarte. Zur Finanzierung dienten auch Mittel aus dem europäischen Förderprogramm LEADER.

Ehrenamtlich schwitzen im Bergwald und auf der Wiese im Tal: Besser lässt sich der Naturschutzgedanke in der Bevölkerung nicht verankern.

© Ammergauer Alpen GmbH, D. Göcen

fen, wenn zwar der Einheimische aus Graswang, Ettal oder Oberammergau den stillen, schönen Jagdsteig unweit seines Hauses begehen kann, der Münchner dies aber nicht tun soll. Streit gibt es ja schon längst bei der Mobilität. Seit im vergangenen Corona-Sommer überfüllte Parkplätze Schlagzeilen machten und das Wildparken auf Forststraßen, an Waldrändern und in Wiesen neue Dimensionen erreichte, hat man im Graswangtal ein Parkleitsystem installiert. Acht Parkplätze von der Ettaler Mühle bis zur Landesgrenze hinter Linderhof wurden klar ausgeschildert und mit Informationen zu Ausweichparkplätzen, Wanderrouten und zu naturschonendem Verhalten versehen. Der Parkplatz im Süden der Scheinbergspitze wurde überdies ausgebaut. Die Naturparkverwaltung, der Tourismusverband, die lokalen Behörden und die Bayerischen Staatsforsten als wichtiger Grundeigentümer packten dabei zusammen an. „Seit 40 Jahren hat kaum einer etwas für diese Parkplätze getan", beklagt Hoffrohne. „Wir vor Ort können die Pflege und den Ausbau von Parkplätzen aber auf Dauer nicht alleine finanzieren." Generell wünscht sich Hoffrohne einen runden Tisch, wo Vertreter verschiedener Ministerien, aus den Städten und Landkreisen über mehr nachhaltige Mobilität beraten. Vieles sei möglich, so der stellvertretende Naturparkchef. Etwa ein zentrales Parkgelände in Oberammergau mit vielen hundert Plätzen und Shuttlebussen, die Wanderer von dort zu den wichtigsten Ausgangspunkten fahren. Oder ein spezieller geräumiger Wanderbus, der vom Bahnhof Oberau direkt in das Graswangtal fährt und so

den aus München Anreisenden die „öffentliche" Anfahrtszeit fast halbiert. „Aber das können die Kommunen vor Ort definitiv nicht allein stemmen, zumal diejenigen, für die solche Angebote nötig und sinnvoll sind, überwiegend aus der Stadt kommen."

Ehrenamtlich für den Naturschutz

Seit rund vier Jahren gibt es den Naturpark Ammergauer Alpen, seit knapp drei Jahren sind die Ranger angestellt. Die Region hat es sich auf die Fahnen geschrieben, die Interessen von Naturschutz, Einheimischen, Waldbesitzern, Jägern, Urlaubern und Ausflüglern ins Gleichgewicht zu bringen. Maßnahmen zur Besucherlenkung sind dafür ohne Zweifel sinnvoll, ja unumgänglich. Wie viel aber Dialog, Sensibilisierung, Kontrolle oder gar Verbote jeweils bringen, wird sich in der praktischen Arbeit, Saison für Saison, zeigen müssen.

Es gibt übrigens auch Entwicklungen, die schlicht Freude machen. Rangerin Deniz Göcen bekam von nicht wenigen Menschen, die sie beim Wandern oder Mountainbiken auf Belange des Naturschutzes angesprochen hatte, später eine Mail – mit der Frage, wie man sich denn ehrenamtlich für den Naturschutz einbringen könnte. Und mit der Neubeschilderung bekamen manche Wege auch einen anderen, schöneren Verlauf. So wandern alle, die von Unterammergau zur Hörnlehütte wollen, seit 2019 über die freie, aussichtsreiche Almlichte der Wurmansauer Alpe und nicht mehr, wie vorher, auf der waldigen Forststraße unterhalb davon.

Wir müssen hier raus!

Infiziert vom Klettervirus – Internationaler Alpinismus 2020 im Zeichen der Pandemie

>> **Max Bolland**

Im Corona-Jahr 2020 werden die Begriffe Risiko und Bedrohung zu einem gesamtgesellschaftlichen Thema. Wer welches Risiko eingehen darf, welche Gefahren bestehen und wie man diese in den Griff bekommt, obliegt nicht dem individuellen Gutdünken, sondern wird zur Chefsache in den Regierungen. Die dort getroffenen Maßnahmen schränken viel von dem ein, was zur Selbstverständlichkeit unseres freiheitlichen Lebens geworden ist: soziale Kontakte, freie Berufsausübung, Reisen … und auch das Bergsteigen! Expeditionsfahrten sind massiv eingeschränkt, und so konzentrieren sich alpine Höchstleistungen auf die leichter erreichbaren, heimatlichen Bergregionen.

Extreme Heimat Alpen

Es ist faszinierend zu beobachten, wie die Bergsteiger-Elite sich fokussiert auf die Alpen stürzt. Kreativität und Leistungsfähigkeit offenbaren sich in beeindruckenden Erstbegehungen, Enchaînements, Solos und schnellen Wiederholungen.

Winter – Eisige Wände. Noch völlig ohne Corona-Handicap starten **Francois Cazzanelli** und **Francesco Ratti** ins Jahr. Vier Tage turnen die beiden im Hochwinter auf Messers Schneide über einen „Himalaya-gleichen Grat" (F. Ratti): Vom Theodulpass über den gesamten Furggengrat und das Matterhorn geht es weiter über die Kette der Grandes Murailles. Sehr viele Gipfel zwischen 3000 und 4000 Metern säumen den spektakulären Weg der beiden. Dass selbst an der Nordwand der Aguille du Plan oberhalb von Chamonix eine offensichtliche Linie noch unbegangen ist, erscheint **Ondrej Húserka** und **Evka Milovska** wie ein Mysterium. Die beiden Slowaken brauchen keine weitere Einladung, sondern lösen das „Mystery" (600 m, M8, C1) lieber selbst! Am Gross Ruchen, rund 170 Kilometer weiter östlich, sind mit **Daniel Arnold** und **Roger Schäli** zwei der momentan stärksten Alpinisten gemeinsam unterwegs. Ihre Erstbegehung „Egidius" (1300 m, WI6+, M7+) vereint Ästhetik, spektakuläre Eis- und Mixedkletterei und Risiko – die Linie ist nur mit ein paar spärlichen Bohrhaken abgesichert! Der ungleich bekanntere Piz Badile zeigt sich in frühwinterlicher Topform, sprich eisgepanzert. Gleich zwei starke Seilschaften nutzen die Gunst der Stunde für Erstbegehungen. **Matteo Della Bordella** und **Silvan Schüpbach** überschreiten den „Crossway of Friendship"; davon inspiriert kombinieren **David Hefti** und **Marcel Schenk** dann zwei bereits existierende Routen zur „Amore Supercombo" (800 m, M7, WI5): „Diesmal waren die Bedingungen unglaublich! Wir konnten sogar ein paar Eisschrauben setzen. Trotzdem bleibt es eine ernsthafte Route!" Ähnlich ideale Bedingungen finden **David Bruder** und **Martin Feistl** im Valsertal, das als Spielwiese winterlicher Bergsportausübung unauslöschlich mit dem Namen David Lamas verbunden sein wird. Der Lama-Kreation „Sagzahn-Verschneidung" ringen Bruder/Feistl nicht nur die erste Wiederholung, sondern auch noch die erste freie Begehung (M6, WI4) ab – Eis sei Dank! Mit so einem Appetizer auf den Geschmack gekommen, hinterlässt Feistl wenig später seine eigenen Duftmarken im Lama-Land: Zusammen mit **Sven Brand** eröffnet er einen direkten Einstieg zur Rampenführe – „24 hours of freedom" (300 m, M6, WI4, X). Zusammen mit dem Weiterweg über die Rampenführe (zusätzlich ca. 700 m) und Abstieg heißt das nicht nur 24 Stunden Freiheit vom Corona-Dauerthema, sondern auch 24 Stunden (von Auto zu Auto) Kampf mit Schwierigkeiten, fragwürdigen Sicherungen, Kälte, Wind und Dunkelheit: das Alpinismus-Vollwaschprogramm eben! Gottlob vergessen Bergsteiger schnell. So stürzen sich David Bruder und Martin Feistl bald schon ins nächste Abenteuer und ziehen im Karwendel einen richtig großen Fisch an Land: „Stalingrad" (740 m, M8, WI7), eine Erstbegehung der Superlative zwischen Grubenkarspitze und Plattenspitze, dazu in lupenreinem Stil: keine Bolts, keine Vorarbeiten, Single-Push in 15 Stunden!

Weiter geht's in die Dolomiten, die in den letzten Jahren zum Eis- und Mixedparadies mutiert sind. Die Rochetta Alta in der Bosconero-Gruppe war dabei bislang außen vor, **Santiago Padrós** und **Diego Toigo** ändern das mit ihrer Neuroute „Madre Tierra" (800 m, M6+, WI5) – toller Berg, fantastische Linie! Das denken sich auch **Mirco**

Sean Villanueva freut sich, dass er in Patagonien den Reißverschluss seines Lockdowns gefunden hat. Im aufblasbaren Portaledge an der Aguja Standhardt genießt er das Fitz-Roy-Traumpanorama.

© N. Favresse

Harakiri oder einfach nur grandios? Martin Feistl in der heiklen Schlüsselpassage von „Stalingrad". Daneben: Simon Gietl einsam und allein an der Scoiattoli-Kante bei seiner Solo-Traverse der Drei Zinnen.

© D. Bruder, Salewa/ Storyteller Labs

Grasso und **Alvaro Lafuente** und ergänzen „Madre Tierra" um einen direkten Ausstieg: „Apus" (800 m, M6+, WI5). Deutlich kürzer, aber auch ein gutes Eck schwerer ist eine Neutour von **Manuel Baumgartner** und **Simon Kehrer** am Sas dles Diesc (Zehner) in der Fanes: Bei „Aurona" (4SL, bis M8/9; WI6+) kommt auch die Psyche nicht zu kurz, die Route ist klassisch abgesichert (Haken, Friends und Keile). Local Hero und Allround-Ass **Simon Gietl** überschreitet solo in zwei Tagen alle fünf winterlichen Gipfel der Drei-Zinnen-Gruppe – das anspruchsvolle Abenteuer gelang dem Südtiroler bereits im Jahr 2017 zusammen mit Michi Wohlleben.

Sommer, Sonne, Fels. Wer in den himmelschreiend steilen Nordwänden der Drei Zinnen noch Neuland finden will, muss schon einiges an Kletterkönnen aufbringen – so wie **Alessandro Baù, Claudio Migliorini** und **Nicola Tondini.** An der Westlichen Zinne vollenden sie ihr Werk „Space Vertigo" (500 m, bis 8a) und krönen es mit einer freien Begehung jeder einzelnen Seillänge; eine durchgängige freie Begehung der anhaltend schweren Route durch einen einzelnen Kletterer oder eine Seilschaft steht noch aus. Bohrhaken wurden nur an den Standplätzen angebracht, der Rest ist klassisch abzusichern – vergleichbar mit Alex Hubers „Bellavista" (450 m, bis 8c) aus dem Jahr 2000, dem Testpiece alpinen Freikletterns schlechthin. Die Nonchalance, mit der **Sébastien Berthe** ebendiese „Bellavista" angeht und klettert, dürfte aber auch einem Huber einiges an Respekt abringen. Dem jungen Belgier glückt die Route an nur einem Tag, ohne vorheriges Auschecken: Nie wurde die Route so schnell frei wiederholt! Nicht nur deswegen muss man Berthe mittlerweile zu den stärksten alpinen Freikletterern der Gegenwart zählen. Zu diesen gehört unzweifelhaft auch **Lukasz Dudek**, der in den vergangenen Jahren systematisch alle schwierigen alpinen Freikletterrouten der Alpen gesammelt hat. „Pan Aroma" (450 m, bis 8c), nach eigenen Aussagen Hubers schönste und spektakulärste Erstbegehung und unweit der „Bellavista" gelegen, wird für Dudek zum Demonstrationsobjekt seiner ganzen Meisterklasse. Dem starken Polen gelingt nach Testläufen und Auschecken eine freie Begehung der Route im seilgesicherten Solo in 17 Stunden. Übrigens: Seilgesicherte Solobegehungen erschweren das Freiklettern deutlich, weshalb die meisten Begehungen in diesem Stil entweder vergleichsweise leichte oder aber vorwiegend technische Kletterei beinhalten. Freies Klettern im absoluten Grenzbereich im Seilsolo ist eine Ausnahme!

„Cani Morti" (5 SL, bis 8b+) heißt ein altes Testpiece von Magier Manolo (aka Maurizio Zanolla) am Campanile Basso di Lastei in der Pala-Gruppe. Es ist mit Bohrhaken spärlichst abgesichert und ein in allen Belangen forderndes Projekt – und daran liegt es wohl auch, dass bislang kaum einer diese Herausforderung angenommen hat. **Alessandro Zeni** stellt sich der Aufgabe und schafft die zweite Wiederholung der Route, wobei er die

ersten beiden Seillängen, es sind die schwersten, zu einer einzigen Superlänge verbindet, für die er den Grad 8c vorschlägt – mit ganzen acht Bohrhaken zur Sicherung auf diesen harten 60 Metern. Das Trio aus **Martin Dejori, Titus Prinoth** und **Alex Walpoth** zählt zu den stärksten und aktivsten Erschließern in den Dolomiten. An der Terza Pala di San Lucano eröffnen die drei eine gewaltige 1400-Meter-Route in lupenreinem Stil, ohne Bohrhaken und mit drei Wandbiwaks: „Guardiano dei Sogni" (bis 7a+, A0). Gleicher Stil, gleiches Team, andere Wand: Der Entdeckergeist des Südtiroler Trios stößt auch am Heiligkreuzkofel auf fruchtbaren Boden: „Xylophon" (7 SL, bis 7a+, A0) heißt das Ergebnis, nachdem die ursprünglich anvisierte Linie dem Erschließerdrang des Herrn Gietl („Stigmata", 2016) zum Opfer fiel.

Das steile Glück haben **Alexander** und **Thomas Huber** ja bereits vor Corona oft in den Heimatbergen gefunden. *Stay at home* ist leicht, wenn man die steilen Felswände der Berchtesgadener Alpen als sein Wohnzimmer bezeichnen darf. Das renommierte Brüderpaar mag sich vielleicht nicht immer einig sein, wer von ihnen der wahre „Sonnenkönig" (6 SL, bis 8b+) ist, aber sich gegenseitig zu Höchstleistungen pushen schaffen die beiden immer! Die Tour an der Untersberg-Südwand bietet drei neue, direkte und schwere Seillängen zum Extremklassiker „Sundance Kid". Thomas' zweite Highend-Route am Untersberg binnen zwei Jahren. Gibt Thomas kurz vor dem Rentenalter nochmal Vollgas? Wisse nun: Thomas gibt immer Vollgas! „Dass der alte Mann noch so schwer klettern kann", bestätigt derweil auch der talentierte **Josef Pfnür,** der Hubers Vorjahresprojekt „Stone Age" (6 SL, bis 8b/b+) am Untersberg wiederholt. Zur letzten Bestätigung schlagen die Brüder Huber nochmals zu: „Siete Venas" (6 SL, bis 8b) am Alpeltalkopf! Alex nimmt sich zudem gemeinsam mit **Guido Unterwurzacher** seines 15 Jahre alten Projekts am Urlkopf an und kann die geniale, anspruchsvolle Linie endlich frei klettern: „Magellan" (6 SL, bis 8a); ganze sechs Bohrhaken gibt's für Wiederholer gratis als Zwischensicherungen dazu! Nein, nicht sechs pro Seillänge – sechs insgesamt!

Ines Papert und **Luka Lindic** bleiben auch brav zu Hause und befinden sich nicht nur klettermäßig auf „Wolke 7" (12 SL, bis 8a) – ihre Neutour am heimatlichen Feuerhörndl meistern die beiden mit Bravour! Auch **Nicolas Favresse,** der als Kosmopolit ja überall zu Hause ist, stattet dem Berchtesgadener Land einen Besuch ab: Zusammen mit **Sebastien Berthe** befindet er sich dabei auf der letzten Station einer ungewöhnlichen Rundreise, die spektakulär unter Beweis stellt, wie sehr das Kletterniveau in den letzten Jahren gestiegen ist. Die „Alpine Trilogie" aus „Silbergeier" (8b+) im Rätikon, „Des Kaisers Neue Kleider" (8b+) im Wilden Kaiser und „End of Silence" (8b+) eben in den Berchtesgadener Alpen – alles Highend aus dem Jahr 1994 – war und ist ein großes Ziel unter alpinen Freikletterern. 2001 war Stefan Glowacz der Erste, der alle drei Routen frei kletterte. Favres-

Pioniere auf der Wiese und auf dem Gipfel der Terza Pala di San Lucano: das starke Trio Martin Dejori, Titus Prinoth und Alex Walpoth

© M. Dejori/T. Prinoth/A. Walpoth

BergSteigen | 125

So strukturlos glatt wie der Straßenbelag bei der Anreise: „Intifada" im Rätikon! Ines Papert und Caro North beim Vergleichstest.
© J. Schmoll

se und Berthe sind nun die Ersten, die alle drei Routen innerhalb eines Sommers klettern – noch dazu jeweils an einem Tag, von unten kommend, ohne vorheriges Erkunden! Und nicht nur das: Die beiden legen ihre komplette Reiseroute mit dem Fahrrad zurück. Da die ganze Aktion die beiden weniger beansprucht als erwartet, folgen sie einer spontanen Eingebung, radeln kurzerhand von Berchtesgaden nach Grindelwald an den Fuß der Eiger-Nordwand und wiederholen hier noch die „Odyssee" (33 SL, bis 8a+), eine der schwersten Freikletterrouten am Berg. Hut ab! Unweit davon eröffnen **Matteo Della Bordella, Yannick Glatthard** und **Silvan Schüpbach** eine neue Linie durch die Nordwand des Gross Wellhorn, das für seinen kompakten und guten Kalk bekannt ist: „Ying Yang" (450 m, bis 8b) ist die mit Abstand schwerste Route an der Wand. Wiederholungen schwerster Routen glücken, mal wieder, auch **Barbara Zangerl** und **Jacopo Larcher** mit „Kampfzone" (5 SL, bis 8b+) von Rätikon-Altmeister Beat Kammerlander. Im eisenfesten Kalk legt **Cédric Lachat** noch eins drauf und holt sich die zweite freie Begehung von „Wogü" (7 SL, bis 8c) – diese Erstbegehung von Beat Kammerlander konnte bislang nur Adam Ondra 2008 punkten.

Weiter geht's zum Monarchen selbst und seinen Trabanten. Auf der ruhigen und eher abgeschiedenen italienischen Seite des Mont Blanc schlagen **Matteo Della Bordella, François Cazzanelli** und **Francesco Ratti** zu: Am Brouillardpfeiler mit seinem rostroten Granit eröffnet das Dreamteam in zwei Tagen die Felsroute „Incroyable" (300 m, 7b obl.). Die erste Wiederholung sichern sich schon bald darauf **Federica Mingolla** und **Leonardo Gheza**, noch dazu in Form der ersten freien Begehung: 8a – der zehnte Grad auf über 4000 Metern! Deutlich leichter, aber viel länger ist der gesamte Peutéreygrat auf den Mont Blanc. Noch mal länger (und nicht leichter) als diese „Integrale de Peutérey" ist in den Alpen nur die „Integralissima de Peutérey", die am allertiefsten Ausläufer des Noire-Südgrats auf 1840 Metern beginnt und eben auf dem Mont Blanc endet. Erstbegangen 1973 in drei Tagen, wurde sie nun in Gesamtheit erstmals wiederholt, allein und in imposanten 17 Stunden durch **Filip Babicz**! Um die Verwirrung perfekt zu machen, gibt es übrigens

Der Eindruck täuscht: Adam Ondra – hier beim Kneebar-no-Hand-Resting – begeht die Route „Beginning" im Aufstieg.

Geradewegs hinauf in den Granitkletterhimmel geht es in „Mad Max" an der Grandes Jorasses.

© A. Ondra, Coll. Brauge-Saucè-de-Sullivan

auch noch die „Super Integrale de Peutérey", ein Enchaînement der Routen „Ratti-Vitali" an der Aguille Noire, der „Gervasutti-Boccalette" an der Gugliermina und des klassischen Freneypfeilers am Mont Blanc, erstmals allein und im Winter bewältigt von Renato Casarotto – damals und heute noch eine alpine Sensation, nun wiederholt durch **François Cazzanelli** und **Francesco Ratti** in zwei Tagen. Eine ganze Reihe beeindruckender, schwerer Wiederholungen kann **Symon Welfringer** für sich verbuchen. Dabei sticht vor allem die Onsight-Begehung der extrem anspruchsvollen „Manitua" (1100 m, bis 7c) an der Grandes Jorasses hervor. Neue Wege gehen und finden hingegen **Jérôme Sullivan**, **Jérémy Brauge** und **Victor Saucède** an der famos berüchtigten Ostwand des

Hart, härter – Trad!

Im Highendbereich des Tradkletterns wird die Luft schnell dünner, die Sicherungsmöglichkeiten sind rarer und unzuverlässiger, sie zu nutzen kostet Kraft und oft ist Stürzen keine Option. So ist in der Reihe der ProtagonistInnen deutlich weniger Fluktuation zu beobachten. +++ **Hazel Findlay,** Grande Dame des Tradkletterns, weiß um die historische Bedeutung bestimmter Routen und wiederholt Johnny Dawes' Testpiece „Quarryman" (E8/7a) aus dem Jahr 1986 in den Schiefersteinbrüchen von Nordwales. +++ Der Großmeister der britischen Tradszene **Neil Gresham** sorgt für Schlagzeilen: Mit E10/7a checkt seine neue Kreation „The Final Score" im Lake District am Apex der komplexen britischen Bewertungsskala ein: „Im oberen Teil, in dem du die Chance auf einen *sicheren* 20-Meter-Sturz hast, hatte ich einen der größten Kämpfe meines Lebens, und ich kann gar nicht glauben, wie nah ich kam, diesen Ritt anzutreten!" +++ Starke Nerven stellt **Barbara Zangerl** nicht das erste Mal unter Beweis: Sie steigt mit „Greenspit" im Valle dell'Orco (8b+) eine der schönsten und spektakulärsten Risslinien Europas. +++ Ihr Bruder **Bernd Zangerl** macht derweil die Erstbegehung von „Grenzenlos" – eine Mischung aus Tradroute und Highball: Der schwierige Riss ist nur durch einen Pecker (kleiner dünner Felshaken, der per Hand in dünne Risse gesetzt wird) und ein paar Crash Pads abgesichert. +++ Im nahen Cadarese eröffnete Jacopo Larcher 2019 mit „Tribe" eine der schwersten Tradrouten Europas. Britanniens Top-Tradkletterer **James Pearson** holt sich die erste Wiederholung des in jeglicher Hinsicht extrem anspruchsvollen Testpieces. Und sagt: „Die Schlüsselzüge der Route sind das Schwerste, was ich je im Tradbereich geklettert bin." Einer exakten Schwierigkeitsbewertung enthält sich Pearson – wie Larcher auch. Hilft nix: wer's genau wissen will: ausprobieren! +++ Drahtseil-Nerven-Ladies 2.0: **Lena Müller** setzt in Sachen Klimaschutz nicht auf das „Prinzip Hoffnung" (8b/+), sondern auf konsequente Senkung des CO_2-Ausstoßes: Für die vierte Damenbegehung des Beat-Kammerlander-Classics reist die junge Deutsche konsequenterweise per Zug von Innsbruck nach Bürs. +++ Die Amerikanerin **Brittany Goris** hat sich in den letzten Jahren einige der Toprouten unter anderem in Indian Creek geholt und stößt nun mit „East Coast Fist Bump" (8b+) ein weiteres Mal in die Upperclass des gepflegten Riss- und Tradkletterns vor. Chapeau, Brittany!

Den Roten Planeten hatte man sich anders vorgestellt. Bei seiner „Mission to Mars" an den Helmcken Falls dringt Klemen Premrl in fremde Klettergalaxien vor.
© J. Glassberg

gleichen Berges: „Mad Max" (800 m, bis 7a+) bietet alles, was das Kletterherz am Granit erfreut: Platten, Risse, Runouts – und abgesichert werden muss selbst. Und um daran zu erinnern, dass es auch Menschen gibt, die nicht nur vorübergehend von Einschränkungen betroffen sind: **Massimo Coda** und **Andrea Lanfri** erklimmen den Mont Blanc über den italienischen Normalweg; zusammen haben sie ein echtes Bein und drei Prothesen – wahre Helden!

Eis & Mixed weltweit

Von den faszinierenden Bildern der surreal vereisten Helmcken Falls in Kanada kann man nie genug bekommen – was **Klemen Premrl** und **Tim Emmett** auch auf die athletische, abgefahrene Eiskletterei an diesem exklusiven Eiskunstwerk übertragen: „Mission to Mars" (WI13) heißt die Erstbegehung der beiden – verrückte Eisstrukturen in heillos überhängendem Gelände! Die Klettermöglichkeiten links des Extrem-Eisklassikers Seebenseefälle oberhalb von Ehrwald nutzen **Luis Penín** und **David López Sáenz** für eine Erstbegehung am oberen Rand der Mixedskala:

„Gaia" (175 m, M12?, WI6+). Und auch die schottische Mixedszene hat Neues zu vermelden: Frontmann **Greg Boswell** haut zusammen mit **Callum Johnson** ein hartes und für schottische Verhältnisse ungewohnt steiles Ding raus: „New Age Raiders" (Schottisch IX, 9) am Church Buttress in Glen Coe ist eine weitere Route Boswells am obersten Rand der Schotten-Skala – und natürlich selbst abzusichern.

Bigwalls rund um den Globus

Der Freiklettergedanke ist die treibende Kraft an den großen Felswänden rund um den Globus, doch auch die hohe Kunst des extremen technischen Kletterns erfährt weiterhin Zuspruch. Prominente Vertreterin letztgenannten Zeitvertreibs ist **Silvia Vidal,** Expertin fürs Alleinsein in großen, abgeschiedenen Wänden und Bergregionen: Eineinhalb Monate verbringt die Katalanin ohne jeden (!) Kontakt nach außen in der Aysén-Region im chilenischen Teil Patagoniens, 33 Tage davon in der Westwand des Cerro Chileno Grande, wo sie die Route „Sincronia Magica" (1200 m, A3+/6a+) eröffnet. Und neben ihr treiben an Chiles Bigwalls auch andere ihr alpinistisches Unwesen. **Siebe Vanhee** hat sich in den letzten Jahren auf dem internationalen Parkett des Bigwall-Freikletterns zunehmend in die erste Reihe getanzt, und so verblüfft es kaum, dass seine Stippvisite im Cochamo Valley für Aufsehen sorgt: Mit **Diego Diazaguilera** holt er sich ungeachtet schlechter Sicherungsmöglichkeiten und erdgefüllter Risse die erste freie Begehung von „Sundance" (22 SL, bis 7c+/8a) am Cerro Trinidad in einem Tag. Mehr Zeit braucht Vanhee auch nicht für die zweite freie Begehung von „El Condor Pasa" (20 SL, bis 8b) am Trinidad Central zusammen mit **Max Didier**. Die beiden legen dann noch die Erstbegehung „Jardines de Piedras" (16 SL, bis 7b+/A2) am Cerro la Sombra obendrauf – eine freie Begehung scheitert an den mit Erdreich und Vegetation gefüllten Rissen … Dermaßen warmgeklettert ziehen die beiden zusammen mit **Austin** und **Ian Siadak** weiter ins große Abenteuer. Auf der Suche nach Neuland und auf den Spuren von Silvia Vidal erkundet das Quartett die Bigwall-Freiklettermöglichkeiten in unbekannten und kaum besuchten Tälern Nordchiles. Im Valle de la Plata – der acht Kilometer lange Zustieg durch den Dschungel dauert fünf Tage (!) – werden die vier Schatzsucher an der malerisch über einer Lagune gelegenen Pared de la Plata fündig. Wand und Berg sind bald bestiegen, und sogar eine freie Variante finden die vier, die „mit dem Regen tanzen", denn so heißt ihre Route: „Bailando con la Lluvia" (700 m, 16 SL, A2, frei 7a).

Dass die USA im Jahr 2020 von Corona bis Trump größere Probleme hatten als das Festhalten kleiner Griffe in großen Wänden, ist vermutlich niemandem verborgen geblieben. Ungewohnt ruhig war es demzufolge auch rund um Klettermagnet El Capitan im Yosemite Valley. Zumindest **Emily Harrington** sorgt dafür, dass der El Cap nicht unerwähnt bleibt, und holt sich eine freie Begehung von „Golden Gate" (41 SL, bis 8a) in etwas über 21 Stunden; unterstützt und begleitet wird sie dabei von niemand anderem als **Alex Honnold**. Noch in der heilen Vor-Corona-Welt startet ein junges Team der FFME unter Leitung von **Arnaud Petit** und **Jonathan Crison** nach Jordanien ins Sandsteinparadies des Wadi Rum. Im Bigwall-Stil eröffnen **Eline Le Menestrel, Solène Amoros, Eloi Peretti, Romaric Geffroy, Guillaume Colin** und **Thoma Meignan** eine in allen Be-

„El Flechazo" heißt Liebe auf den ersten Blick. Nico Favresses Angebetete ist der Südostpfeiler der Aguja Standhardt. Vom Cerro Torre, im Hintergrund, lässt er dieses Mal die Finger.
© S. Villanueva

langen fordernde Route mitten durch die Ostwand des Jebel Rum: „Voie du Coeur" (430 m, bis 7c+). Wenige Wochen später müssen sich nicht nur die Kletterer mit weniger exotischen Reisezielen begnügen – nur gut, dass auch Europa einiges zu bieten hat. Zum Beispiel die perfekte vertikale Spielwiese der Picos de Europa. Am Naranjo de Bulnes holt **Siebe Vanhee** eine seltene Wiederholung der Toproute „Orbayu" (500 m, bis 8c), einer Kreation der Gebrüder **Eneko** und **Iker Pou**, die ihrerseits am Pena de Castilla fündig werden und abermals beweisen, dass sie weiterhin zur Elite im Klettersport zählen. Ihre Neutour „Rayu" (600 m, bis 8c) fügt sich nahtlos in ihre Liste schwerster Bigwall-Freiklettertouren. Auch Landsmann **Edu Marin** schickt in dieser Disziplin einen Anwärter ins Rennen. Im Konglomerat von Montserrat, unweit von Barcelona, muss er sein ganzes Kletterkönnen aufbieten – und holt sich schließlich die erste freie Begehung der alten Techno-Tour „Arco Iris" (200 m, bis 8c+).

Expeditionen

Stark eingeschränkt sind im Corona-Jahr die Aktivitäten im Expeditionsbergsteigen. Dennoch gibt es die eine oder andere Großtat zu vermelden.

Amerika – von Feuerland bis Alaska. Zu Jahresbeginn ist die patagonische Saison von Corona gar nicht und von den „patatypischen" Wetterkapriolen wie gehabt beeinflusst. Aber wer hat, was es braucht, der bringt es auch! **Nicolas Favresse** und

Eine gewaltige Wand und zwei glückliche Menschen, denen sie nicht zu hoch war: Simon Welfringer und Pierrick Fine auf dem Sani Pakush.
© S. Welfringer

Sean Villanueva eröffnen eine neue Route über den Südostpfeiler der Aguja Standhardt, die im oberen Teil dem Klassiker „Exocet" folgt und „El Flechazo" (800 m, M3, bis 7b+, WI5) heißt. Drei Tage brauchen die beiden für die Aktion, sie verbringen zwei Nächte in einem aufblasbaren, superleichten Portaledge, und bis auf eine Länge klettern sie alles onsight! Auch **Matteo Bernasconi, Matteo Della Bordella** und **Matteo Pasquetto** nehmen die Aguja Standhardt ins Visier, genauer: deren Nordwand. Ihre fantastische und logische Linie „Il Dado e'tratto" (600 m, bis 7b, A1) bietet spektakuläre Granitkletterei an Rissen und Verschneidungen. Auch das zweite Wetterfenster nützt das Team für einen weiteren Plan B, nachdem die eigentlich geplante Linie am Cerro Torre nicht möglich ist: In zwei Tagen, im Alpinstil, frei und onsight holen sich die drei an der Aguja-Poincenot-Nordwand die erste Wiederholung der Route „40°Gruppo Ragni di Lecco" (800 m, bis 6c). Tragischerweise kommen Bernasconi und Pasquetto wenige Wochen später in den Alpen ums Leben. Mit der Vollendung einer Linie, die dem 2016 ebenfalls tödlich verunglückten Ausnahmetalent Marc André Leclerc erstmals ins Auge gefallen ist, machen **Brette Harrington, Quentin Roberts** und **Horacio Gratton** von sich reden. Sie vollenden „Marc-André's Visión" (950m, bis 7c, 90°) an der Ostwand des Torre Egger – im oberen Teil folgt die Route der bestehenden Linie von „Titanic". Ihre Spuren als Erstbegeher hinterlassen auch **Luka Lindic** und **Luka Krajnc** an den Bergen Patagoniens. An der Aguja Saint-Exupéry, einem Trabanten des Fitz Roy, klettern sie „Mir" (500 m, bis 6c, A3).

Viele tausend Kilometer nördlich davon – und einige ereignisreiche Monate später – finden sich **Ethan Berman** und **Uisdean Hawthorn** in den Kanadischen Rockies am Mount Robson zu Füßen der legendären „Emperor Face" (Nordwand) ein. Die Wand gehört zu den begehrtesten extremen Wänden in Nordamerika, und die Liste derer, die hier ihre Spuren hinterlassen haben, liest sich wie das Who's who der nordamerikanischen Alpinszene. Berman/Hawthorn reihen sich in diese Liste ein: Sie eröffnen „Running the Shadow" (2000 m, M6, bis WI5) in drei harten Tagen am Berg.

Asien – Himalaya, Karakorum & Co. Trotz Lockdowns, Reise- und Ausgehbeschränkungen wagen ein paar Unentwegte den Ausbruch in die große Welt der hohen und höchsten Berge. Im wenig bekannten und besuchten Talgar-Massiv im kasachischen Almaty-Naturreservat dürften **Kirill Belotserkovskiy** und **Grisha Chsukin** jedenfalls kaum eine Menschenseele getroffen haben. Nach Chsukins Aussagen halten die umständliche Bürokratie, die aufwendige Anreise, lange Zustiege und etwas Korruption die meisten Bergsteiger vom Besuch der Bergregion ab. Die beiden kriegen nicht nur das in den Griff, sondern begehen in einem 23-stündigen all-around-trip erstmals die Westwand (1200 m bis WI5, M6, 6b) des Mount Trud (4973 m). Zu Hause bleiben ist kein Problem für die Georgier **Archil Badriashvili** und

Giorgi Tepnadze. An ihrem Hausberg, der weithin bekannten Ushba (4710 m), glückt ihnen in insgesamt vier Tagen (Auf- und Abstieg) eine bedeutende Neutour auf direkter Linie durch die Nordwestwand (1700 m, ED, bis 6b, A4) des Berges. Eine junge Truppe österreichischer Nachwuchsbergsteiger und ihre Mentoren (siehe Interview in BERG 2019) sind im Baspa Valley in Indien unterwegs. Ihnen gelingen einige Erstbegehungen an den diversen Felswänden des Tals. Heraus sticht die Route „Baba Ji" (17 SL, bis 7b) am Raldang Spire (5250 m) durch die Mentoren **Alexander Blümel, Much Mayr** und **Matthias Wurzer** zusammen mit dem Nachwuchstalent **Peter Mühlburger.**

Majestätisch und furchteinflößend thront der K6 mit seinen drei Gipfeln und der séracbewehrten, extrem anspruchsvollen Nordwand über dem Charakusa Valley im Karakorum (Pakistan). Die Eheleute **Priti** und **Jeff Wright** können die bedeutende Erstbesteigung des K6-Zentralgipfels (7155 m) für sich verbuchen. Neun Tage und acht Nächte verbringen die beiden am Berg; sie besteigen auf der logischen und einfachsten Linie entlang der Südwest- und Westseite (2000 m, bis 80°) zuerst den K6-Westgipfel (dritte Besteigung) und im Anschluss auch den noch jungfräulichen Zentralgipfel! Ein wahres Sahnejahr hat **Symon Welfringer** hinter sich. Wen wundert es da noch, dass ihm nicht nur die Einreise nach Pakistan glückt, sondern zusammen mit **Pierrick Fine** auch noch eine Erstbegehung der Sonderklasse durch die imposante und riesige Südwand (2500 m, ED+, M4/M5, 90°) des Sani Pakush (6951 m). In lupenreinem Alpinstil in fünf Tagen vollendet, ist es vermutlich die zweite Besteigung des Berges überhaupt – und die wohl bedeutendste Expeditionsbesteigung im Jahr 2020, in dem ein winziges Virus und seine Folgen auch den größten Berg zur Bedeutungslosigkeit schrumpfen ließ.

Megos auf der Überholspur oder die Olympia-Substitution: Sportkletter-Highlights

SARS-CoV-2 macht alles anders und so manchem Kletterstar einen Strich durch die Rechnung – nix ist mit Tokio 2020, olympischen Lorbeeren und der Präsentation des Klettersports sowie seiner ProtagonistInnen vor der Weltöffentlichkeit. +++ **Alex Megos** ist dessen ungeachtet auf den Höhen des Kletterolymps angekommen: „Bibliographie" in Ceüse nach Jahren des Scheiterns erstmals durchstiegen – Bewertungsvorschlag 9c und damit die weltweit zweite Route dieses Grades nach Ondras „Silence". +++ Herr Megos bleibt auf der Überholspur und verschwindet im „Underground" – die historische 9a-Route in Massone flasht er eben mal. +++ Megos Testpiece „Perfecto Mundo" (9b+) in Margalef lässt derweil einen der Besten seines Fachs abblitzen: **Adam Ondra** scheitert! Götterdämmerung in der Kletterwelt? +++ Doch auch des Ondras Klettergenialität offenbart sich bei Zeiten: Der Oskar für den steilsten Kneebar-No-Hand-Rest geht an den tschechischen Wonderboy – Ghisolfis „Beginning" (Eremo/Arco, 9a+) klettert Adam im zweiten Go! +++ Klettertriumvirat completto: **Stefano Ghisolfi** punktet „Change" (9b+) von Ondra in der verkehrten Felsendachwelt der norwegischen Flatanger Cave und holt sich die erste Wiederholung dieses Testpiece. +++ Ghisolfis Erstbegehung „Erebor" in San Eremo (Arco) ist nur unwesentlich leichter und mit 9b/+ „la piu dura di bella Italia"! +++ Jung, wild und bockstark: **Sébastien Bouin** klettert „Beyond Integral" (9b/+) in Pic Saint Loup und fetzt durch die Parade-9a+ „Biographie" von Chris Sharma (2001) in Ceüse. +++ Dort tanzt **Stefano Carnati** mit Erfolg einen wilden „Jungle Boogie" (9a+). +++ Jorge Díaz-Rullo gewinnt einen hübschen Kampf in der Cova de Ocell: „El Bon Combat" (9b). +++ **Hugo Parmentier** schwingt sich auf in ungeahnte Höhen: „Eagle 4" in St. Léger du Ventoux – eine 9b von Ondra. +++ Diesen Grad schlägt auch **Alessandro Zeni** für seine Erstbegehung „Cryptography" in Saint Loup vor – und testet dabei, wie schwer man flach klettern kann. Die Route ist eine Kombination der schwersten Passagen der Klassiker „Bain de Sang" und „Bimbaluna" der Gebrüder Nicole aus den 1990er-Jahren. +++ Des Erdenballs erste und bekannteste 9a ist und bleibt jedoch Wolfgang Güllichs „Action Directe"! **Mélissa Le Nevé** holt sich die Lorbeeren als erste Frau in der legendären, äußerst athletischen und spezifischen Route (Foto unten) – Hut ab vor so viel weiblicher Fingerkraft und Athletik! +++ Gerade mal volljährig, aber voll etabliert im Reigen der Klettergöttinnen ist **Laura Rogora.** Nach Angela Eiter stößt die starke Römerin als zweite Dame weltweit in den Grad 9b vor – mit „Ali hulk sit extension", einer Spezialkreation von Dani Andrada. +++ Nummer drei bei den 9b-Damen: **Julia Chanourdie** holt sich „Eagle 4" in Saint Léger, nachdem ihr ein paar Wochen vorher bereits „Super Crackinette" (9a+) im selben Gebiet geglückt ist. +++ Vor beiden jungen Damen liegt jedenfalls eine goldene, vielleicht sogar olympische Zukunft!

© F. Buhl

„Wandern in dünner Luft"

Was bedeutet Profibergsteigen? Und warum soll ich mir das eigentlich antun?
Max Bolland sprach im Frühjahr 2021 mit David Göttler und Martin Feistl.

Max Bolland (MB) » *Hallo David und Martin, erste und einzige Frage zum Thema des Jahres: Was tangiert euch an der Corona-Pandemie am meisten und könnt ihr dem Ganzen auch etwas Positives abgewinnen?*

David Göttler (DG) » Also ich bin erstaunlich entspannt geblieben in der Zeit. Aber jetzt plane ich gerade für eine Expedition im Frühjahr, da ist das Ganze noch mal mehr Stress aufgrund der Planungsunsicherheit. Aber anfangs hat mir das eigentlich ganz gut getan: runterkommen und reflektieren und nicht das Gefühl haben, immer etwas machen zu müssen. Es macht mich eher wahnsinnig, wie viele Leute gerade in Deutschland am Rad drehen, weil sie meinen, die nächste Diktatur rollt über sie hinweg und alle Grundrechte werden ihnen entzogen – und zwar auch Leute, die schon einen Überblick haben. Hier in Spanien durften wir fünf Wochen lang nicht das Grundstück verlassen, ich habe zu Hause auf dem Laufband trainiert, Essen kam über den Lieferservice, und ich kann mich noch jetzt daran erinnern, wie ich nach fünf Wochen das Tor nach draußen geöffnet habe und den Schritt auf die Straße machen durfte.

Martin Feistl (MF) » Zwei Sachen berühren mich am meisten: Das ist aktuell die Situation an den Grenzen für mich, denn ich bin halt viel in Europa unterwegs und gefühlt ändern sich ständig irgendwelche Regeln. Das andere ist die Scheinheiligkeit in den sozialen Medien, besonders im ersten Lockdown: „stay at home" posten und dann trifft man alle in der Fränkischen beim Klettern. Positiv: Es ist einfach sauwenig los – vor allem wenn man irgendwie über die Grenzen kommt.

MB » *David, du bist Profibergsteiger und lebst vom Bergsteigen. Wie funktioniert das genau, woraus setzt sich dein Lebensunterhalt zusammen?*

DG » Da ist zuerst die Zusammenarbeit mit Sponsoren, von denen man, wie ein Fußballer auch, die Summe X im Jahr bekommt. Das ist bei mir der größte Posten. Daneben sind Vorträge eine weitere Finanzquelle, bei mir zum kleineren Teil Publikumsvorträge und vor allem Firmenvorträge. Da geht es um so Themen wie Entscheidung, Motivation und Team, die sich aus dem 8000er-Bergsteigen gut auf das Wirtschaftsleben übertragen lassen.
Und das dritte ist die Arbeit als Bergführer, das mach ich immer noch gerne. Aber ich genieße den Luxus, dass ich mich auf mein eigenes Bergsteigen konzentrieren und dafür professionell trainieren kann und mir beim Führen die Rosinen rauspicken darf und mit Privatgästen auf interessanten Touren unterwegs bin.

MB » *Wir kennen uns ja seit unserer gemeinsamen Zeit im DAV-Expedkader zwischen 2000 und 2002. War das bereits am Anfang deiner Bergsteigerlaufbahn dein Ziel – im Profibergsteigen Fuß zu fassen?*

DG » Nein. Nach der Kaderzeit habe ich erstmal viel als Bergführer gearbeitet. Lange habe ich mir nicht träumen lassen, dass ich vom Bergsteigen so wie jetzt leben kann, das ist über die letzten 20 Jahre langsam gewachsen.

MB » *Gab es Zweifel oder Bedenken dabei? Etwa Angst vor dem Druck oder den Erwartungen der Sponsoren und der Öffentlichkeit?*

DG » Eigentlich nicht. Weil sich das ganz natürlich und kontinuierlich entwickelt hat. Ich habe nicht plötzlich einen krassen Sponsorenvertrag erhalten, der mich unter Druck gesetzt hätte. Ich habe die Verträge auch nie so gepuscht, dass ich mich dadurch unter Druck gesetzt gefühlt hätte. Und im schlimmsten Fall habe ich in der Hinterhand das Bergführen, auf das ich zurückgreifen kann.

David Göttler, geboren 1978, Profialpinist, Berg- und Skiführer, einer der bekanntesten deutschen Expeditionsbergsteiger, Vortragsredner. Teilnehmer des DAV-Expedkaders 2000–2002. Freunde und Seilpartner heben seine extreme Leistungsfähigkeit in der dünnen Luft der 8000er hervor.

Martin Feistl, geboren 1996, studierter Geograph. Trainer C Bergsteigen seit 2015, Teilnehmer des Expedkaders 2018, Felskletterer und Allroundalpinist, der bei der Erstbegehung von „Stalingrad" im Dezember 2020 seine bisherigen Grenzen auslotete (s. Seite 123).

MB » *Martin, wenn du das so hörst, wäre das ein Modell, das für dich infrage kommt?*

MF » Ich denke, das hängt sehr von der eigenen Persönlichkeit ab. Wie man Druck erfährt, wahrnimmt und damit umgeht. Ich glaube, ich bin da prinzipiell nicht gut darin und mach mir vielleicht Druck, wo gar keiner ist. Als ich vor kurzem ein Filmprojekt mit Sponsoren aufgrund eines gerissenen Kreuzbands absagen musste, war das für die Firmen kein großer Deal, im Gegenteil – die haben mich ermuntert, erst meine Verletzung auszukurieren. Dennoch war es für mich eine sehr unangenehme Situation, Geld und Unterstützung von den Firmen zu bekommen, aber das Ausgemachte dann nicht liefern zu können. Und mit einer Sache muss man sich immer auseinandersetzen, wenn man vom Sport leben will: Der Körper muss funktionieren!

DG » Wären dann sportliche „Misserfolge" auch ein Problem für Dich? Also ich stand ja seit 2013, am Makalu, auch nicht mehr auf dem Gipfel eines 8000ers. An der Shisha Pangma bin ich 20 Meter, am Everest 100 Meter unterhalb umgedreht, und klar stellt man sich dann die Frage: Werde ich dem Sponsoring überhaupt noch gerecht?

MF » Ja, ich denke das wäre dann das Gleiche für mich.

MB » *David, wer entscheidet letztendlich überhaupt, wer Profi werden darf und wer nicht?*

DG » Das ist eine schwere Frage … An sich entscheiden das beide, Sponsor und Athlet. Ich kenne einige jüngere Bergsteiger, wow, die sind schon erstaunlich hoch ins Thema Sponsoring eingestiegen und haben krasse Verträge. Krass im Verhältnis dazu, wie jung und wenig erfahren sie im Bergsport sind. Ich denke, es ist nicht gut, wenn Athleten zu schnell auf ein Niveau gepusht werden, dem sie noch gar nicht gewachsen sind – gar nicht mal leistungsmäßig, sondern von der Reife und ihrem Bewusstsein über den eigenen Weg. Mir war zum Beispiel immer klar, was ich machen will: alpines Bergsteigen und dann auf die 8000er. Viele der jungen gesponserten Athleten fragen sich: Was muss ich machen, dass es dem Sponsor gefällt? Ich sag dann immer, du musst wissen, was du machen willst, und entweder es passt dann in irgendeine Marketingstrategie und wird verwendet oder eben nicht. Entscheidend ist, was man selbst im Bergsteigen machen will – und klar kann sich das auch wandeln im Laufe der Karriere, man denke nur an den Stefan Glowacz! Aber es muss vom Athleten selbst kommen. Auf der anderen Seite haben wir Sponsoren, die für jeden dankbar sind, der in irgendeiner Weise heraussticht. Und das muss nicht unbedingt die Leistung sein, auch wenn die für uns in dem Kreis, denke ich, ausschlaggebend ist. Aber

Martin Feistl: „Mit einer Sache muss man sich immer auseinandersetzen, wenn man vom Sport leben will: Der Körper muss funktionieren!"
© S. Metz

nimm zum Beispiel die Social-Media-Präsenz: Wenn da einer in Inhalt und Reichweite herausragt, dann ist der ebenso interessant. Darauf schauen Firmen mittlerweile genauso.

MB » *Martin, du hast eine klare Vorstellung davon, wie dein Bergsteigen aussehen soll und folgst deinem persönlichen Idealismus. Kannst du dir vorstellen, dass das mit Profitum vereinbar ist, oder denkst du, der Druck wäre dir zu groß?*

MF » Wenn ich Profi werden würde, dann sehr bewusst und mit vielen Gedanken, die ich mir auch schon während der letzten Jahre gemacht habe. Wenn ich jetzt auf einen Schlag einen fetten Vertrag von Red Bull bekomme und per Hubschrauber zum Einstieg vom Eiger geflogen werde, na klar lass ich dann meinen Idealismus stehen und liegen: Geil, wieso soll ich mich da hoch quälen, wenn die mich zum Einstieg fliegen *(lacht)*. Also wenn ich mich in diese Richtung entwickle, dann nur langsam und reflektiert. Und immer beobachten, was es mit dem Bergsteigen macht, für das ich in den letzten Jahren stehe.

DG » Ich hatte in all den Jahren nie das Gefühl, zumindest will ich das so glauben, dass ich mich in Stilfragen oder in der Auswahl meiner Ziele durch den Druck von Sponsor oder der Öffentlichkeit irgendwie verbogen hätte. Ich habe immer genau das gemacht, was ich machen wollte.

MB » *Wie groß, denkt ihr, ist die Rolle der Leistung und wie wichtig die Fähigkeit der „Selbstglorifizierung" – so sagt es Heinz Mariacher – für den Erfolg als Profibergsteiger?*

MF » Man muss differenzieren zwischen Selbstdarstellern mit großer Reichweite und denen, die dann wirklich als Pro-

BergSteigen | 133

David Göttler: „Wir sind Geschichtenerzähler – und das ist es auch, worauf Sponsoren Wert legen." © C. Llerandi

fis davon leben können. Ich kann selbst schwer einschätzen, was letztendlich den Ausschlag gibt. Ich denke, ich übererfülle in meiner Social-Media-Präsenz eher das, was in den Verträgen mit meinen Sponsoren steht. Einerseits irgendwie aus Narzissmus, aber auch weil ich mir davon erhoffe, dass es sich irgendwann vielleicht bezahlt macht.

DG » Die Leistung ist bei einem Profisportler sicher wichtig. Aber das Schöne am Bergsport ist ja, dass es keine Regeln oder direkte Vergleichswettkämpfe gibt. Im Prinzip kann jeder sagen, er hat etwas Tolles gemacht. In anderen Sportarten geht das nicht: Wenn du die 100 Meter nicht unter zehn Sekunden läufst, hast du keine Chance! Deswegen ist der Profibergsteiger einerseits Spitzensportler, andererseits muss er gut Geschichten erzählen können. Und wer in beidem gut ist, wieso soll der nicht davon leben können? Irgendwie sind wir das ja alle, Narzissten und Egoisten! Und man kann es ja auch positiv sehen: Wir sind Geschichtenerzähler – und das ist es auch, worauf Sponsoren Wert legen. Wenn ich eine gute Geschichte höre und sie handelt dazu noch vom Bergsteigen, das ist doch total schön!

MF » Vielleicht müsste man beim Profibergsteigen die Betonung nicht so sehr auf den Sport legen wie bei Handball, Fußball, Tennis & Co. Ich für mich gehe nicht in die Berge, um Sport zu machen – der kommt halt am Ende dabei raus. Aber es ist halt mehr dahinter als der Drang nach Bewegung und der Vergleich mit anderen.

MB » *Wie sehr verändern die sozialen Medien die Welt des normalen und professionellen Bergsteigens? Die Masse an Geschichten aus den Bergen – von der Blümchenwanderung bis zum Highend-Alpinismus – ist unübersehbar. Und sie nimmt ständig zu!*

DG » Klar, es gibt einen Markt dafür. Aber was ist eigentlich böse: wenn man etwas postet oder wenn man es liest? Ich selbst bin nicht wahnsinnig aktiv auf den Kanälen. Ich genieße Instagram und bediene nebenbei Facebook, das sind die zwei Plattformen, auf denen man mich findet. Aber es kommt mir oft so vor, als würde einem deswegen die romantische Seite des Bergsteigens aberkannt werden. Das ist so ähnlich, wie wenn du einen Berg auf Zeit machst – das ist dann gegen die Idee des Bergsteigens und zählt nicht.

MF » Ja, der Markt ist da und ich bin auch auf dem Markt. Aber bloß weil er da ist, muss ich ihn nicht bedienen.

DG » Klar, du kannst entscheiden, wie viel du da machst!

MF » Sobald ich aber da mitmache, stehe ich im Wettstreit mit anderen. Früher ging das sicher etwas reflektierter und kontrollierter. Heutzutage kann man halt über Instagram ganz schnell alles mögliche mit hoher Reichweite verbreiten und Anerkennung für Dinge erhalten, die so vielleicht nie passiert sind. Ich denke, das wird über soziale Medien krass verstärkt.

DG » Da muss ich dir Recht geben, das ist viel unreflektierter und ohne journalistischen Filter dazwischen. Es gibt aber auch journalistische Beiträge, bei denen ich mir an den Kopf greife und frage: Wieso bekommt das so eine große Plattform – was bringt da der journalistische Filter?

MB » *Zurück zum Bergsteigen. Martin, wie war deine Erfahrung im Expedkader mit eurer Abschlussexpedition zum Shivling 2018? Kannst du dir vorstellen, dass das dein Metier wird?*

MF » Die Expedition habe ich sehr genossen, und es war eine extrem wichtige Erfahrung für mich. Aber ich habe gemerkt, dass alles, was den Planungsaufwand und die Durchführung betrifft, nicht ganz mein Ding ist. In Indien fand ich es krass zu sehen, wie hoch nicht nur unser Aufwand an Planung, Zeit und Geld ist, sondern auch welcher Aufwand vor Ort betrieben wird, nur damit wir vier Wochen lang so was Sinnloses wie Bergsteigen machen können. Da habe ich festgestellt, dass ich für mich persönlich das gleiche Abenteuer auch vor der Haustür finden kann.

DG » Aber glaubst du nicht, dass das bei vielen Dingen in unser aller Leben gilt? Dass Leute buckeln müssen für unsere sinnlosen Wünsche und Bedürfnisse? Und ist es dann nicht zumindest ehrlicher, wenn ich sehe, was Sache ist, als wenn es im Verborgenen passiert?

MF » Verstehe ich schon, aber ich persönlich habe mich nicht wohl gefühlt, wenn 20 Träger meinen Kram den Berg hochtragen und ich weiß, ich würde das selbst keine 100 Meter durchhalten mit dem Gewicht.

MB » Das heißt, deine alpine Spielwiese sind die Alpen?

MF » Ja, das ist so. Hier habe ich Erstbegehungen und Wiederholungen schwerer Routen gemacht.

MB » David, ich kann mich erinnern, dass du bereits 2002 am Ende unsere Abschlussexpedition mit dem Expedkader das Ticket für den Kangchendzönga gelöst hattest. Auf die höchsten Berge steigen zu wollen, ist einem breiteren Publikum sicher einfacher zu verklickern als hartes alpines Freiklettern. Ist es für einen 8000er-Bergsteiger leichter, als Profi davon leben zu können?

DG » Klar, ich habe das Glück, dass sich das, was ich am liebsten mache, auch gut „verkaufen" und verstehen lässt. Jeder, der mal eine Wanderung gemacht hat, versteht, was wir da tun – es ist ja letztendlich wandern in dünner Luft. Aber ich habe mir diese Spielform des Bergsteigens garantiert nicht deswegen ausgesucht, sondern es ist einfach mein Ding!

MB » Martin, gibt es diese Faszination, auf einem ganz hohen Berg zu stehen, bei dir auch?

MF » Klar, die gibt es voll, und ich möchte auch nicht ausschließen, dass mich noch mal ein Berg so in den Bann zieht, dass ich dafür die Rahmenumstände einer Expedition in Kauf nehmen werde.

MB » Was du momentan in den Alpen machst – nehmen wir eure Erstbegehung „Stalingrad" im Karwendel –, kann man das einem breiteren Publikum verständlich machen?

MF » Nein, ich denke nicht. Am ehesten kann das über die emotionale Ebene gelingen, aber ob das 500 oder 1500 Meter sind, ob die Schwierigkeit M8 oder M12 ist, das spielt für das Verständnis des breiten Publikums keine große Rolle.

MB » Seht ihr Speedbegehungen und -rekorde als gute Entwicklung im Alpinismus? Gerade in Eis- und Kombiwänden sind Zeiten ja doch eher schwer vergleichbar.

DG » Ich denke, es ist eine natürliche Entwicklung, auch bei jedem Einzelnen. Wer schaut an seinem Hausberg nicht mal auf die Uhr und denkt sich: „Wow, heute war ich aber schnell!" Jeder, der den Sport ambitioniert ausübt, wird sich fragen, wie schnell er eine Tour machen könnte. Ich finde das weder schlecht noch falsch.

MF » Ich halte es auch für eine logische Entwicklung. Aber mich persönlich reizt es nicht so sehr, eine Wand fünfmal zu klettern, um am Ende eine Stunde schneller zu sein.

DG » Mich schon!

MF » Ja, du machst sie ja auch zweimal am Tag!

MB » Speedbegehungen sind ja auch an den 8000ern ein Thema. Welche anderen interessanten Projekte an den Weltbergen gibt es?

DG » Der Gipfel gehört sicher immer dazu, aber auch der Stil ist wichtig. Es gibt noch viel Potenzial für neue Routen und Wände. Und ich denke, in dem Fast-and-light-Stil und bei Tagesbegehungen wird sicher noch viel passieren.

MF » Das ist halt weit weg von dem, was ich mache, und ich möchte es nicht beurteilen. Ich achte halt darauf, wie viele Red-Bull-Aufkleber auf den gefeierten Helden sind. Das sind dann die, von denen man auch am meisten hört.

MB » Als letzte Frage ein Blick in die Zukunft: Ist das Bergsteigen eine lebenslange Passion für euch oder könnt ihr euch auch vorstellen einmal zu sagen: Schluss jetzt, ich höre auf damit?

MF » Bis vor ein paar Jahren konnte ich das nicht verstehen, wenn sehr aktive Bergsteiger komplett ausgestiegen sind. Aber mittlerweile kann ich nachvollziehen, dass man nach Jahren intensiven Bergsteigens auch ausgebrannt ist. Aber ich denke, ich würde dann einen anderen Zugang zu den Bergen suchen, etwa als Bergführer oder in einer Redaktion. Ich denke, die Berge werden immer eine Rolle in meinen Leben spielen.

DG » Interessant, ich kann mir nämlich schon vorstellen, dass die Berge in meinem Leben irgendwann keine Rolle mehr spielen und ich nur noch über die Meere segle – oder die Vendée Globe mitfahre (gilt als die härteste Einhand-Regatta der Welt; d. Red.) …

MF » Ich bin an einem See aufgewachsen und mag Wasser nur noch gefroren.

MB » Dann treffen wir zukünftig David auf den Weltmeeren und Martin weiter an den Eisfällen? So oder so, euch alles Gute auf euren Wegen und vielen Dank für das Gespräch.

Wettkampfchronik 2020/21

Die wichtigsten internationalen Ereignisse und Ergebnisse in den alpinen Wettkampfdisziplinen Klettern und Skibergsteigen

>> Gudrun Regelein

Sportklettern

Das Wettkampfklettern wurde durch die Corona-Pandemie mit voller Wucht getroffen. Bis auf einen – den Lead-Weltcup im Sommer 2020 im französischen Briançon – mussten alle anderen Weltcups gecancelt werden: sieben Boulder-Weltcups, sechs im Lead und sieben im Speed. Für die Athletinnen und Athleten war das eine äußerst schwierige Saison, fehlte ihnen doch der Anreiz, auf ein Ziel hin intensiv zu trainieren. Viele verlagerten deshalb ihren Schwerpunkt auf das Felsklettern und zeigten dort Höchstleistungen. Der Deutsche **Alexander Megos** beispielsweise kletterte im August 2020 im französischen Ceüse mit „Bibliografie" (9c) die zweite Tour weltweit in diesem Grad.

Auch die Olympischen Sommerspiele 2020 in Tokio, bei denen das Klettern eigentlich seine Premiere feiern sollte, mussten verschoben werden. Geplant war, dass die Spiele stattdessen im Juli und August 2021 (Sportklettern von 3. bis 6. August) über die Bühne gehen sollten. Bis Redaktionsschluss war allerdings nicht bekannt, wer unter den jeweils 20 Kletterinnen und Kletterern sich über die ersten olympischen Medaillen in dieser Disziplin – einem extra dafür geschaffenen Dreikampf aus Speed, Bouldern und Lead – freuen durfte. Neben den beiden deutschen Herren **Alexander Megos** und **Jan Hojer** hatten sich auch **Jakob Schubert** und **Jessica Pilz** (beide Österreich) qualifiziert. Für Italien sollten **Laura Rogora, Ludovico Fossali** und **Michael Piccolruaz** teilnehmen (siehe Kasten unten rechts).

Weltcup Lead in Briançon

In Briançon, einem kleinen Ort im Südosten Frankreichs, fand im August 2020 der erste und einzige Weltcup der Saison statt. Ausgetragen wurde dieser Wettkampf in der Disziplin Lead. Punkte wurden allerdings nicht vergeben, da viele Athleten wegen der damals geltenden Reisebeschränkungen nicht teilnehmen konnten: Das Feld war mit insgesamt 85 Starterinnen und Startern um etwa die Hälfte kleiner als bei einem normalen Lead-Weltcup.

Ausgetragen wurde der Wettkampf in Briançon auf einer extrem überhängenden Außenwand vor imposanter Bergkulisse. Das Finale der Damen war ausdauernd und dynamisch geschraubt, mit einigen eingebauten spektakulären New-School-Moves. Der Thron der Slowenin **Janja Garnbret**, die 2019 noch die Damenkonkurrenz absolut dominiert hatte und Gesamtweltcupsiegerin geworden war, wackelte: Sie war nach dem Halbfinale „nur" Dritte, zeigte dann aber im Finale ihr ganzes Können und toppte die Route. Das reichte am Ende aber dennoch nicht für Gold, denn die junge Italienerin **Laura Rogora** (Jahrgang 2001) brillierte: Sie war bereits Erste nach dem Halbfinale, musste also als letzte

„Eigentlich war es nur ein besserer Europacup, aber auch das nicht einmal auf dem Niveau einer Europameisterschaft. Dass keine Wertung vergeben wurde, finde ich deshalb auch gut so. Für die Athletinnen und Athleten hat es aus sportlicher Sicht aber definitiv Sinn gemacht, den Weltcup zu veranstalten. Viele haben über eine lange Zeit hinweg trainiert – und das war der erste Wettkampf, bei dem sie sich messen konnten. Für die älteren Kletterer, wie einen Jan Hoyer oder Alexander Megos, war es nach den langen Monaten der Vorbereitung für die Olympia-Quali vielleicht sogar einmal ganz gut, etwas Luft zu haben, um Kraft zu tanken."

Maxi Klaus, DAV-Bundestrainer Lead

Ihr Thron wackelte in Briançon, am Ende musste sich Janja Garnbret 3 im Finale der jungen Italienerin Laura Rogora 2 geschlagen geben. Jessica Pilz 1 aus Österreich verpasste nur knapp die Bronzemedaille.

© J. Virt/IFSC

Dame im Finale an den Start. Rogora bewies Nervenstärke und ihr enormes Potenzial, auch sie toppte die anspruchsvolle Route und gewann verdient Gold – und holte sich damit gleichzeitig ihre erste Weltcup-Medaille. Dritte wurde die Französin **Fanny Gibert**, den 4. Platz belegte ganz knapp hinter ihr die Österreicherin **Jessica Pilz,** 10. wurde ihre Teamkollegin **Julia Filser.** Beste deutsche Athletin war **Hannah Meul** auf Platz 21.

Bei den Herren dominierte der Tscheche **Adam Ondra** die Konkurrenz. Als Erstplatzierter nach dem Halbfinale zeigte er auch in der sehr ausdauerlastigen, mit großen Volumen bestückten modernen Wettkampfroute die beste Leistung des Tages: Flüssig und souverän kletterte er zum Top und blieb damit als letzter Starter der einzige, der die Finalroute durchklettern konnte. **Domen Skofic** (Slowenien) gewann Silber, der Österreicher **Jakob Schubert**, der nach dem Halbfinale noch Zweiter war, fand in keinen richtigen Kletterfluss und holte sich am Ende immerhin noch Bronze. Der Deutsche **Alexander Megos**, der neben Ondra als Favorit gehandelt worden war, kam im Halbfinale noch auf den dritten Platz. Im Finale allerdings lief es dann für ihn nicht optimal, er belegte letztendlich den 5. Platz. Auf Platz 6 kletterte der Österreicher **Mathias Posch**. Der beste Italiener war **Filip Schenk** auf Platz 21.

Tokio 2021

Ob die Olympischen Sommerspiele 2021 tatsächlich über die Bühne gehen können, oder – Corona-bedingt – doch noch gecancelt werden müssen, war sehr lange Zeit ungewiss. Auch in Japan mehrten sich kritische Stimmen, die eine Absage forderten. Am 23. Juli begannen die Spiele schließlich.

„Nach dem vorübergehenden Stillstand hat sich bei mir relativ schnell wieder meine gewohnte Zuversicht und Zielstrebigkeit eingestellt. Während ich zu Hause mit Handstand- und Campusboard-Training sowie den Online-Einheiten mit der Nationalmannschaft gut eingeteilt war, habe ich meine Augen und Ohren für neue, schwere Routen und Boulder offengehalten – nicht nur im Ausland, sondern in Zeiten wie diesen vor allem auch in Tirol. Daraus haben sich diverse Durchstiege und Erstbegehungen im Tiroler Unterland sowie im Zillertal und Ötztal ergeben.
Motivation ist bei mir aber nie ein Problem. Spaß an dem zu haben, was ich tue, hilft mir ebenso wie die Erinnerung an das Glücksgefühl, das sich nach großer Anstrengung einstellt. Ein Sieg beim Heimweltcup in Innsbruck hat meiner mentalen wie körperlichen Olympiavorbereitung dann noch die Krone aufgesetzt."

Jakob Schubert, österreichischer Olympiateilnehmer

„Die Monate der Pandemie haben wir genutzt, um den Kopf zu lüften. Und die Olympioniken haben die Auszeit am Fels genutzt – mitunter mit der Erstbegehung einer 9c. Die Unsicherheit, ob die Spiele denn auch stattfinden, war bis Anfang dieses Jahres sehr groß, was auch den Fokus weggenommen hat. Das hatte aber auch einen guten Nebeneffekt, denn die Sportler wurden dadurch mental nicht müde – was bei einem langandauernden Fokus gut geschehen kann. Im Januar dieses Jahres haben wir uns dann aber entschieden, dass wir von einer Durchführung der Spiele ausgehen, alle Zweifel beiseite gelegt und einen Plan zur Vorbereitung geschmiedet. Schauen wir mal, wie der aufgeht."

Urs Stöcker, leitender DAV-Bundestrainer

Alex Megos 4 konnte beim Weltcup in Briançon seiner Rolle als Mitfavorit neben Adam Ondra nicht ganz gerecht werden. Besser lief es bei Jakob Schubert 5 , er gewann Bronze.
© J. Virt/IFSC

Europameisterschaft in Moskau

Eine der letzten Chancen, sich einen der begehrten Startplätze für die Olympischen Spiele in Tokio 2021 zu holen, gab es bei der EM in Moskau Ende November 2020. Auch dieser Wettkampf musste pandemiebedingt verschoben werden: Ursprünglich sollte er bereits im Frühjahr über die Bühne gehen, dann wurde er zunächst für Oktober neu geplant und schließlich fand er erst im November statt. Es war aber keine „normale" EM, denn hier konnten sich jeweils eine Dame und ein Herr noch ein Ticket für Tokio holen. Es gab also vier Medaillen: neben Lead, Speed und Bouldern eine im Olympic-Combined.

So wie auch beim Lead-Weltcup in Briançon fehlten in Moskau viele Nationen und Podest-Anwärter. Die Österreicher beispielsweise hatten auf einen Start verzichtet. Deutschland dagegen schickte nur vier Damen nach Moskau, Herren waren nicht dabei; **Alexander Megos** und **Jan Hojer** hatten sich ja bereits für die Olympischen Sommerspiele qualifiziert. Den allermeisten Starterinnen und Startern ging es bei der EM letztendlich aber um die Olympia-Teilnahme.

Die Tickets für Tokio bekamen aber nicht zwangsläufig die Sieger im Olympic-Combined: Alle Athletinnen und Athleten, die sich bereits qualifiziert hatten, wurden aus dem Ranking herausgerechnet. Daneben wurden alle Kletterer, deren Land bereits die Quote von zwei Startern pro Geschlecht besetzt hatte, nicht berücksichtigt. In Moskau war es die Lokalmatadorin **Viktoria Meshkova**, die sich gegen die Konkurrentinnen durchsetzen konnte und nicht nur Olympic-Combined-Europameisterin wurde, sondern sich auch das Olympia-Ticket holte. Bei den Herren gewann ihr Landsmann **Aleksei Rubtsov** den Combined-Wettkampf und qualifizierte sich damit für Tokio 2021.

Bei der Europameisterschaft in Moskau 6 gab es auch noch Olympia-Tickets zu gewinnen. Über ihre Siege im Combined freuten sich Lokalmatadorin Viktoria Meshkova 7 und ihr Landsmann Aleksei Rubtsov 8 .
© D. Tosidis/IFSC

Skibergsteigen

Die Skimo-Athleten hatten mehr Glück. Nachdem 2020 als Folge der Corona-bedingt ausgefallenen Weltcups nur die Titel in der Overall- und der Individualwertung vergeben wurden, lief diese Saison wieder nach Plan – zumindest bei den internationalen Wettkämpfen. Auf nationaler Ebene dagegen mussten viele gestrichen werden, in Deutschland sogar alle. Die insgesamt fünf geplanten Weltcups aber fanden alle statt, wenn auch teilweise unter außergewöhnlichen Bedingungen: So brachte beim Weltcup im französischen Flaine eine kurz vor dem Sprint-Start aufgezogene Wetterfront Saharasand mit sich, der sich als feine gelbe Schicht auf die verschneite Landschaft legte und für eine ungewöhnliche Kulisse sorgte. Beim Saison-Höhepunkt, der Weltmeisterschaft in Andorra Anfang März 2021, musste dagegen wegen des schlechten Wetters beim Individual der ursprüngliche Parcours auf präparierte Pisten verlegt werden. So wurde aus einem eigentlich alpinen Rennen ein reines Pistenrennen, was bei einigen Athleten zu Irritationen führte.

Neben der WM in Andorra gab es 2021 – die ungeraden Jahre sind traditionell die WM-Jahre im Skibergsteigen – noch die Master-WM „La Grande Trace" Anfang Februar in Frankreich (Superdévoluy). Später, nämlich im März, folgte dann die Langdistanz-WM der Senioren als Teamrennen im französischen Arêche-Beaufort.

Wie bereits in den Vorjahren wurde auch diese Saison wieder von den beiden Nationen Italien und Schweiz dominiert. Aber auch aus deutscher Sicht verlief sie sehr erfolgreich, von der WM in Andorra fuhr das Team mit fünf Medaillen nach Hause. Es war zugleich eine Saison, die von einer Zäsur geprägt wurde. **Anton „Toni" Palzer**, der in den vergangenen Jahren erfolgreichste deutsche Athlet, bestritt bei der WM sein letztes Rennen für das Skimo-Team Germany. Für den 27-jährigen Palzer begann danach ein neuer Lebensabschnitt. Er wechselte nach 13 Jahren als Profi-Skibergsteiger in das Lager der Profi-Radfahrer: Er bekam beim WorldTour Team Bora-hansgrohe einen Vertrag.

Weltcup der Herren

Bei den Senioren gewann nach 2019 und 2020 erneut der Italiener **Robert Antonioli** den Overall-Weltcup, in den alle Disziplinen einfließen. Er ist derzeit wohl der konstanteste und vielseitigste Skibergsteiger. Platz 2 ging an den Franzosen **Thibault Anselmet**, Platz 3 an den Italiener **Davide Magnini**, der im Vorjahr noch Zweiter gewesen war. Wie stark die Italiener sind, zeigt auch ein Blick auf die Top 10: Sechs italienische Athleten sind dort zu finden. Bester Deutscher in der Overall-Wertung war **Stefan Knopf** auf Platz 16. Der Individualweltcup ging ebenfalls gesamthaft an das italienische Team: **Matteo Eydallin** gewann diese Wertung vor **Davide Magnini** und **Robert Antonioli**; auch der vierte und fünfte Platz wurden von Teamkollegen belegt. Beim Vertical setzte sich **Thibault Anselmet** aus Frankreich an die Spitze, Platz 2 ging – wie bereits 2019 – an den Schweizer **Werner Marti**, Platz 3 an den Italiener **Davide Magnini**. Ihm folgten auf den Plätzen vier bis sechs drei weitere Italiener. Beim Sprint war es der Schweizer **Arno Lietha**, der sich über einen Sieg freuen konnte. Zweiter wurde der Franzose **Thibault Anselmet**, Platz 3 belegte **Nicolo Ernesto Canclini** aus Italien. Der Deutsche **Stefan Knopf** wurde Sechster, der Österreicher **Daniel Zugg** Achter.

„Wenn ich auf diese Jahre zurückblicke, dann habe ich einen großen Grinser im Gesicht. Es war eine unfassbar schöne Zeit, auf die ich sehr stolz bin. Natürlich gab es Höhen und Tiefen, aber am Ende überwiegen die vielen schönen Momente. Ich habe immer alles gegeben, vieles erreicht und kann auf eine unvergessliche Zeit im Skibergsteigen zurückblicken. Ich habe in den letzten 13 Jahren gezeigt, dass ich zu den besten Skibergsteigern der Welt gehört habe: 16 WM-Medaillen sprechen für sich, da muss ich mich nicht verstecken. Ein WM-Titel bei den Herren war immer mein großer Traum gewesen – aber wie das so ist, gehen einfach nicht alle Träume in Erfüllung. Ganz zum Schluss wollte ich einfach noch einmal zeigen, dass ich ein richtig guter Skibergsteiger bin, und beweisen, dass mein Karriereende etwas mit einem anderen Lebenstraum zu tun hat, nicht aber mit Erfolglosigkeit im Skibergsteigen. Mit einem guten Gefühl die Bühne des Skibergsteigens zu verlassen – das war für mich wichtig. Die Silbermedaille war dann natürlich eine absolute Krönung. Ich wäre aber auch mit einem Top 5 Platz mehr als glücklich gewesen. In meinem neuen Leben nun die Möglichkeit zu haben, für das WorldTour Team Bora-hansgrohe zu fahren, ist für mich schon ein sehr großer Erfolg. Das ist ein Privileg, welches nur sehr wenige Radsportler erfahren dürfen. Ein komplett neuer Sport, eine Chance und eine große Aufgabe. Wichtig ist für mich jetzt erst einmal, die Transformation zum Radprofi zu schaffen."

Anton Palzer

© M. Torri

Bei den Damen eine Klasse für sich: Die Französin Axelle Gachet Mollaret 9 räumte auch bei der Weltmeisterschaft in Andorra kräftig ab. Das österreichische Nachwuchstalent Paul Verbnjak 10 gewann den Overall-Weltcup bei den Junioren. © M. S. Cosentino, M. Torri

Weltcup der Damen

Bei den Damen gab es etwas mehr Abwechslung, hier waren die Podien zumindest etwas bunter besetzt – wenn auch in den Top 10 in allen Disziplinen viele italienische Namen zu finden sind. Überragende Athletin der Saison aber war **Axelle Gachet Mollaret**: Die Französin holte sich den Overall-Weltcup und gewann daneben im Vertical und Individual den Titel. Platz 2 beim Overall belegte **Tove Alexandersson** (Schweden), die sich beim Individual- und beim Vertical-Weltcup jeweils Platz 2 sicherte. Dritte im Overall wurde die Spanierin **Marta Garcia Farres**. Beste deutsche Dame in der Overall-Wertung war **Tatjana Paller** auf Platz 16. Beim Sprint holte sich **Marianne Fatton** aus der Schweiz wie schon 2019 die Kristallkugel, Platz 2 ging hier an **Marta Garcia Farres**.

Junioren

Auch hier dominierten die beiden Nationen Italien und Schweiz. So sicherte sich die Italienerin **Samantha Bertolina** den Gesamtweltcup, sie war auch im Individual siegreich. Platz 2 im Overall belegte ihre Teamkollegin **Lisa Moreschini**, auf Platz 3 folgte die Schweizerin **Caroline Ulrich**, die sich auch den Titel im Sprint holte. Auf Platz 10 positionierte sich die Deutsche **Antonia Niedermaier**, die eine starke Saison hatte: Sie holte sich den Titel im Vertical. Den Individual-Gesamtweltcup gewann die Italienerin **Samantha Bertolina**.

Bei den Junioren war es der Österreicher **Paul Verbnjak**, der sich den Overall-Weltcup erkämpfte – und Gesamtweltcup-Sieger im Vertical und Individual wurde. Zweiter beim Overall wurde der Schweizer **Thomas Bussard**, Dritter sein Teamkollege **Leo Besson**. Auf Platz 7 landete der Österreicher **Andreas Mayer**. **Leo Besson** holte sich den Sieg im Sprint-Gesamtweltcup.

Weltmeisterschaft in La Massana/Andorra

Das absolute Saison-Highlight der Skibergsteiger ging in diesem Winter in La Massana in Andorra über die Bühne: Vom 1. bis zum 6. März kämpften dort die besten Skimo-Athletinnen und -Athleten der Welt um die Titel im Sprint, Vertical und Individual. Zudem gab es ein Staffelrennen, bei dem Medaillen vergeben wurden. Diese Disziplin wird nur bei der WM ausgetragen, sie zählt normalerweise zu den Publikumsmagneten. Die Altersklasse U 18 ging – anders als bei den Weltcups – nicht in der Kategorie U 20 an den Start, sondern in einer eigenen Klasse.

Auch bei der WM waren die Nationen Italien und Schweiz wieder absolut stark, sie dominierten das Feld deutlich. So holte sich Italien insgesamt 26 Medaillen, darunter zehn Goldmedaillen; die Schweiz dagegen gewann insgesamt 24 Medaillen, darunter sieben Goldmedaillen. Aber auch das deutsche Team konnte sich mit fünf Medaillen über eine außerordentlich gute Bilanz freuen.

In der Königsdisziplin Individual gingen bei den Senioren die Titel an **Matteo Eydallin** (Italien) und **Axelle Gachet Mollaret** (Frankreich), die damit ihren Titel von 2019 erneut verteidigte. Der Deutsche **Anton Palzer** wurde Siebter. Beim Vertical war es der Schweizer **Remy Bonnet**, der sich über den Titelgewinn freuen konnte, **Anton Palzer** holte

Impressionen aus Andorra: Im DAV-Dress nimmt Antonia Niedermaier 11 Kurs auf die Doppelweltmeisterschaft der Altersklasse U 18, Teamkollege Finn Hösch 12 freut sich über einmal Silber, Anton Palzer 13 gewann beim Vertical Silber und wurde bei seiner letzten WM Siebter im Individual. Natürlich wurde auch auf dem U-18-Podium 14 Corona-konform gejubelt.

© M. Torri

sich Silber. Bei den Damen dominierte erneut die Französin **Axelle Gachet Mollaret** die Konkurrenz, sie gewann auch den Vertical-Titel. Beim Sprint setzte sich wie bereits zwei Jahre zuvor der Schweizer **Iwan Arnold** durch, bei den Damen belegte die Schweizerin **Marianne Fatton** den ersten Platz. Das **Staffelrennen** gewann bei den Herren das italienische Team, die Österreicher wurden Vierte. Auch bei den Damen war Team Italien wieder am schnellsten. Die Combined-Weltmeistertitel, die die drei Einzeldisziplinen Individual, Vertical und Sprint umfassen, gingen an die besten Allrounder, nämlich **Tove Alexandersson** (Schweden) und **Robert Antonioli** (Italien).

Bei den **Junioren** holte sich der starke Österreicher **Paul Verbnjak** den Titel im Individual, bei den Juniorinnen war es die Italienerin **Samantha Bertolina** – beide gewannen auch in der Disziplin Vertical. Gold im Sprint holten sich **Noé Rogier** aus Frankreich und die Schweizerin **Caroline Ulrich**. Das Staffelrennen der Junioren ging in Mixed-Teams über die Bühne, hier war das Schweizer Team das schnellste.

Einen beeindruckenden Auftritt bei der WM hatte die deutsche Nachwuchsathletin **Antonia Niedermaier**, die in der Altersklasse U 18 startete und Doppelweltmeisterin im Individual und Vertical wurde. Ihr Teamkollege **Finn Hösch** (U 18) holte sich Silber im Sprint, **David Sambale** (U 23) Silber im Individual.

Weitere Infos, Ergebnisse und Rankings unter www.ismf-ski.org

„Hätte mir jemand gesagt, dass wir mit fünf Medaillen aus Andorra heimfahren würden, hätte ich wahrscheinlich ein wenig gelacht. Es ist wirklich fantastisch gelaufen."

Thomas Bösl, DAV-Bundestrainer

Weiße Riesen

Die Hochgebirge der Antarktis
>> **Christoph Höbenreich**

Es gibt Bergreisen, die sind anders als alle anderen. Es sind Reisen, die uns in eine andere Welt führen. Auf der Suche nach den abgelegensten Bergen unserer Erde kommt man irgendwann unweigerlich in die Antarktis.

Auch wenn Antarktika in letzter Zeit immer wieder in das Interesse der Weltöffentlichkeit rückt, so liegen die schwer zugänglichen antarktischen Hochgebirge noch immer weit jenseits des Bewusstseins der meisten Menschen. Selbst in geographischer Fachliteratur über die Hochgebirge der Erde spielen jene der Antarktis bestenfalls eine Nebenrolle. Wer weiß daher von den eisgepanzerten Schönheiten der Antarktischen Halbinsel? Den hohen Viertausendern am Dach des Kontinents in Ellsworth Land? Den bizarren Felstürmen in Dronning Maud Land? Den im Eis schlummernden Vulkanriesen in Marie Byrd Land? Den sturmumtosten Gipfeln der subpolaren Inseln? Oder der Gebirgskette quer durch den Kontinent, die sogar länger ist als der Himalaya?

Nur an wenigen Stellen durchbrechen Berge die Eispanzer der Antarktis oder erheben sich freistehend über dem Eisschild. Die meisten Berge sind unter dem bis zu vier Kilometer dicken Inlandeis verborgen.

Die antarktische Hochgebirgswildnis ist von unvergleichlicher, ja beinahe außerirdisch anmutender Schönheit. Ihr Landschaftsbild ist, wenn überhaupt, mit den obersten und wohl schönsten Stockwerken der Alpen – oder auch der Himalayaberge – im Winter zu vergleichen. Aber natürlich gibt es auch ganz wesentliche Unterschiede durch das Polarklima und die hohe geographische Breitenlage. So braucht man sich beispielsweise im Südsommer wegen der Mitternachtssonne in der Antarktis keine Gedanken zu machen, von der Dunkelheit „überrascht" zu werden. Man kann rund um die Uhr nach Herzenslust unterwegs sein. Und das, durch die tief stehende Sonne, bei oft schönstem Nachmittagslicht. Meist ist es zwar klirrend kalt. Die Kälte ist aber durch die extrem trockene Luft relativ gut verträglich. Dabei sind Einsamkeit, Abgeschiedenheit und Unberührtheit der antarktischen Hochgebirge ohne Wegweiser, Bergwege und Schutzhütten ohnehin einzigartig. Unzählige unbestiegene Berge bieten viel Neuland für entdeckungsfreudige Alpinisten, von einfachen Schneeflanken über steile Eiscouloirs, kombinierte Wände und wild verwechtete Grate bis zu senkrechten Granitpfeilern.

Transantarktisches Gebirge

Das 100 bis 300 Kilometer breite Transantarktische Gebirge erstreckt sich von Victoria Land am Geographischen Südpol vorbei bis Coatsland. Es teilt den Kontinent in die Ost- und Westantarktis und ist mit einer Länge von etwa 3500 Kilometern der fünftlängste Gebirgszug der Erde. Die Gipfel des Gebirges erreichen Höhen deutlich über viertausend Meter. Der Höchste ist der 4528 Meter hohe Mt. Kirkpatrick in der Queen Alexandra Range. In diesem schwer zugänglichen südlichsten Teil des Gebirges liegt der Mt. Elizabeth (4480 m), der höchste noch unbestiegene Berg des Kontinents. Aber auch in den weiter nördlich liegenden Gebirgsteilen harren noch unzählige große Gipfel ihrer Erstbesteigung, etwa Mt. Ajax (3770 m), Mt. Sabine (3719 m) oder der Mt. Royalist (3640 m) in den Admirality Mountains. Vom Südpolarplateau fließen riesige Auslassgletscher durch das Transantarktische Gebirge und speisen das Ross-Eisschelf. Beim berühmten „Wettlauf zum Südpol" im

Links: Erstbesteigung eines namenlosen Eisberges in Dronning Maud Land mit Blick auf das ostantarktische Südpolarplateau.

Unten, v. l. n. r.: Exotisches Bergsteigen im wüstenhaften Holtedahlgebirge Neuschwabenlands.

Ein Auslassgletscher ergießt sich ins Taylor Valley, eines der Dry Valleys im Transantarktischen Gebirge.

Blick vom sturmumtosten Gipfel des Mt. Scott hinunter auf Booth Island links und Mt. Cloos rechts des schmalen Lemaire Kanals an der Antarktischen Halbinsel.

© C. Höbenreich, M. Martin (unten Mitte)

BergSteigen | 143

Jahr 1911 folgte der Brite Robert F. Scott dem 160 Kilometer langen und 30 Kilometer breiten Beardmore-Gletscher, während der siegreiche Norweger Roald Amundsen einen Weg über den kürzeren, aber steileren Axel-Heiberg-Gletscher durch das Transantarktische Gebirge fand. Ein besonderes und wüstenhaftes Phänomen dieses Gebirges stellen die praktisch niederschlagsfreien Dry Valleys dar, in denen sich die NASA auf Marsmissionen vorbereitet.

Antarktische Halbinsel

Die unmittelbar aus dem Meer und teilweise bis über zweieinhalbtausend Meter hoch aufragenden, stark vereisten Gebirge der Antarktischen Halbinsel ziehen seetüchtige Alpinisten, Schitourengeher und Freerider an. Die Antarktische Halbinsel und ihre Inseln, wie Brabant, Anvers oder Adelaide Island, sind zwar mit Yachten von der Südspitze Südamerikas aus relativ leicht erreichbar – allerdings muss davor die berüchtigte Drake-Passage mit den sturmgepeitschten Breiten der „Howling Fifties" und der „Screaming Sixties" durchquert werden. Und gerade das stellt die größte Hürde für eine Bergexpedition auf die Ant-

arktische Halbinsel dar. Orkanartige Stürme und Wellengang bis zehn Meter Höhe sind hier keine Seltenheit. Die Anreise zu Bergen mit so klingenden Namen wie Mt. Parry (2520 m), Mt. Shackleton (1465 m), Mt. Scott (880 m), Mt. Demaria (635 m) oder Jabet Peak (545 m), muss daher von vielen mit satter Seekrankheit erkämpft werden. Man darf sich übrigens durch die vergleichsweise niedrigen Höhen der Bergspitzen nicht täuschen lassen. Das hochalpine Antlitz der Berge ähnelt dem der Alpenberge oberhalb der Firngrenze, die in der Antarktis aber eben nicht erst auf 3000 Metern, sondern auf oder knapp über dem Meeresniveau beginnt: Es ist, als schlüge die Meeresbrandung direkt an den Fuß einer Droites-Nordwand, eines Brenvasporns oder eines Walkerpfeilers.

Die stark vereisten Küstengebirge mit ihren schroffen Wänden, wild zerklüfteten und sich ins Meer ergießenden Gletschern, treibenden Eisbergen, Walen, Robben und Pinguinen machen die Antarktische Halbinsel zu einem maritim-polaren Hochgebirgs-Naturparadies von unvergleichlicher Schönheit. Ihre starke Vergletscherung ist Zeichen des oft stürmischen Wetters und der niederschlagsreichen Westwindzone, in die die Halbinsel hineinragt. An die schweren Felsrouten wagten sich hier bislang nur wenige Kletterer wie Stefan Glowacz[1], dem 1999 an den doppelgipfeligen Renard Towers (747 m, seit 2008 auch Una Peaks genannt) eine Tour im neunten Grad gelang, die er – nomen est omen – „Hart am Wind" taufte.

Ellsworth Mountains

Die höchsten Erhebungen des Kontinents liegen in der Sentinel Range, die zusammen mit der niedrigeren, aber weitläufigeren Heritage Range die Ellsworth Mountains bildet. Das Gebirge ist nach dem US-Piloten Lincoln Ellsworth benannt, der auf einem Polarflug 1935 „eine sehr hohe, wolkenumhangene Gebirgskette" sichtete. Das eigentliche Vinson-Massiv wurde aber erst während eines Erkundungsfluges der US Navy 1957 entdeckt und als höchster Gebirgsstock identifiziert. Hier liegen mit dem Mt. Vinson (4892 m) als höchstem Gipfel sowie Mt. Tyree (4852 m), Mt. Shinn (4660 m), Mt. Gardner (4573 m) und Mt. Epperly (4508 m) die höchsten

---

1 Glowacz, S. (2011): Expeditionen. Extremklettern am Ende der Welt

Die spektakulärsten Berge Antarktikas liegen in Dronning Maud Land. Sie wurden 1939 durch die deutsche Antarktische Expedition entdeckt und benannt – so wie die Drygalski-Berge.
© C. Höbenreich

Berge Antarktikas. Was ihre Erscheinungsform und auch ihre relative Höhe angeht, brauchen sie einen Vergleich mit Himalayariesen sicher nicht zu scheuen, denn sie ragen deutlich über 3000 Meter aus den sie umgebenden Eismassen auf.

Es bedarf guter Vorbereitung, sich mitten im Nirgendwo und weit weg von jeglicher Zivilisation an völlig einsamen Bergen vom Format eines Mont-Blanc absetzen zu lassen. Und das vor allem auch hinsichtlich der physiologischen Höhe. Denn durch die Ausdünnung der Atmosphäre zu den Polen hin ist der Sauerstoffpartialdruck hier ähnlich wie an einem hohen Fünftausender der niederen geographischen Breiten. Die Viertausender der Antarktis erfordern daher eine gute Akklimatisation. Während die großen Gipfel der Ellsworth Mountains bereits bestiegen sind, gibt es noch zahlreiche unbestiegene Dreitausender und vor allem noch große Wände und Grate, die auf eine Besteigung warten.

Dronning Maud Land – Neuschwabenland

Die wohl spektakulärsten Berge des Kontinents sind in Dronning Maud Land und seiner Teilregion Neuschwabenland zu finden. Hier durchstoßen imposante Felstürme die Abdachung des ostantarktischen Eisplateaus und erheben sich mit ihrem rötlichen, teilweise bizarr verwitterten Gestein senkrecht aus den weißen Ebenen. Nicht so hoch wie die Ellsworth Mountains und nicht so versteckt wie die Berge des Transantarktischen Gebirges, sind die Filchner-, Drygalski-, Holtedahl- oder Humboldtberge wahre Traumziele – nicht nur für Kletterer und Alpinisten, sondern auch für Fotografen.

Kaum eine Region Antarktikas beflügelt die Träume und Phantasien mehr als Neuschwabenland, das während der Deutschen Antarktischen Expedition 1938/39[2] entdeckt und mit den vom Mutterschiff „Schwabenland" katapultierten Dornier-Waal-Flugzeugen aus der Luft erkundet wurde. So findet man in den topographischen Karten heute hunderte deutschsprachige Bergnamen[3] wie das Matterhorn, den Zuckerhut oder den Kubus neben ebenfalls treffenden, zum Teil an die norwegische Mythologie erinnernden Namen wie Ulvetanna („Wolfszahn", 2931 m), Holtanna („Hohlzahn", 2650 m) und Kintanna („Backenzahn", 2724 m) im Fenriskjeften-Gebirge („Gebiss des Fenriswolfs") oder Rakekniven („Rasiermesser", 2365 m) im Massiv des Trollslottet („Trollen-

---

[2] Lüdecke, C., Summerhayes, C. (2012): The Third Reich in Antarctica. The German Antarctic Expedition 1938-39. Herrmann, E. (1941): Deutsche Forscher im Südpolarmeer. Ritscher, A. (1942): Deutsche Antarktische Expedition 1938/39. Wissenschaftliche und fliegerische Ergebnisse

[3] Brunk K. (1986): Kartographische Arbeiten und deutsche Namensgebung in Neuschwabenland, Antarktis. In: Reihe E, Geschichte und Entwicklung der Geodäsie, H. 24, Teil 1

schloss", 2737 m). Die Jøkulkyrkia („Gletscherkirche", 3148 m) ist der höchste Gipfel Dronning Maud Lands. Da das Gebiet von Norwegen territorial beansprucht wird, gilt dieser Berg manchen Norwegern gar als höchster Berg ihres Landes. Wie alle anderen Territorialansprüche in der Antarktis liegt aber auch jener Norwegens durch den Antarktis-Vertrag von 1959 wortwörtlich auf Eis.

Erst eine Handvoll Gipfel wurde hier bislang bestiegen. An den senkrechten Felsmonolithen gelangen aber auch die schwersten Klettertouren des Kontinents – durch Kletterstars wie Robert Caspersen, Ivar Tollefsen[4], Conrad Anker, Alex Lowe[5], Ralf Dujmovits, Mike Libecky, Thomas und Alex Huber, Alexander Gamme, Andy Kirkpatrick, Leo Houlding oder Alex Honnold, um nur einige zu nennen. Sam Beaugey, Sébastien Collomb-Gros and Géraldine Fastnacht gelang am 13. Dezember 2009 am Holstind sogar der erste Basejump in Antarktika. Valery Rozov sprang 2010 vom Ulvetanna, Kjersti Eide und Espen Fadnes 2014 von einem namenlosen Berg im Holtedahlfjella.

Die subpolare Inselwelt

Nicht mehr unmittelbar auf dem Kontinent Antarktika, aber innerhalb der antarktischen Konvergenz im Südpolarmeer liegend, dürfen auch die eisgepanzerten Berge der subpolaren South Shetland

---

4 Tollefsen, I.E. (1994): Queen Maud Land Antarctica
5 Krakauer, J., Wiltsie, G. (1998): On the Edge of Antarctica. Queen Maud Land. In: National Geographic, Vol. 193, Nr. 2, S. 46-69

Reißfeste Gewebe sind von Vorteil – im Zeltlager mit einer Schutzmauer aus Schneeziegeln in den Filchnerbergen und beim ersten Basejump in der Antarktis durch Géraldine Fasnacht, Sébastien Collomb-Gros und Sam Beaugey vom Holstind am 13. Dezember 2009.
© C. Höbenreich, S. Beaugey

Links: Karl Pichler und Paul Koller am 18. November 2009 als erste Menschen auf dem Gipfel des Steirerturms mit Blick auf den am nächsten Tag bestiegenen Kamelbuckel in Bildmitte und den Würfelturm, links, den der Autor zehn Jahre später am 7. Jänner 2019 zusammen mit Michael Guggolz und Kjetil Kristensen erstbesteigen konnte.
© C. Höbenreich

BergSteigen | 147

Das subpolare Naturjuwel Südgeorgien ist die Heimat zigtausender Königspinguine – wie hier in der St. Andrew Bay vor dem Mt. Brooker (1881 m) und dem Cook Glacier in den Ausläufern der Allardyce Range.
© C. Höbenreich

Islands, South Orkney Islands und natürlich South Georgia Island nicht vergessen werden. Südgeorgien ist nicht nur wegen seiner Vogelwelt und den großen Pinguin-, Robben- und Seeelefanten-Kolonien ein wahres Naturjuwel. Die Allardyce und Salvesen Range bilden das Rückgrat der großteils vergletscherten Insel und bieten sehr abenteuerliches Expeditionsbergsteigen auf schwer zugänglichen und sehr selten bestiegenen Gipfeln wie dem Nordenskjöld Peak (2354 m), Mt. Brooker (1881 m), Mt. Sugartop (2323 m), Mt. Ashley (1145 m) oder Mt. Roots (2281 m). Die ehemalige Walfängerinsel Südgeorgien gehört wie die Falklands zu den britischen Überseeterritorien, ist also zwar nicht Teil des Vereinigten Königreichs, steht aber unter dessen Souveränität und ist reich an britischer Polargeschichte. 1916 durchquerte Ernest Shackleton die Insel auf seiner epochalen Reise zur Rettung seiner in der Antarktis gestrandeten „Endurance"-Mannschaft. Und die Erstbesteigung des Mt. Paget (2935 m), des höchsten Berges der Insel, gelang Mitgliedern der British Combined Services Expedition to the Antarctic am 30. Dezember 1964.

Die Vulkane Marie Byrd Lands und der Ross See Region

Beim verheißungsvoll klingenden Namen Antarktika denkt man vor allem an weite Eisplateaus. Vulkane gehören eher nicht zum üblichen Bild des Kontinents um den Südpol. Am ehesten bekannt dürfte noch der vom Meer weithin sichtbare und bisweilen qualmende Mt. Erebus (3794 m) auf Ross Island im Hinterland von McMurdo sein. Er war nicht nur der erste große Berg, der in der Antarktis bestiegen wurde (bereits 1908), er erlangte leider auch durch das größte Unglück in der Antarktis traurige Bekanntheit: Am 28. November 1979 geriet ein Passagierflugzeug der Air New Zealand auf einem Besichtigungsflug in einen Whiteout und prallte an den Berg; alle 257 Menschen an Bord kamen ums Leben.

Andere antarktische Vulkane wie der Mt. Melbourne (2733 m) im ostantarktischen Victoria Land sind weniger bekannt. An der pazifischen Antarktisküste von Marie Byrd Land erstreckt sich sogar eine über 700 Kilometer lange Kette von 22 wie glänzende Perlen aufgefädelten Vulkanen. In ihrer Mitte liegt die 80 Kilometer lange Vulkangruppe der Executive Committee Range mit den höchsten eisbedeckten Vulkangipfeln des Kontinents. Unter diesen wiederum überragt kein anderer den Mt. Sidley. Dessen Höhe – um 4200 Meter – ist allerdings noch nicht einmal genau vermessen. Der komplexe Stratovulkan ist der geologisch jüngste Vulkan der „Perlenkette" und gilt als erloschen. Aber erst vor wenigen Jahren haben Seismologen mit Schlittenfahrzeugen unter dem Inlandeis in nur 50 Kilometern Entfernung des Mt. Sidley starke seismische Aktivitäten festgestellt und direkt unter dem Vulkan einen Mantelplume, das heißt einen riesigen aufsteigenden Klumpen heißen Magmas, in fast 100 Kilometern Tiefe entdeckt. Als das einstige Gondwanaland in die heutigen Südkontinente zerfiel, wurde auch der Kontinent Antarktika tektonisch auseinandergerissen. So entstanden in der Westantarktis Grabenbrüche, die dem ostafrikanischen Riftsystem ähneln, aber mehrere tausend Meter dick vom Inlandeis bedeckt sind. Der Bentley-Graben, dessen tiefster Punkt 2500 Meter unter dem Niveau des Meeresspiegels liegt, ist die weltweit tiefste nicht von Ozeanen bedeckte tektonische Depression. An der Oberfläche sind die mächtigen Vulkane sichtbare Zeugen der starken tektonischen Aktivität. Und unter der westantarktischen Eisdecke verborgen hat man weitere 138 Vulkane[6]

---

[6] Van Wyk de Vries, M. et. al. (2017): A new volcanic province. An inventory of subglacial volcanoes in West Antarctica. http://sp.lyellcollection.org/content/early/2017/05/26/SP461.7.full.pdf

entdeckt. Bislang unbemerkte Zeitbomben? Der Ausbruch eines subglazialen Vulkans hätte wohl verheerende Folgen.

Der Mt. Sidley wurde erstmals vom US-amerikanischen Polarforscher Admiral Richard Evelyn Byrd während eines Erkundungsfluges 1934 gesichtet. Er gab der buchstäblich herausragenden Erscheinung den Namen von Mabelle Sidley, der Tochter eines Geldgebers seiner Expedition. Zuvor hatte der Admiral schon die gesamte an die Amundsen-See angrenzende Region nach seiner Ehefrau benannt. Marie Byrd Land ist mit einer Fläche von 1,6 Millionen Quadratkilometern dreimal so groß wie Frankreich und wird selbst für antarktische Verhältnisse sehr selten aufgesucht. Vor seinen Küsten gibt es keinen regelmäßigen Schiffsverkehr, im Landesinneren weder Landepisten noch permanente Forschungsstationen. Marie Byrd Land wird bis heute nicht einmal von irgendeinem Staat territorial beansprucht. Es ist das flächengrößte Niemandsland der Erde! Daher ist es auch nicht verwunderlich, dass selbst so formschöne und küstennahe Vulkane wie der Mt. Siple (3110 m) kaum Beachtung finden und ein sonniges Schattendasein führen.

Die Anfänge des Bergsteigens in der Antarktis

Die erste Bergtour am weißen Kontinent wurde im Zuge der britischen Southern-Cross-Expedition durch den Physiker Louis Bernacchi und den Expeditionsleiter Carsten Borchgrevink am Kap Adare in Victoria Land im April 1899 unternommen. Die Gauß-Expedition unter der Leitung von Erich von Drygalski, die erste deutsche Antarktisexpedition, bestieg dann im März 1902 den Gaußberg (365 m) in Kaiser Wilhelm II. Land. Am 10. März 1908 glückte schließlich die Besteigung des ersten, großen Berges der Antarktis: In einer abenteuerlichen, fünftägigen Tour erreichten Mitglieder der von Ernest Shackleton geleiteten Nimrod-Expedition den Gipfel des Mt. Erebus (3795 m) auf der Ross-Insel. Die zweite Besteigung gelang am 13. Dezember 1912 der Terra-Nova-Expedition unter Robert F. Scott (der neun Monate vorher bei der Rückkehr vom Südpol mit seinem Team umgekommen war). Ab Beginn des 20. Jahrhunderts wurden zahlreiche relativ leicht erreichbare Berge auf der Antarktischen Halbinsel bestiegen. Als der

Der aktive Vulkan Mt. Erebus (3794 m) auf Ross Island war der erste große Berg, der in Antarktika bestiegen wurde – am 10. März 1908.
© M. Martin

Kontinent dann in den folgenden Jahrzehnten mit Forschungsstationen erschlossen wurde, bestieg man auch die Berge im Umfeld und im Hinterland der Stationen, wie etwa im Transantarktischen Gebirge nahe der US-Basis McMurdo und der neuseeländischen Scott-Station.

Bergsteigen in der Antarktis war damals den Teilnehmern nationaler Forschungsprogramme im Rahmen ihrer wissenschaftlichen (und pseudowissenschaftlichen) Aufgaben vorbehalten, etwa um Proben zu nehmen oder Messgeräte zu installieren. In den 1950er- und 1960er-Jahren wurden während der legendären Hundeschlittentransversalen zahlreiche Berge bestiegen, zumeist die höchsten und am leichtesten zu erreichenden Gipfel, um primär einen Überblick über das zu erkundende Gelände zu erhalten. Bergsteigen war Mittel zum Zweck der Durchführung geographischer und naturwissenschaftlicher Forschung. Auf nicht wenigen Gipfeln landete man in den 1970er- und 1980er-Jahren auch einfach mit dem Hubschrauber. Bergsteigen um seiner selbst willen wurde je nach nationalem Forschungsprogramm teilweise begrüßt oder zumindest geduldet, war meist aber verpönt oder untersagt. Manch abenteuerlustiger Forscher stieg dennoch in seiner Freizeit auf den Berg. Oftmals im Stillen und ohne darüber zu publizieren. Das sollte sich erst durch einige visionäre Bergsteiger und Polarpioniere Mitte der 1980er-Jahre ändern.

BergSteigen | 149

Mt.Shinn (links), Vinson-Shinn-Sattel und Vinson-Massiv mit Mt. Vinson Gipfel (rechts der Bildmitte), Silverstein Peak (4790 m, rechts) und der mächtigen, fast 2000 Meter über dem Branscomb Glacier aufragenden Vinson-Westwand. Daneben der Autor am 10. Dezember 2001 auf dem Gipfel des Mt. Vinson mit dem von den Zweitbesteigern 1979 zurückgelassenen Skistock.
© C. Höbenreich, B. Goodlad

Mt. Vinson – der höchste Berg Antarktikas

Erst nachdem das Ringen um die Erstbesteigungen aller Achttausender längst beendet war[7] und nur zweieinhalb Jahre vor der ersten Mondlandung, gelang es im Rahmen einer aufwendigen Expedition des American Alpine Club unter der Leitung von Nicholas Clinch[8] und mit finanzieller Hilfe der National Geographic Society sowie logistischer Unterstützung der US-Marine, erstmals den höchsten Punkt Antarktikas zu betreten. Am 18. Dezember 1966 standen Barry Corbet, John Evans, William Long und Pete Schoening, dem 1958 bereits die Erstbesteigung des Gasherbrum I (Hidden Peak) im Karakorum gelungen war, als erste Menschen auf dem Gipfel des Mt. Vinson. Er wurde damals mit einer Höhe von 5140 Metern vermessen – deutlich zu hoch, wie sich später herausstellen sollte. Es war eine der wenigen offiziellen US-Expeditionen mit primär alpinistischer Intention und noch dazu eine besonders erfolgreiche. Ihr gelangen nämlich auch gleich die ersten Besteigungen des Mt. Shinn (4660 m) und der bergsteigerisch schwierigen Mt. Gardner (4573 m) und Mt. Tyree (4852 m). Der extrem anspruchsvolle Mt. Epperly (4508 m) wurde erst am 1. Dezember 1994 von Erhard Loretan[9] bestiegen, solo, über ein steiles Eiscolouir durch seine 2100 Meter hohe Südwand.

Die zweite und nicht ganz unumstrittene Besteigung des Mt. Vinson glückte am 22. Dezember 1979 den Deutschen Peter von Gizycki und Werner Buggisch sowie dem Russen Vladimir Samsonov während einer US-Forschungsexpedition. Da die drei bergsteigenden Geologen aber weder den offiziellen Auftrag noch die Autorisierung zur Besteigung hatten, führte ihre Aktion zu einer Missstimmung beim US-Antarktis-Forschungsprogramm (USARP). Tourismus in der Antarktis und damit auch Bergsteigen und Skilaufen aus rein hedonistischen Gründen sind gegen dessen Politik. Aber ein wissenschaftlicher Vorwand wurde gefunden: Mit einer auf dem Gipfel an einem Skistock improvisiert aufgepflanzten, gut sichtbaren roten Flagge konnte die Höhe des Vinson-Massivs für den Geological Survey trigonometrisch neu vermessen und auf 4897 Meter korrigiert werden. Der Skistock verblieb und zierte den Gipfel bis 2007.

Ab Mitte der 1980er-Jahre wurde der Mt. Vinson dann als einer der sogenannten Seven Summits, der höchsten Berge aller sieben Kontinente, zum Ziel der Begierde. Die amerikanischen Millionäre Dick Bass, Besitzer des Snowbird Ski Resorts in Utah, und Frank Wells, Präsident der Warner Brothers Studios und später der Walt Disney Company, bezahlten Topalpinisten, um sie auf die be-

---

7 Der 8027 Meter hohe Shishapangma in Tibet wurde als letzter Achttausender am 2. Mai 1964 durch eine chinesische Expedition erstbestiegen.

8 Clinch, N.B. (1967): First Conquest of Antarctica´s highest Peaks. In: National Geographic, Vol. 131, No. 6, S. 836-867

9 Loretan, E. (1997): Travels in Another World. In: The Alpine Journal, S. 1–7

gehrten Gipfel zu führen. Für den Mt.Vinson engagierten sie die Bergsteigerlegenden Chris Bonington[10] und Rick Ridgeway. Doch weder die amerikanische National Science Foundation noch der British Antarctic Survey wollten diese private Unternehmung unterstützen. Erst durch eine diplomatische und flugtechnische Meisterleistung des Polarpiloten Giles Kershaw gelang ihnen am 23. November 1983 schließlich die dritte Besteigung des Berges. Auch Reinhold Messner wollte teilnehmen. Er wurde jedoch ausgebootet, da er den Amerikanern sonst den Ruhm als erster Mensch (und „richtiger" Alpinist) auf den Seven Summits weggeschnappt hätte. Bass und Wells lösten mit ihrem Buch „Seven Summits"[11] einen globalen Bergreiseboom aus. Messner konnte dann in dessen Sog am 3. Dezember 1986 mit Adventure Network International (ANI) neben Oswald Ölz[12], Wolfgang Thomaseth und Gerhard Schmatz[13] den Mt. Vinson besteigen und damit auch ein halbes Jahr nach Pat Morrow und als zweiter Mensch überhaupt die anspruchsvollere Seven-Summits-Liste komplettieren – mit der Carstensz-Pyramide als höchstem Berg Australozeaniens.

---

10 Bonington, C. (1984): Polar Regions 1983 Antarctica – Mt.Vinson. In: The Alpine Journal, S. 220-221
11 Bass, D., Wells, F., Ridgeway, R. (1986): Seven Summits
12 Ölz, O. (1991): The Seven Summits. In: The Alpine Journal, S. 173-179
13 Schmatz, G. (2005): Höchste Berge wildeste Meere. Berge, Meere, Pole erlebt, berichtet, fotografiert von Gerhard Schmatz

Den Mt. Vinson überhaupt zu erreichen, war damals viel schwieriger, als ihn zu besteigen. Die Pionierarbeit und der Mut von Giles Kershaw sowie der Innovationsgeist des britischen Glaziologen Charles Swithinbank[14] machten es möglich, nicht nur aufwändig mit kleinen Skiflugzeugen, sondern mit größeren Transportmaschinen direkt ins Innere Antarktikas zu fliegen. Schlüssel zur Entwicklung der zivilen Polarluftfahrt und damit des privaten Expeditionswesens in der Antarktis war die Entdeckung eines von katabatischen Winden blankgefegten Blaueisfeldes am Fuße der Patriot Hills in der Heritage Range. Hier konnte Flugpionier Kershaw am 17. November 1987 erstmals ein Flugzeug mit Rädern, eine DC-4, im Inneren des Kontinents landen und starten.[15] Er und die kanadischen Alpinisten Pat Morrow und Martyn Williams, denen am 19. November 1985 die vierte Besteigung und auch die erste Schiabfahrt vom Mt. Vinson gelungen war, erkannten das Potenzial, die höchsten Berge der Antarktis für Seven-Summits-Aspiranten zugänglich zu machen. Sie gründeten dazu das Logistiknetzwerk der ANI, das als erstes privates Flugunternehmen betuchte Alpinisten von Punta Arenas in Chile zum Mt. Vinson beförderte und private Skiexpeditionen bis zum Südpol ermöglichte: eine Innovation, die die Zu-

---

14 Swithinbank, C. (1988): Antarctic Airways: Antarctica's first commercial airline, Polar Record, 24, 313-316
15 Thomas, P.G. (2021): Polarvision. In: Aeroplane. Issue 575, Vol. 49, Nr. 3, S. 78-83

Die Freigeister, Polarpioniere und ANI-Gründer Pat Morrow (links), Giles Kershaw und Martyn Williams (rechts) 1985 in Punta Arenas.

Als Buschflugzeug weltweit im Einsatz, ermöglicht die Twin Otter mit Kufen auch Expeditionen zu den Bergen im Inneren Antarktikas.

© Archiv P. Morrow, C. Höbenreich

gänglichkeit der inneren Antarktis für private Expeditionen schlagartig veränderte. Sie ermöglichte dann 1989/90 auch die 2390 Kilometer lange Antarktis-Transversale von Reinhold Messner und Arved Fuchs sowie die spektakuläre 6048 Kilometer lange, internationale Hundeschlittenexpedition Trans-Antarctica.

Die Idee, den höchsten Berg jedes Kontinents zu besteigen, beflügelte eine weltweite Bergreiseindustrie. Der Mt. Vinson zog Bergsteiger aus aller Welt an, er wurde nicht nur von Alpin- und Telemarkskifahrern (Pat Morrow und Martyn Williams, 1985), sondern auch Paragleitern (Vernon Tejas, 1988) und Snowboardern (Stephen Koch, 1999) erfolgreich befahren bzw. beflogen.

Ich hatte zu Beginn der 2000er-Jahre das Privileg, die kleine Polarbasis Mt. Vinson Base Camp der ANI leiten und den Berg insgesamt fünfmal besteigen zu dürfen. Es waren noch wilde Pionierzeiten mit viel Freiheit im höchsten Gebirge der Antarktis. Die antarktische Stille und Abgeschiedenheit schenkten mir einige der intensivsten Erfahrungen meines Lebens. Damals kam auch Damien Gildea in das Camp, der immer wieder in die Sentinel Range reiste, um die höchsten Berge zu besteigen und mit Hilfe modernster GPS-Technologie digital zu vermessen.[16] Dem australischen Alpinpionier verdanken wir heute nicht nur die genaueste und offiziell gültige Höhe des Mt. Vinson – 4892 Meter –, sondern auch die ausführlichste Chronik[17] der antarktischen Alpingeschichte.

Seitdem hat sich am Berg viel getan. Die abenteuerlichen Zeiten, in denen man als Basecamp-Manager in diesem gewaltigen Massiv auf sich alleine gestellt war, sind vorbei. Gab es damals jährlich nur ein paar Dutzend Bergsteiger, so tummeln sich dort mittlerweile jedes Jahr in der kurzen Sommersaison von November bis Ende Januar zwischen 150 und 200 Bergsteiger. Seit der Übernahme der Pionierorganisation durch die Antarctic Logistics & Expeditions wurde das Vinson Basecamp professionell ausgebaut und mit mehreren Personen besetzt. Am Berg selbst legt man seit 2007 die Route nicht mehr über die risikorei-

---

16 Gildea, D., Splettstoesser, J. (2007): Craddock Massif and Vinson Massif remeasured. In: U.S. Geological Survey and The National Academies; USGS OF-2007-1047, Short Research Paper 069, https://doi:10.3133/of2007-1047.srp069
17 Gildea, D. (1998): The Antarctic Mountaineering Chronology; Gildea, D. (2010): Mountaineering in Antarctica. Climbing the Frozen South

Polarlogistik

Wie überall auf der Welt konzentrieren sich die meisten alpinistischen Aktivitäten auch in der Antarktis auf einige wenige bekannte und relativ leicht erreichbare Bergziele. Obwohl mit Yachten, Skiflugzeugen oder Allradfahrzeugen praktisch fast jeder Punkt der Antarktis bis hin zum Südpol erreichbar ist und trotz der Zunahme des Polartourismus in den letzten zwanzig Jahren wird Antarktika für die meisten wohl immer ein Traum bleiben. Zu unerforscht das Land, zu hoch die Kosten, zu aufwändig die Bürokratie und Organisation. Daher werden die meisten Regionen Antarktikas auch weiterhin kaum aufgesucht werden, wie zum Beispiel die extrem schwer zugänglichen südlichen Teile des Antarktischen Gebirges, die noch kaum bekannten Gebirge auf Alexander Island oder Palmer Land an der Antarktischen Halbinsel, in Marie Byrd Land, in Mac Robertson Land oder auf den subpolaren Inseln.

Als Bergsteiger und Skiläufer ist man in der Antarktis mit extremer UV-Strahlung durch das Ozonloch in der Atmosphäre, katabatischen Fallwinden vom Südpolarplateau und immer wieder beängstigend großen Gletscherspalten konfrontiert. Eine Expedition in die Antarktis braucht somit nicht nur perfekte Ausrüstung, Erfahrung und akribische Vorbereitung, sondern letztlich immer auch eine Portion Glück. Mein ganz persönliches Ideal einer polaren Bergexpedition ist es, in Kleinstteams mit Ski, Zelt und Pulkaschlitten völlig frei und autark

© M. Sedon

unterwegs zu sein. Für Bergsteiger hat sich die Tür zu einem neuen Zeitalter alpiner Entdeckungsreisen geöffnet. Die Weltklassekletterer Leo Holding, Mark Sedon und Jean Burgun demonstrierten 2017 eindrucksvoll den Expeditionsstil moderner Polarexpeditionen: Vom Landepunkt ihres Skiflugzeuges nützten sie für ihre spektakuläre Expedition zum 2020 Meter hohen Spectre im entlegenen Transantarktischen Gebirge Skitourenschuhe, alpine Rennski und Hochleistungs-Snowkites, mit denen sie sich und ihre schweren Schlitten buchstäblich in Windeseile übers Eis bewegten (siehe Foto).

che, da von Eisschlag bedrohte und von Gletscherspalten durchzogene Flanke zum Vinson-Shinn-Sattel, sondern mit Fixseilen über einen etwas steileren, aber sicheren Eishang entlang der Vinson-Westwand. Es gibt vorgegebene Hochlagerplätze und sogar patrouillierende Ranger. Und auch die legendäre Hauptbasis Patriot Hills mit ihren berüchtigten, quer zur Landerichtung wehenden katabatischen Fallwinden wurde 2010 durch ein neues Camp und eine gegen den Wind angelegte Landepiste am Union Glacier ersetzt. Der Mt. Vinson avancierte zu dem am häufigsten bestiegenen Berg des Kontinents, sieht man einmal vom 230 Meter hohen Ausflugshügel Observation Hill nahe der siedlungsartigen US-Polarstation McMurdo ab. All das hat dem Berg aber nichts von seiner Faszination genommen. Das Glück, auf diesem exklusiven Gipfel und dem Dach Antarktikas zu stehen und die Ausblicke über die Ellsworth Mountains und die Weiten des Inlandeises zu genießen, lässt nach wie vor jedes Bergsteigerherz jubilieren.

Mt. Sidley – der höchste Vulkan Antarktikas

Ein noch isolierteres und erhebenderes Gefühl, „über den Dingen zu stehen", vermittelt der zwar nicht ganz so hohe, aber dafür völlig frei stehende höchste Vulkan Antarktikas. Die Karte des US Geological Survey (1961), die US Air Navigation Chart (1963) und die SCAR Air Operations Planning Map (2016) weisen eine Höhe von 4181 Metern aus, Antarctic Logistics & Expeditions geben 4285 Meter an. Tatsächlich ist der Gipfelkraterrand aber weder exakt vermessen noch markiert. Schön, dass es noch Berge mit solchen Geheimnissen gibt! Fast vollständig vereist, erhebt er sich etwa 2200 Meter über dem schier endlosen westantarktischen Eisplateau Marie Byrd Lands. Außen prägen sanfte, weiße und hellblau schimmernde Eisflanken sein majestätisches Antlitz. Durch eine Laune der Natur zieren bizarr geformte Eispilze aus meterhohem Anraumeis den Gipfelkraterrand wie eine Krone das eisgespickte Haupt des Königs der antarktischen Vulkane. Die hufeisenförmige Kraterinnenseite hat einen Durchmesser von fünf Kilometern und bricht in einer imposanten Steilwand aus bröckeligem Lavagestein und Eis 1200 Meter in die Tiefe ab. Seine Lage nahe dem Südpol, die aufwändige Logistik und seine beinahe

völlige Unberührtheit machen den Berg zu einem sehr exklusiven Ziel für abenteuerlustige „Volcanoholics", die als Sammler der „Volcanic Seven Summits" den jeweils höchsten Vulkan der sieben Kontinente besteigen. Diese attraktive Sammlung erloschener oder noch aktiver Feuerberge wurde erst 2011 am Gipfel des Mt. Sidley erstmals vom Italiener Mario Trimeri und seither nur von einer Handvoll Bergsteigern komplettiert. Dass der Mt. Sidley selbst in gut informierten Bergsteigerkreisen noch immer kaum bekannt ist, verwundert schwerlich, wurde der Gipfelbereich des Vulkans erst am 11. Januar 1990 vom neuseeländischen Polarforscher Bill Atkinson erstmals aufgesucht. 1994 folgten Mitglieder des US-amerikanischen Antarktis-Forschungsprogramms USARP. Und erst 2011 gelang dann die erste Besteigung des vormals für private Bergsteiger praktisch unzugänglichen Berges im Zuge einer nicht staatlich organisierten Expedition. Eine Expedition zum Mt. Sidley fordert auch heute noch Pionier- und Entdeckergeist. Hier ist ein Bergsteigerteam noch völlig auf sich gestellt. Im Januar 2017 hatte ich die Ehre, die achte Expedition zu diesem Berg überhaupt begleiten und gemeinsam mit der amerikanischen Bergführerkollegin Tre-C Dumais führen zu dürfen – zu einem der entlegensten und am seltensten bestiegenen Berge der Erde.

Der Klimawandel in der Antarktis

Polarreisen liegen im Trend. Der gut und öffentlichkeitswirksam dokumentierte Klimawandel befeuert geradezu den Reiseboom im höchsten Nor-

Der Weg zum Gipfelkrater des Mt. Sidley führt durch ein Labyrinth riesiger Eispilze. Michael Guggolz erreichte am 14. Januar 2017 als erster Deutscher den Gipfel des Vulkans.
© C. Höbenreich

BergSteigen | 153

Die Trans-Antarctica-Expedition 1989/90 war die längste und letzte große Hundeschlittenexpedition auf dem Kontinent: 6048 Kilometer in sieben Monaten.
© W. Steger

Nach Jahrzehnten noch genießbar: Delikatessen einer amerikanischen Expedition aus den 1960er-Jahren.
© C. Höbenreich

den und tiefsten Süden. Es scheint fast eine Art Torschlusspanik zu herrschen nach dem Motto: Besuchen Sie die Polargebiete, solange sie noch weiß sind!

Die dramatischen Bilder des abschmelzenden Polareises stammen aus der Arktis, von Rekord-Eisschmelzen in Grönland, vom Schmelzwasser im auftauenden Permafrost-Samenbunker auf Spitzbergen und von einem im Sommer bald eisfreien Nordpol. In den vergangenen Jahrzehnten hat sich die Arktis stärker als jede andere Weltregion erwärmt. Man spricht dort von einem Temperaturanstieg von 6 Grad (!) innerhalb der letzten dreißig Jahre. Die Auswirkungen auf das Landschaftsbild im Nordpolargebiet sind unübersehbar. Aber was ist im Südpolargebiet los? Auch in Teilen der Antarktis sind die Zeichen des Klimawandels sichtbar: Einige kleine Schelfeise an der Antarktischen Halbinsel sind in den vergangenen drei Jahrzehnten zerbrochen. Die winterliche Meereisbedeckung rund um Antarktika nimmt dagegen seit Jahren kontinuierlich zu. Und in küstennahen Gebieten kommt es zu immer mehr Niederschlag. Auswirkungen der Klimaänderungen in Antarktika sind aber schwer zu messen. Rund um den Südpol sind 14 Millionen Quadratkilometer von Eis bedeckt. Der gefrorene Panzer ist stellenweise über 4500 Meter dick und drückt den Kontinentalschild unter sich ein. Berechnungen gehen davon aus, dass hier 30 Millionen Kubikkilometer Eis vor sich hin schlummern – 90 Prozent des gefrorenen Wassers weltweit. Täuscht der Eindruck, dass das Eis der Ostantarktis, das mit Abstand größte Eisvorkommen der Erde, die „globale" Klimaerwärmung derzeit verschläft?

Bei einem Langzeitvergleich aktueller Luftaufnahmen mit den Fotografien der Deutschen Antarktischen Expedition von 1939 konnten Karsten

Bergsteigen und Umweltschutz in der Antarktis

Antarktika ist nicht nur der südlichste, kälteste, windigste und trockenste, sondern auch der friedlichste und der sauberste Kontinent der Erde. Vereisung, klimatische Verhältnisse und die (noch) zu hohen Kosten schützen ihn bisher vor geologischer Ressourcenausbeutung. Antarktika zu erreichen, wirft nicht mehr oder weniger Fragen hinsichtlich des CO_2-Ausstoßes auf als der moderne Flug- oder Schiffsverkehr zu anderen Kontinenten. Aber bereits bei der Anreise gibt es schon einen Unterschied: Die Ausrüstung muss mit Staubsaugern peinlichst genau gereinigt und die Schuhe müssen desinfiziert werden, bevor man Antarktika betritt. Es dürfen keine Keime oder Samen eingeschleppt werden. Ein umweltbewusstes Vorgehen erscheint an vielen Bergen der Erde lediglich als leere Worthülse, wenn man beispielsweise an die Müllhalden in Basislagern oder die mit Fäkalien übersäten Routen und Hochlager der überlaufenen „Weltberge" denkt. In der Antarktis hingegen ist Umweltschutz gelebte Praxis. So werden von den antarktischen Bergen sämtliche Abfälle einschließlich der Fäkalien wieder vom Berg mitgenommen, ins Basislager getragen und ausgeflogen. Durch die tiefen Temperaturen sind mikrobiologische Zerfallsprozesse äußerst langsam, wodurch jedes organische Material für Jahrhunderte konserviert bliebe. So berichtete Peter von Gizycki*, am Gipfel des Mt. Vinson eine Aprikose der Erstbesteiger gefunden zu haben, die nach 13 Jahren noch immer unverdorben war und vorzüglich schmeckte.

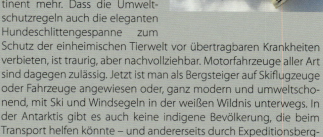

Das Umweltprotokoll zum Antarktisvertrag von 1991 erlaubt keine fremden Tierarten am Kontinent mehr. Dass die Umweltschutzregeln auch die eleganten Hundeschlittengespanne zum Schutz der einheimischen Tierwelt vor übertragbaren Krankheiten verbieten, ist traurig, aber nachvollziehbar. Motorfahrzeuge aller Art sind dagegen zulässig. Jetzt ist man als Bergsteiger auf Skiflugzeuge oder Fahrzeuge angewiesen oder, ganz modern und umweltschonend, mit Ski und Windsegeln in der weißen Wildnis unterwegs. In der Antarktis gibt es auch keine indigene Bevölkerung, die beim Transport helfen könnte – und andererseits durch Expeditionsbergsteiger einem Kulturkonflikt ausgesetzt wäre.

* Gizycki, P. (1980): Als bergsteigender Geologe in der Antarktis. In: Alpenvereinsjahrbuch 1980, Bd. 105, S. 157-166

Brunk und ich[18] feststellen, dass es in den Bergen von Neuschwabenland in den vergangenen acht Jahrzehnten keine Veränderungen im Landschaftsbild gegeben hat, die auf eine Abnahme der Schnee- oder Eisbedeckung schließen ließen, wie sie sonst in praktisch allen Hochgebirgen der niederen und mittleren Breiten und auch in der Arktis dramatisch zu beobachten sind. Die antarktische Gebirgsvergletscherung hingegen hat sich nicht zurückgebildet. Auch die Flankenvereisung der Berge ist nicht weniger geworden. Im Gegenteil! Namhafte Polarwissenschaftler bestätigen diese Beobachtung. Dr. Georg Delisle von der Bundesanstalt für Geowissenschaften und Rohstoffe in Hannover, die zwei Sommerstationen in der Ostantarktis unterhält, bestätigt: „In den vergangenen 30 Jahren hat es hier keine Hinweise auf markante klimatische Änderungen gegeben." Und nach einem Bericht des Wissenschaftlichen Ausschusses für Antarktisforschung ist ein Großteil Antarktikas in den letzten Jahrzehnten nicht dem globalen Trend der Klimaerwärmung gefolgt, sondern hat sich sogar abgekühlt! Eine 2020 im renommierten Wissenschaftsmagazin NATURE publizierte, topaktuelle Studie[19] bestätigt: „Der antarktische Kontinent hat sich in den letzten sieben Jahrzehnten trotz eines monotonen Anstiegs der atmosphärischen Konzentration von Treibhausgasen nicht erwärmt."

Auch Dr. Heinz Miller vom Alfred Wegener Institut für Polar- und Meeresforschung in Bremerhaven bekräftigt, dass die Ostantarktis ein sehr stabiles Gebilde sei. „Und selbst wenn sich die innere Antarktis erwärmen sollte", sagt er, „bleibt sie immer noch sehr kalt." Immerhin werden im Inneren des eiskalten Kontinents teilweise bis zu -80 Grad Celsius gemessen und das Jahresmittel ist in der Ostantarktis mit unter -30 Grad Celsius mehr als frostig. „Wird es dort um ein paar Grad wärmer, schmilzt immer noch nichts", bringt es der gebürtige Innsbrucker nüchtern auf den Punkt. Eine Erwärmung könnte vielmehr dazu führen, dass es auch in der ansonsten äußerst trockenen Eiswüste sogar vermehrt zu Schneefällen kommt. Und tatsächlich lässt sich durch die Vergleiche der Luftaufnahmen in den Hochgebirgen Neuschwabenlands eindeutig eine Zunahme der Schneeakkumulation und Eisbedeckung feststellen. Von abschmelzenden Gletschern oder Eisflanken ist im Inneren Antarktikas jedenfalls weit und breit keine Spur. Oder anders gesagt: Der Klimawandel lässt die Hochgebirge Antarktikas noch völlig kalt.

---

18 Brunk, K., Höbenreich, C. (2012): Orvinfjella im Luftbildvergleich 1939 und 2009. Hinweise auf Klimawandel in der Ostantarktis? In: Polarforschung, 82. Jg., Nr. 2, S. 102-119, hdl:10013/epic.42525.d001

19 Singh, H.A., Polvani, L.M. (2020): Low Antarctic continental climate sensitivity due to high ice sheet orography. In: Nature/npj Clim Atmos Sci 3, 39. https://doi.org/10.1038/s41612-020-00143-w

Schrägluftbilder des südlichen Holtedahlgebirges vom Autor 2009 (links) und von der Deutschen Antarktischen Expedition 1939 (rechts) zeigen nicht nur keine Abnahme der Gebirgsvergletscherung, sondern vielmehr eine verstärkte Schneeakkumulation.
© C. Höbenreich, Archiv BKG

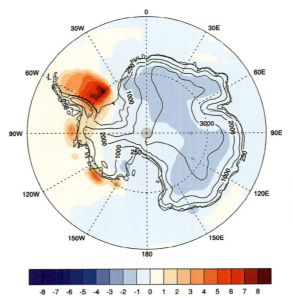

Beobachtete Anomalie der Oberflächentemperatur (K) über die Jahre 1984-2014 im Vergleich zur Basisperiode 1950-1980. Die Konturen zeigen die Oberflächenhöhe über Meeresspiegel in Metern.
Graphik: H.A. Singh, L.M. Polvani 2020, S. 2

Gipfelsiege der Emanzipation?

Frauenexpeditionen auf die höchsten Berge
>> **Martina Gugglberger**

Frauen besteigen Achttausender? Natürlich tun sie das, warum auch nicht! Was heute selbstverständlich klingt, verdient einen differenzierten Blick zurück – auf Schwierigkeiten, die nicht nur alpinistischer Art waren.

Am 16. Mai 2025 wird sich die erste Besteigung des Mount Everest durch eine Frau zum 50. Mal jähren. 22 Jahre nach Edmund Hillary und Tenzing Norgay stand die Japanerin Junko Tabei gemeinsam mit Ang Tshering Sherpa auf dem höchsten Berg der Erde.

Symbolisch kam diese Bergbesteigung gerade zum richtigen Zeitpunkt. 1975 war von den Vereinten Nationen zum „Internationalen Jahr der Frau" ausgerufen worden. Dieses Aktionsjahr bescherte auch Bergsteigerinnen weltweit verstärkte öffentliche Aufmerksamkeit. In Japan sponserten Medienunternehmungen die Japanische Everest-Frauenexpedition, mit der Junko Tabei unterwegs war. Auf der ersten Weltfrauenkonferenz in Mexico City, die im Juni 1975 eröffnet wurde, sorgte die geglückte Everest-Besteigung durch eine Frau für Applaus, wie Junko Tabei in ihren Erinnerungen festhielt: „Whether I wanted it to be or not, our climb became a symbol of women's social progress."[1] Auch der „Spiegel" kommentierte damals: „Dieser Gipfelsieg passt wunderbar in unsere Emanzipationslandschaft."[2]

Auf welche Weise ist Alpinismus mit gesellschaftlichen Phänomenen wie der Gleichstellung von Männern und Frauen verknüpft und welche Rolle spielten in dieser Entwicklung Himalaya-Expeditionen von Frauenteams? Diesen Fragen möchte ich mittels eines historischen Rückblicks, beginnend mit den 1950er-Jahren, nachgehen und zum Schluss fragen, inwiefern Frauenteams auch in der Gegenwart für Alpinistinnen relevant sind.

Zugang zu den höchsten Bergen

Seit Beginn des 20. Jahrhunderts mehrten sich – ausgehend von Erkundungsfahrten – die Versuche, in immer größere Höhen des Himalaya-Gebirges vorzudrucken. Vor dem Zweiten Weltkrieg waren Frauen nur vereinzelt an diesen Expeditionen beteiligt. Meistens handelte es sich um Frauen, die gemeinsam mit ihren Ehemännern auf Expedition gingen oder als Begleitpersonen teilnahmen. Ein Beispiel dafür ist Hettie Dyhrenfurth, die ihren Mann Günther Oskar auf seinen Expeditionen begleitete. 1934 erreichte sie dabei am Gipfel des Sia Kangri eine Höhe von 7315 Metern, eine Marke, die bis Mitte der 1950er-Jahre als Höhenrekord für Frauen galt.

Auch nach 1945 blieben Bergsteigerinnen in Expeditionsteams eine Ausnahmeerscheinung. Bedenken und Vorurteile waren vorherrschend, was die Leistungsfähigkeit von Frauen in extremen Höhen, aber auch ihre (soziale) Rolle als Teilnehmerinnen einer Himalaya-Expedition betraf. Trotz der alpinistischen Leistungen von Bergsteigerinnen, beispielsweise in den Alpen, blieb die größte Zugangshürde für eine Fahrt in den Himalaya noch über Jahrzehnte die mangelnde Bereitschaft männlicher Kollegen, Frauen ins Expeditionsteam zu inkludieren.

Mitte der 1950er-Jahre gingen deshalb drei schottische Bergsteigerinnen daran, eine Expedition selbständig, als Frauenteam zu organisieren. In Großbritannien hatte die Euphorie rund um die Erstbesteigung des Mount Everest (1953) und des Kangchendzönga (1955) auch die alpinen Frauenclubs erfasst. Bei den Vorbereitungen ging das Frauenteam mit Bedacht vor, galt es doch das *Himalayan Committee* in London als Unterstützer zu gewinnen und Sponsoren an Land zu ziehen. Vorbehalte kamen letztendlich aus den eigenen Reihen. Der *Ladies Scottish Climbing Club* wollte offiziell nicht mit der Expedition in Verbindung gebracht werden – aus Sorge um den Ruf des Frauenalpinismus im Falle eines Scheiterns der Expedition. Die Leiterin Monica Jackson erinnerte sich: „Our own club didn't trust us, because they thought we would bring dishonour on the club."[3] Die Sorge, „Schande über den Club" zu bringen, war unberechtigt, die erste Frauenexpedition in den Himalaya verlief reibungslos und konnte eine geglückte Erstbesteigung (Peak Gyalgen, 6151 m) und die erfolgreiche Erkundung eines bis dahin unerforschten Gletschergebiets vorweisen. Die Scottish Women's Expedition bildete den Auftakt von insgesamt fünf Frauenexpeditionen aus Großbritannien in den Folgejahren.

Kennzeichnend für diese ersten Frauenexpeditionen war die Auswahl von „mittleren" Bergzie-

In einem der ersten deutschsprachigen Expeditionsbüchern aus der Feder einer Frau schrieb Hettie Dyhrenfurth über die Kangchendzönga-Expedition 1930.
© M. Jackson, Edinburgh

Der ersten Frauenexpedition gelang 1955 die Erstbesteigung des Peak Gyalgen (ca. 6700 m) in Nepal. Den Gipfel benannten Monica Jackson (Mitte) und ihr Team zu Ehren des Sherpas Mingma Gyalgen (links).
© M. Jackson, Edinburgh

---

1 Tabei Junko/Rolfe Helen Y.: Honouring High Places. The Mountain Life of Junko Tabei., Rocky Mountains Books, Victoria 2017, 209
2 Tarzan verjagt, in: Der Spiegel, Nr. 23, 02.06.1975, 130

3 Interview mit Monica Jackson, Jg. 1920, 20.08.2013, Edinburgh

Links: Eileen Healey und Dorothea Gravina am Fuß des Cho Oyu nach dem Lawinenunglück im Oktober 1959.
© T. Healey, Chester

Himalaya-Pionierinnen der 1950er-Jahre präsentierten sich betont weiblich. Hygiene und Körperpflege am Berg waren wichtige Themen der Tourenberichte. Hier: Eileen Gregory und Mingma Sherpa bei der Haarwäsche am Bara-Shigri-Gletscher.
© T. Healey, Chester

Claude Kogan (hier etwa 1955) leitete die erste Frauenexpedition auf einen Achttausender.
© M. Rambaud, Annecy-le-Vieux

len, das heißt von Gipfeln im Bereich zwischen 6000 und 6500 Metern Höhe. Dadurch bewegten sich die Bergsteigerinnen außerhalb des (männlichen) Wettrennens um die „Eroberung" der allerhöchsten Erhebungen, der 14 Achttausendergipfel, das in den 1950er-Jahren noch voll im Gang war. Diese Zurückhaltung kann als Strategie gewertet werden, Akzeptanz für die Frauenexpeditionen in den Bergsteigerkreisen und in der Bevölkerung zu gewinnen. In den anschließend publizierten Expeditionsberichten wird deutlich, wie sehr Expeditionsteilnehmerinnen in dieser Zeit unter Rechtfertigungsdruck standen. Die Frauen gaben sich darin betont angepasst an die gesellschaftlichen Geschlechterrollen und bescheiden in der Leistungsschau. Die Erweiterung des alpinistischen Aktionsradius für Frauen sollte nicht gefährdet werden durch ein allzu selbstbewusstes und forderndes Auftreten.

Erste Achttausender-Ambitionen

Wesentlich mehr Aufsehen erregte die Französin Claude Kogan. Sie gehörte in den 1950er-Jahren zu den erfolgreichsten Alpinistinnen und unternahm mehrere Expeditionen in die Anden und den Himalaya. 1954 scheiterte sie gemeinsam mit Raymond Lambert kurz vor dem Gipfel des sechsthöchsten Achttausenders Cho Oyu aufgrund des miserablen Wetters. Die 37-jährige Bademodenherstellerin fasste daraufhin den Plan, selbst eine Expedition auf den Cho Oyu zu organisieren und, vor allem, selbst anzuführen. Um diesen selbstbewussten Anspruch als Frau Ende der 1950er-Jahre realisieren zu können, gab es nur eine Möglichkeit: ein reines Frauenteam. Durch ihre Leistungen genoss die Französin internationale Bekanntheit und pflegte Kontakte zu Alpinistinnen in ganz Westeuropa. So gelang es ihr, neun Teilnehmerinnen aus Großbritannien, Belgien, Frankreich und der Schweiz für ihre Expedition zu gewinnen. In Nepal stießen außerdem drei junge Nepalesinnen zum Team: Zwei Töchter und eine Nichte des Everest-Erstbesteigers Tenzing Norgay wollten mit den Europäerinnen den Cho Oyu besteigen.

Claude Kogan beanspruchte – anders als die britischen Vorgängerinnen – einen Platz in der Gruppe der Elitebergsteiger: Immerhin galt die Besteigung eines Achttausendergipfels in der „Goldenen Epoche des Himalayabergsteigens" als höchste alpinistische Krönung. Das Novum einer Frauenexpedition auf einen der höchsten Gipfel löste eine rege Medienberichterstattung aus. Bereits im Vorfeld der Expedition war das Frauenteam ein Faszinosum, ein britischer Reporter reiste den Bergsteigerinnen sogar nach, um aus nächster Nähe zu berichten. Dadurch entstand ein enorm hoher Druck auf Kogan und ihr Team und nur eine erfolgreiche Gipfelbesteigung konnte beweisen, dass Frauen entgegen vielen Meinungen sehr wohl in der Lage waren, eine derartige alpinistische Herausforderung zu meistern. Das zeigte sich vor allem, als Anfang Oktober eine Lawine Kogan und ihre belgische Kollegin Claudine van der Stratten sowie die Sherpas Ang Norbu und Chewang unter sich begrub. Nach dem Tod der vier Teammitglieder musste die Expedition abgebrochen werden. Die Berichterstattung danach suchte vielfach im übertriebenen Ehrgeiz von Kogan die Ursache für die Katastrophe am Berg. Die Meinung, dass extreme Höhenlagen nichts für Frauen seien, sahen damit viele als bestätigt an.

Nach dem Scheitern von Kogans Achttausendermission sollte es 15 Jahre dauern, bis sich das nächste Frauenteam an einem der höchsten Berge versuchte.

Ganz oben: Erfolgreiche Gipfelstürmerinnen

In Japan wurden im Laufe der 1960er-Jahre eine Reihe von Frauenalpinklubs gegründet, von denen der *Jungfrau Club* in Kyoto und der *Ladies Climbing Club* in Tokio dezidiert zum Ziel hatten, in Frauenteams Expeditionen in den Himalaya zu unternehmen. „Let's go on an overseas expedition by ourselves" lautete das Motto der jährlichen Expeditionen, die kontinuierlich höhere Gipfel anstrebten.[4]

Himalaya-Expeditionen und das Wettrennen um die Erstbesteigung aller Achttausendergipfel genossen auch in Japan eine große öffentliche Aufmerksamkeit. Vor allem die Erstbesteigung des Manaslu (8163 m) durch ein japanisches Team 1956 wurde als nationaler Erfolg Japans bejubelt.

---

4 Vgl. die archivierte offizielle Website von Junko Tabei, https://web.archive.org/web/20110722111406/http://www.junko-tabei.jp/profile/index-e.html (08.06.2021)

Insofern ist es nicht erstaunlich, dass auch die erste japanische Frauenexpedition den „Japanerberg" Manaslu anvisierte. Am 4. Mai 1974 standen erstmals drei Frauen auf dem Gipfel eines Achttausenders: Naoko Nakaseko, Meiko Mori, Masako Ushida (mit Jangpu Sherpa). Die Bergsteigerinnen waren bestrebt, die Führungsarbeit selbst zu übernehmen und sich nicht von den männlichen Sherpas unter Druck setzen zu lassen, wie sie nach dem Gipfelgang berichteten. Im Unterschied zu zeitgenössischen Meinungen gingen die japanischen Bergsteigerinnen nicht von einem radikalen körperlichen Nachteil von Frauen in extremen Höhen aus. Etwaige Leistungsunterschiede wurden durch eine veränderte Taktik am Berg ausgeglichen: einen langsameren Aufstieg mit weniger schweren Lasten.

Die Sensation eines Frauenteams auf einem Achttausendergipfel, die jene Women's Manaslu Expedition 1974 vollbracht hatte, fand ein Jahr später ihre Fortsetzung durch die Japanese Women's Everest Expedition 1975 des *Ladies Climbing Club*. Die einleitend bereits erwähnte Mount-Everest-Besteigung durch Junko Tabei bestätigte nun vollends, dass auch der Platz von Bergsteigerinnen ganz oben war.

Die internationalen Reaktionen auf diesen Erfolg waren durchwegs positiv, doch klangen immer wieder Bedenken bezüglich einer fortschreitenden Emanzipation und damit auch von veränderten Geschlechterarrangements an. Vor allem Mutterschaft und Extrembergsteigen schien ein Widerspruch zu sein, ein Aspekt, der für männliche Höhenbergsteiger und deren Vaterschaft nie diskutiert wurde. Junko Tabeis Tochter war kaum drei Jahre alt, als ihre Mutter für sechs Monate auf Expedition ging, was dieser neben der Achtung ihrer alpinistischen Leistung durchaus auch Kritik einbrachte.

Kritik an Diskriminierung und Sexismus am Berg

Die 1970er-Jahre stellten in mehrerlei Hinsicht eine neue Epoche im Himalaya-Bergsteigen dar. Die Phase der Erstbesteigungen aller 14 Achttausender war abgeschlossen, und ähnlich wie zuvor in den Alpen, wo zur Jahrhundertwende der „Schwierigkeitsalpinismus" den „Eroberungsalpinismus" abgelöst hatte, verlagerten sich auch im Himalaya die Herausforderungen von den Erstbegehungen zu anspruchsvolleren Aufstiegsrouten, Winterbegehungen und Überschreitungen. Während neue Ausrüstungsmaterialien und der hemmungslose Einsatz von Technik in den 1950er-Jahren noch als Errungenschaften neuer alpinistischer Möglichkeiten betrachtet wurden, begann 20 Jahre später eine junge Generation von Bergsteiger:innen, demonstrativ einen als „ursprünglich" und „by fair means" kolportierten Besteigungsstil zu vertreten. Der bis dahin übliche „militärische Stil" und die streng hierarchischen Strukturen innerhalb der Mannschaften wurden offen kritisiert.

Die Anzahl von Bergsteigerinnen im Extremalpinismus nahm etwas zu, doch führte weder die vereinzelte Integration von Frauen in gemischte Teams noch die als sensibel stilisierte neue Bergsteigermännlichkeit zu einer grundlegenden Veränderung des bestehenden „Machismo" im Alpinismus.

Dabei lassen sich jedoch nationale Unterschiede erkennen. Während Abweisungen von Bergsteigerinnen für Expeditionen in den USA gang und gäbe waren, förderte beispielsweise im kommunistischen Polen der *High Mountain Club* in derselben Zeit die Expeditionsaktivitäten von Alpinistinnen. Vor allem die US-Amerikanerin Arlene Blum und die Polin Wanda Rutkiewicz gelten als Schlüsselfiguren für diese Phase der Frauenexpeditionen. Beide verknüpften mit ihren alpinistischen Aktivitäten Kritik an Sexismus und Diskriminierung von Frauen im Alpinismus. Blum fühlte sich vom *American Alpine Club* ausgeschlossen

Gruppenfoto der Frauenexpedition zum Cho Oyu 1959 im Garten der indischen Botschaft in Kathmandu.
© M. Rambaud, Annecy-le-Vieux

Junko Tabei (hier im Jahr 2005 bei der Jubiläumsparade zu ihrer Mount-Everest-Besteigung) war eine zentrale Figur im japanischen Höhenbergsteigen.
© Nepalese Mountaineering Association

BergSteigen | 159

Wanda Rutkiewicz präsentiert den Verlauf der ersten polnischen Frauenexpedition 1975. Ziel: der Gasherbrum III.
© M. Feik, Wien

und organisierte 1978 eine Frauenexpedition auf die Annapurna, bei der das Team den Leitspruch „A woman's place is on top" auf T-Shirts drucken ließ. In ihrem anschließenden Buch, das zum Bestseller avancierte, thematisiert sie selbstkritisch Konflikte im Team genauso wie blinde Flecken der westlichen Bergsteigerinnen gegenüber einheimischen Frauen in den Himalaya-Regionen.

Wanda Rutkiewicz unternahm von 1975 bis 1990 insgesamt sieben Frauenexpeditionen. Trotz der gezielten Förderung von Alpinistinnen in Polen fühlte sie sich als Bergsteigerin unter Männern nicht genügend anerkannt. Ihrer Ansicht nach konnte sich die Leistungsfähigkeit von Alpinistinnen nur in Frauenteams vollständig entfalten. Extrembergsteigen betrachtete sie auch als sportlichen Wettbewerb, bei dem sie ganz vorne mitmischen wollte. Ab Mitte der 1980er-Jahre verfolgte Rutkiewicz vor allem das Ziel, als erste Frau alle 14 Achttausender zu besteigen. 1992 blieb sie am Weg zu ihrem neunten Achttausender, dem Kangchendzönga, verschollen.

Neu in dieser Phase waren die internationalen Kontakte zwischen Alpinistinnen und das selbstbewusste und fordernde Auftreten. Trotz ihrer kritischen Haltung wehrten sich Rutkiewicz und Blum allerdings – ähnlich wie die Vorgängerinnen in den Jahrzehnten zuvor – gegen eine Etikettierung als „Feministinnen". Diese wurde als Abwertung ihrer Leistungen als Spitzenbergsteigerinnen empfunden.

Bergsteigerinnen in Nepal am Weg nach oben

Nepalesinnen traten als Bergsteigerinnen erst spät in Erscheinung. Zwar waren sie bereits ab den 1950er-Jahren als bezahlte Trägerinnen und Küchenhelferinnen bei Expeditionen im Einsatz, über das Basislager hinaus kamen sie jedoch kaum. Erst 1984 erhielt Nimi Sherpa, die gemeinsam mit ihrem Mann für eine französische Expedition arbeitete, die Gelegenheit, mit geborgter Ausrüstung höher aufzusteigen. Sie erreichte dabei den Nordwestgipfel des Nuptse im Everest-Gebiet. Ihr Gipfelgang löste ein großes mediales Interesse aus und Nimi Sherpa wurde sechs Jahre später sogar im Kreis der internationalen Crème de la Crème des Alpinismus zum 40-jährigen Jubiläum der Annapurna-Erstbesteigung nach Chamonix eingeladen. 1993 nahm sie an der ersten indisch-nepalesischen Frauenexpedition auf den Mount Everest teil. Zur gleichen Zeit operierte eine zweite Frauenexpedition am höchsten Berg: Die Nepalesin Pasang Lhamu Sherpa, deren Familie im Geschäftsfeld des Bergtourismus verankert war, unternahm gemeinsam mit zwei Landsfrauen den dritten Versuch, als erste Nepalesin auf dem prestigeträchtigen Berg zu stehen. Dies gelang auch, allerdings verstarben Pasang Lhamu Sherpa und ihr Höhenassistent beim Abstieg. Die Resonanz dieses Ereignisses ist nach fast 30 Jahren in der nepalesischen Öffentlichkeit noch immer spürbar. Pasang Lhamu Sherpa wurde posthum zur Nationalheldin erklärt. Sie gilt seither als Ikone und als Vorbild für nepalesische Bergsteigerinnen.

Frauenexpeditionen entwickelten sich in Nepal seit Mitte der 1990er-Jahre für ambitionierte Frauen als Einstiegsmöglichkeit zum Bergsport und der dazu gehörigen Tourismusbranche.

Organisiert wurden die nachfolgenden Frauenteams von Einzelpersonen, aber auch von Institutionen aus dem Bereich des Bergtourismus. Bei den öffentlichkeitswirksamen Botschaften, die mit nepalesischen Frauenexpeditionen im Zeitraum von 1994 bis heute transportiert werden sollten und sollen, fällt der enge Bezug zu gesellschafts- wie umweltpolitischen Problemen in Nepal auf. Die Bergsteigerinnen propagierten die Gleichstellung von Frauen und Männern, aber auch der unterschiedlichen Ethnien in Nepal, genauso wie die Gefahren des Klimawandels. Die

Besteigung von Achttausendern eröffnete den Teilnehmerinnen außerdem alpinistische Ausbildungsangebote, internationale Kontakte und damit die Chance auf ein ökonomisch unabhängiges Leben. Die Bedeutung von Frauenexpeditionen für nepalesische Bergsteigerinnen ging somit weit über den Bergsport hinaus.

Sind Frauenteams im 21. Jahrhundert überholt?

Frauenexpeditionen waren auf mehreren Ebenen ein wichtiges Phänomen in der Entwicklung des sogenannten Frauenalpinismus. Zu Beginn, in den 1950er-Jahren, boten sie Frauen überhaupt erst die Möglichkeit, sich an einer Himalaya-Expedition zu beteiligen und vor allem eigenständig die Führung und Entscheidungsmacht zu übernehmen. Wie groß die Vorurteile gegen Alpinistinnen mit ehrgeizigen Zielen waren und welch hoher Erfolgsdruck auf diesen ersten Teams lastete, führt das Scheitern des ersten Frauenteams an einem Achttausender vor Augen. Einen Durchbruch bedeutete schließlich das erfolgreiche Erreichen der höchsten Gipfel in den 1970er-Jahren, als Bergsteigerinnen den Beweis erbrachten, dass Frauen – entgegen den kritischen Stimmen – adäquate Leistungen an den höchsten Bergen erbringen konnten. Dem weiter andauernden Sexismus und der Diskriminierung von Bergsteigerinnen im Bergsport stellten sich exponierte Vertreterinnen von Frauenexpeditionen in den 1970er- und 1980er-Jahren entgegen. Während in Europa, sicherlich auch bedingt durch die Kommerzialisierung von Himalaya-Expeditionen, die Bedeutung von Frauenexpeditionen ab Mitte der 1990er-Jahre abnahm, griffen nepalesische Alpinistinnen diese Vorgangsweise für ihre Bergprojekte bis heute auf.

Gemeinsam ist diesen verschiedenen Ausformungen von Frauenexpeditionen, dass die Teilnehmerinnen, ob sie sich nun bescheiden gaben, wie die Britinnen der 1950er-Jahre, oder unangepasst und fordernd, wie Arlene Blum und Wanda Rutkiewicz in den 1980er-Jahren, Anerkennung suchten und als ernstzunehmende Alpinisten gesehen werden wollten. Und zwar ohne die Betonung, dass es sich dabei um die Leistung von Frauen handelt.

In die Schublade „Frauenalpinismus" gesteckt zu werden, lehnen auch Vertreterinnen einer jüngeren Generation von mitteleuropäischen Alpinistinnen ab. „Braucht es ab nun die Trennung der Geschlechter noch? Mann/Frau ist am Berg im Stande dasselbe zu leisten. Könnten wir nicht ab nun getrost wieder gemeinsam ein Stück des Weges gehen und diesen Frauenalpinismus und den Feminismus heute einfach ruhen lassen?" Das fragte die österreichische Kletterin Lisi Steurer im Jahr 2016.[5] In den letzten Jahren scheint gerade im Sportklettern als einer der jüngsten Spielarten des Alpinismus das Geschlechterverhältnis ausgeglichener. Sind also getrennte Frauen- und Männergruppen im Alpinismus überholt?

Die vermeintliche Gleichheit drückt sich nach wie vor nicht in allen Bereichen des (professionellen) Alpinismus aus. So beträgt der Anteil von Frauen am Bergführerberuf in Deutschland, Österreich und der Schweiz gerade einmal 2,5 Prozent. Dass eine nach Geschlechtern getrennte Herangehensweise nach wie vor als Möglichkeit betrachtet wird, mehr Frauen den Zugang zum Expeditionsbergsteigen zu ebnen, beweist das Programm des DAV-Expedkaders, mit dem der Deutsche Alpenverein seit 2000 das Leistungsbergsteigen fördert. Nachdem in den ersten zehn Jahren nur eine einzige Frau die dreijährige Ausbildung absolvierte, werden seit 2010 jährlich abwechselnd getrennte Frauen- und Männerkader ausgewählt. Die Zahl der Bewerberinnen ist seither sukzessive gestiegen, über zwanzig Spitzenalpinistinnen absolvierten bisher das Training.

Der historische Streifzug zeigt, dass Menschen ungeachtet ihres Geschlechts, ihrer ethnischen oder kulturellen Herkunft die Möglichkeit und Chance erhalten sollten, ihre Leidenschaften auszuleben. Nicht nur im Bergsteigen. Frauenteams waren und sind eine Möglichkeit, dieses Ziel zu erreichen.

Weiterführende Literatur:

Gugglberger, Martina: Grenzen im Aufstieg. Frauenexpeditionen in den Himalaya (1955–2014), Campus Verlag, Frankfurt a. M., 2021

---

5 Lisi Steurer, Die Frau und der Ruin des Alpinismus. Eine kritische Auseinandersetzung zur Notwendigkeit der Emanzipation am Berg, in: bergundsteigen 24 (2016) 1, 59

In Kathmandu erinnern eine Statue und ein nach ihr benannter Platz an Pasang Lhamu Sherpa, die erste Nepalesin, die 1993 den Gipfel des Mount Everest erreichte.

© Martina Gugglberger

Das Team der *First Nepalese Women's Expedition to K2*: Dawa Yangzum Sherpa, Pasang Lhamu Sherpa Akita und Maya Sherpa bei der Vorstellung ihres Projektes in Kathmandu 2014.

© *First Nepalese Women's Expedition to K2*

BergMenschen

Der Berg ist groß. So groß, dass man an ihm verschwinden kann. Diese Erfahrung machte die Kletterin Mayan Smith-Gobat 2016 in der Ostwand des Torre Central del Paine in Patagonien. Der kleine Mensch, der sich in seiner engen Nische immer weiter exponiert, mit Können, mit Technik, mit immer größerem Risiko: Er ist nur eine kleine Episode – und schon auf dem nächsten Bild wieder verschwunden.

„Reinhold Duschka mein Retter"

Zur Genese einer Erzählung über Mut und Leidenschaft
Erich Hackl

„Am Seil. Eine Heldengeschichte": So nannte Erich Hackl seine vielbeachtete Erzählung über den Kunsthandwerker und Bergsteiger Reinhold Duschka (1900–1993), der während des Zweiten Weltkriegs in Wien zwei jüdische Mitbürgerinnen, Mutter und Tochter, vor Deportation und Ermordung rettete. Hier erzählt der Autor, wie das Buch entstand.

Es dauert lang, bis ein unerhörtes Ereignis sich in der Literatur niederschlägt. Diese Beobachtung trifft jedenfalls auf die Geschichte des Kunsthandwerkers und passionierten Bergsteigers Reinhold Duschka zu, der während der Naziherrschaft Regina Steinig und ihre Tochter Lucia im Wiener Werkstättenhof – einem mächtigen Gebäude mit rund hundertfünfzig Gewerbebetrieben – versteckt hat. Sowohl Regina als auch Lucia galten nach den Rassegesetzen der nationalsozialistischen Machthaber als Jüdinnen und wären sicher in ein Vernichtungslager deportiert worden, wenn Duschka sie nicht in seiner Werkstatt aufgenommen hätte. Das muss im Jahr 1941 gewesen sein, kurz vor oder nach dem deutschen Überfall auf die Sowjetunion, denn die damals elfjährige Lucia Heilman erinnert sich an die Erfolgsmeldungen aus Duschkas Volksempfänger, über den scheinbar unaufhaltsamen Vormarsch der Wehrmacht im November desselben Jahres.

Bis dahin waren sie und Regina bereits vom Strudel lebensbedrohlicher Maßnahmen erfasst worden, die mit der Entlassung ihrer Mutter, die als Chemikerin in einem Wiener Krankenhaus gearbeitet hatte, und ihrem Hinauswurf aus der Volksschule begannen und in der Ermordung ihres Großvaters im KZ Buchenwald im Oktober 1939 gipfelten. Als sie sich daranmachten, die wenigen ihnen noch verbliebenen Habseligkeiten heimlich in Duschkas Werkstatt zu bringen, lebten Regina und Lucia bereits in einer der heillos überfüllten Sammelwohnungen, in welche die jüdische Bevölkerung von den Behörden gezwängt wurde. Durch Zufall entgingen sie der Festnahme. Denn als sie ihr letztes Übersiedlungsgut aus der Wohnung holen wollten, sahen sie beim Näherkommen, wie ihre Mitbewohner von Nazischergen aus dem Haus getrieben und auf einem Lastwagen weggebracht wurden. In aller Eile begaben sich die beiden in den Werkstättenhof, wo Reinhold Duschka auf sie wartete.

Seine und ihre Überlebensgeschichte war mir nicht unbekannt. Ich kannte sie in groben Zügen, seit ich eine von den Historikern Michael John und Albert Lichtblau kuratierte Wanderausstellung über österreichische Judenretter gesehen hatte, und ich wusste ebenso vom großen Erfolg der Burgtheaterproduktion „Die letzten Zeugen", an der neben fünf anderen Überlebenden auch

Lucia Heilman mitwirkte und dabei an Reinhold Duschkas Heldenmut erinnerte.

Verschwiegenheit, Besonnenheit, Geduld, Humor

Trotzdem – oder gerade deshalb: weil der Fall nicht ganz unbekannt geblieben war – hätte ich mich nicht näher damit beschäftigt. Schließlich galt mein Interesse damals, vor sechs, sieben Jahren, einer ähnlichen Geschichte, auf die ich durch die Lektüre eines völlig vergessenen Romans aus dem Jahr 1950 aufmerksam geworden war. Er trug den wenig aussagekräftigen Titel „Eine Frau zwischen Gestern und Morgen", stammte von der Schriftstellerin Doris Brehm und blieb über Jahrzehnte das einzige literarische Werk über das geglückte Bemühen, in Wien ein jüdisches Mädchen vor dem ihm zugedachten Schicksal zu bewahren. Offenbar hatte Brehm aus eigenem Erleben geschöpft, war sie doch in einer kommunistischen Widerstandsgruppe damit befasst gewesen, verfolgten Juden und auch Deserteuren ein sicheres Versteck zu verschaffen. Darüber berichtete sie kurz nach der Befreiung 1945 in einem Zeitungsartikel, allerdings ohne Details und ohne ihre eigenen Verdienste zu erwähnen.

Dass ich mich nach einigem Zögern dann doch entschloss, die Geschichte von Regina, Lucia und Reinhold anzupacken, verdankt sich indirekt Rein-

Vier Jahre lang über dem Abgrund: Auf seine gefährlichste Tour nahm Reinhold Duschka die Chemikerin Regina Steinig und ihre Tochter Lucia (oben) mit.

Gegenüber: Reinhold Duschka (links), Lucias Vater Rudolf Kraus (Mitte) und ein unbekannter Begleiter auf Tour, vermutlich im Jahr 1937.

© *Privatbesitz Familie Heilman*

BergMenschen | 165

Lucia (links) und ihre Freundin Erna Dankner. Das Bild von Lucia mit ihrer Puppe Susi entstand etwa 1939.
© *Privatbesitz Familie Heilman*

hold Duschkas großer Leidenschaft: In der Sektion Edelweiß des Österreichischen Alpenvereins hatte er nämlich bald nach Kriegsende den gelernten Spengler Leo Graf kennengelernt, der wie er jede freie Minute zum Bergsteigen nutzte. Duschka war Grafs großes Vorbild, sowohl als versierter Lehrwart und Tourenführer als auch wegen seiner Charaktereigenschaften, zu denen Verschwiegenheit, Besonnenheit, Geduld und ein trockener Humor gehörten. Ihm müssen an seinem fast dreißig Jahre jüngeren Bergkameraden dieselben Wesenszüge aufgefallen sein, sonst hätte er diesem kaum vorgeschlagen, ihm beim Herstellen seiner handgefertigten Vasen, Schalen, Leuchten und Armreifen aus Kupfer-, Messing- oder Silberblech zu helfen. Graf nahm das Angebot sofort an. Acht Jahre lang, von Oktober 1952 bis August 1960, arbeiteten sie Seite an Seite, zur Zufriedenheit Duschkas, der Graf im Dienstzeugnis „Einsatzfreudigkeit, Fleiß, Geschicklichkeit und Kameradschaftlichkeit" bescheinigte. Ihre letzte gemeinsame Tour – über den Südwestgrat auf das Schreckhorn im Berner Oberland – unternahmen sie 1959, als Duschka bereits auf die Sechzig zuging. Der Kontakt riss auch nachher nicht ab; sie sahen einander weiterhin im Sektionslokal des Alpenvereins, hin und wieder auch bei Geburtstagsfesten und zu anderen familiären Anlässen. Trotzdem sollte Graf erst aus der Zeitung, in Zusammenhang mit Duschkas später Ehrung als „Gerechter unter den Völkern"*, von dessen Heldentat erfahren. Bis dahin hatte der gebürtige Berliner, der Mitte der zwanziger Jahre von Lucias Vater Rudolf Kraus in Regina Steinigs Freundeskreis eingeführt worden war, kein Wort über seine Rettungsaktion verloren. Als er im Mai 1993 starb, würdigte ihn Leo Graf im Mitteilungsblatt des Edelweiß in einem ergreifenden Nachruf.

Protokolle einer Rettung

Es war Grafs Tochter Elfie Fleck, die als Erste auf mich zukam. Dies deshalb, weil sie zu einer Aufführung der „Letzten Zeugen" ihren Vater mitgenommen hatte. Im Anschluss kamen sie mit Lucia Heilman ins Gespräch und beschlossen, sich zu dritt, später auch mit Duschkas Tochter Hellgard Janous über Reinhold Duschka auszutauschen. Schon bei ihrem ersten Treffen gestand Frau Heilman, wie sehr sie sich nach einem Buch über ihren

---

* *Dieser Ehrentitel wurde in Israel nach der Staatsgründung 1948 eingeführt. Vergeben wird er an nichtjüdische Einzelpersonen, die während des Zweiten Weltkriegs ihr Leben einsetzten, um Juden vor der Ermordung durch das nationalsozialistische Regime zu retten.*

Lebensretter sehne. Mit Elfie Flecks Vorschlag, mich für dieses Vorhaben zu gewinnen, war sie nach der Lektüre einer früheren Erzählung von mir einverstanden. Ich hingegen reagierte zurückhaltend, zum einen aus Furcht, ihren Erwartungen nicht zu genügen, zum andern, weil ich gerade mit mehreren Projekten befasst war, darunter den Nachforschungen über Doris Brehm, und nannte Elfie Fleck deshalb die Namen zweier Schriftstellerkollegen, die wie ich immer wieder wahre Geschichten über Verfolgung und Widerstand mit literarischen Mitteln darzustellen versuchen. Frau Heilmans Wahl war aber schon auf mich gefallen. Gemeinsam mit Elfie Fleck und Leo Graf besuchte sie eine Lesung von mir, stellte sich vor und schrieb mir ihre Adresse und Telefonnummer auf, mit dem unvergesslichen Zusatz: „Reinhold Duschka mein Retter". Ein halbes Jahr später besuchte ich sie zum ersten Mal in ihrer Wohnung in der Wiener Josefstadt. Sechs, sieben weitere Interviews folgten, zwischendurch fragte ich auch telefonisch nach, wenn mir bei der Durchsicht unserer Gesprächsprotokolle etwas unklar geblieben war, und einmal suchten wir gemeinsam nach dem Ausweichlokal in der Gumpendorfer Straße, in dem sie zu dritt die letzten Kriegsmonate überstanden, nachdem der Werkstättenhof bombardiert und Duschkas Werkstatt zerstört worden war. In der Regel dauerten die Befragungen nicht länger als zwei Stunden; die zeitliche Begrenzung war auch der Notwendigkeit geschuldet, Lucia Heilman durch die Vergegenwärtigung des Erlebten nicht allzu sehr zu belasten. Als langjährige Zeitzeugin an österreichischen Schulen war sie es gewohnt, ihre Erfahrungen weiterzugeben; trotzdem setzten ihr die Erinnerungen an die Schreckensjahre jedesmal aufs Neue zu.

Obwohl ich außer mit Leo Graf auch mit Duschkas Tochter und seinem Enkelsohn Gerald Janous sprechen konnte, blieb Lucia Heilman meine wichtigste Auskunftsperson; schließlich war sie die einzige, die Reinhold Duschka schon als Kind kennengelernt und in seiner Gesellschaft fünf Jahre verbracht hatte, Woche für Woche von Montag bis Samstag. Nur sonntags waren Mutter und Tochter allein im Werkstättenhof, während er seine Kletterpartien auf Bergen der näheren Umgebung, im südlichen Wienerwald, machte. Jedenfalls ziehen sich Lucias Erinnerungen wie ein roter Faden durch meine Erzählung, und da sich die Jahre im Versteck ohne ihre ebenso komplizierten wie dramatischen Familienverhältnisse nicht erschöpfend darstellen ließen, kommt Reinhold Duschka auf den ersten zwanzig, fünfundzwanzig Seiten nur selten vor. Ich erinnere mich, wie erschrocken Frau Heilman war, als ich ihr den Beginn der Erzählung zu lesen gab – eben, weil diese ihrem Wunsch entsprechend doch hauptsächlich von ihrem Retter handeln sollte.

Lucia an der Balkonbrüstung von Reinhold Duschkas Schrebergartenhäuschen um das Jahr 1940.

© *Privatbesitz Familie Heilman*

Die kleine Seilschaft

Aber letztlich geht es in dem Buch um alle drei: Reinhold, Regina und Lucia, und wie sie nicht nur vor und während der Naziherrschaft, sondern auch in den Jahrzehnten nach der Befreiung gelebt haben. Der Titel, „Am Seil", verweist sowohl auf die gegenseitige Abhängigkeit als auch auf ihre Verbundenheit. (Dass ich ihn der Sphäre des Alpinismus entlehnt habe, ist natürlich auch ein Tribut an Duschkas große Leidenschaft.) Abhängigkeit deshalb, weil Reinhold zwar – bildlich gesprochen – die kleine Seilschaft angeführt hat, aber auf die beiden anderen ebenso angewiesen

BergMenschen | **167**

Am Seil: Reinhold Duschka, vorne, auf Gletschertour im Jahr 1951.
© *Privatbesitz Familie Janous*

war wie sie auf ihn. Hätte zum Beispiel Regina nicht den Kontakt zu einem hochrangigen Militärarzt herstellen können, der ihm Jahr für Jahr ein Attest ausstellte, wäre Reinhold über kurz oder lang zur Wehrmacht eingezogen oder zur Arbeit in einem kriegswichtigen Betrieb verpflichtet worden, mit schlimmen Folgen für Mutter und Tochter, die dann keine Bleibe mehr gehabt hätten. Oder: Mit Reinholds Lebensmittelmarken allein hätten sie zu dritt nicht überleben können; indem Regina und Lucia ihm jedoch – beim Zuschneiden des Blechs, beim Löten, Feilen und Verpacken der fertigen Stücke – zur Hand gingen, konnte er seine Produktion erhöhen und vom Mehrverkauf im Schleichhandel zusätzliche Nahrungsmittel kaufen.

Trotzdem schwebten sie in ständiger Lebensgefahr. Am größten war die Bedrohung während des bereits erwähnten Bombenangriffs, an einem Sonntag im November 1944, als Reinhold bergsteigen war und Regina sich aus einem plötzlichen Impuls heraus entschloss, mit Lucia den Luftschutzkeller aufzusuchen, zum ersten und einzigen Mal, trotz des Risikos einer Verhaftung, und sich und ihrer Tochter damit das Leben rettete.

Oder irgendwann davor, als die Frau so schwer erkrankt war, dass sie an ihrem Aufkommen zweifelte und Reinhold bat, ihren Leichnam zu zerstückeln und auf dem Grundstück seines Schrebergartenhäuschens zu vergraben. Oder während der drei oder vier Ausflüge, die Reinhold mit Lucia auf den Cobenzl, einen von Wiens Hausbergen, unternahm, weil das Mädchen in der Werkstatt eine Art Lagerkoller bekam und ins Freie drängte, um sich wenigstens eine halbe Stunde lang austoben zu können. Was, wenn sie dort oben oder auf dem Weg dorthin kontrolliert worden wären? Oder wenn Reinhold, wie es nach dem Krieg dreimal geschehen sollte, beim sonntäglichen Bergsteigen abgestürzt wäre: Wer hätte dann für sie gesorgt?

Sie beschritten gemeinsam also tatsächlich einen gefährlich schmalen Grat, und es hätte trotz Reinhold Duschkas Nervenstärke ohne weiteres geschehen können, dass die latente Angst, von der nur er frei zu sein schien, in Verzweiflung umgeschlagen wäre. Auch das wollte ich mit meiner Erzählung zeigen: was alles nötig ist, um in einem Terrorregime zwei Menschenleben zu retten, und wie viel Glück es darüber hinaus braucht.

Die Frage drängt sich auf, ob Reinhold mit dieser Extremsituation deshalb gut zurechtkam, weil er es als Bergsteiger gewohnt war, Verantwortung zu übernehmen und auf andere angewiesen zu sein. Sowohl seine Tochter als auch sein Enkel vertreten diese Auffassung. Ich bin diesbezüglich unschlüssig, schließlich mangelt es nicht an Alpinisten, die von Ehrgeiz gepackt nur das eigene Ziel vor Augen haben. Das Urteil Leo Grafs, demzufolge sowohl er als auch Reinhold „wie alle eingefleischten Bergsteiger im Privatleben halb Egoisten, halb Autisten gewesen" seien, findet seine Bestätigung in Hellgards Kindheitserinnerungen an einen Vater, der die längste Zeit abwesend war. Es verweist auf den Umstand, dass viele Bergsteiger außerstande sind, ihre Leidenschaft familiären Verpflichtungen oder sozialen Interessen unterzuordnen. Das gilt freilich für alle, die ihren sportlichen Tatendrang ausleben wollen. Weltumsegler, Radfahrer, Weitwanderer, Fußballfans … Männer zumeist.

Die eigene Trägheit überwinden

Manchmal sehe ich mich gezwungen, meine Erzählungen nach ihrer Veröffentlichung weiterzuschreiben. So auch in diesem Fall: Nach Erscheinen der gebundenen Ausgabe erreichte mich die Nachricht einer Leserin aus Nürnberg, durch die sich Reinhold Duschkas Vorleben, das sowohl Lucia Heilman als auch Hellgard Janous unbekannt geblieben war, ein Stück weit erschloss: eine erste Tochter, eine frühe Ehe, die nach ein paar Jahren geschieden wurde, eine lebenslange Verbindung zu dieser Tochter und ihrer Mutter, mitgeteilt von Reinholds Urenkelin Sonja Reichenberger-Schulze. In die Erzählung selbst ließ sich diese Neuigkeit nicht einbauen, dazu hätte ich sie komplett umschreiben müssen, deshalb fügte ich sie als Postskriptum der Taschenbuchausgabe an. Ich verhehle nicht meine Freude über diese unverhoffte Ergänzung.

Bleibt die Frage nach dem Ertrag dieser Geschichte. Unbestreitbar ist die Aktualität von Reinholds Verhalten angesichts der Flüchtlinge, die von unseren Behörden in ihre Herkunftsländer abgeschoben werden, oder des rechtsextremen Mobs, der ihnen nach dem Leben trachtet: Wie verhalten wir uns in dieser Situation, was braucht es, dass wir gegen das Unrecht aufstehen, die ei-

„Gerechter unter den Völkern" und ein Vater, der die längste Zeit abwesend war: Reinhold Duschka.
© *Privatbesitz Familie Janous*

gene Trägheit überwinden? Gerade weil die Wirkung einer solchen Geschichte nicht ausreicht, um in der Gegenwart zu bestehen, müssen wir uns ihrer immer wieder versichern.

Der zweite Ertrag ist nur mir zunutze gekommen, demjenigen, dem die Geschichte erzählt worden ist und der sie weitererzählt hat: die Begegnung mit den Informantinnen und Gewährsleuten, vor allem mit Lucia Heilman, die mir durch ihr Selbstvertrauen, ihren gesunden Menschenverstand, ihre Feinfühligkeit und Lebensfreude ans Herz gewachsen ist. Sie steht mir vor Augen, auch jetzt, da wir uns wegen der Pandemie nicht sehen, nur miteinander telefonieren können. Ihre feste jugendliche Stimme, ihre klare Sprache. Ihre Genugtuung darüber, dass „Reinhold Duschka mein Retter" nicht vergessen ist.

Lesetipp
Erich Hackl: Am Seil. Eine Heldengeschichte, Diogenes Verlag 2018

Quäl dich – nicht mehr

Eine Begegnung mit der neuseeländischen
Kletterin Mayan Smith-Gobat
>> **Gudrun Regelein**

*Von Neuseeland über Kalifornien und Patagonien in die Fränkische Schweiz –
und bald wieder zurück? In Mayan Smith-Gobats Leben gibt es eine Konstante:
den Aufbruch.*

170 | BergMenschen

Ihre Hände verraten viel über sie. Auf den ersten Blick passen sie nicht zu der schmalen Frau: Es sind fast klobige Hände, mit kräftigen Fingern und kurz geschnittenen Nägeln – Arbeiterhände. „Meine Füße sind noch viel kaputter", sagt Mayan Smith-Gobat und lacht. Die Kletterschuhe seien daran schuld. Klettern, das war immer Teil ihres Lebens, sagt sie. „Das Klettern hat auch meine Persönlichkeit geprägt. Dadurch habe ich zu meiner inneren Stärke gefunden." Als Profikletterin hatte Mayan ein Leben der Extreme, das Online-Magazin *Planet Mountain* hat sie einmal als „one of the world's leading rockclimbers" bezeichnet. Dafür quälte sie sich physisch und psychisch viele Jahre lang: Sie hatte eine Essstörung, unzählige Verletzungen und zwei Schulter-OPs. Heute klettert Mayan zwar noch immer, aber sie ist in einem anderen Leben angekommen. Die 42-Jährige ist auf der Suche nach sich selbst. „Ich musste erst einen Schritt weg vom Profiklettern machen, um zu erkennen, dass ich mehr als nur eine gute Kletterin bin", sagt sie.

Die Liebe zu den Bergen war immer da. Mayan Smith-Gobat wurde in Mount Cook in Neuseeland geboren, ihre Mutter ist eine Deutsche, ihr Vater – ein Bergführer – Neuseeländer. Sie ist „in der Wildnis und in den Bergen" groß geworden, erzählt sie, das Skifahren lernte sie dort schon als kleines Kind. Zunächst aber, mit sieben Jahren, lebte sie eine andere Leidenschaft aus, das Reiten: „Das war damals eine große Sache für mich." Mit 16 Jahren begann sie dann mit dem Klettern, zunächst mit dem Alpinklettern; erst später entdeckte sie das Sportklettern für sich. Nach ihrem Schulabschluss investierte sie aber immer mehr Zeit in einen anderen Sport, nämlich in das Skifahren. Als junge Frau war sie einige Jahre lang profimäßig und sehr erfolgreich als Skiläuferin aktiv – eine von wenigen Frauen in Neuseeland. „Ich hatte keine Angst, das war von großem Vorteil." Diese Profikarriere fand ein jähes Ende, als Mayan im Jahr 2000 einen schlimmen Unfall hatte: Sie prallte gegen einen Baum und verletzte sich schwer. „Da ich damals die Füße nicht mehr benutzen konnte, habe ich eben die Arme trainiert. Ich war jung und ungeduldig." Sie widmete sich ganz dem Klettern, wurde sehr schnell gut darin und nahm bald – und wie beim Skifahren sehr erfolgreich – an Wettkämpfen teil. Mayan gewann verschiedene nationale Boulder-Wettkämpfe. Und danach, erzählt sie, war sie angefixt. Damals, mit Anfang 20, machte Mayan aber auch schon erste Begehungen an hohen Wänden.

Vom Plastik an den Fels

Zu Beginn ihrer Kletterkarriere war sie viel in Neuseeland unterwegs. Die dortige Szene war klein, es gab gerade einmal eine Handvoll Frauen, die auf hohem Niveau kletterten. „Ich bin von Natur aus relativ stark", sagt Mayan. Und das habe ihr sicher dabei geholfen, im Wettkampfzirkus bald die beste Athletin zu sein. Aber sie wollte mehr: 2006 nahm sie für ein Jahr an den Weltcups teil. „Das war dann allerdings eine komplett andere Nummer, ich war nur einmal in einem Halbfinale dabei." Um international besser zu werden und vorne mitmischen zu können, hätte sie viel mehr Zeit am Plastik trainieren müssen. „Ich hätte mich darauf fokussieren, meine Tage in den Hallen verbringen müssen." Das aber wollte sie nicht, denn sie ist viel zu sehr ein „Draußen-Typ". Mayan nahm zwar noch an einigen Einladungswettkämpfen teil, verlagerte ihren Schwerpunkt aber vom Plastik hin zum Fels. Es folgte eine Zeit des intensiven Sportkletterns, in der sie viel in Europa und der ganzen Welt unterwegs war. 2009 kletterte sie als eine von wenigen Frauen weltweit „L'academicien", eine 8c-Route im französischen Ceüse. Auf dem Weg von Europa zurück nach Neuseeland besuchte sie dann auch das Yosemite Valley – und entdeckte endgültig die ganz großen Wände für sich. Damals

Es tut nicht mehr weh. Mayan Smith-Gobat 2016 in Patagonien.
© T. Senf

BergMenschen | **171**

Naturkind: Ihre Liebe zu Pferden hat Mayan bis heute bewahrt.
© Archiv M. Smith-Gobat

kletterte sie zum ersten Mal am El Capitan. Yosemite sei für sie immer ein großes Ziel gewesen, erzählt sie, sie habe unbedingt das Rissklettern lernen wollen. „Und ich hatte immer den Traum, den El Capitan frei zu begehen." Mayan verlagerte ihren Schwerpunkt zum Bigwall- und Trad-Climbing.

Grenzerfahrungen

Ihre Komfortzone zu verlassen, war ihr in diesen Jahren sehr wichtig: „Mich ganz zu spüren in dem, was ich mache, hat mir in diesen extremen Situationen das Gefühl gegeben, wirklich am Leben zu sein." Wahrscheinlich habe sie auch deshalb einige riskante Geschichten in Patagonien und im Yosemite gemacht, und das sei eben eine andere Dimension als das Sportklettern, wo man eigentlich immer wieder sicher auf den Boden komme. Wie sie dabei mit der Angst umging? Mayan antwortet schnell: „Ich überlege mir im Voraus, was passieren könnte und ob ich das Risiko eingehe." Und wenn sie sich dafür entschieden habe, dann habe sie alles andere ausgeblendet: „Ich bin eingestiegen und einfach geklettert." Das sei damals in der „Salathé" so gewesen und auch später, als sie mit ihren jeweiligen Kletterpartnern mehrere Speedrekorde an der „Nose" brach, zunächst in einer „relativ sicheren und langsamen Version", dann in einer riskanteren. „Bei diesem Rekord, bei dem Sean Leary und ich dreieinhalb Stunden brauchten, gab es einen Moment, der kritisch war – das war knapp", sagt Mayan, *„speed over safety".* Nicht ganz ohne Risiko waren naturgemäß auch die Routen, die sie free solo kletterte, also ohne jede Absicherung, nur im Vertrauen auf ihre Hände, die Füße – und den Kopf. „Soloklettern bedeutet absolute Freiheit. Das sind Momente, in denen du ganz bei dir bist und intensiv das Leben spürst wie sonst nie." Das könne süchtig machen, man gewöhne sich an dieses Gefühl. „Aber die Frage ist, was dahintersteckt, dass man sich so sehr spüren muss", sagt Mayan nachdenklich. Free solo fordert zu hundert Prozent, ein Fehler kann tödlich sein. „Dieses Gefühl ist mir heute nicht mehr wichtig genug." Wenn sie aber etwas mache, dann mache sie es mit ganzem Herzen, auch heute noch. Sie war und ist bereit, dafür auf vieles zu verzichten. Sie hat viel geopfert – und viel erreicht.

„Salathé" (5.13b) / Yosemite 2011

Den Sommer 2010 verbrachte Mayan im Yosemite Valley, um sich die Beta, die spezifische Lösung für die Schlüsselstellen, zu erarbeiten. Ein mehrtägiger, heftiger Regenfall zwang sie dann dazu, ihre Versuche zu unterbrechen. Im Jahr darauf kehrte sie aber wieder zurück. Nach einer Woche in der Wand gelang ihr das, was nur einer Frau vor ihr – Lynn Hill – geglückt war: Sie kletterte die ausgesetzte, 900 Meter hohe Route frei. „Salathé' habe ich vielleicht am deutlichsten gespürt", sagt sie. „Ich wusste damals, dass ich die Stellen, die ich geklettert bin, nicht noch einmal wiederholen können würde – und die Schlüssellänge kommt erst ganz oben." Mayan wollte die Wand aber unbedingt frei klettern: „Ich habe richtig dafür gekämpft. Ich wollte da nicht noch einmal hochklettern!" Die Schlüssellänge sei dann definitiv die Krönung gewesen, genial und voller Ästhetik. „Als ich es dann tatsächlich geschafft hatte, war ich in einem kompletten Rausch – und für einige Tage total platt."

„The Nose", Speed Climbing / Yosemite 2012 bis 2014

Als sie erfuhr, wie langsam der Frauenrekord für die „Nose" war, nämlich zwölf Stunden, wusste sie, dass es schneller gehen würde. „Der Speedrekord war aber nicht wirklich ein Ziel für mich, sondern eher eine Herausforderung", sagt Mayan. 2012 schaffte sie die 1000 Meter hohe „Nose" mit ihrer damaligen Partnerin Chantel Astorga schon in sieben Stunden und 26 Minuten. Wobei ihr Plan damals eigentlich vorsah, den Link-up von Mount Watkins und „Nose" zu klettern. Ein Jahr später dann war Mayan mit einer anderen Kletterin, Libby Sauter, wieder an der „Nose": Fünf Stunden und 39 Minuten brauchte das Frauenteam damals. Im Jahr darauf ging es, wieder mit Libby, noch einmal schneller. Zunächst sprinteten die beiden in fünf Stunden und zwei Minuten die 1000 Meter hinauf, einige Tage später brauchten sie dann nur noch vier Stunden und 43 Minuten. Im Mixed-Team mit Sean Leary knackte Mayan dann 2013 die vier Stunden: Nach nur drei Stunden und 29 Minuten waren sie oben. Um Zeit einzusparen, hatten sie die Zahl der benutzten Keile und Cams reduziert – was bei einem Sturz die Fallhöhe erheblich vergrößert hätte. „Das war damals eher eine Kopfsache", sagt Mayan. Unter drei Stunden wäre die „Nose" wahrscheinlich auch noch gegangen, aber das wollte sie nicht mehr, denn dann wäre es „echt gefährlich" geworden. Auch hätte sie sich einen anderen Partner suchen müssen, denn Sean Leary verunglückte 2014 bei einem Basejump tödlich.

„Punks in the Gym" (8b+) / Australien 2012
Es war für sie die vielleicht wichtigste Tour, sagt Mayan. Weniger wegen des Schwierigkeitsgrades als wegen der Historie der Tour, die von Wolfgang Güllich erstbegangen wurde, und wegen der genialen Linie. „Punks in the Gym" gilt noch heute als eine der anspruchsvollsten Touren weltweit. Mayan war die erste Frau, der eine Begehung gelang. Zwei Jahre lang hatte sie darauf hingearbeitet. „Ich habe da ganz viel Zeit hinein investiert und hatte eigentlich schon fast aufgegeben." Aber dann lief es doch, es war einer der magischen Momente im Kletterleben, in dem einfach alles fließt. Für Mayan war es der letzte Versuch an diesem Tag – „wo du nicht mehr denkst, dass es jetzt noch geht". Für diese Tour mit ihren extrem weiten Zügen habe sie gezielt trainiert, erzählt Mayan. „Als ich dann tatsächlich den Umlenker geklippt habe, war es für mich ein fast surrealer Moment." Ein Lebenstraum war für sie in Erfüllung gegangen.

„Riders on the Storm" / Patagonien 2016 und 2017
Eine der legendären Routen am Torre Central der Torres del Paine im Süden Patagoniens, 1300 Meter hoch und bewertet mit 7c+. Im Jahr 1991 wur-

de die Wand von Wolfgang Güllich und Kurt Albert erstbegangen. Sie ist für extreme Wetterverhältnisse bekannt und sie hat noch immer nur wenige Begehungen. Mayan aber wollte die „gewaltige Linie" frei klettern. 2016 gelang es ihr gemeinsam mit Ines Papert immerhin auf 34 der insgesamt 38 Längen. Sie habe damals ganz unterschiedliche Emotionen gehabt, sagt sie. Sie waren zwar oben gewesen und auf dem Gipfel gestanden. Aber ein Steinschlag verfehlte die beiden Frauen beim Abstieg nur ganz knapp. „Damals hätte etwas richtig Schlimmes passieren können", sagt Mayan. Ein Jahr später kehrte sie mit Brette Harrington wieder zurück, um auch die letzten Seillängen zu „befreien". Aber das Wetter spielte in diesem Jahr nicht mehr mit. Die Platten gleich zu Beginn waren mit Schnee und Eis bedeckt. Die beiden Frauen stiegen dennoch ein, aber es war

Meilenstein: Frei durch die Headwall der „Salathé" am El Capitan 2011.
© A. Bardon

BergMenschen | 173

Hohe Schule der Rissletterei: „Rednekk Justus" (5.10+/5.11, links) und „Frank Zappa Appreciation Society" (5.13+) im Escalante Canyon, Colorado/USA.
© D. Holz

einfach nicht möglich, alle Passagen frei zu klettern. Letztendlich dauerte es einen Monat – und nicht, wie im Vorjahr, nur zwei Tage –, um über die unteren Platten und endlich an die beiden Schlüssellängen zu kommen. Diese haben die beiden Frauen dann zwar noch probiert und auch fast geschafft. Aber das Wetter war einfach zu schlecht, um sie zu durchsteigen. „Wir hatten genau das erlebt, wovor wir am meisten Angst gehabt hatten: einen total schlechten Sommer in Patagonien, in dem wir eigentlich nichts machen konnten – außer zu warten, dass das Wetter besser wird." Aber obwohl ohne Erfolg, hatten sie das Abenteuer heil überstanden: „Wir waren beide noch am Leben und noch Freunde. Und wir waren beide entschlossen, im nächsten Jahr zurückzukommen." Was sie aber nicht taten.

Abschied vom Profisport

Ein Jahr später, 2018, veränderte Mayan ihr Leben radikal. Es sei ein langer Prozess gewesen, erzählt sie. „Aber irgendwann habe ich gemerkt, dass es besser wäre, mehr auf meinen Körper zu hören." Etwa 15 Jahre lang hatte sie damals als Profikletterin gelebt, und „Erfolg gibt natürlich etwas". Sie sei in diesen extremen Jahren auf der Suche gewesen, hätte ihre eigenen Grenzen verschieben wollen: „Ich habe damals leiden müssen, um mich so deutlich zu spüren, wie ich es brauchte." Vielleicht habe sie das tun müssen, um Anerkennung zu bekommen. „Ich brannte darauf, gesehen zu werden." Als Kind sei sie schüchtern gewesen, sehr unsicher und verschlossen, sensibel. Als Jugendliche dann habe sie ihre Fraulichkeit, ihren weiblichen Körper, nicht wirklich akzeptiert. „Ich wollte immer so stark sein, wie Männer es sind – und dachte, ich muss mich deswegen zum Mann machen. Als junge Frau wollte ich unbedingt zeigen, wie stark ich bin. Dabei habe ich viele Jahre lang verleugnet, was ich wirklich bin: eine Frau, die stark sein kann." Dennoch würde sie, falls sie noch einmal die Wahl hätte, nicht viel anders machen. Sie habe auch aus den negativen Erfahrungen und aus ihren Fehlern etwas lernen können. Verletzungen, mentale Probleme und schlechtes Wetter haben sie oftmals zurückgeworfen, aufgegeben hat sie dennoch nie. Aber sie hätte ihrem Körper mehr Aufmerksamkeit schenken müssen, sagt Mayan, das wisse sie heute: „Dann wäre er nicht so kaputt." Daneben spielte das Sponsoring, das zunehmend über die sozialen Kanäle lief, bei der Entscheidung, in ihrem Leben etwas zu verändern, eine Rolle. Andauernd präsent sein und sich vermarkten zu müssen, das habe ihr nicht gefallen. „Ich hätte da mehr Gas geben müssen – und das ist nicht meins. Ich muss mich überwinden, mich zu verkaufen." Facebook, Instagram und die anderen Kanäle seien eine artifizielle Welt, die wenig mit der Realität zu tun habe. „Das macht mir einfach keinen Spaß." Bei ihrem damaligen Sponsor gab es eine Umstrukturierung, und das führte letztendlich dazu, dass ihr Vertrag nicht verlängert wurde. Noch einmal von vorne anfangen und sich auf die Suche nach einem neuen Sponsor begeben? Dazu hatte sie keine Lust: „Ich wollte bei dem Spiel einfach nicht mehr mitmachen."

„Riders on the Storm" – 2016 entspannt im Biwak, 2017 erleichtert vom Berg zurück (mit Brette Harrington).
© T. Senf, D. Smith

Die Farm in der Fränkischen Schweiz

Sie zog nach Deutschland, kaufte sich im fränkischen Plankenfels eine Farm mit Reiterhof – und entdeckte ihre Liebe für die Pferde wieder. Etwa zwei Jahre lang führte sie ein „normales" Leben mit einem festen Wohnsitz und einem regelmäßigen, geordneten Tagesablauf. Es habe sich gut angefühlt, etwas anderes zu machen, als nur klettern zu gehen, sagt sie heute. Sie konzentrierte sich ganz auf den Pferdehof. Sie brauche etwas, dem sie sich völlig hingeben kann, sagt sie. Damals kletterte sie weniger, die Felsen im Frankenjura sind im Wald versteckt und die Touren für sie ungewohnt kurz. Um Schwierigkeitsgrade sei es in dieser Zeit nicht mehr wirklich gegangen, aber: „Ab und an musste ich mir schon Sachen suchen, die anspruchsvoller waren." Irgendwann aber, erzählt Mayan, sei der Punkt gekommen, an dem sie dieses normale Leben als einengend empfand. „Ich fühlte mich extrem gebunden und wollte nur noch Freiheit." Die Berge fehlten ihr, unterwegs sein zu können. Mayan verpachtete den Hof in der Fränkischen Schweiz an Freunde und kaufte sich einen Bus, in dem sie noch heute lebt. In den vergangenen Wintermonaten reiste sie viel, war gemeinsam mit ihrem Freund in Frankreich und Spanien, um an abgelegenen Felsen zu klettern. Das sei eine sehr gute Zeit für sie gewesen, auch um ihr Leben neu zu ordnen, sagt sie. Im März 2021 ist Mayan wieder in Franken, dort trifft man sie zum Gespräch an einem kalten, windigen Nachmittag. Als Treffpunkt hat sie den Hohlen Fels vorgeschlagen, eine natürliche Karsthöhle auf einer Anhöhe.

In die Felsen am Südabbruch sind einige Touren eingebohrt, Mayan war hier schon einige Male klettern, „leichte Touren, denn schwere gibt es hier nicht". Momentan klettert sie nur für sich selbst, ohne Druck. Jetzt sei ihr wichtig, dass es ihrem Körper gutgeht. Früher habe sie nicht auf ihn geachtet, sondern ihn behandelt wie eine Maschine, die funktionieren muss.

Ein einfaches Leben

An einem festen Ort zu leben, kann sie sich momentan nicht vorstellen. Sie will sich bewusst Zeit für sich selber nehmen: „Ich bin auf der Reise in mein Inneres – ich möchte herausfinden, wer ich wirklich bin." Sie meditiere viel, erzählt Mayan, das helfe ihr, sich ganz bewusst auf sich selbst einzulassen. Ihr Ziel sei zu lernen, auf ihren Körper und Geist zu hören, „das Leben mehr spielerisch zu sehen, alles nicht so ernst zu nehmen – auch mich selbst". Sie sei genügsam, brauche aber die Freiheit und die Natur um sich herum. Auf Statussymbole, etwa ein Haus oder ein teures Auto, könne sie dagegen gut verzichten. Wie es weitergehen wird in ihrem Leben? „Ich habe noch keinen wirklichen Plan", sagt Mayan nachdenklich. Was sie aber weiß ist, dass sie ein einfaches, ein reduziertes Leben haben will. Andere Menschen würden es wahrscheinlich als Vagabunden-Leben bezeichnen, sagt sie und ein Lächeln huscht über ihr Gesicht. Was die Zukunft bringt? „Das werde ich sehen. Vielleicht zieht es mich ja auch wieder zurück nach Neuseeland. Ich habe zuletzt ein bisschen Sehnsucht gespürt."

Sein Freund, der Berg

Peter Habeler – Versuch einer Annäherung
>> **Maren Krings**

Ein Mann stellt sich in die Öffentlichkeit – und die erhebt Anspruch auf ihn. Wie schützt sich der Mensch vor seiner eigenen Inszenierung? Maren Krings, Fotografin und Umweltjournalistin, traf den legendären Alpinisten aus dem Zillertal zum Gespräch über sich und die (Berg-)Welt.

Zugegeben, es gibt einfachere Aufgaben, als einen der am meisten beschriebenen und interviewten Extrembergsteiger der Welt zu seinem Leben zu befragen, denn worüber wurde nicht schon berichtet?

Die Themen und Fragen, die mich als Umweltfotografin durch die Welt treiben, stellen für Peter dünnes Eis dar, auf welches er ungern geführt werden möchte.

Somit verlief unser Gespräch eher gewöhnlich: über Erinnerungen, Legenden der Bergsteigerwelt und Beobachtungen aus der Heimat, dem Zillertal. Gerne hätte ich mehr zum Thema der Klimakrise aus der Sicht eines der berühmtesten Bergsteiger der Welt erfahren.

Kann der Berg unseren gesellschaftlichen Gigantismus heilen? Ist Kohlenstoffkompensation nur etwas für die großen Industrien oder sollten auch wir, als weltreisende Abenteurer unsere Fernreisen „ausgleichen"? Wie ist das Verhältnis zum Arten- und Naturschutz bei Menschen, die sich den rauen Kräften der Natur wiederholt in voller Verletzbarkeit aussetzen?

2020 wurde ein Schmetterling nach Peter Habeler benannt: Habelers Nelken-Palpenfalter (Caryocolum habeleri) – ein Zeichen von Peters besonderer Nähe zum Artenschutz?

Peter beendet mein Nachfragen schnell mit der Aussage, dass „wir eh nix ändern können" an der Klimakrise und dass er schließlich kein Wanderprediger sei. Als ich im Nachgang noch einmal mein Glück versuche, bekomme ich die folgende Antwort: „Wenn du mein Buch ‚Das Ziel ist der Gipfel' hast, ergeben sich die Antworten auf deine Fragen von selbst."

Das Buch habe ich vor Jahren gelesen, in Anbetracht meiner Fragen fokussiere ich mich auf das Vorwort, welches Peter mir in seiner E-Mail ans Herz legt. Doch auch nach mehrfachem Lesen habe ich anstelle von Antworten noch mehr Fragen, denn weder Peters Plädoyer gegen die Aussage von Lionel Terray, dass Bergsteiger „Eroberer des Unnützen" seien, noch die Einsichten in die Strapazen, Siege und Niederlagen, die Überwindung des Egos oder die Wichtigkeit von persönlichen Zielen helfen mir, den Bogen weiter zu meinen Fragen zu spannen.

Es zeichnet sich vielmehr auch hieraus das gleiche Bild, welches öffentlich-medial prädominant von Peter Habeler gezeichnet wird: Die betagte Bergsteigerlegende bleibt unantastbar, Gespräche bleiben locker und humorvoll, solange sie sich an der Oberfläche bewegen. Persönlichere Fragen – etwa zu seiner Meinung über Themen außerhalb des Alpinismus, aber doch mit diesem verwoben – bleiben genauso unbeantwortet wie die oft gestellte Frage zu seinem Seilpartner Reinhold Messner, der den Ruhm der ersten Besteigung des Mount Everest ohne zusätzlichen Sauerstoff im Jahr 1978 mit Peter teilt. Für mich fühlt es sich wie eine orchestrierte Distanz an, aber so schwierig es für mich ist, die richtigen Fragen zu finden, um diese Mauer des leichten Plauderns zu durchbrechen, so mühsam muss es auch für Peter sein, seit über 40 Jahren fortwährend die immer gleichen Fragen zu beantworten. Wieso darf es nicht einfach beim signifikanten Erfolg der Besteigung des Mount Everest ohne künstlichen Sauerstoff bleiben? Wieso werden Menschen wie Peter Habeler gesellschaftlich verpflichtet, ihr Spezialwissen in der eigenen Königsdisziplin gleichsam in Gestalt intellektueller Glückskekse über die Massen regnen zu lassen?

Nähe aus der Distanz

Vielleicht haben die vielen Interviews auf Peter den gleichen Effekt wie sprechende Gäste auf einer geführten Tour?

„Ich mag beim Gehen eigentlich nicht reden … Im Gebirge auf den Steigen, da gibt es so viel zu sehen, da wird einfach nicht geredet", erzählt er rückblickend auf die vielen Touren, die er für Banker, Manager und Führungspersonen in der Heimat und in den Bergen der Welt führte. „Bei den Nepalreisen erlebte ich immer wieder, wie Leute ihre ganzen Sorgen einfach mitnehmen. Und das Erste, was sie dir auf dem Weg von Lukla aus erzählen, sind ihre Finanzsorgen." Die Flugstunden nach Nepal sind für viele gerade lang genug, um den versäumten Schlaf der vergangenen Arbeitswochen nachzuholen, nicht aber, um sich mental auf ein das persönliche Sichtfeld erweiterndes Abenteuer einzulassen.

Ich möchte wissen, ob es einen Unterschied zwischen der öffentlichen Person des Peter Habeler und der privaten gibt. Er sei immer der Gleiche, antwortet er mir, und ich gehe gedanklich zurück zu unserem ersten Treffen im Jahr 2013. Damals

Immer der Gleiche geblieben. Peter Habeler im Frühjahr 2021.

© Alle Fotos: M. Krings

Menschen, Berge und ihr öffentliches Image. Peter Habeler zu Hause, mit Bildern seines älteren Bruders Roman.

arbeitete ich gemeinsam mit der Autorin Irene Prugger an einem Buch über die Bergrettung Tirol. Peter, seit langem Ehrenmitglied der Bergrettung und Mitglied der Ortsstelle Mayrhofen, traf sich mit uns und dem damaligen Landesleiter Kurt Nairz, einem alten Freund und Wegbegleiter. Hier lernten wir den „medientauglichen" Peter Habeler kennen – Irene aus der Sicht einer Journalistin, ich aus der Sicht der Fotografin.

„Des darfst ma aber nid schreiben!"

Der Verlauf des Gesprächs ähnelte dem heutigen: Touren, Gipfelsiege, Anekdoten, Blicke auf die bereits aus dem Leben geschiedenen Bergsteigergrößen und Kollegen. Ich erinnere mich lebhaft daran, bereits damals die Anmerkung „Des darfst ma aber nid schreiben!" einige Male gehört zu haben. Auch in unserer jetzigen Unterhaltung kommt dieser Satz meist dann, wenn Peter von seinem öffentlichen Selbst zur privaten Person wechselt.

2015 traf ich Peter wieder, diesmal mit dem Auftrag, einen Bildband für den Tourismusverband Tux-Finkenberg zu produzieren. Meine Aufgabe war es, Peter Habeler auf seinen Hausberg, den Olperer, zu begleiten – im Gepäck vier Flaschen „Tuxer Wein", dessen Etikett der Berg ziert. Es ist der „private" Peter Habeler, den ich hier kennenlerne. Unsere Seilschaft besteht aus Einheimischen, einige unter ihnen alpinistisch geprägt von Peters Kletter-Camps, die sie als Kinder besuchten. Ich spüre zwischen den Teilnehmern dieser Olperer-Besteigung Nähe und Distanz zugleich.

Zum einen dominiert die große Bewunderung und der Stolz, die Heimat mit dem legendären Bergsteiger Peter Habeler zu teilen. Der tiefe Respekt äußert sich aber auch in dem Bedürfnis, ihm nahe zu sein, seine Aufmerksamkeit zu erhaschen, zu Hause eine Tour mit dem Peter zu gehen. Dieser, so kommt es mir vor, wahrt die mir spürbare Distanz auch gegenüber seinen Tuxer Mitbürgern. Nach der Tour sitzt man spontan in geselliger Run-

Vielköpfiges Schweigen auf dem Petersköpfl nahe dem Friesenberghaus – ein Höhepunkt der Peter-Habeler-Runde.

de zusammen. Gefördert von einigen Gläsern des guten „Tuxer Weins" kommen hier unterschwellige Kontroversen auf den Tisch, die mich in der Meinung bestätigen, dass man sich im Zusammenleben auf eine einvernehmliche „Win-win"-Beziehung verständigt hat: Peter, als Werbeträger des Zillertals, werden gewisse Freiräume zugestanden; im Gegenzug ist er der Region gegenüber loyal und wird von kontroversen Themen, die Vertreter der Medien mit Vergnügen aufgreifen, diskret Abstand halten. Durch die vielen internationalen Vorträge und Beiträge garantiert er der Region einen großen Zulauf an Besuchern, die gerne, aber nicht ausschließlich seiner Leidenschaft des meditativen Gehens folgen.

Das inszenierte Selbst

Daher überraschen mich die kritischen Beobachtungen Peters, die er im Sommer 2020, inmitten der COVID-19 Pandemie, mit mir teilt. Auf seinem Handy zeigt er diverse Bilder, die Schlangen von Wanderern auf dem Weg zur Olpererhütte zeigen. Aber nicht das Naturerlebnis oder die Bergwelt sind Grund für all diese Menschen, hier hinaufzusteigen, sondern die Liebe zur digitalen Selbstdarstellung. Ein Instagram-Hipster hat die Hängebrücke nahe der Hütte als neue „Bühne" für die Selbstinszenierung vor dem Alpenpanorama bekannt gemacht. Mittlerweile kann man auf Instagram unter dem Hashtag #olpererhütte, an die 18.000 Beiträge finden: Bilder der Hängebrücke zu allen erdenklichen Jahres- und Tageszeiten, von Models im roten Abendkleid bis hin zur Wandergruppe im Adamskostüm.

„Ist das noch normal?", fragt Peter rhetorisch. Die Flucht aus den verstopften Großstädten in die nahegelegenen Alpen scheint eine der vielen Begleiterscheinungen von COVID-19 zu sein. „Jetzt, durch Corona, will auf einmal jeder auf den Berg und wandern, ob er dafür prädestiniert ist oder nicht", sagt Peter – und fügt bei: „Jeder Berg, egal wo, verträgt kein Übermaß an Menschen, und der

BergMenschen | 179

Tourismus ist einfach zu viel geworden." Oft habe ich ihn das sagen hören und ich wundere mich immer wieder auf ein Neues, dass die „Galionsfigur" Peter, wie er sich selbst bezeichnet, diese Meinung authentisch vertreten kann.

Aber die Lösung dieses Problems überlässt Peter lieber der jungen Generation, auf die er all seine Hoffnung setzt. „Der Gigantismus ist nicht gut", sagt er, und er spielt damit auf den steten Bettenzuwachs und die überdimensionierten Neubauten im Tal an. Jedoch sei ein „Zurück zu einem Normal" auch nicht mehr möglich, man könne an diesem Punkt nur noch bremsen und aufhören, immer weiterzubauen.

Auch wenn ich es nicht darauf angelegt habe, so höre ich an dieser Stelle zum ersten Mal eine klare Positionierung und Kritik an der eigenen Heimat im Umgang mit der Urlaubs- und Freizeitindustrie. Peter verweist auf Tiroler Destinationen, die eine andere Form des Tourismus betreiben und dem so oft zitierten „Overtourism" dadurch entsagt haben. Er schätzt die toll ausgebauten Skigebiete von Tux, Ahorn und Penken sehr, schaut aber auch mit Sorge auf die weiteren Vergrößerungen und Ausbauten, die der Erhalt solcher Infrastrukturen mit sich bringt. „Zum Glück haben wir den Hochgebirgs-Naturpark Zillertaler Alpen, dort kann nichts gebaut werden. Aber selbst dort ist alles voll." Das sah man vor zehn Jahren anscheinend noch anders, denn damals widmete man Peter Habeler die gleichnamige Runde, einen in sechs Etappen unterteilten Höhenwanderweg, zum 70. Geburtstag. Die Intention war und ist es, mehr Wanderer in die weniger frequentierte Region der westlichen Zillertaler Alpen zu bringen. Vielleicht könnte eine zweite Hängebrücke dieses Problem lösen?

Der Zweck der Freundschaft

In Peters Haus fallen mir einige Gemälde auf, eines zeigt Peter selbst. Alle sind von seinem älteren Bruder Roman gemalt worden, dem Künstler, der seinen achtzigsten Geburtstag nicht erleben durfte. Wir begeben uns auf eine Exkursion in Peters Familiengeschichte, die mir auch eine meiner Fragen zur Bedeutung von Seilschaften in seinem Leben beantwortet. Seinen Vater hat Peter kaum gekannt; zurück aus dem Krieg, blieb er aus gesundheitlichen Gründen in seiner Geburtsstadt Wien,

während die Mutter mit den beiden Söhnen im Zillertal lebte. Die jungen Jahre sind von der Krankheit beider Eltern überschattet und haben Peter schnell erwachsen werden lassen, denn meistens war er auf sich selbst gestellt. Zuflucht suchte er in der ihn umgebenden Bergwelt. Das Vertrauen und die Unterstützung seiner Mutter ließen es zu, dass Peter bereits mit fünfzehn Jahren seine eigene Wohnung in Mayrhofen hatte und früh in die Welt hinaus zog, immer geleitet von den Bergen, die ihn am meisten begeisterten. Seine Ausbildung an der Glasfachschule in Kramsach formte ihn nur teilweise zum Glasbläser, viel mehr wohl zum Alpinisten, denn nun hatte er das Rofangebirge direkt vor der Türe und ließ keine Möglichkeit aus, seine Kletterkenntnisse weiter auszubauen. Darauf folgte dann auch schon die Begegnung mit Reinhold Messner und Sepp Mayerl, dem „Blasl-Sepp", die ihn beide vieles am Berg lehrten.

Obwohl diese Verbindung so weit zurückreicht und Peter wiederholt versichert, dass Reinhold Messner einer seiner besten Partner war, lehnt er das Wort „Freundschaft" ab – für die Beziehung zu Reinhold ebenso wie für jene zum 2019 tragisch verunglückten David Lama. Es seien Zweckverbindungen gewesen und „man müsse sich deswegen privat nicht die Händchen halten". Die Kälte und Unversöhnlichkeit in dieser Aussage erklärt sich für mich durch Peters Schilderung der eigenen Kindheit. „Mein Papa ist sehr früh, mit 50 gestorben, da war ich gerade mal sechs Jahre alt. Ich habe sozusagen immer auf mich selber aufgepasst. Und so wie ein Kind aufwächst, so geht's dann auch im späteren Leben meist weiter. Der Roman war sechs Jahre älter, er war aber auch immer weg. Er war bereits in der Forstschule, (wir) haben auch total unterschiedliche Interessen gehabt. Es macht mir oft Gedanken, wie das alles damals war, aber ich war gerne alleine und ich wusste immer etwas mit meiner Zeit anzufangen. Ich bin eben immer auf die Berge gegangen und der Berg war dann auch mein Freund, da habe ich mich nie alleine gefühlt. Meine Freundinnen waren die Hüttenwirtinnen, ich war damals ein Lausbub und sie waren Freundinnen, in dem, dass sie nach mir geschaut haben. Aber so dicke Freundschaften habe ich eigentlich nie gehabt. Ich war ja auch immer irgendwo unterwegs."

Auch wenn Peter dem Wort „Freundschaft" eine andere Bedeutung beimisst, so spüre ich eine tiefe Verbundenheit und Trauer, als er mit gesenktem Blick über David Lama spricht. Der tragische Tod des gerade 29-jährigen Ausnahmealpinisten aus dem Zillertal hat auch Peters Motivation für die Berge gedämpft. „Der Drive wie vor drei Jahren ist nicht mehr da ..."

Aus weichem Holz

Noch 2017 hatte Servus TV die gemeinsame Eiger-Nordwand-Besteigung der beiden dokumentiert. Im Film sagt David, dass dies wohl die letzte gemeinsame Tour für Peter sein werde – „... und dann, wie der Teufel es will, war es für David die letzte Tour, die wir gemeinsam gegangen sind". Das erste Mal hatte er David in seiner Obhut, als dieser fünf Jahre alt war, während eines Jugend-Klettercamps an der Kasseler Hütte. Liebevoll klingt es, als er erzählt, wie er Mutter Claudia und David nach München zu einem Casting für die ZDF-Reihe „Sporttalente" mit Johannes B. Kerner begleitete. „Dort wurden ihm (David) viele Fragen gestellt, aber viel hat er nicht gesagt. Nur ‚ja' oder ‚na'. Und das wurde dann auch mit der Sendung nichts."

Später allerdings, erzählt Peter, habe David mit einer wirklich guten Rhetorik ein tolles Bild vor der Kamera abgegeben und keinen „Wulst" wie viele andere gemacht. Ich weiß nicht, auf wen Peter hier anspielt, aber für mich schließt sich der Kreis meiner Gedanken: Es ist nicht automatisch auch die Aufgabe des Extremsportlers, Filme, Bücher, Interviews und andere Zeitdokumente in eigener Regie zu erstellen. Wichtiger ist es für ihn, die richtigen Menschen zusammenzubringen, Menschen, die es verstehen die Botschaft gut in das jeweilige Medium zu übersetzen.

Denn am wichtigsten für den Bergsteiger ist es, sich auf seine Griffe und Tritte in der Wand zu konzentrieren, sonst wird aus einer Legende schnell ein Mythos.

Nicht vielen ist es erlaubt auch mit 80 Jahren noch am Berg „herumzuwieseln", wie Peter es nennt.

Den Berg in dieser Weise *lesen* zu können ist, neben der physischen Gesundheit, eines der wichtigsten Attribute, über die meist nur alt gewordene Bergsteiger verfügen. Zu ihnen zählten

unter anderem Luis Trenker (98), Heinrich Harrer (94) und Andreas „Anderl" Heckmair (99), von denen Peter sagt: „Das waren Geschnitzte, ich bin aus einem weicheren Holz. Da kommt schon Freude auf wenn einem nichts weh tut."

Möge das auch noch viele weitere Jahre so bleiben: dass er seinen Körper ohne Schmerzen spüren und die Berge weiter *lesen* kann – und dass keine weiteren Fragen zu den klimatischen Veränderungen im Gebirge das meditative Gehen stören werden.

"Ein Stück unserer Seele aber blieb in den Alpen!"

Freie Frauen: Margarete (1876–1951) und Elsbeth Große (1879–1947)

Joachim Schindler

Wie zwei sächsische Frauen am Ende des 19. Jahrhunderts den Weg zu den Bergen fanden, ist bemerkenswert. Wie und unter welchen Bedingungen sie alpine Ballonfahrten absolvierten, ist ungewöhnlich. Mit ihrer Publizistik und ihren Vorträgen waren sie ihrer Zeit weit voraus. Ihre internationalen Kontakte und ihr Eintreten für mehr Frauenrechte waren herausragend. Dennoch kann man ihre Namen in der alpinen Geschichtsschreibung bis heute kaum finden.

Über viele Jahre hinweg war der bekannte Bergführer Hans Fiechtl ihr treuer Freund und Begleiter. Mit ihm unternahm Margarete Große zahlreiche Bergtouren – auch eine Erstbegehung –, ihm widmete sie nach seinem tödlichen Absturz 1925 in der Österreichischen Touristenzeitung (ÖTZ) einen Nachruf: *„Hans Fiechtl zum Gedächtnis"*. Das war etwas ganz Besonderes zu dieser Zeit: dass eine Alpinistin, eine Frau aus dem fernen Sachsen, einem der renommiertesten Bergführer den Nachruf schrieb.

Insgesamt verfügen wir über rund 600 Seiten Beiträge aus der Feder Margarete Großes in den führenden alpinen Zeitschriften und einer Vielzahl anderer Zeitungen. Dabei handelt es sich fast ausschließlich um Berichte über Bergtouren und Ballonfahrten, über Fragen der Kartographie und Erdkunde sowie um Übersetzungen und Rezensionen fremdsprachiger alpiner Literatur. Insbesondere in der Österreichischen Alpenzeitung (ÖAZ) schrieb Margarete Große viele Beiträge unter dem Kürzel „M. Gr.", wodurch diese bisher kaum Aufnahme in Bibliografien fanden. Zahlreiche Beiträge erschienen darüber hinaus als separate Sonderdrucke.

Ab 1923 bezogen die Schwestern Große die Nachrichten der Sektion Donauland (nach dem Ausschluss dieser Sektion aus dem DuÖAV 1924 Donauland-Nachrichten) und bewahrten sie über die gesamte Zeit des Nationalsozialismus auf. Auf verschlungenen Wegen fanden diese Jahrgänge und über einhundert wertvolle Bergbücher nach ihrem Tod über die Sektion Touristik der Betriebssportgemeinschaft Empor Dresden-Löbtau den Weg in die Bibliothek des Sächsischen Bergsteigerbundes SBB.

Kindheit und Jugend in Meißen – und die ersten Klettereien

Margarete und Elsbeth wurden 1876 beziehungsweise 1879 in Meißen an der Elbe geboren. Hier wuchsen sie wohlbehütet in der Familie des Kaufmanns Ernst Große und dessen Frau Auguste auf. Während Margarete eine mehrstufige Ausbildung im Lehrerinnen-Seminar Callenberg bei Zwickau absolvierte, übernahm Elsbeth nach ihrem Schulabschluss die Hausarbeit und die Pflege der Eltern. Im Jahr 1899 verstarb die Mutter, der geliebte Vater im Jahr 1909.

Nach ihrem Studienabschluss im Jahr 1896 fand Margarete Anstellung als Hilfslehrerin an der Höheren Mädchenschule in Bautzen, ab 1902 in Meißen.

In ihrem Erlebnisbuch „Frauen auf Ballon- und Bergfahrten" berichten Elsbeth und Margarete anschaulich vom frühen Beginn ihrer klettersportlichen Entdeckungen im Meißner Gebiet, über Wanderungen im sächsischen Land und über ihre große Naturliebe und Bergbegeisterung: *„Der ungeheure Pflanzen- und Tierreichtum unserer Heimat, … weckten schon frühzeitig unser Interesse und machten uns mehr empfänglich für die täglichen Offenbarungen der Natur wie für alles, was uns auf Wanderungen Neues vorkam. … Endlich unsere Meißner Heimat als Keimzelle unseres sportlichen Bergsteigertums! … Erste Klettertour! … Schon in der Wohnung der ‚Stemmkamin' im Türgewände, in dem wir uns mit den Händen emporstemmten, bis der Kopf oben anstieß! … Dann die Geländeklettereien dank dem lebhaften Relief unserer Heimat! So suchten wir uns mit der Zeit einen regelrechten kleinen Klettergarten zusammen. Da ist zum Beispiel die Bosel, der senkrechte Südostabbruch unseres kleinen Spaargebirges. … Wie an der Boselspitze, so kletterten wir an allen uns zugänglichen Felsstellen herum: an den Proschwitzer Höhen rechts der Elbe, … und linkselbisch im Triebischtale: an den Korbitzer Schanzen, am Porphyrfelsen der Hohen Eifer, am Zuckerhut! Am Götterfelsen, einem teils senkrecht, teils überhängend abbrechenden Pechsteinfelsen … An diesem Pechsteinfelsen wagten wir später, schon alpinistisch erfahren, sogar eine sehr heikle Traverse! … In der Garsebacher Schweiz endlich hatten wir*

Margarete (links) und Elsbeth Große waren Schwestern, Berg- und Lebensgefährtinnen – und Persönlichkeiten des öffentlichen Interesses. Zu ihrem Ballonstart in Dresden am 27. März 1910 war auch die sächsische Königsfamilie anwesend.

© Alle Abbildungen: Archiv J. Schindler

1909 und 1911 überquerten Margarete und Elsbeth im Ballon verschiedene Ostalpengebiete. Die Luftaufnahmen aus dem Berner Oberland (von links: Jungfrau, Aletschhorn, Mönch und Eiger) ...

oben auf der Höhe eine etwa 4 Meter hohe senkrechte Felswand ausfindig gemacht. ‚Wandaufstieg' an kleinen Griffen und Tritten oder links davon schwieriger Überhang, dann gar leichtes Aufrichten auf dem etwa 1 Meter langen, ¼ Meter breiten Gipfelgrätlein und königlicher Stand rund 100 Meter hoch fast senkrecht über dem großen Pechsteinbruch an der Talseite!"

Von der Elbe in die „Alpenwelt"

Bevor Elsbeth und Margarete zu ihrer ersten Alpenfahrt aufbrachen, traten sie im Jahr 1899 der örtlichen Alpenvereinssektion bei: „Wir selbst gehörten der Sektion Meißen vom ersten Jahre unserer bergsportlichen Tätigkeit als Vollmitglieder an ... auch hier als erste und viele Jahre einzige Vertreter unseres Geschlechts." Zu dieser Zeit nahmen viele Alpenvereinssektionen noch keine Frauen als Mitglieder auf.

Wie sie es selbst ausführlich beschrieben, markierte dieses Jahr 1899 den Beginn ihrer alpinen Leidenschaft. Eine gemeinsame Sprachstudienreise in den frankophonen Teil der Schweiz nach Genf infizierte sie beide mit dem Bergvirus, der sie lebenslang nicht mehr verlassen hat. 19 umfangreiche Tagebücher von Elsbeth berichten über Bergtouren und Ballonfahrten zwischen 1899 und 1912, sie umfassen insgesamt etwa 5500 handschriftliche Seiten.

Bis 1944 unternahmen die Schwestern – immer selbständig organisiert – über 40 Alpen-, Gebirgs- und Italienfahrten, über die sie genau Buch führten. Am Beginn stand die Fahrt von 1899: „So suchten wir uns durch unser kleines Klettergärtlein Gewandtheit, Spann- und Schwungkraft, Selbständigkeit, Schwindelfreiheit und Mut für die Alpen zu gewinnen und zu erhalten. Auch für den sportlichen Alpinismus [war] unsere Meißner Heimat Keimzelle! … Bestimmte Sehnsuchtsberge hatten wir ja längst. Da war zunächst der Montblanc – allerdings nicht zur Besteigung, nur zum Anschauen, zur Einfühlung in die Alpenwelt! Selbstverständlich also, daß, als ich nach einer Universitätsstadt zum Studium der französischen Sprache Umschau hielt, meine Wahl auf Genf fiel. … Als glückliche Menschen kehrten wir heim. Ein Stück unserer Seele aber blieb in den Alpen!"

Im darauffolgenden Jahr verbrachten sie den Urlaub im Riesengebirge und dessen Umgebung. Sie besuchten die Schneekoppe, viele Gründe, Berge und Hütten sowie die Sandstein-Felsgebiete Heuscheuer und Adersbach-Wekelsdorf, die Falkenberge bei Hirschberg und die schlesische Hauptstadt Breslau.

Mit dem gleichen Enthusiasmus, mit dem sie jährlich in die Alpen fuhren, erschlossen sie sich klettersportlich weiterhin die Meißner Gegend. Zielstrebig besuchten sie die Sächsisch-Böhmische Schweiz über Jahrzehnte, bestiegen alle markanten Felsberge vielfach. Regelmäßig unternahmen sie darüber hinaus Fahrten und Touren durch die deutschen und böhmischen Mittelgebirge sowie lange Wanderungen durch die Wander- und Klettergebiete.

184 | BergMenschen

Großglockner, Dachstein, Watzmann und Zugspitze in einem Urlaub

Die Erlebniswelt gebirgsferner Alpinisten weist Besonderheiten auf, die der Gebirgsbewohner schwer nachvollziehen kann – erst recht vor über einhundert Jahren. Da waren schließlich zuerst die wochenlange Vorbereitung, das heimische Training, das Zusammenstellen der Ausrüstung und die lange Anfahrt mit der Eisenbahn.

„In den nächsten Ferien [1904] also nur Hochtouren. Eine Tour wenigstens, der Großglockner mußte werden! War aber nicht nötig, das Warten! Ein gütiges Lächeln des Schicksals: 1. Tag: Adlersruhe, 2. Tag: Gipfel! … Eine köstliche Erinnerung aber nahmen wir mit uns hinab ins Tal! Wir wußten nun, daß wir uns immer und immer wieder emporsehen würden in jene himmlischen Höhen, daß wir uns für ewig in ihren Zauberkreis gebannt hatten. … Am Großvenediger ging uns bei wolkenlosem Himmel die Herrlichkeit der Hochgebirgswelt auf. … Danach zum Dachstein … Und prächtiges Klettern, weil die Drahtseile vor unseren Augen zum Zwecke der Erneuerung abgenommen wurden. Urwüchsiger Fels! Um so befriedigender die Kletterei! Wie Silber schimmerte das Dachsteinkalkplateau zwischen silbernen Weiten, und der Abstieg nach den Gosauseen war sportlich und landschaftlich voll hoher Schönheit. … Am Watzmann umwehte, umbrauste uns beglückend der Freiheitsatem einer Gratwanderung und faßte uns der Rausch der Tiefe. … Ein großes Erlebnis war uns auch der gleitende, rollende, sich schier endlos auseinanderfaltende Irrgarten des Steilhanges zum Wimbachtal. … Endlich die Zugspitze! … Denn längst nun schon hatten wir das Raumgefühl gewonnen, das der Bergsteiger – wie auch der Luftfahrer – braucht, will er Genuß von seinen Touren haben! So ist uns unsere Bergliebe aus dem Halbbewußten, Rätselhaften voll ins Bewußtsein gehoben worden. Sonnenklar war es uns nun: die Berge waren, wonach wir getastet, wonach wir gesucht hatten: durch ihre Schönheit und Größe, ihren geistigen Reichtum! Gesundbrunnen, Kraftquell für die Seele waren sie – und durch ihre Betätigungsmöglichkeit Jungborn für den Körper! Wir sind ihnen treu geblieben!"

Diese Frauen-Alpentouren blieben in der Stadt Meißen mit ihrer überschaubaren Einwohnerzahl nicht unbemerkt. Noch im Jahr 1905 hielt Margarete Große in der rund 70 Mitglieder zählenden Sektion Meißen des DuÖAV ihren ersten öffentlichen Vortrag über sommerliche Ortler-Besteigungen der Schwestern. In der Meißner Zeitung vom 2. Dezember 1905 erschien dazu ein umfangreicher Vortragsbericht.

Ebenso ungewöhnlich war, dass „Fräulein Margarete Große, Lehrerin" im Herbst 1905 Mitglied Nummer 127 der Ortsgruppe Meißen der Wissenschaftlichen Naturforschenden Gesellschaft ISIS wurde, laut ISIS-Mitgliederlisten das erste – und für sehr viele Jahre einzige – weibliche Mitglied. Die Ortsgruppe setzte sich aus naturwissenschaftlich interessierten Direktoren, Fabriksbesitzern, Ärzten, Juristen, Beamten, Lehrern, Porzellanmalern und Kaufleuten zusammen. Es fanden regel-

… fotografierte Gebhard A. Guyer im Jahr 1908. Die Schwestern erhielten die Bilder als Geschenk – mit einer Widmung des Skipioniers und Ballonfahrers Victor de Beauclair

Großes Spektakel! Ballonstart in Dresden-Reick zu Ostern 1910.

Am 25. März 1907 unternahmen Elsbeth und Margarete Große ihre erste bedeutende Ballonfahrt mit den genannten Herren: „An der Spree aufwärts von der Mündung bis zur Quelle". In Poeschels Buch „Luftreisen" (1908) beschrieb Margarete diese Fahrt: *„Der Traum unserer Kinderjahre erfüllte sich, wir schwebten frei empor in den blauen Himmel."* Sie berichtete vom Start an der Gasanstalt Tegel, von der Fahrt über Berlin, den Fläming, die Nieder-, West- und Oberlausitz und insbesondere über die letzten Kilometer, nun schon in Sachsen, bis zur Landung in der Nähe der Spreequelle bei Ebersbach.

Fahrten über die Alpen fanden wegen der geographischen und klimatischen Herausforderungen besonderes Interesse bei den Ballonfahrern – bei denen, die auf Alpengipfel stiegen, sowie allgemein in der Öffentlichkeit. Die Presse verfolgte das Geschehen mit großer Aufmerksamkeit. Entsprechend umfangreich, detailliert und widersprüchlich ist die überlieferte Berichterstattung. Besondere Beachtung und Anerkennung fanden vor allem Margaretes und Elsbeths Alpen-Ballonfahrten: 1909 mit Hauptmann von Funke von Innsbruck bis nach Südmähren und 1911 über Innsbruck mit Landung in 2000 Metern Höhe. Beide Fahrten haben sie in ihrem Erlebnisbuch intensiv beschrieben.

Am 21. Juli 1909 veröffentlichten die Innsbrucker Nachrichten unter der Überschrift „Fahrt im Freiballon über die Alpen" diese Meldung: *„Alpen-Fahrten gehören immer zu den sportlich reizvollsten Unternehmungen der Vereine für Luftschiffahrt, und nur wenigen Sportsleuten (Spelterini, Victor de Beauclair) ist es beschieden gewesen, Haupt-Massive des Hochgebirgs zu überfliegen. Zur Zeit ist der Ballon ‚Graf Zeppelin' des Sächsischen Vereines für Luftschiffahrt aus Dresden in Innsbruck eingetroffen, um diesen Versuch zu machen. Es ist der vierte Versuch dieser Art, der von Innsbruck aus unternommen wird. Der Luftballon ‚Graf Zeppelin' (2300 Kubikmeter) hat sehr ansehnliche Abmessungen und übertrifft an Größe die früheren Ballons, die hier gestartet sind, erheblich. Die Führung liegt in den Händen des Hauptmanns v. Funke aus Dresden, als Passagiere finden im Korbe zwei Schwestern Große aus Meissen Platz, die als Hochturistinnen schon manchen Gipfel bezwungen haben und keine Neulinge im Ballonfahren sind."*

mäßig Zusammenkünfte mit Vorträgen sowie Exkursionen in die nähere und weitere Umgebung Meißens statt, an denen sich die Schwestern aktiv beteiligten.

Weltmeisterliche Ballonfahrten

Ihre Bekanntheit in Meißen, ihre Aktivitäten in Alpenvereinssektion und ISIS-Gesellschaft sowie ihre Aufgeschlossenheit gegenüber der Natur, den Bergen, der Wissenschaft und allem Neuen beförderten eine lebenslange Freundschaft mit dem Rektor der in Meißen ansässigen Fürstenschule St. Afra, Professor Dr. Johannes Poeschel, sowie mit dem Vorsitzenden der Alpenvereinssektion, Rechtsanwalt Dr. Reichel, beide aktive Pioniere der sächsischen Ballonfahrt. Bereits ab 1906 luden sie die beiden Frauen zu Ballonfahrten ein.

Nach mehreren Terminverschiebungen wegen Wind und Wetter startete am 23. Juli Hauptmann von Funke, 2. Präsident des Königlich Sächsischen Vereins für Luftschiffahrt, zusammen mit Elsbeth und Margarete gegen 8 Uhr mit dem Ballon „Graf Zeppelin" in Innsbruck. Ihre Fahrt über die Alpen führte sie bis zum Abend bis nach Mährisch Budwitz (Moravskè Budějovice). Es war zugleich die erste Ostalpenfahrt und die erste Leuchtgasalpenfahrt mit Damen. Am 26. Juli veröffentlichten die Innsbrucker Nachrichten unter „Die Fahrt des Sächsischen Ballons ‚Zeppelin'" einen weiteren kurzen Fahrtbericht, denn der Innsbrucker Gaswerksdirektor hatte eine vom Ballon abgeworfene Postkarte erhalten: *„Gruß aus dem Ballon ‚Graf Zeppelin' aus Dresden. Aufgestiegen in Innsbruck. Wundervolle Fahrt über Innsbruck, Karwendelgebirge, Achensee, Kufstein, Kaisergebirge, jetzt ¼1 Uhr zwischen Reichenhall und Salzburg; noch 16 Sack Ballast. Auf der ganzen Fahrt einzig schöner Blick auf die Zentralalpen, ferner Kalkalpen von Zugspitze bis Dachstein. Richtung nach Linz. Herzl. Grüße M. u. E. Große. Herzl. Gruß von Funke."*

Nummer 9 und 10 der „bedeutenden europäischen Bergsteigerinnen"

Besonders öffentlichkeitswirksam gestaltete sich die Ballonfahrt zu Ostern 1910, mit Start in Dresden-Reick, bei der fast die gesamte sächsische Königsfamilie anwesend war und über die europaweit fast alle Zeitungen berichteten. In der Deutschen Zeitschrift für Luftschiffahrt hieß es: *„Seine Majestät liess sich mehrere Führer und Mitfahrende vorstellen, insbesondere auch die einzige Führerin eines Ballons, Fräulein Elsbeth Große aus Meißen und ihre Schwester Marga."* Ins Tagebuch schrieb Elsbeth: *„Dabei ward uns die Ehre zuteil, dem König und der Prinzessin vorgestellt zu werden. ‚Sie fahren heute auch?' das war alles, was der König zu uns sagte."* Diese Königsaudienz kam zu dieser Zeit in Sachsen fast einer Adelung gleich.

Im ersten Jahrzehnt des 20. Jahrhunderts erwarben Margarete und Elsbeth Große als fünfte und siebente Frau in Deutschland das Freiballon-Führerpatent. 1911 wurden sie die erfolgreichsten Ballonführerinnen Deutschlands genannt. „Braunbeck's Sportlexikon 1911/12" nannte sie unter den Mitbegründern des Tiroler Vereins für Luftschifffahrt und stellte beide mit Porträt und

Foto im Lexikon vor. Margarete Große: *„Wir wurden die Einzigen unseres Geschlechts – nicht nur in Deutschland, sondern überhaupt – die lange und weite Fahrten, auch Nachtfahrten, allein, ohne männliche Begleiter, unternahmen."*

Ihre Ungarn-Fahrt im März 1910 mit 22:30 Stunden Dauer und 871 Kilometern Entfernung, ihre erreichte Höhe von 6000 Metern sowie ihre Fahrt 1911 stellten anerkannte und vielfach beschriebene Weltbestleistungen im Frauen-Ballonfahren dar.

Eine Anerkennung ihrer Leistungen war 1913 die Wahl von Margarete in die Kartenkommission des Deutschen Luftfahrtverbandes. Sie schrieb darüber hinaus als Erste für mehrere schulgeographische Zeitschriften Aufsätze über Geographie und Ballonfahrten.

Wie alle Touren, zu Fuß und im Ballon, wurde auch die Matterhornbesteigung 1908 im Reisetagebuch festgehalten.

BergMenschen | **187**

Im September 1911 veröffentlichte die in Paris herausgegebene Modezeitschrift FEMINA eine Berg-Collage mit 15 bedeutenden europäischen Bergsteigerinnen. Unter Nummer 9 ist „Fräulein Margarete Große" und unter Nummer 10 „Fräulein Elisabeth Große" abgebildet.

Als eines der ersten weiblichen Mitglieder des elitären Österreichischen Alpenklubs ÖAK, dem sie zusammen mit Elsbeth seit 1910 angehörte, trat Margarete beim Vortragsabend am 16. April 1914 im Konzerthaus Wien ans Vortragspult. In der Österreichischen Alpenzeitung vom 20. April 1914 berichtete der Redakteur: *„Den Zusammenhang mit den alpinistischen Zielen des Klubs stellte Fräulein Große dadurch her, daß sie ihren Vortrag mit der Schilderung von zwei alpinen Ballonfahrten einleitete und im Anschlusse daran über vier Flachlandfahrten, von denen drei selbständig geführt wurden, erzählte. … Besonders hervorheben möchten wir nur die äußerst interessanten Vergleiche, die Fräulein Große zwischen dem Alpinismus und dem alpinen Ballonfahren zog und die sich nicht nur durch ihre vollendete Form, sondern auch durch sehr treffende Beobachtungen auszeichneten … sowie die Schilderungen der selbständig durchgeführten Landungen, die mit ihrem durchweg glatten Verlaufe wohl den besten Beweis für die Gewandtheit und Geistesgegenwart der Vortragenden bildeten."* Im März, April und Mai 1916 veröffentlichte die Österreichische Alpenzeitung den Vortrag.

„War das ein Leben!" – Urlaub auf berühmten Alpenbergen

Der Ausbruch des Weltkriegs beendete das überaus erfolgreiche Kapitel „Ballonfahrten". Ihrem Luftschiffer-Verein blieben sie weiterhin aktiv verbunden. Was in den Berichten kaum erwähnt wird: So öffentlichkeitswirksam die Ballon- und Luftschifffahrten Anfang des 20. Jahrhunderts waren, so aufwändig und teuer waren sie. Auf viele Fahrten mussten Elsbeth und Margarete verzichten, weil es ihnen an den Mitteln für Startgeld, Ausrüstung, Ballonfüllung, Transport, Reisen und anderes fehlte. Zahlreiche Fahrten sparten sie sich förmlich vom Munde ab beziehungsweise waren sie dazu von wohlhabenden Freunden eingeladen worden.

Ihre Alpenfahrten wechselten sich ab beziehungsweise ergänzten sich mit den bereits be-

schriebenen Ballonfahrten. Ihr Wunsch, möglichst alle Viertausender der Alpen zu besteigen, erfüllte sich zwar nicht, doch über die Besteigungen bedeutender Ziele wie Gran Paradiso, Großglockner, Jungfrau, Lyskamm, Matterhorn, Meije, Mont Blanc, Ortler, Presanella, Wildspitze, Dachstein, Drei Zinnen, Vesuv, Watzmann und Zsigmondyspitze hinterließen Margarete und Elsbeth Große interessante und emotionale Berichte.

Bei ihrer jährlichen Alpenfahrt besuchten sie im Juli 1910 den Wilden Kaiser, die Zillertaler Alpen, die Dolomiten und bei der Rückreise erneut den Maler Edward Theodore Compton. In ihrem 16. Reisetagebuch schilderte Elsbeth auf rund 330 Seiten ihre Erlebnisse, darunter jene auf dem Totenkirchl: *„Heute weilten mit uns ungefähr 50-60 Menschen oben. Es waren fast alles Münchner Führerlose, unter ihnen im Ganzen mit uns ungefähr 6 Damen. War das ein Leben hier oben! Die Münchner betrachteten das Totenkirchl als speziell ihren Berg, zu dem sie allsonntäglich pilgerten. Es war ein richtiges Idylle hier oben, über das wir zuerst nicht wenig erstaunt waren, denn ungeniert lagen die sehnigen Klettergestalten halbnackt auf den Felsen, ohne Strümpfe, Schuhe, Hemd, nur mit den kurzen Kniehosen bekleidet und ließen sich von der warmen Sonne bescheinen. Trotzdem uns das alles zuerst abstieß, gewöhnten wir uns doch schnell daran. Der Ton untereinander war so richtig angenehm, sie schienen sich alle zu kennen, und der Geist der Kameradschaft waltete unter ihnen. Hatten wir doch schon während der Kletterei gemerkt, wie nett der Verkehr zwischen den Touristen und Führern, als auch untereinander war. Ganz vorn am Rand der Gipfel, fast mit den Füßen über dem Abgrund baumelnd, lagerte das junge Mädchen mit ihrem Bruder. Sie genierte sich nicht einmal, sich auffallend nach uns umzudrehen und uns lange mit ihren Blicken zu mustern. Hinter uns saß der Freund der Beiden, ein langer hünenhafter Mensch, halbnackt wie alle anderen Herren. Als wir kamen rief er meinem Führer zu ,Ach, der Herr Keindl! Der Keindl, der im ganzen Kaiser grad so gut Bescheid weiß wie in den Dolomiten.' … Es war ein ganz originelles Gipfelleben, das wir hier kennenlernten."*

Auf weiteren Seiten beschreibt Elsbeth die Ausblicke vom Gipfel des Totenkirchls sowie den langen Abstieg und den Aufenthalt im Stripsenjochhaus im Gewitter.

Der Erste Weltkrieg stellte für sie eine tiefe Zäsur dar. Radikale Einschränkungen in der Schulbildung durch die Behörden, insbesondere bei der Mädchenbildung, führten zu großer Empörung und Auflehnung Margaretes. Nach der daraus resultierenden Strafversetzung erkrankte sie ernsthaft, worauf sie notierte: *„Meine Artikel und Vorträge, alles Dinge, die mich für meinen Beruf geistig bereicherten oder seelisch beschwingten, die aber manchem von der damaligen Behörde ein Dorn im Auge waren: ‚ein Beamter in untergeordneter Stellung hat sich nicht auszuzeichnen' Tut er's doch, so muß man ihm seine Abhängigkeit eindringlich zu Gemüte führen!"* Erst ein ärztliches Attest für eine Alpenfahrt in die Schweizer Berge brachte sie wieder auf die Beine, zurück in die Schule und an den Schreibtisch.

Rezensionen, Anregungen, Gedanken

Über viele Jahre hinweg rezensierte Margarete Große für die ÖAZ sachkundig und kritisch französische und englische Bergliteratur sowie alpine Zeitschriften. In ihrer Rezension der französischen Zeitschrift La Montagne des Club Alpin Français (Nr. 159, Februar 1923) griff sie frühzeitig einen Vorschlag zur baldigen Schaffung einer einheitlichen „Klettertouren-Schwierigkeitsskala" mit Ziffernangabe für den gesamten Alpenraum auf. Aus dem Sächsischen Bergsteigen wusste sie um Wert und Bedeutung der siebenstufigen Schwierigkeitsskala, die Rudolf Fehrmann 1923 in seinem Kletterführer „Der Bergsteiger im Sächsischen Felsengebirge" erstmals verwendete. (Wortgewaltige Redakteure und leistungsorientierte Kletterer benötigten noch einige Jahre, bevor dies in den Alpen langsam umgesetzt wurde.)

Im September desselben Jahres schreibt Margarete in der Nummer 1017 der Österreichischen Alpenzeitung auf mehreren Seiten ihre Gedanken zu „Berge und Alltag" auf: *„Nicht umsonst nennen wir die Berge unseren Gesundborn, den Jungbrunnen unseres Lebens. Wir alle kennen das wunderbare Lebensgefühl, das uns beim Steigen, beim Klettern oft durchströmt, das uns nach langen, schweren Touren, die uns rechtschaffen müde in den Schlaf sinken lassen, als köstlichstes Erlebnis bleibt. ... Wir Bergsteiger, die wir wirklich mit der Seele Bergsteiger sind, können auch draußen im Leben nicht Feiglinge und Laue, Meinungslose sein."*

Am Vortragspult und in der alpinen Literatur

Mit über 70 bisher erfassten Zeitschriften- und Buchbeiträgen betätigte sich insbesondere Margarete zwischen 1908 und 1951 vielseitig und mutig als Autorin. Als sie aber 1920 in der neu geschaffenen Zeitschrift Der Alpenfreund fragte: „Ist die Frau zum Alpinismus berechtigt?", als sie 1921 kritisch über „Führerverhältnisse" schrieb und diesbezüglich „Eine dringende Bitte an den Alpenverein" formulierte und als sie 1924 schließlich einen Bericht über die „Überschreitung der Schwarzwand in der Reichenspitz-Gruppe" veröffentlichte, war es mit der viel gepriesenen Bergfreundschaft vorbei: Sie musste sich teilweise harscher Kritik erwehren. Der Redakteur hatte ihren Beitrag verändert und ob ihrer berechtigten Kritik musste sie sich Hohn und Spott gefallen lassen,

Für die Zeitschrift Der Alpenfreund zeichnete Margarete Große 1924 die Ansichten von Schwarzwandkopf (oben) und Spaten, gesehen von der Plauener Hütte beziehungsweise aus dem Höhenaukar.

BergMenschen | 189

Altmodisch und nicht alltäglich: Margarete Große mit ihrer Schulklasse im Jahr 1943.

den man sich mit einem namhaften männlichen Autor wohl nie erlaubt hätte.

Die neue Münchner Zeitschrift Der Berg veröffentlichte im September 1923 mit dem polemischen Beitrag „Auch eine Ersteigung" von Polizei-Oberleutnant August Vechioni (auch Vecchioni, ein Vorstandsmitglied der Sektion München) einen scharfen Angriff auf Margarete Große und ihren Beitrag „Der Puikogel im Geigenkamm" in den Mitteilungen des DuÖAV von 1923. „Sollen wir die Klinge kreuzen mit einer Frau?", fragte Vechioni; sein Beitrag war ausgesprochen frauenfeindlich, herabwürdigend, unterstellend und beleidigend.

Die angegriffene Autorin reagierte in ebendieser Zeitschrift, Heft Dezember/Januar 1923/1924: *„Wenn jemand mich hinterrücks angreift, mich vor einem großen Leserkreise spalten- und seitenlang mit Spott und Hohn übergießt, ohne mir davon ein Sterbenswörtchen mitzuteilen!! ... Ein falsches Zitat (deren es in Herrn Vechionis Aufsatz mehrere gibt). ... Der Herr Verfasser scheut sich nicht, mir alle – sogar die religiösen – Gedanken und Empfindungen, die ich dem sachlichen Berichte hinzugefügt habe, ins Lächerliche und in den Schmutz zu ziehen. ... Ich bezweifle nicht, daß ... der Herr Verfasser eine Schar Alpinisten hinter sich hat, die ihm Beifall geklatscht und sich diebisch gefreut haben, daß einem bisher in alpinen Kreisen geachteten Menschen und zumal einer Frau eins ausgewischt worden ist; aber ich weiß auch Alpinisten, die dem Aufsatz verächtlich ablehnend gegenüberstehen."*

Während in einigen Zeitungen in Bayern und Tirol zumeist unter Namenskürzeln hämisch Vechioni zugestimmt wurde, unterzog erst Dr. Josef Braunstein im März 1923 in den Nachrichten der Sektion Donauland des DuÖAV im Beitrag über das „Alpine Zeitschriftenwesen" auch die neue alpine Münchner Zeitschrift Der Berg einer kritischen Bewertung: *„Was unserem persönlichen Geschmack weniger entsprach – wir sind nicht die einzigen dieser Ansicht – war die Art der Polemik, welche gegen Margarete Große geführt wurde. Ueber die Bedeutung eines Bergsteigers oder Schriftleiters zu urteilen, steht Jedem frei, ein gewisser ritterlicher Ton aber wäre einem Gegner gegenüber, dessen Veröffentlichungen in den ‚Mitteilungen' des D.Oe.A.V. und in der ‚Oesterreichischen Alpenzeitung' immer sehr geschätzt waren, wohl am Platze gewesen, auch wenn es sich nicht gerade um eine Frau gehandelt hätte. Und Margarete Großes Veröffentlichungen erschienen erstmalig in einer Zeit, in der Heinrich Heß und Hans Wödl das Redaktionszepter führten."*

Frauen am Vortragspult in männerdominierten Vereinen stellten echte Ausnahmen dar. So referierte Margarete bereits 1905 und 1907 in ihrer Meißner Alpenvereinssektion über Ortler- und Watzmann-Besteigungen, 1911 im Dresdner Gewerbeverein und im Königlich Sächsischen Verein für Luftschiffahrt über Ballonfahrten sowie 1912 in Stuttgart im Württembergischen Luftschifferverein. 1914 sprach sie in Bautzen und in Freiberg über alpine Ballonfahrten. Die Krönung war der bereits genannte Auftritt im April 1914 in Wien beim elitären Österreichischen Alpenklub.

Diese reiche literarische und publizistische Tätigkeit setzte sie bis in die 1930er Jahre hinein erfolgreich fort, in Sachsen zuletzt 1933 beim Jubiläum des Luftschiffer-Verbandes. In Österreich erschienen ihre Beiträge noch bis 1938 in der ÖAZ, dann war sie auch hier nicht mehr gefragt.

Aufrechte Streiterinnen für die Frau im Alpinismus

Im Juli 1924 beschäftigte sich der Hauptausschuss des DuÖAV in seiner turnusmäßigen Tagung unter anderem mit dem Antrag zur Gründung neuer

Sektionen. So hatte zum Beispiel eine Gruppe Berliner Frauen Antrag auf Gründung einer selbstständigen Frauensektion gestellt, da die Sektion Berlin keine Frauen aufnahm. Der Antrag wurde einstimmig abgelehnt und man empfahl den Sektionen, zukünftig auch Frauen aufzunehmen. Ansonsten spielte diese Thematik im Männerverein eine untergeordnete Rolle. Für Frauen war es jedoch wichtig, auch wegen des damit verbundenen Unfallschutzes auf Bergtouren, da bisher nur Mitglieder versichert waren.

Nachdem Margarete sich bereits in der Vergangenheit zu dieser Thematik öffentlich geäußert hatte, fragten im April 1925 die Mitteilungen des DuÖAV in einem Beitrag: „Sollen wir deutschen Bergsteigerinnen einen eigenen Verein oder wenigstens eine eigene Alpenvereinssektion anstreben?" Im weiteren ist dort zu lesen: *„Auf der HV [Hauptversammlung] des DuÖAV in Rosenheim [1924] ist im Jahresbericht u.a. mitgeteilt worden, daß auch ein Antrag auf Gründung einer reinen Frauensektion vorgelegen habe. Der HA hat diesen Antrag abgelehnt, und die Ablehnung ist von der Versammlung mit Beifall aufgenommen worden. Männer waren es, die den Antrag ablehnten, Männer vermutlich auch, zum mindesten in der Mehrzahl, die der Ablehnung zustimmten."* Nach diesem Beitrag gab es im DuÖAV und in zahlreichen Sektionen Auseinandersetzungen und Angriffe auf Margarete Große, sodass sie nur noch einen einzigen Beitrag in den Mitteilungen des DuÖAV veröffentlichte, im Jahr 1929. Andeutungsweise ist belegbar, wie sehr sie für diesen Beitrag heruntergeputzt wurde.

Nach ihrer Besteigung des Mont Blanc hatten die Meißner Schwestern 1926 ein Ehrendiplom von der Mont-Blanc-Führerschaft und dem Präsidenten des Verbandes der französischen Alpinisten erhalten. 1928 umkreisen sie das gesamte Bergmassiv in etwa 5000 Metern Höhe mit einem Doppeldecker-Flugzeug. Der Mont Blanc hatte ihr Denken und Handeln von Anbeginn berührt, er wurde zu ihrer letzten Ruhestätte. Ihrem Wunsch gemäß wurde nach ihrem Tod ihre Asche im Eis des „Monarchen" versenkt. Ein Bericht darüber erschien im Beitrag von Hans Barobek im Alpenvereinsjahrbuch BERG 90.

Was bleibt ...

Da Margarete Große antinazistisch eingestellt war und nicht der NSDAP angehörte, war sie nach 1945, bereits siebzigjährig, noch einige Jahre als Lehrerin in Meißen tätig. Ehemalige Schülerinnen, die sich bis vor wenigen Jahren alljährlich in Meißen trafen, schilderten die Schwestern Margarete und Elsbeth als ungewöhnlich und „nicht alltäglich", da sie recht „altmodisch" gekleidet und frisiert waren. Sie seien sehr sparsam gewesen und hätten jahrelang die gleichen Bergschuhe – auch in der Schule – getragen. Zum Englischunterricht brachte Margarete Große mehrfach englische Bergsteigerinnen mit, die zu Besuch weilten und mit denen sie die Sächsische Schweiz besuchte. Als Klassenleiterin unternahm sie sehr lange Wanderungen mit ihren Schülerinnen. Margarete Große war ihren einstigen Schülerinnen so wichtig, dass diese auch nach 70 und mehr Jahren Fotos, Postkarten und Poesiealben in guter Erinnerung aufbewahrten. In ihrer Heimatstadt Meißen wurde ein Weg nach den Schwestern Große benannt, in einem kleinen Neubaugebiet weitab der Altstadt, 20 Meter lang.

Bedeutendes Buch, weithin unbekannt

Erst durch intensive Recherche konnte der Autor dieses Beitrags vor etwa 20 Jahren ermitteln, dass Ende 1951 ein prächtiges 330-seitiges Buch von Margarete Große im Verlag der Österreichischen Bergsteiger-Zeitung, Wien, in einer geringen Auflage erschienen war: „Frauen auf Ballon- und Bergfahrten" (*„Ein Lebensbuch – Dem Andenken meiner einzigen Schwester und Lebensgefährtin Elsbeth Große gewidmet"*). Leider verfügt keine einzige öffentliche Bibliothek in Deutschland über dieses Buch, nicht einmal die Deutsche Nationalbibliothek/Nationalbibliographie verzeichnet es bis heute. Nur in der Bibliothek des Deutschen Alpenvereins in München ist ein Exemplar vorhanden.

Es gibt nicht viele Bergbücher von Frauen – und dies ist ein besonderes Buch: in der Fülle, in der Tiefe, im Empfinden. Margarete Große beschloss es kurz vor ihrem Tod mit diesem Credo: *„Möchte die Zeit nicht mehr fern sein, wo über unserem Deutschland – und über allen Völkern der Erde als Höhenfeuer lodre – der edle Dreiklang: FRIEDE – FREIHEIT – FREUNDSCHAFT!"*

BergMenschen | 191

BergWissen

Nach der Chaostheorie kann der Flügelschlag eines Schmetterlings einen Tornado am anderen Ende der Welt auslösen. Wenn seine Flügel aber gar nicht mehr schlagen würden? Dann könnte etwas noch Dramatischeres passieren. Der sehr selten gewordene Eschen-Scheckenfalter lebt, streng geschützt, im oberösterreichischen Nationalpark Kalkalpen. Niemand weiß, was passieren würde, lebte er dort nicht mehr.

Schatzkammer Zillertaler Alpen

Granate, Amethyste und Bergkristalle sind Naturschätze –
und ein Kulturgut, das es zu bewahren gilt.
Walter Ungerank

Für „Stuansucher" sind die Zillertaler Alpen eine Schatzkammer. Für Wissenschaftler sind sie, neben den Hohen Tauern, das mineralreichste Gebiet der Zentralalpen. Fundstücke und Fundstellen sollen der Nachwelt erhalten bleiben.

Es ist oft noch stockfinster, wenn sich die „Stuansucher" am frühen Morgen auf den Weg machen. Sind es doch meist viele Stunden Gehzeit bis zum hochalpinen Gelände, wo die Suche nach den begehrten Schätzen erst beginnen kann. Schon unterwegs werden sie beim Erwachen der Natur durch den morgendlichen Vogelgesang oder den Zauber des Sonnenaufganges für ihre Mühen entlohnt. Haben die Sammler später dann das Glück, eine Kristallkluft oder eine kristallführende Schieferzone aufzuspüren, beginnt eine schweißtreibende Arbeit. Mit Hammer und Meißel und mit der allergrößten Vorsicht versuchen sie, schöne Mineralstufen aus dem Felsen zu hauen. Die gesammelten Schätze werden liebevoll in den Rucksack gepackt und ins Tal getragen. Zu Hause müssen die Funde abgewaschen und von taubem, das heißt überflüssigem Gestein befreit werden. Interessierte können diese Kunstwerke der Natur dann in den Sammlervitrinen bewundern.

Manchmal aber erfüllen sich die Erwartungen der Steinsucher nicht. Sie kommen dann zwar mit leerem Rucksack, immer aber mit vielen schönen Eindrücken aus den Bergen zurück.

Erdgeschichte zum Anfassen

Zwischen Brenner und Krimmler Achental ragt eines der bekanntesten Gebirge der Ostalpen empor: die Zillertaler Alpen. Erstmals erwähnt wurden diese Berge bereits im Jahre 102 v. Chr., als germanische Volksstämme aus dem hohen Norden über den Brenner zogen und dabei auf ihren Schilden über die steilen Schneehänge „hinabrodelten".

Die Natur benötigte mehr als 200 Millionen Jahre, um die Zillertaler Gebirgswelt so zu formen, wie wir sie heute bewundern können – ein riesiger Zeitraum, in dem durch massive geologische Veränderungen eine Vielzahl von Mineralien entstehen konnten.

Die *Nördliche Zone* beziehungsweise Grauwackenzone wird von Schiefergestein (Wildschönauer Schiefer) und Schwazer Dolomit bestimmt. In diesem Gestein sind die gewaltigen Lager von silberhaltigem Fahlerz eingeschlossen, die im Bereich von Schwaz jahrhundertelang abgebaut wurden.

Die *Mittlere Zone* ist dagegen größtenteils aus Quarzphylliten aufgebaut. In diesem Bereich liegt die Goldlagerstätte Zell am Ziller.

Die *Südliche Zone* gehört zum Westende des sogenannten Tauernfensters und besteht hauptsächlich aus Zentralgneis. Dieser ist, ähnlich einer aufgebrochenen Schale, in die Schieferhülle eingebettet und wird vom sogenannten Greinerkeil, seinerseits bestehend aus hochmetamorphen Schiefern, chloritischen Grüngesteinen und Serpentinlagen, gestört. Ebenso finden sich im hinteren Zillertal Zonen, in denen die untere Schieferhülle von Marmor, Gneis und Quarz durchzogen ist. Die obere Schieferhülle enthält Kalkphyllite und Kalkglimmerschiefer mit kalkreichen und kalkarmen Einsprengungen.

Doch wie ist das erwähnte Tauernfenster eigentlich entstanden? Ständige Bewegungen im Erdin-

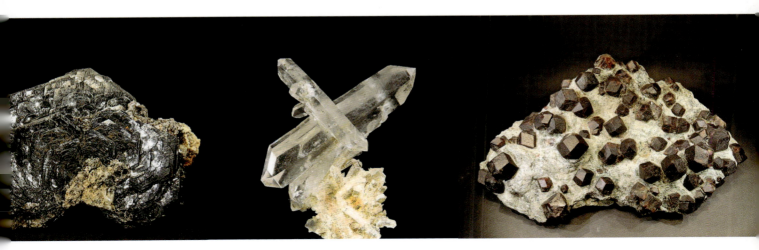

Edle Zillertaler Steine, die sich nur im Maßstab unterscheiden: Während die Nordwand des Hochfeilers sich selbst ausstellt, wurden Hämatit, Bergkristall und Granat von Menschenhand arrangiert.

© W. Ungerank

neren ließen einen alten Ozeanteil zwischen Afrika und Europa/Asien wie in einem großen Rachen verschwinden. In dessen Sog bewegte sich der afrikanische Kontinent auf den eurasischen zu, bis beide kollidierten. Wie beim Aufeinandertreffen von Eisschollen wurden Gesteinsmassen übereinandergeschoben, brachen ab und wurden emporgehoben. Das heutige Oberflächengestein lag ursprünglich in einem besonders stark „überfahrenen" Bereich in 20 bis 30 Kilometern Tiefe. Hier herrschten extreme Verhältnisse: 600 Grad Celsius und der ungeheure Druck führten dazu, dass die zuvor tiefstgelegenen Schichten nach oben ausbrachen und andere, zuerst darüberliegende Schichten seitlich wegdrifteten. Letztendlich liegt heute also in den Zillertaler Alpen und den Hohen Tauern ein besonders „geschundener" Teil der europäischen Kontinentalplatte ganz oben: das geologisch treffend bezeichnete „Tauernfenster". Und diesem Umstand verdanken wir unter anderem unseren großen Mineralienreichtum.

Heimat der Granate

Die markanten und prachtvollen Almandine (Eisentongranate) der Zillertaler Alpen gelten unter Mineralogen und Sammlern in aller Welt geradezu als Wahrzeichen des Zillertals. Georg Gasser bezeichnet es in seinem Buch über die Mineralien Tirols (1913) als das „Mekka der Granatklauber", weil es die „reichlichsten, größten, reinsten und schönsten Granate lieferte, welche die Monarchie aufzuweisen vermochte". Granate wurden und werden auch in Südtirol und im Ötztal gefunden, aber nur im Zillertal wurden sie in großem Umfang gewerbsmäßig abgebaut und bearbeitet, da sie den Böhmischen Granaten in Farbe und Qualität durchaus ebenbürtig waren.

Bereits 1745 fand Andrä Kreidl am Rossrugg oder „Rossrücken" im Zemmgrund bei der Gamsjagd rot leuchtende Granate in silberglänzendem Chloritschiefer. Er nahm Musterstücke mit, verkaufte sie als Feuersteine und erwarb 1747 sogar das offizielle Schürfrecht.

1872 beschreibt L. Hörmann die Granathütte im Zemmgrund als eine kleine Ansiedlung der Steinklauber in der Steinwüste. Er berichtet: *„Hier wird man freundlich aufgenommen, wo man die eigentümliche Industrie des Steinklaubens und Rollens beobachten kann. In dieser Hütte hantieren vier bis fünf wettergebräunte, bestaubte Gesellen und schlagen, stoßen und feilen darauf los, dass einem Hören und Sehen vergehen könnte. Die Leute sehen mit ihren tiefgefurchten, verwitterten Gesichtern wie Ruinen aus. Leicht begreiflich; man denke sich nur die anhaltende, strenge Arbeit in einer Höhe von 9 bis 10.000 Fuß; jedem Unbill des Wetters ausgesetzt; den sicheren Tod vor sich, wenn einer auf diesen halsbrecherischen Pfaden strauchelt oder eine Strickleiter bricht. Dessen ungeachtet sind die Leute äußerst zufrieden und mit jenem Zug der Gemütlichkeit begabt, wie es solchen Naturmenschen eigen ist."*

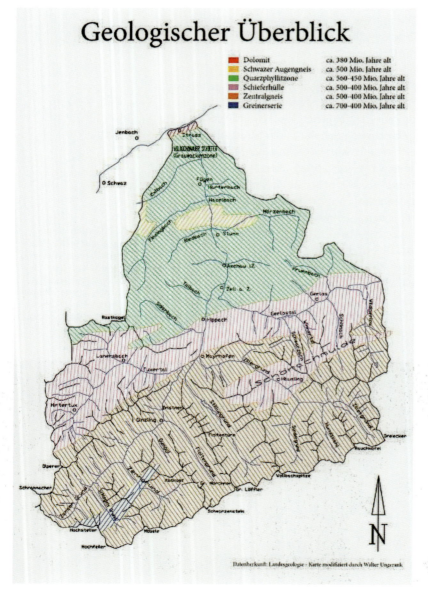

Steinschneider und Soldaten

90 Jahre vorher, im Frühjahr 1782, siedelte sich der gelernte Steinschleifer Ignaz Hierl aus Schwaben in Salzburg an. Seine Absicht war es, im Gebiet des Erzstifts Salzburg nach edlen Steinen zu suchen. Er wurde dabei im Zillertal, genauer: im Stillupgrund, auf Granate fündig. Im Herbst desselben Jahres suchte er um eine Niederlassungsbewilligung für das Steinschneidergewerbe an, und die Mehrheit der Räte der Salzburger Hofkammer kam zu dem Entschluss, dieses Gewerbe zu fördern, da „… im Gebirge viele edle Steinarten vorkommen, die niemand bearbeiten könne, und da die Granaten ein hiesig und unschädlich Landesprodukt seien und Geld ins Land bringen können". Der Unternehmer wurde mit 200 Gulden unterstützt, damit er die im Sommer aufgelaufenen Schulden und den Transport der Rohgranaten nach Salzburg bezahlen konnte. Als weitere Erleichterung befreite man Hierz auf drei Jahre von sämtlichen Abgaben. Es wurde eine Granatschleiferei im hochfürstlichen Zucht- und Arbeitshaus an der Glan, einem Teil der heutigen Stieglbrauerei, eingerichtet, in dem bis zu acht Hilfskräfte – meist Bettler und Landstreicher, die so zur Arbeit angehalten wurden – Beschäftigung fanden: ein frühes Beispiel einer Betriebsansiedlung.

Wohl die imposantesten Sammlerstufen für Museen und private Sammlungen lieferte die Granatfundstelle Hornkees im Zemmgrund. Sie wurde 1961 von Teilnehmern einer Heeres-Alpinausbildung entdeckt, als Soldaten am Gletscherrand frisch ausgeaperte Schieferzonen mit eingelagerten Granatkristallen vorfanden. Es dauerte ein paar Jahre, bis sich diese Fundstelle in Sammlerkreisen herumsprach. In den 1970er-Jahren setzte dort eine intensive Bearbeitung ein. Die abgebauten Stufen wanderten in erster Linie in die Schaukästen der Mineraliensammler.

Im Rahmen einer Doktorarbeit an der Universität Innsbruck und in Zusammenarbeit mit heimischen Mineraliensammlern wurde 2019 ein Forschungsprojekt über die Geschichte des Granatbergbaues, die Archäologie, die Fundstellen und Mineralproben in Angriff genommen.

Bergbau vor Ötzis Zeit

Schon lange vor Ötzis Zeit kannten die steinzeitlichen Jäger und Sammler in den Zillertaler Alpen einen Ort, an dem sie Rohstoffe zur Fertigung von Werkzeugen fanden, die sie auf ihren Wegen über das Gebirge benötigten. Man betrieb Bergbau auf Bergkristall, und es kann angenommen werden, dass vorbeiziehende Jägergruppen sich aus den hiesigen großen Bergkristallvorkommen versorgten. Steinzeitliche Funde im Bereich des Riepenkars südlich des Olperers haben dazu beigetragen, dass die Urgeschichte des Zillertales um eine wichtige Facette reicher geworden ist.

Tatsächlich hat das „Stuansuchen" und Forschen an Mineralien also eine lange Tradition im Zillertal. Der erste namentlich bekannte Tiroler Mineraliensammler war wohl Erzherzog Ferdinand II. von Tirol (1529–1595). Er schuf damals die Ambraser Sammlung, die heute auf mehrere Museen aufgeteilt ist.

Vom Hüterbub zum Mineralienexperten

Im Sommer 1777 machte Franz Joseph Müller im Zillertal eine besondere mineralogische Entdeckung. Am Greiner fand er Schörl-Kristalle (schwarze Turmaline) in heruntergestürzten Granitblöcken mit Talk. Die Kristalle waren wirrstrahlig angeordnete schwarze Säulen und zum Teil mehr als zehn Zentimeter lang.

Gegen Ende des 18. Jahrhunderts kauften Wanderhändler bei „Stuansuchern" und Sammlern die verschiedensten Mineralien und schlepp-

Sieht romantischer aus, als es gewesen ist: Diese „Granat-Hütte in Tirol" zeichnete der deutsche Illustrator Georg Arnould.

© Privatbesitz W. Ungerank

Vom Hirten zum gefragten Mineralienexperten: Georg Samer, der „Steinklauber Josele".
© *Privatbesitz W. Ungerank*

ten ganze Kisten voll mit der glitzernden Pracht auf ihren Fahrten ins Ausland mit. So verdiente manch armer Hüterbub, der auf Hochalmen und im Ödland das Glück hatte, Kristalle zu finden, mit dem Verkauf derselben an die Wanderhändler mehr, als er je für die Arbeit in der Landwirtschaft bekommen konnte. Und schließlich waren es auch die Wanderhändler, die Naturforschern und Mineralogen im deutschsprachigen Raum das Zillertal wegen seiner Mineralienvielfalt für wissenschaftliche Arbeiten bekannt machten.

Der bekannteste einheimische Mineraliensammler war Georg Samer (1828–1912) vulgo „Steinklauber Josele" oder einfach Jörgl. Als Mineraliensammler, der seinen spärlichen Hirtenlohn durch den Verkauf schöner Steine aufbesserte, kannte er die Berge in- und auswendig. Seiner Führung verdanken verschiedene Alpinisten das Gelingen einiger Erstbesteigungen in den Zillertaler Alpen, unter anderem des Turnerkamps und Hochfeilers; er führte aber auch auf den Olperer, den Greiner und viele weitere Gipfel.

Die ersten Mineralfunde habe er im Floitental gemacht, sagte er, als er dort ein Hüterbub war. Unter einer Felswand entdeckte er eine Höhle, er schaute aus Neugier hinein und fand darin die ersten Amethyste. Es waren so viele, dass er sowohl die Hosen- und Jankertaschen, als auch die „Lecktasche" (Futtertasche für Tiere) voll bekam. Die Kristalle hatten sich von der Decke losgelöst und lagen in der Erde, die das Regenwasser in die Höhle geschwemmt hatte. Auf dem Heimweg begegnete ihm ein Fremder, der die glitzernden Kristalle aus seinen Taschen ragen sah. Jörgl musste seinen Schatz auf dem Rasen ausbreiten, worauf der Fremde, ein Geologe, begierig und sehr interessiert nach den Kristallen griff. Er bot dem Jörgl weit mehr dafür, als sein Hüterlohn ausmachte. Weiters spornte er ihn an, immer wieder nach Mineralien zu suchen und alles bis zum nächsten Sommer aufzubewahren. Dann werde er wiederkommen und ihm sämtliche Stücke abkaufen.

Es ist begreiflich, dass Jörgl sich bald ganz auf die Sammlerei verlegte. Zu seinen Zeiten waren die funkelnden mineralogischen Schätze aber auch noch viel häufiger zu finden als heute. Durch seine Sammeltätigkeit, durch seine genauen örtlichen Kenntnisse der Fundstellen, durch sein erstaunliches mineralogisches Fachwissen und nicht zuletzt durch seine guten Kontakte zu Fachleuten im In- und Ausland erwarb sich der „Josele" einen guten Ruf. Er war auch bereit weiter dazuzulernen, indem er in den Wintermonaten bei bedeutenden Geologen zu Gast war und sich unterrichten ließ.

Archäologie und „Stuanklauben" im 21. Jahrhundert

„Josele" hat viele Nachfolger gefunden. Im Jahr 2000 entdeckte der Mineraliensucher Patrik Pataky bei einer Bergkristallfundstelle im Riepenkar unter dem Olperer einen Radiolarienhornstein, einen pechschwarzen Stein mit winzig kleinen Einschlüssen und Abschlagspuren. Zusammen mit

---

Ein Ort zum Staunen, Erfahren und Entdecken

Im Sommer 2021 werden die Arbeiten an der neuen Ausstellung im Naturparkhaus Ginzling beginnen, voraussichtlich 2022 sollen sie abgeschlossen sein. In enger Zusammenarbeit von aktiven Mineraliensammlern beziehungsweise Laien und Wissenschaftlern (Geologen, Mineralogen und Archäologen) entsteht hier ein Forschungszentrum für heimische Kristalle und Mineralien sowie ein Treffpunkt zum Austausch von Wissen über die Natur der Zillertaler Alpen. Die mineralogischen Exponate stammen von mehreren privaten Leihgebern, die damit zur Vielfalt der Ausstellung beitragen und ein bemerkenswertes kulturelles Erbe dokumentieren. Die lokale Sammlung aus einem der geologisch interessantesten Gebiete Österreichs wird ergänzt mit einigen archäologischen Exponaten von der Steinzeit (vor 10.000 Jahren) bis heute.

Bergkristallbruchstücken wurde der relativ kleine Stein dem Autor dieses Beitrags zur Begutachtung und Bestimmung vorgelegt. Sofort war klar, dass die Stücke aus einer sehr alten Fundstelle stammten. Tatsächlich ist die archäologische Fundstelle im hinteren Zillertal, auf etwa 2800 Metern, die höchstgelegene Österreichs. Weitere Suchaktionen von Patrik und Siegfried Pataky sowie dem Autor erbrachten genügend weiteres Material, welches dem Institut für Ur- und Frühgeschichte an der Universität Innsbruck vorgelegt wurde. Professor Dr. Walter Leitner unternahm mit den genannten Mineraliensammlern im Herbst 2001 ebenfalls eine Exkursion in dieses Gebiet, wobei sie weiteres Material mit klingen- und lamellenförmigen Abschlägen fanden und sicherstellten. Die Werkzeuge sind typenmäßig der Mittel- und Jungsteinzeit zuzuordnen. Bergkristall und Feuerstein waren das Ausgangsmaterial für steinzeitliche Geräte, Werkzeuge und Waffen – und die Bergkristalle aus dem Olperergebiet sind von so hervorragender Qualität, dass einige als lupenrein bezeichnet werden können.

Die Forschung geht weiter. Sehr viele mineralogische Besonderheiten wurden und werden von einfachen „Stuansuchern" entdeckt – Granat (1745), Turmalin (1777), Diopsid (1828), prähistorische Steinzeitwerkzeuge (2000) –, bevor sich die Wissenschaft dafür interessierte. Gemessen an der Vielfalt der Mineralien gibt es im Zillertal dennoch eher wenige, vor allem jüngere Sammler. Gute kristallführende Plätze werden nur im engeren Familienkreis oder an vertraute Sammlerkollegen weitergegeben. In jüngster Zeit pflegt der Geologiestudent Elias Schreieck gute Kontakte zu Mineraliensammlern, um sein schulisches Wissen mit praktischen Erfahrungen anzureichern. Umgekehrt lernen aktive Sammler viel über den geologischen Aufbau und chemische Zusammenhänge, ebenso über die Reinigung von Mineralien.

Bevor ein schönes Stück – hier ein mächtiger Rauchquarz – ausgestellt werden kann, muss es erst aus dem Berg herausgeholt werden.
© W. Ungerank

Literatur:

Born, J. v. (1778): Joseph Müller's Nachricht von den in Tyrol entdeckten Turmalinen oder Aschenziehern, Wien, J.P. Krausische Buchhandlung S. 1–23

Hörmann, L. (1877): Tiroler Volkstypen – Die Granatler, S. 174–184

Leitner, W. u. Ungerank, W. (2004): Vor 9600 Jahren – Spuren vom ersten Tiroler Steinsucher, Lapis 9, S. 37–40

Meixner, H. (1977): Auf der Gamsjagd entdeckt, Lapis 3/1977, S. 6–7

Schopf, H. (1997): Persönliches Schreiben mit Ermittlungen aus den Akten im Salzburger Landesarchiv

Wurm, H.: Vom Granat – Bergbau im Zillertal, Zillertaler Heimatstimme Nr. 52/1949 S. 4 u. Nr. 1/1950 S. 2

Zeitschrift Zillertaler Heimatstimme: Georg Samer, vulgo Josele, Nr. 30/1949 S. 2, Nr. 32/1949 S. 2 u. Nr. 33/1949 S. 2–3

Die Chemie stimmt nicht mehr

Gift im Permafrost? Eine Detektivgeschichte aus den Ostalpen

Martin Roos

Mit dem Klimawandel reichern sich in manchen hochalpinen Gewässern Schwermetalle sowie andere kritische Spurenelemente an. Noch sind mögliche Gefahren für das Trinkwasser aber überschaubar.

Sommer 2020. Über Nacht sind wir mit dem Zug ins Kurven- und Tunnel-Wunderland der Rhätischen Bahn gerollt. Haben uns auf der Nordseite des Albulatunnels gehörig akklimatisiert. Von der Tunnel-Südseite, im winzigen Weiler Spinas, starten wir, endlich, in die schroffe, steile Bergwelt um den Piz d'Err – namensgebenden Knotenpunkt der Err-Gruppe. Unter verhangenem Himmel geht es zur Jenatsch-Hütte. Regenschleier wehen über die steilen Nordwesthänge des Val Bever. Bedrohlich dräuende Bergstöcke, die Gipfel von grässlichem Grau gekappt.

Anderntags ist die Welt eine andere. Wir gehören zur ersten Corona-Frühstücks-Schicht, blinzeln durchs Hüttenfenster in eine grelle Sonne, die aus Richtung Julierpass die Szenerie erhellt: Nach Süden hin sehen wir ein Trogtal, ganz hinten schmutzige Gletscherreste. Die Hänge vorne an der Talöffnung gehören zum Piz Traunter Ovas. Sie sehen irgendwie krank aus: Ockergelbe Schattierungen ziehen sich entlang der Flanken, die großflächigen, schorfigen Wunden gleichen.

Bei der Geschirrrückgabe frage ich den Wirt, was am Traunter los ist. Daniel Sidler, der mit Partnerin Jill Lucas seit 2019 die Chamanna Jenatsch bewirtschaftet, meint hinter der Durchreiche, dass das mit dem Schwefel zu tun habe, der sich da wohl bilde. Die Wissenschaft sei schon dran.

Herbst 2020. Nur im geistigen Schatten der welterschütternden Coronavirus Desease (Covid) gelangen die „kranken" Hänge am Traunter zurück in mein Bewusstsein. Viel zu spät sichte ich zu Hause die Urlaubsfotos; und mir kommen Zweifel am „Schwefel", wie es auf der Hütte hieß. Einschlägige Sulfur-Farben kenne ich von kapverdischen Vulkanschloten und von jenem unaussprechlichen neuseeländischen Geothermalfeld namens Whakarewarewa. Schwefelgelb ist eine beißende Farbe. Die Westflanken des Piz Traunter Ovas sehen aber eher nach Eisen- oder Manganlegierungen aus.

Neben mir im Regal steht, unter Staubsedimenten, Richters „Allgemeine Geologie". Der erste Seitenverweis unter dem Stichwort Eisen führt mich zu, Zitat, „Oxidationsverwitterung. Dabei verwittert zweiwertiges Eisen (…) zur dreiwertigen Stufe Fe^{3+} in Form von Roteisenstein, Limonit und Goethit." Farblich würde das passen, zu den Farben am Berg und zum vorherrschenden Granit im Albulagebiet, das vielerlei Erzminerale führt.

Ich recherchiere weiter und stoße auf einen „Earth-Science Review" aus dem Jahr 2019. Thema sind Blockgletscher und Berg-Hydrologie, federführend verfasst von Darren Jones von der University of Exeter, Cornwall. Zu Beginn des erneuten, nahezu europaweiten Lockdowns schreibe ich dem Autor, verliere das Thema aber im Trubel um eigene Corona-Sorgen aus den Augen. Jones antwortet nicht.

Als ich Wochen später nachhake, entschuldigt sich der Umweltwissenschaftler. Wegen Covid passe er ganztägig auf seine Tochter auf und sichte Emails nur häppchenweise. Jones bekennt, sich wenig auszukennen mit Oxidationsprozessen. Er verweist mich an die Ökologie der Uni Innsbruck, an Boris Ilyashuck. Aber der antwortet nicht.

Diesmal bleibe ich gleich dran, zumal pandemiebedingt immer mehr Aufträge platzen. Aus Interviews zum Thema Kryobiologie (BERG 2020 S. 74–79) kenne ich eine Ökologin an der Uni Innsbruck. Sie heißt Birgit Sattler, antwortet umgehend und verweist mich an Roland Psenner, den emeritierten Direktor des Instituts. Normalerweise pendelt Psenner als Präsident einer Bozner Forschungseinrichtung ständig nach Südtirol. Aber soeben hat Österreich Ausgangssperren verhängt, sodass ich mit ihm umgehend ein Telefonat vereinbaren kann.

Bis dahin arbeite ich mich in die Forschungsarbeit von Jones und Kollegen ein. Zwei Aspekte prägen sich mir besonders ein: erstens, dass die Wasservorräte, die in Blockgletschern gebunden sind, in ihrer Bedeutung für alpine Trockengebiete bislang unterschätzt wurden; zweitens, dass im Zuge der Klimaerwärmung mehr saure Herauswaschungen von Schwermetallen aus dem Fels zu erwarten sind – wo immer Blockgletscher mit sulfidhaltigem Gestein vermengt sind.

Lebhafte Farben durch Oxidation

Telefonat mit Psenner: Der Alpenökologe sagt, offene Oxidationsflächen, wie ich sie ihm vom Piz Traunter beschreibe, bildeten sich jetzt in den Alpen ständig neu, weil es wegen instabiler Hänge generell mehr Rutschungen gebe. „Kommt frisches eisenhaltiges Material an die Oberfläche, entstehen durch Oxidation oft lebhafte Farben.

Irgendwie krank: Die Hänge am Piz Traunter Ovas gleichen großflächigen, schorfigen Wunden.
© M. Roos

Unterwegs in Richtung Agnel-Gletscher. Wie kommen die Steine vorne im Bachbett zu ihrem fahlen Aluminiumüberzug?
© M. Roos

Und bei Granit", so Psenner weiter, „bildet sich dann Säure."

Endlich vermag ich die Worte des Jenatsch-Wirts Daniel Sidler richtig einzuordnen: Nicht um elementaren Schwefel geht es am Piz Traunter, sondern um Schwefelsäure. Mir fällt wieder ein, wie Sidler uns beim Auschecken darauf hinwies, als „Resultat der Schwefelaktion" oben am Berg sehe man talseitig graue metallische Überzüge. Das fügt sich mit Aussagen Psenners zusammen: „Schwefelsäure löst Metalle aus dem Gestein, die das saure Wasser mit ins Tal trägt." Mischt sich solches mit normalem Bachwasser, sinkt der Säuregehalt – und die Metalle sind nicht länger löslich. Psenner nennt Aluminium als Beispiel.

Ich will von ihm wissen, ob die Säurebildung am Berg ein neues Phänomen ist. Nein, meint Psenner. Es habe offenbar etwas mit Klimaerwärmung zu tun. Am Beispiel eines Hochgebirgssees wiesen seine Mitarbeiter:innen nach, dass es schon vor rund 10.000 Jahren zu verstärkten Säure-Auswaschungen von Metallen kam. Damals herrschte eine Warmphase in der nördlichen Hemisphäre, das Atlantikum. Mit Eis vermörtelter Felsschutt sorgte für eine geochemisch höchst aktive Mixtur an tauenden Blockgletschern. „Das Tauen und Frieren im Wechsel bewirkt, dass Gestein sehr klein zerbröselt wird – das fördert die Oxidation", sagt Psenner.

Zurück in den Bergsommer 2020. Von der Jenatsch-Hütte brechen wir nach dem Frühstück hurtig auf. Wir wollen einen der höchsten Gipfel im Westteil der Albula besteigen, die Tschima de Flix. Ihr westlicher Gipfelaufbau misst 3301 Meter Höhe und ist ohne Kletter- oder Eispassagen zu erreichen.

Unterhalb der Hütte, die auf 2653 Metern Höhe liegt, passieren wir ein Schild, das den Gletscherstand von 1893 anzeigt. Heute wirken die Gletscherreste, die hinten im Talgrund kleben, unendlich weit weg. Umso stärker braust die Ova d'Err bereits morgens unter der frisch restaurierten Brücke, die wir in Richtung Agnel-Gletscher queren. Dessen Überreste haben im weiten Trogtal, das nach einer guten halben Stunde erreicht ist, einen flachen See hinterlassen. Hier entspringt der Beverin, Namenspate des Tals, durch das wir tags zuvor aufgestiegen sind, und natürlich auch des Orts Bever. An einem kleinen Zufluss nordwestlich des ganz jungen Beverin stoßen wir auf Halbmetall: Die Steine im Rinnsal besitzen einen fahlen Aluminiumüberzug. Es muss das Phänomen sein, auf das uns der Hüttenwirt hinwies.

Bei der sommerlichen Wanderung durchs Engadin schwante mir noch nichts von Blockgletschern. Inspiriert durch die Publikation von Darren Jones mit den faszinierenden Satellitenaufnahmen zoome ich mich auf dem Desktop im Büro noch einmal virtuell an den Quellsee des Beverin. Ich sehe über Google Earth den Weg, den wir von der Jenatsch-Hütte hinaufkamen, sowie senkrecht zum Weg verschiedene Einkerbungen in der dunklen Oberfläche, die wohl kleinen Bächen gehören. Sie kommen aus einem mächtigen Schuttband, das sich auf gut 2800 Metern Höhe wie ein schwärzlicher Schal um den gelblich-rötli-

Blockgletscher im Tien Shan (links; im Bild der Autor) und im Rifflkar unter dem Glockturm in den Ötztaler Alpen.
© M. Roos, W. Hagg

chen, steil aufragenden Kopf des Piz Picuogl legt. Hier könnte ein Blockgletscher liegen.

Nun frage ich mich: Werden die Blockgletscher in der Schweiz ebenso wie in Österreich systematisch untersucht? Im Magazin der Eidgenössischen Forschungsanstalt für Wald, Schnee und Landschaft (WSL-Magazin) stoße ich auf den Permafrost-Forscher Robert Kenner. Der verweist mich an Beat Frey, einen Mikrobiologen. Was haben Mikroben mit dem „Acid-Rock"-Phänomen zu tun? „Sehr viel", meint Frey, als ich ihn im Zoom-Chat interviewe. „Im Innern von Blockgletschern gibt es zu wenig

Blockgletscher – Aschenputtel des Permafrosts

Wilfried Hagg, Professor für Geographie an der Hochschule München, definiert sie wie folgt: „Blockgletscher sind Schuttmassen, in denen das Wasser der Hohlräume dauerhaft gefroren ist. Sie sind also Erscheinungen des Permafrosts. Das Eis in den Blockgletschern ist gefrorener Regen oder Schmelzwasser und unterscheidet sich deshalb stark von Gletschereis, das durch Umwandlung und Kompaktierung von Schnee entsteht. Auch Blockgletscher bewegen sich, allerdings deutlich langsamer als Gletscher – zum Beispiel nur 50 Zentimeter pro Jahr. Dadurch haben sie typischerweise eine steile Stirn und wallförmige, wulstartige Oberflächen."

Karl Krainer vom Institut für Geologie der Universität Innsbruck beschreibt Blockgletscher als „häufigste Form des alpinen Permafrostes (…); lappen- bis zungenförmige Körper aus ständig gefrorenem Lockermaterial, die sich langsam hangabwärts bewegen." Und Roland Psenner, emeritierter Kollege Krainers, ergänzt: „Sie sehen kein Eis! Blockgletscher sind überschüttet von Gestein, das regelmäßig aufs Eis rutscht und sich mit diesem vermischt."

Die englische Bezeichnung lautet „Rock Glaciers". Sie erscheint mir ebenso irreführend wie die deutsche, weil sie sich für mich nach „klassischem" Permafrost anhört, der Fels verkittet. Fest steht, dass Blockgletscher mit zunehmender Eisschmelze immer mehr zum Wasserhaushalt der Gebirge beitragen.

2019 wurde an der Universität Innsbruck das Blockgletscher-Inventar Österreichs vorgelegt. Demnach bedecken die fast 5800 aufgenommenen Blockgletscher zusammen eine Fläche etwas kleiner als das Stadtgebiet Wiens.

Tabelle 1: Blockgletscher in Österreich

	Anzahl	Flächen in km²
Steiermark	713	40,3
Salzburg	789	43,6
Kärnten	816	40,6
Osttirol	609	30,5
Nordtirol	2539	136,5
Vorarlberg	303	11,4
Summe	5769	302,9

Quelle RGHeavyMetal-Endbericht: „Wasserwirtschaftliche Aspekte von Blockgletschern in Kristallingebieten der Ostalpen – Speicherverhalten, Abflussdynamik und Hydrochemie mit Schwerpunkt Schwermetallbelastungen".

Weder für Südtirol noch für die Schweiz habe ich ein vergleichbares Inventar gefunden. In Südtirol gibt es gemäß einem Beitrag vom November 2020 im Magazin „Der Vinschger" an die 2700 Blockgletscher. In der Schweiz existiert das Permafrost-Messnetz PERMOS. Das konstatierte im Sommer 2020, dass die in Bohrlöchern im Permafrost gemessenen Temperaturen an allen 15 Beobachtungsstandorten angestiegen sind. Mehr noch: „Die 15 vermessenen Blockgletscher bewegen sich schneller zu Tal. Ihre Geschwindigkeit liegt heute bei mehreren Metern pro Jahr – im Vergleich zu mehreren Dezimetern pro Jahr zu Beginn der Messungen in den 1990er-Jahren."

Das Geochemie-Labor im Dreiländereck

In der Sesvennagruppe im äußersten Westen Südtirols liegen der Rasass-See und ein namenloser Tümpel. Dort stellten Wissenschaftler der Universität Innsbruck fest, dass ein Blockgletscher das Wasser versauert: Im See, den Permafrostabflüsse speisen, ist die Konzentration von Wasserstoffionen (Maß für den Säure-Basen-Grad) in Richtung saurer Werte verschoben (pH 5,2 statt pH 7). Oberhalb des Tümpels hingegen gibt es kein Blockeis, lediglich halbwegs intakten Fels; entsprechend weicht der Tümpel nur marginal vom Neutralwert „ausgeglichenen" Wassers ab (leicht basisch). Die Forschung oblag Roland Psenner, em. Direktor der Ökologie. Er führt die Säurewerte im See auf Prozesse der Oxidation im zunehmend feineren und immer tiefer antauenden Gestein am bzw. im Blockgletscher zurück. Das Gestein enthält unter anderem Pyrit, chemisch FeS_2. Sauerstoffreiches Wasser begünstigt die Oxidation zu Schwefelsäure (H_2SO_4).

Das ist auch der Grund, warum im See neben Säure viele Metalle enthalten sind: Sie werden aus Feldspat und Glimmer – beides Bestandteile von Granit – durch die Säure herausgelöst. Aus der Liste einer Innsbrucker Fachpublikation in „Global Change Biology" (2018, Band 24) seien exemplarisch genannt:

Tabelle 2: Manche Giftstoffe über dem Limit – aber natürlicherweise!
(Angabe in Mikrogramm/Liter)

	Rasass-See	Tümpel	Trinkwasser-Limit EU
Mangan (Mn)	1167	< 1	50
Nickel (Ni)	299	< 1	20
Aluminium (Al)	1000	< 1	200
Strontium (Sr)	181	29	nicht reguliert

Quelle: „Rock glaciers in crystalline catchments: Hidden permafrost-related threats to alpine headwater lakes", Erstautor Boris Ilyashuk, erschienen in Global Change Biology, Band 24, 2018 (Auszug aus Tab. 2).

Der Schwarzsee oberhalb von Sölden.   © R. Psenner

Demnach überschritt zum Beispiel Mangan mehr als 200-fach die Trinkwasser-Grenzwerte der EU, Nickel 100-fach und Aluminium 5-fach. Als kontaminiert – und teilweise sogar fehlgebildet – entpuppten sich zum Beispiel die Larven bestimmter Zuckmücken am Anfang der Nahrungskette. Larven dienen höheren Organismen bisweilen als Nahrung. Und belastetes Wasser könnte mit zunehmender Sommertrockenheit ins Trinkwassersystem inneralpin wohnender und Landwirtschaft betreibender Menschen gelangen.

Auch in anderen Gewässern weisen die Innsbrucker Ökologen schwerwiegende Belastungen im Tierreich nach. So berichtete Psenners Mitarbeiterin Karin Koinig zusammen mit kanadischen Forschern auf einer umwelttoxikologischen Konferenz 2015 vom Schwarzsee oberhalb Söldens: Die Saiblingart *Salvelinus alpinus* wies „in Leber und Niere Cadmium- und Blei-Werte auf, wie sie typisch sind für Fische aus Gewässern, die von metallverschmutzten Industrieabwässern gespeist werden".

In *Global Change Biology* weisen die Autor:innen 2018 explizit darauf hin, dass sich die Oxidation von Sulfiden beschleunigt. Mit zunehmender Klimaerwärmung sind mehr Säure-Auswaschungen zu erwarten. Die Forscher und Forscherinnen stützen sich dabei auf Erkenntnisse aus dem Bergbau – von dem sich die gesamte Permafrost- und Fels-Wissenschaft einen handlichen Begriff borgt: ARD (siehe auch den Kasten auf Seite 206).

Tabelle 3: Wie verbreitet sind Belastungen anderswo?
(Angabe in Mikrogramm/Liter; Trinkwasserlimits s. Tabelle 2)

	Kaunertal Blockgletscherbach (AT)	Ultental Blockgletscherquelle (IT)	Hungerschartensee (IT)	Ova Lavirun (CH) *	Krummgampenbach (AT; 4 Messpunkte)
Mn	491	259	293	734–9460	305–423
Ni	333	15	133	158–2150	232–272
Al	4736	802	1896	2000–40000	2330–2800
Sr	63	29	49	97–536	62–84

Quellen, von links nach rechts: IT Volkmar Mair im Vortrag „Wasser aus dem Permafrost – Eigenschaften und Einflüsse auf unsere Wasservorkommen", Brixen, 18. März 2016. CH: Christoph Wanner et al. in „Geochimica et Cosmochimica Acta" 2018: Natural occurrence of nanocrystalline Al-hydroxysulfates: Insights on formation, Al solubility control and As retention – Supporting Information, Seite 6 (*verschiedene Messpunkte entlang des Engadiner Gebirgsbachs „Ova Lavirun" – Höchstwerte im Quellbereich). AT Umweltbundesamt Wien (auf Reporteranfrage).

Für Österreich konstatiert ein von der Österreichischen Regierung durchgeführtes Mega-Gutachten, „dass sich die Quellwasserbelastung durch Schwermetalle, vor allem Nickel, mit teilweise einem Vielfachen des Grenzwertes der Trinkwasserverordnung, im Wesentlichen auf den Großraum der Ötztaler Alpen (…) beschränkt und dort primär an Quellen intakter Blockgletscher gebunden ist. Eine befürchtete Ausbreitung in den westlich und östlich angrenzenden Alpenraum hat sich nicht bestätigt."

Seit einigen Jahren ist der Ostzustieg zur Fuorcla da Flix (3065 m, oben im Bild) eisfrei – und farblich aufgepeppt durch Brocken mit Manganvererzungen.

© M. Roos

Sauerstoff, um die Sulfide zu Schwefelsäure zu oxidieren. Aber es gibt dort sogenannte Schwefel- und Eisenbakterien, die diesen Prozess katalysieren und dabei Energie zum Leben gewinnen."

Das Phänomen der „weißen Bäche"

Die WSL-Forscher um Frey haben zusammen mit Kollegen der Uni Bern ein Projekt beantragt, um den Gehalt an Spurenelementen unterhalb von Blockgletschern systematisch zu untersuchen. Womit wir wieder beim Sommer 2020 wären: Kurz vor unseren Bergferien veröffentlichte die Uni ein wunderbares Video (boris.unibe.ch/145170), das ich erst viel später, nach dem Gespräch mit Frey, zu Gesicht bekomme. Es klärt über die geochemischen Prozesse und das gesamte Phänomen der „weißen Bäche" auf. Protagonisten sind Christoph Wanner und sein Zürcher Kollege Gerhard Furrer. Sie erklären, dass im Wasser gelöstes Aluminium als Hydroxysulfat ausflockt und sich weißgrau abscheidet, sobald sich der Säuregehalt eines Bachs durch Vermengung mit neutralerem oder basischem Wasser abmildert.

Das vom Berner Institut für Geologie beforschte Gewässer heißt Ova Lavirun und befindet sich in den Livigno-Alpen auf Schweizer Seite, unterhalb einer flachen Permafrost-Gipfelregion. Christoph Wanner erklärt mir per WhatsApp, saure Herauswaschungen seien typisch für den Rand von Permafrostregionen, wenn die wasserführenden Hänge flach sind. Denn nur so wirke das Wasser lang genug ein, um das Sulfid im Pyrit zu Schwefelsäure zu oxidieren.

Im Sommer 2020, im Trogtal des Agnel-Gletschers, stehen wir den ausladenden Hängen des Piz Traunter nun direkt gegenüber: diesen schorfigen Flächen, die ich gedanklich mit „Krankheit" in Verbindung bringe; diesen offenen, seltsam aufgewühlten, mit losem ockerfarbenem Material bedeckten Oberflächen.

Christoph Wanner besuchte die Gegend um die Beverin-Quelle ebenfalls im Jahr 2020 und ist sicher, dass sich auf den Hängen des Piz Traunter Eisen-Hydroxyde und -Sulfate bilden: „Ich vermute eine sehr starke Verwitterung von Pyrit – und Pyrit hat es dort viel in den Hängen." Genaues werden die Proben zeigen, die er von dort genommen hat. Der an der Uni Bern tätige Forscher will jetzt an anderen Standorten Graubündens ein kontinuierliches Monitoring installieren, um über das Jahr die Frachten der ausgewaschenen Spurenelemente zu bestimmen und zu sehen, ob sich

BergWissen | 205

Dem Vadret de Calderas – hinten der gleichnamige Piz – sieht man das Zusammensinken der Eisoberfläche an.
© M. Roos

die Frachten im Zuge der Zeit verändern und, wenn ja, wie. Erste Ergebnisse erwartet er 2021.

Metalle und andere Spurenelemente lösen sich durch Säure hoch oben am Berg, dann verdünnt sich die Säure und die Metalle scheiden sich oben am Berg wieder ab.

Damit könnte die kuriose Geschichte der Blockgletscher und der weißen Bäche zu Ende sein – wenn die Fakten nicht zwei weitere Fragen aufwürfen: Welche Organismen, eingeschlossen uns Menschen, bekommen solches Wasser vor dem Abscheiden von Spurenelementen womöglich in den Hals? Und lassen es die chemischen Verhältnisse in Gebirgsbächen nicht teilweise zu, dass giftige Elemente bisweilen sogar in tiefe, siedlungsnahe Höhenlagen gelangen?

Dazu Wanner: „Grundsätzlich sehe ich das Problem als nicht besonders groß – angesichts der Abgelegenheit und großen Höhe der untersuchten Bäche. Gelangt das Wasser in dichter besiedelte Gebiete, verdünnen sich die Inhaltsstoffe. Isolierte Alpwirtschaften können allerdings durchaus betroffen sein." Wanner bezieht sich auf einen Bericht im „Vinschger". Das Journal zitiert den Landesgeologen Volkmar Mair mit einer Aussage, wonach die Lazaunhütte im hinteren Schnalstal, also auf der Südseite der Ötztaler Alpen gelegen, wegen hoher Nickel- und Aluminiumkonzentrationen eine andere Wasserquelle bekommen musste. Betroffen sein dürfte aber auch das Schutzgebiet Lazauner Moose, das gemäß einem Bericht der Umweltschutzgruppe Vinschgau von den Flurbesitzern aus dem Lazaunbach künstlich bewässert wird, um dort Forellen und Saiblinge zu kultivieren.

Kurz nachdem wir das Engadin im Sommer 2020 mit dem Zug verließen, erschien im Fachmagazin „Aquatic Geochemistry" eine Untersuchung zu Bergseen der Schweiz, vorgenommen von der ETH Zürich. Für den Leìt-See, unweit der gleichnamigen Hütte, konstatieren Sandra Steingruber und Kollegen, dass die Nickelkonzentrationen sich dem Trinkwasserlimit „annähern". Deswegen, so schreibt das Forscherteam weiter, „sollten Werte im Wasser, wo immer es Grundlage von Trinkwasser ist, überwacht werden".

Geo-Mikrobiologe Beat Frey meint, im alpenweiten „Long-Term Monitoring" gebe es bislang keine auffälligen Befunde in den Wasser-Messstationen. Er ergänzt: „Allerdings sollte man noch einmal hinterfragen, ob die Messstandorte, wie sie jetzt existieren, ausreichend sind. Ich denke

ARD – Saure Aussichten angesichts von Eisschwund

Das Kürzel ARD steht hier für „Acid Rock Drainage" und lässt sich salopp mit „Saure Abflüsse aus dem Grund" übersetzen. Immer dort, wo pyrithaltiges Gestein durch menschliches Zutun sozusagen belüftet wird, entsteht Säure, die absichtlich oder unabsichtlich ausgeschwemmt wird. Beim Bergbau gelangen Sauerstoff und Wasser in eigentlich unzugängliche Gesteinsschichten. Dabei bildet sich aus harmlosem Sulfid aggressive Schwefelsäure. Diese löst aus dem Gestein, je nach Metallgehalt, weniger oder mehr giftige Elemente heraus, die in die Umwelt, ja sogar ins Trinkwasser gelangen können. Schwefelsaures Wasser assoziierte man bis zum Ende des 20. Jahrhunderts vor allem mit saurem Regen. „Schwefeldioxid hatte sein Maximum zwischen 1965 and 1980", heißt es in „Impacts of Air Pollution on Alpine Lakes and Rivers", herausgegeben 2006 von der Schweizer Umweltbehörde. Dass die resultierende Schwefelsäure in der Atmosphäre abnahm, geht demnach „auf die Reduktion von Schwefel in Heizölen und die teilweise Ersetzung schwefelreicher Kohle durch andere Brennstoffe zurück". Hellhörig wurden Alpenforscher, weil sich der Säuregehalt einiger Seen trotzdem nicht minderte. 2015 schrieben Koinig, Psenner und Kollegen im „Impact of MELTING permafrost and rock glaciers on water quality (…)"-Abschlussbericht: „Dass die Sulfatkonzentrationen in sechs Seen nicht zurückgingen, könnte an den Witterungseinflüssen auf schwefelhaltiges Gestein liegen."

schon, dass man das Netzwerk um einige kritische Standorte erweitern könnte." Und wie sieht es in Österreich aus? Dort hat man ein schweres Forschungsgeschütz aufgefahren.

Österreich setzt auf HeavyMetal

HeavyMetal heißt ein Projekt, in Auftrag gegeben von der Regierung, gefördert von Bundesländern und anderen Institutionen sowie federführend koordiniert von der Uni Graz. Der Abschlussbericht liegt bereits vor für „RG HeavyMetal". RG steht aus Sicht des Umweltbundesamts für **R**essourcen in Form von **G**letschern. Das Erdwissenschaftliche Institut der Uni Graz, das die Untersuchung koordinierte, formuliert das RG-Akronym als **R**ock **G**lacier aus. Und ich bin erstaunt, dass der Abschlussbericht zwar vorliegt – Daten im Einzelnen aber nicht öffentlich sind.

Worum ging es? „Klimamodelle prognostizieren für die Alpen eine Erwärmung von etwa vier Grad Celsius bis 2100, was schlussendlich auch zu einem verstärkten Abschmelzen des Eises im Permafrost führen wird. In diesem Zusammenhang ist auch eine Veränderung des Wasserhaushaltes im hochalpinen Raum zu erwarten." Man stelle sich das Ausmaß vor, angesichts von nahezu sechstausend Blockgletschern allein in Österreich!

Weitere Forschungsresultate stehen an. Vonseiten des Instituts benennt Hydrogeologe Gerfried Winkler auf Anfrage das Nachfolgeprojekt „RG AlpCatch: Blockgletscher als Grundwasserspeicher in alpinen Einzugsgebieten (…)". Denn in den Alpen hängt womöglich bald schon die Wasserversorgung von solchen stillen Reservoirs ab. AlpCatch startete im August 2020. „Erste Ergebnisse erhoffen wir für Herbst 2021", so Winkler, der beim „Abflussverhalten" von Blockgletschern unterscheidet: „Ein Blockgletscher hat neben seinem basalen Hauptspeicher mit hoher Speicherkapazität (aber geringer Durchlässigkeit) auch lokal bevorzugte Fließwege, entlang derer Wasser in kurzer Zeit (wenige Stunden bis Tage) zur Quelle gelangen kann. Sollte eine Verunreinigung, sei sie natürlich oder anthropogen, auf Blockgletschern vorliegen, kann sie über diese Fließwege schnell zur Quelle gelangen. Was vor allem dann relevant ist, wenn das gesamte System hydraulisch angeregt ist: zum Beispiel nach Niederschlägen oder während der Schneeschmelze."

Nördlich des eigentlichen Err-Calderas-Gebiets ist das Ostalpin im Parc Ela bizarr aufgefaltet. Den Namen Ela teilen Gipfel (in Wolken) und Hütte (vor der unteren Schattenkante).
© M. Roos

Und die Moral all der sauren Geschichten? Sollen Wanderer in den Hochalpen zukünftig neben einer dicken Rolle Klopapier ein kleines Röllchen pH-Papier in die Deckeltasche des Rucksacks stecken? Wenn sich das dann oberhalb von 2600 Metern, dort wo sich inneralpin vielerorts auftauender Permafrost findet, rötlich verfärbt, hieße das: „Vorsicht, saures Wasser! Kann voller unsichtbarer Giftstoffe stecken!"

Es könnte auch nicht schaden, geologisches Grundwissen aufzufrischen: Wo weichen Kalk und Dolomit den magmatischen Tiefengesteinen Gneis und Granit? Wie war doch der Merkspruch? „Feldspat, Quarz und Glimmer, die drei vergess' ich nimmer." Das gibt die Zusammensetzung von Granit vereinfacht wieder. Aluminium ist immer mit von der chemischen Partie, dazu sehr häufig sehr viel Pyrit – sozusagen der chemische Keim der ARD-Schwefelsäure (siehe Kasten links).

Panikmache ist unter Wanderern am Alpenhauptkamm nicht angesagt. Christoph Wanner sagt: „Wenn man so ein saures oder belastetes Wasser einmal trinkt, wird man nicht schwer krank." Man wird eher süchtig danach, sich mit solch spannender Bergchemie zu befassen. Zum Beispiel im sogenannten Err-Albula-Granit, beschrieben 1922 von Emil Ott, bewandert und bewundert während unserer Bergferien. Wir kommen wieder, spätestens 2022, wenn, hoffentlich, der Corona-Spuk passé ist.

Drang nach oben

Eine Betrachtung des Unfallgeschehens in pandemischen Zeiten
>> **Stephanie Geiger**

Was tun, um die Unfallzahlen im alpinen Gelände zu drücken? Appelle sind gut, doch sie genügen oft nicht. Die Arbeit der Bergrettung wird nicht einfacher.

Sommer 2020, Corona-Sommer. Die Menschen strömen hinaus in die Natur. In den Wandergebieten sind die Parkplätze vielfach überfüllt. Noch im Spätherbst werden am Kesselberg, wohin Jochberg und Herzogstand die Menschen aus München und dem oberbayerischen Umland locken, die Autos Kehre um Kehre die Passstraße hinunter abgestellt – nicht nur am Wochenende, auch wochentags. Die Frequenz lässt sich an den menschlichen Hinterlassenschaften unweit der Wanderwege ablesen, gut sichtbar gemacht durch weggeworfene Taschentücher. Im ganzen Alpenraum spielen sich solche Szenen ab.

Winter 2020/21, Corona-Winter. Für Deutsche ist die Grenze nach Österreich wegen der pandemiebedingten Quarantänevorschriften in beiden Ländern ein schier unüberwindbares Hindernis. In Deutschland wie auch in Südtirol sind die Bergbahnen außer Betrieb. Die Alternative: Schneeschuhwandern und Skitourengehen. Insbesondere das Tourengehen, Trendsport der vergangenen Jahre, wird zum Massenphänomen. Das Ausmaß lässt sich für das Classic-Skigebiet in Garmisch-Partenkirchen sogar beziffern: 2019/2020 sollen es dort im gesamten Winter rund 25.000 Pistentourengeher gewesen sein, 2020/21 rund 25.000 pro Monat. Vergleichbar die Lage auch außerhalb der Skigebiete. Südlich von Lenggries wird zwischen Vorderriß und Hinterriß die rechte Fahrspur zum Parkplatz. Das Ziel der Ausflügler ist der Schafreuter, früher einmal ein Skitouren-Geheimtipp. Hinüber ins Graswangtal bei Oberammergau: Skitourengeher und Schneeschuhwanderer stellen ihre Autos auf der Straße ab, weil die Parkplätze voll sind. Regelmäßig ist kein Durchkommen mehr.

Die Menschen, unter der Woche statt auf der Arbeit oftmals im Homeoffice, verspüren einen verstärkten Drang hinaus in die Natur. Trampelpfade zerstören Vegetation. Tiere leiden unter Dauerstress. Und die Menschen in den Bergregionen sind genervt von dem längst als „Overtrekking" beschriebenen Wander-Overtourism. Fabio Marcotto, Kolumnist der Südtiroler Onlinezeitung salto.bz, lästert genervt über Römer in Mokassins am Rosengarten und Deutsche mit Birkenstock-Sandalen an den Montiggler Seen, und er beklagt deren wieder steigende Zahl, nachdem es aufgrund des Corona-Lockdowns in Südtirol so schön ruhig geworden war.

In den Bergen unterwegs sind auch Menschen, für die nicht nur das Terrain, sondern auch die Umstände oftmals komplettes Neuland sind. Dafür steht exemplarisch eine Szene, die sich Anfang Mai 2021 im Höllental unterhalb der Zugspitze abspielt. Das kühle Frühjahr beschert dem Wettersteingebirge noch viel Schnee. Ein leichtbekleideter englischsprachiger Trailrunner will sich trotzdem auf den Weg zum Zugspitzgipfel machen. Zum Gipfel seien es ja nur dreieinhalb Stunden, wie er ergoogelt habe. Darauf angesprochen, dass auf dem weiteren Weg winterliche Verhältnisse herrschten, ändert er sein Ziel. Dann steige er eben auf die Alpspitze.

Ein ungewöhnlicher Winter

Solches Verhalten hat auch Auswirkungen auf das alpine Unfallgeschehen. Die Alpinunfallstatistik des Österreichischen Kuratoriums für Alpine Sicherheit, die auf den von der Alpinpolizei erhobenen Unfällen beruht, stellte für den Zeitraum vom 1. Mai bis zum 30. September 2020 eine Zunahme an Alpinunfällen von mehr als 30 Prozent im Vergleich zum Durchschnittswert der letzten zehn Jahre fest. Höhepunkt in Tirol: ein Wochenende mit 112 Einsätzen an zwei Tagen. Aber nicht nur in Österreich, sondern im gesamten Alpenraum haben die Retter im Sommer 2020 mehr zu tun.

Für den Winter 2020/21 lässt sich dagegen kein einheitliches Bild zeichnen. Die Restriktionen rund um die Corona-Pandemie haben zu teils drastischen Rückgängen bei den Besucherzahlen im alpinen Raum geführt. Besonders im organisierten Skiraum abseits von urbanen Einzugsgebieten wurden in Österreich deutlich weniger Skifahrer und Wintersportler verzeichnet. Die Zahl der Unfallereignisse sowie die Zahl der dabei beteiligten Personen sank im Vergleich zum 10-Jahres-Mittel um etwa zwei Drittel, die Zahl der Toten aber nur um etwa ein Drittel. Auf Skipisten wurde nur ein Sechstel der Todesfälle im 10-Jahres-Mittel gezählt. Und weil viele einen Bogen um Seilbahnen machten – oder machen mussten –, gab es auf Skitour um ein Drittel mehr Verunfallte, jedoch vergleichbar viele Tote wie in den Wintern zuvor.

Ähnlich auch die Situation in der Schweiz, wo die Skigebiete wie in Österreich ebenfalls geöffnet waren. Wenngleich der Schweizer Bergführerverband merklich mehr Anfragen für geführte

Samstag, 24. April 2021, Corona-Tourenbetrieb am Großglockner. Auf seinem Foto markierte der Salzburger Bergretter und Flugzeugpilot Gerald Lehner nachträglich alle sichtbaren Skibergsteiger mit einem roten Punkt – wobei die Markierung „konservativ" erfolgte. Vor allem in den dunklen Felspartien waren noch mehr Menschen unterwegs.
© ÖBRD, LO Salzburg/ Bischofshofen, G. Lehner

Salzburger Bergretter bei einer Übung. Weil Seilbahnen und Lifte stillstanden, hatten sie im Winter 2020/21 öfter im Skitourengelände zu tun.
© ÖBRD LO Salzburg

Rechts: E-Mountainbikes beziehungsweise Pedelecs werden immer beliebter – was auch die Bergretter beschäftigt.
© Bergwacht Bayern/Allgäu

Touren verzeichnete, bereiteten sich nicht alle Wintersportler ernsthaft genug auf ihre Touren vor. Im Winter 2020/21 wurden in der Schweiz 296 Menschen von Lawinen erfasst, deutlich mehr als im Durchschnitt der vergangenen zwanzig Jahre (177), wie das Institut für Schnee- und Lawinenforschung (SLF) in Davos berichtete. Von Dezember bis März starben 27 Menschen in Lawinen, eine Person wurde Ende März, als das SLF Bilanz zog, noch vermisst. Zum Vergleich: Im langjährigen Mittel zählt man in der Schweiz 18 Todesopfer pro Winter.

In diesem eh schon besonderen Winter hebt sich die Bilanz der Bergwacht Bayern noch einmal besonders hervor. Zwar wurden auch in Bayern für den Winter 2020/21 mehr Unfälle mit Skitourengehern erfasst (wobei kein Lawinentoter zu verzeichnen war), insgesamt gab es für die bayerischen Retter aber weniger zu tun. Sind es in normalen Wintern zwischen 4000 und 5500 Einsätzen, rückten sie im Winter 2020/21 gerade einmal zu 1349 Einsätzen aus. Das mag zunächst erstaunen, hat aber einen ganz einfachen Grund: Weil in Deutschland die Bergbahnen im Corona-Lockdown verharrten und die Lifte nicht in Betrieb waren, gab es keine Pisteneinsätze. Es sind also etwa 3000 Einsätze, zu denen die Bergwachtfrauen und -männer im Winter 2020/21 *nicht* gerufen wurden. Selbst ein Plus bei den Skitoureneinsätzen um etwa 90 Prozent schreckt Roland Ampenberger, den Sprecher der Bergwacht Bayern, nicht. „189 Einsätze ist keine Zahl, die aus dem Ruder läuft, und es ist auf jeden Fall nicht ein so großes Plus, wie man es hätte erwarten können. Es ist sogar erstaunlich, dass angesichts der Zahl derer, die unterwegs waren, nicht mehr passiert ist." Das Einsatzaufkommen sollte trotzdem nicht unterschätzt werden: Einsätze auf Skipisten sind nämlich wesentlich besser planbar als Einsätze irgendwo im Gelände.

Trend zum Berg

Was insbesondere in Deutschland auffällt: Nicht nur die Bayerischen Voralpen, auch Erzgebirge und Sächsische Schweiz, Harz und Rhön haben einen enormen Besucheransturm erlebt und damit mehr Notfalleinsätze. Im Bayerischen Wald musste die Bergwacht im Beobachtungszeitraum beispielsweise sechsmal zur Arberseewand ausrücken, einem felsdurchsetzten Steilgelände mit Absturzgefahr an bis zu 60 Meter hohen, steilen Geländepassagen am Arber. Sechsmal ist nicht viel, ordnet Roland Ampenberger die Einsätze ein. „Das schlägt sich in der Statistik nicht signifikant nieder, zeigt aber, dass die Menschen hinausströmen, und es macht die Relevanz der Bergrettung auch in der Mittelgebirgslandschaft deutlich."

Statistisch signifikant sind vor allem die Verschiebungen bei den Disziplinen. Die alpinen Unfallstatistiken verzeichnen schon seit vielen Jahren eine Zunahme der beim Mountainbiken verunfallten Menschen. Im Sommer 2020 wurden in den österreichischen Bergen 837 Unfälle mit dem Mountainbike gezählt – das zehnjährige Mittel liegt bei 488. Zehn Mountainbiker verunglückten im Sommer 2020 sogar tödlich. Die steigenden Unfallzahlen bei dieser Sportart korrelieren mit dem Fahrradboom. Noch so ein Corona-Effekt, neben dem stark zugenommenen Besucherdruck in den Alpen: Insgesamt steigen mehr Menschen aufs Fahrrad – auch in den Bergen. Hersteller von E-Mountainbikes hatten im Sommer 2020 Lieferschwierigkeiten, die Fahrradläden waren leergekauft.

Hier kommt aber nicht allein der Corona-Effekt zum Tragen. Vielmehr hat die Pandemie einen Trend beschleunigt, der sich schon seit einigen Jahren abzeichnete. Denn Gründe, weshalb die Menschen die Berge attraktiv finden, gibt es gleich mehrere. Da ist zum einen das Klima. Denn wenn die Sommermonate heißer und trockener würden und es am Mittelmeer verbreitet 40 Grad warm sei, bekomme die „alpine Sommerfrische"

210 | BergWissen

neue Bedeutung und Attraktivität. Die Hoffnung der Touristiker, die Jürg Schmid von Schweiz Tourismus schon 2007 in einem Interview mit der Neuen Zürcher Zeitung zum Ausdruck brachte, konnte schon 2011 in einer Studie für die Schweiz tatsächlich bestätigt werden. Die heißen Sommer sind in den vergangenen zehn Jahren eher zu einer festen Konstante geworden. Corona geht vorbei, die Veränderung des Klimas – samt überhitzten Städten und negativen Auswirkungen auf das menschliche Wohlbefinden – wird bleiben.

Neben den physiologischen gibt es aber auch psychologische Gründe. Marcel Beaufils, Marktforscher vom Kölner rheingold Institut, untersuchte schon 2018 im Auftrag der ISPO, Sportnetzwerk für „Business Professionals" und „Consumer Experts" und Veranstalter der größten Sportartikelmesse der Welt, das Freizeitverhalten. Das Ergebnis seiner Untersuchung: „Outdoor ist ein menschliches Grundbedürfnis. In unserer schnelllebigen Gesellschaft, die heute virtueller und digitaler und damit mehr denn je von der Natur entfernt ist, genießt Outdoor einen immer höheren Stellenwert. Als verbindendes Lebensgefühl hält es Einzug in den Alltag und das urbane Leben." Beaufils spricht in diesem Fall von „Outdoor als moderner Alltagskirche". Die Berge als Heilsversprechen für gelingendes, erfülltes, und wahrhaftiges Leben. „Wir lieben die Berge", heißt das beim Deutschen Alpenverein.

Wunsch und Realität

Demutserfahrung in der Natur suchen die Menschen genauso wie den Adrenalinkick. Letzterer gehöre zu einem gewissen Teil sogar zum Outdoor-Erlebnis mit dazu, weiß Beaufils aus seinen tiefenpsychologischen Einzelinterviews zu berichten: „Die Menschen wollen raus aus dem sicheren, wohltemperierten Raum. Kontrollverlust hat da einen gewissen Reiz. Es gibt deshalb auch welche, die das Risiko suchen, die bewusst die Abkürzung nehmen, um diesen Kontrollverlust zu spüren."

Wenn aus dem Bedürfnis aber Realität wird, sind die Bergretter gefragt. Verstiegen, nicht weitergekommen, im tiefen Schnee steckengeblieben, aus winterlichem Klettersteig gerettet, die Zeit falsch eingeschätzt, notieren die Bergretter dann in ihren Einsatzberichten. Outdoor ist zu einem 24/7-Phänomen geworden. Egal wie das Wetter ist, egal an welchem Wochentag. Bergret-

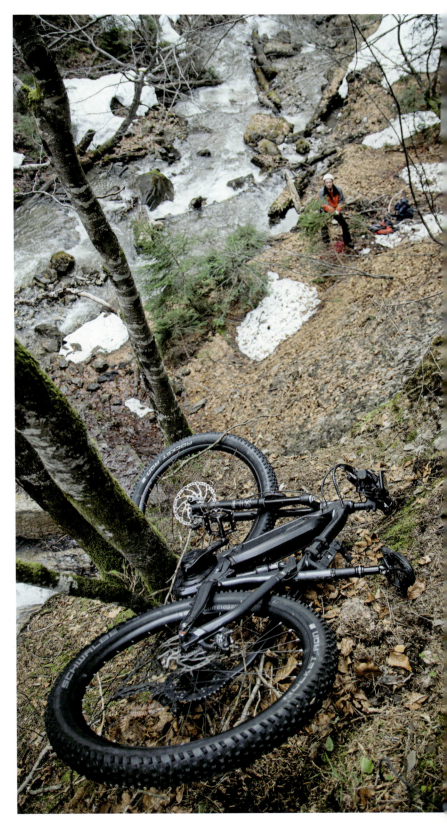

BergWissen | 211

Freizeitroutine: Rückstau auf dem Höllentalferner unter der Zugspitze am Übergang zum Fels.
© A. Klemmer

Einsatzroutine: Zu fast jedem vierten Einsatz musste die Bergwacht Bayern im Winter 2020/21 nach 16 Uhr ausrücken.
© Bergwacht Bayern/Lenggries

ter werden rund um die Uhr angefordert, bei der Bergwacht Bayern mussten sie im Winter 2020/21 bei fast jedem vierten Einsatz nach 16 Uhr ausrücken – genau dann, wenn es im Winter dunkel wird oder schon ist.

„Instagramability" zählt auch am Berg. Die einen werden durch den Onlinedienst überhaupt erst auf die Berge aufmerksam. Die anderen posten ihre Erlebnisse und schaffen dadurch Nachahmer. Eine kleine Brücke in den Zillertaler Alpen entwickelte sich im Sommer 2020 zum absoluten Besuchermagneten. Eine heillos überlastete Zufahrtsstraße, völlig überfüllte Parkplätze, stundenlanges Schlangestehen – was tut man nicht alles, um sich durch ein paar Likes bei Instagram besser zu fühlen? Manche bringen sich dafür sogar in Lebensgefahr. Im Vor-Corona-Sommer starben am Königsbach-Wasserfall, einem Instagram-Hotspot im Nationalpark Berchtesgadener Alpen, zwei junge Männer. Und obwohl die Nationalparkverwaltung die Instagram-Gemeinde nach dem ersten Lockdown eindringlich dazu aufrief, dem Wasserfall fernzubleiben, führte wenig später ein Netz aus Trampelpfaden zu dem beliebten Fotomotiv. Die Verantwortlichen griffen zum Äußersten: Betretungsverbot.

„Perfect day", schrieb ein Influencer mit 24.000 Followern im Februar 2021 und garnierte den Post mit einer beeindruckenden Aussicht von einer der Spitzen des Karwendelgebirges. Die Nachahmer folgten ihm sogleich auf die Tour, die so in keinem Tourenführer zu finden ist: Sie wählten vom Dammkar bei Mittenwald, in dem sich in der Karwoche täglich rund 500 Tourengeher tummelten, die Alternative durch eine fast 50 Grad steile und stellenweise nur 50 Meter breite Rinne. Infolge des Posts hätten sich „ganze Heerscharen" auf den Weg gemacht, ist zu erfahren. Zweimal hat dieser Social-Media-Alpinismus sogar die Bergretter gefordert.

Die sozialen Medien machen bergsteigerische Ziele nicht nur sichtbar, sie machen sie auch zugänglich und suggerieren, dass sie für jeden möglich sind. Die Instagram-Community blendet die wartenden Menschenmassen an der Hängebrücke genauso aus, wie sie die Risiken bei waghalsigen Touren verschweigt.

Per Losverfahren zum Gipfelkreuz?

Wie damit umgehen? Fotos und Berichte animierten auch frühere Bergsteigergenerationen. Und der eine oder andere übertrieb auch schon früher in seinen Berichten, oder er ließ Wesentliches weg. „Lernt die Gefühlsheuchelei, das eitle Prahlen, das bombastische Wortgeklingel, den nachträglich erkünstelten rednerischen Aufputz, kurz lernt die Unwahrheit der Phrase hassen", schreibt beispielsweise Wilhelm Paulcke 1922 im Schlusswort zur Überarbeitung von Emil Zsigmondys Klassiker „Die Gefahren der Alpen". Soll angesichts der aktuellen Entwicklungen das Erlebnis in der freien Natur stärker reglementiert werden? Brauchen die Alpen vielleicht sogar schon bald Losverfahren

Verstiegen: Hubschrauberbergung unter dem Watzmann-Hocheck.
© Bergwacht Bayern/Ramsau

Vernetzt: Einsatz einer Wärmebild-Drohne bei der Suche nach einem vermissten Mountainbiker.
© Bergwacht Bayern/Reichenhall, M. Leitner

beispielsweise für die Besteigung des Großglockners? Oder ein Wanderticket für das Zugspitzgebiet, das dann ohne Gipfel-Permit 50 Euro kostet? Oder gibt es schon bald Genussgebühren? Zehn Euro für einen Sitzplatz am Ufer des Karersees in Südtirol? 50 Franken pro Tag für den Blick auf das Matterhorn? Eine völlig abwegige Überlegung ist das beileibe nicht. In den nordamerikanischen Nationalparks ist schon seit vielen Jahren für immer mehr Aussichtspunkte oder Bergwanderungen ein Permit erforderlich, das zumeist verlost wird.

Wer sich diesem strikten Reglement einmal beugen musste und sein Traumziel deshalb nicht erreichte, weiß das „freie Betretungsrecht" zu Hause umso mehr zu schätzen. Gegen Kontingentierungen und Lotterien spricht auch die Erfahrung, dass dadurch nicht automatisch Verbesserungen eintreten. Um die tödlichen Unfälle und die Zahl der Rettungseinsätze einzudämmen, hat die Verwaltung des Yosemite-Nationalparks in Kalifornien den Zugang zum Half Dome, einem der Besuchermagneten im Park, massiv eingeschränkt. Seit 2014 entscheidet auch dort das Los, wer auf dem 20 Kilometer langen Rundkurs wandern darf. Doch wie sich zum Erstaunen der Verantwortlichen herausstellte, sind die Unfallzahlen in der Folge nicht gesunken, sondern sogar weiter gestiegen. Eine Vermutung: Die Lotterie hat den Half Dome noch mehr ins Blickfeld der Parkbesucher gerückt – auch jener, die eigentlich gar nicht die Voraussetzungen für fordernde Wanderungen dieser Art haben und kurzerhand losziehen, weil das Los eben auf sie gefallen ist.

Tragen die alpinen Vereine genug zur Prävention bei? Verleiten die Hersteller von Ausrüstung zu Übermut? Und welchen Beitrag müssen die Tourismusverbände leisten, um Gästen ihrem Können entsprechend zu einem unfallfreien Urlaub zu verhelfen? All diese Fragen müssen gestellt, offen diskutiert und beantwortet werden. Doch die umfangreichste Prävention hilft nichts, wenn Einzelne ihr Können falsch einschätzen oder die Grenzen für sich nicht akzeptieren wollen.

Bergsportprofis und Beobachter präsentieren die Berge heute als einen großen Abenteuerspielplatz. Die Tirol Werbung startete im Frühjahr 2021 mit einer Imagekampagne unter dem Titel „Kleine Abenteuer. Große Momente." und garnierte sie mit Fotos aus den Bergen. Hersteller von Bergsportausrüstung vergeben „Adventure-Grants". Und der britische Abenteurer Alastair Humphreys beschrieb schon vor zehn Jahren „5-to-9-Adventures" als Gegenentwurf zum allseits gefürchteten „9-to-5-Job": vom Feierabend um 17 Uhr ins Mikro-Abenteuer starten und am nächsten Morgen wieder um neun Uhr zur Arbeit erscheinen.

Dass ein Abenteuer von seiner Wortbedeutung her aber mit Risiken und Gefahren verbunden ist, wird dabei oft vergessen. Der Zeitpunkt ist günstig, die frühen bergsteigerischen Werte wieder mehr zu betonen. Dazu gehört zu allererst die Eigenverantwortung.

BergWissen | 213

Der Wald und lauter Bäume

Nationalpark Kalkalpen – Verflechtungen eines Ökosystems
im 21. Jahrhundert

Axel Klemmer

Die Natur sich selbst überlassen? Damit hat der Mensch ein Problem. Im oberösterreichischen Sengsengebirge, wo die älteste bekannte Buche Mitteleuropas steht, versucht er es immerhin.

Manchmal, heißt es, sehe man den Wald vor lauter Bäumen nicht. Dreht man den Satz um, behält er seine Gültigkeit: Manchmal sieht man vor lauter Wald nicht den einzelnen Baum – zum Beispiel eine Buche. Buchen werden in der Regel 200 oder 250 Jahre, selten über 300 Jahre alt. Doch dieses Exemplar im oberösterreichischen Sengsengebirge ist viel älter. 2019 konnte der italienische Wald-experte Alfredo di Filippo ihren ersten verfügba-ren Altersring auf das Jahr 1474 zurückdatieren. Als Christoph Kolumbus nach Amerika segelte, war die Buche also schon 18, volljährig gewisser-maßen. Knapp 73 Zentimeter misst der Durch-schnitt in Brusthöhe, nicht gerade mächtig, und die Krone wurde irgendwann auf etwa 20 Metern Höhe abgerissen. Was hat dieser Baum in seinem bald 550-jährigen Dasein erlebt? Jedenfalls mehr als jede andere bis jetzt untersuchte Buche Mittel-europas. Mit einem eindrucksvollen Wurzelstrang krallt sie sich in den felsigen Hang, dabei sind es gerade die topografischen und klimatischen Extreme auf etwa 1250 Metern Höhe, die ihr die-ses hohe Alter erst ermöglicht haben. Jedes We-sen, heißt es, verfüge über ein bestimmtes Maß an Lebenskraft. Auf fettem Boden und in einem mil-den Klima lebt es sich für einen Baum höchst kom-fortabel: Er verschwendet seine Jugend und wird früher alt. Auf kargem Boden, bei Hitze, Trocken-heit und großer Kälte muss er dagegen mit seiner Vitalität haushalten: Sie strömt nicht dahin, sie tröpfelt langsam aus ihm heraus.

Mit ihrer dicken, rissigen, von Flechten be-wachsenen Borke sieht die Buche im Sengsenge-birge ganz anders aus als ihre viel jüngeren Artge-nossen, deren glatte, graue Stämme bei wandern-den Menschen im Wald oft den Eindruck einer Säulenhalle erwecken. Doch der uralte Baum er-hält keinen Besuch von Wanderern. Keine Tafel wurde vor ihm aufgestellt, nicht einmal ein Weg führt zu ihm hin.

Eigentlich unnötig – der Naturschutz
Knapp 21.000 Hektar umfasst das Nationalparkareal im Sengsengebirge und Reichraminger Hinter-gebirge. Vier Fünftel sind von Wald bedeckt – ge-nauer: von 30 unterschiedlichen „Waldgesellschaf-ten" –, dazu kommen acht Prozent Latschen, sechs Prozent Almen und Wiesen; nur fünf Prozent liegen in der alpinen Region mit Fels und Schutt oberhalb

der Waldgrenze. Grüner als hier wird es nicht. Das größte Waldschutzgebiet Österreichs ist zugleich das größte Buchenwaldschutzgebiet der Alpen und Teil des UNESCO-Weltnaturerbes „Alte Bu-chenwälder und Buchenurwälder Europas".

Nun ist dieser „alte" Wald im Nationalpark noch kein echter Urwald, doch immerhin verzichtete sein früherer Eigentümer Graf Heinrich von Lam-berg, Spross eines alten Geschlechts mit Stamm-sitz in Steyr und bei seinem Tod 1929 einer der größten Waldbesitzer Österreichs, in etlichen Be-reichen auf die forstwirtschaftliche Nutzung. An-fang des 20. Jahrhunderts war es in Adelskreisen schick, „Urwald" zu haben. Um den Schutz der Na-tur ging es dabei nicht, es ging vor allem um den Schutz des Jagdreviers.

Und heute? „Eigentlich braucht die Natur unse-ren Schutz nicht", sagt Franz Sieghartsleitner, „sie wandelt sich ständig. Wenn wir das Klima ändern und Umweltgifte freisetzen, reagiert sie. Die Natur kam schon vor Milliarden von Jahren mit einem hochgiftigen Gemisch aus Kohlendioxid, Wasser-stoff und Schwefelgasen zurecht, und sie wird wieder etwas Neues hervorbringen." Sieghartsleitner leitet in der Nationalparkverwaltung die Öffentlichkeitsarbeit. Es gehe nicht darum, den Status quo mit allen Arten und Lebensräumen zu erhalten, erklärt er. Angestrebt werde kein zu-künftiges Ideal, das Leitbild sei die Sicherstellung des ständigen Wandels. Geschützt wird hier also der Prozess, und den bestimmt wieder die Natur. Jahrhundertelang hatten, wenigstens in den leichter zugänglichen Geländeabschnitten, Axt und Säge regiert. Das Holz aus dem Hintergebirge war in den Sensen- und Hammerschmieden ver-brannt, die Steyr im Mittelalter zur Industrie- und Handelsmetropole gemacht hatten und die „Ei-senwurzen", die Landschaft zwischen der Donau und dem steirischen Erzberg, zu einer der reichs-ten Landschaften Europas. Um eine Tonne Eisen herzustellen, mussten etwa acht Kubikmeter Holzkohle verheizt werden, 20 bis 25 Bäume.

Das Nationalpark-Inventar verzeichnet 19 ur-waldartige Bereiche, die auch während der jahr-hundertelangen Bewirtschaftung nie angerührt wurden. Manche von ihnen sind unzugänglich, andere überraschend leicht zu erreichen – etwa das Gebiet oberhalb der Ebenforstalm, auf dem Weg zum Alpstein.

Fünfeinhalb Jahrhunderte Leben: Wo genau die uralte Buche im National-park Kalkalpen steht, darf nicht verraten werden.

© A. Klemmer

Nicht alles ist Urwald. Wo im Bereich Gaislucke oberhalb der Ebenforstalm (links) nie Hand an die Bäume gelegt wurde, kehrt an anderer Stelle die Wildnis zurück: Die 2003 aufgelassene Forststraße im Jörglgraben (rechts) erlaubt heute kaum noch ein Durchkommen.
© A. Klemmer

„Urwald oder nicht, Jahreszahlen sind für mich als Zoologen kaum von Bedeutung", sagt Sieghartsleitners Kollege Erich Weigand. Er spricht lieber von „urwaldkonformen Habitaten" und von „Urwald-Reliktarten", vor allem Käfern, die dort leben. 41 solcher krabbelnden Reliktarten wurden bisher im Nationalpark gefunden, mehrere davon hat Weigand selbst entdeckt. Immer wieder zeigen ihm Besucher, Kollegen und Nationalparkranger Bilder von Käfern, die sie auf ihren Touren fotografiert haben. Für gewöhnliche Augen mehr oder weniger austauschbar, erkennt der Experte in ihnen manchmal Arten, die schon längst als verschwunden oder ausgestorben galten.

Gar nicht selten ist dagegen der Borkenkäfer. Er befällt Einzelbäume und kleine Baumgruppen, aber keine großen Flächen. Doch weil der Wirtschaftswald bis unmittelbar an die Parkgrenze heranreicht, muss er mindestens 300 Meter, mancherorts sogar bis fast zwei Kilometer weit ins Schutzgebiet hinein bekämpft werden – ohne Maschinen, sondern mühsam von Hand, indem man die Rinde der befallenen Bäume abschält, um das nackte Holz danach liegenzulassen. Für den Zoologen Weigand ist das ökologisch verfehlt und auch schlecht investiertes Geld, da der Borkenkäfer viele „Antagonisten", das heißt Fressfeinde, habe. Die Natur reguliert ökologisch, effizient und nachhaltiger, als der Mensch das vermag.

Seit 20 Jahren geht die Fichte, das Plantagenholz der jüngeren Vergangenheit, zurück. Franz Sieghartsleitner trauert den zusammenbrechenden Restbeständen nicht nach. „In 500 Jahren ist der Wald wieder so, wie er sein soll – und dann", lacht er, „dann will ich wiedergeboren werden!" Den Artenschutz im Nationalpark betrachtet er als „zivile Landesverteidigung": Man könne den Nutzen vieler Arten gar nicht abschätzen, weil man die Zusammenhänge nicht alle kenne. Mit jeder verschwundenen Art fehle ein Knoten im ökologischen Netz, was dessen Festigkeit mindere. Der Blick darf sich darum nicht nur auf den spektakulären Steinadler oder den seltenen Weißrückenspecht richten, auf den Luchs oder die Danubische Bachforelle – diese nur hier lebende, genetisch absolut unveränderte „Urforelle". Viele Tiere sind untrennbar mit bestimmten Pflanzen verbunden. Verschwindet der Weiße Mauerpfeffer, dann verschwindet mit ihm auch der Apollofalter. Die Hummel, die Erich Weigand im Beobachtungsglas gefangen hat, ist eine Eisenhuthummel. Sie kann in wenigen Minuten mehr als tausend Meter hoch aufsteigen und ist in ihrem Lebenszyklus ganz eng an den Eisenhut gebunden. Wer das nicht weiß und keinen Begleiter wie Erich Weigand hat, der es ihm erklärt, sieht nur: eine Hummel.

Im Strom der Daten – die Forschung

Auch in der Informationstechnik spricht man heute von Netzen und Ökosystemen. Sehr artenreich und ausgesprochen teuer ist die installierte Technik auf dem Zöbelboden hinter Reichraming in

rund 900 Metern Höhe. Hier betätigt sich der Biologe und Umweltwissenschaftler Thomas Dirnböck erst mal als Elektriker. Der Strom ist ausgefallen, und ohne Strom gibt es keine Daten. Schnell ist der Fehler gefunden – es war nur die Sicherung –, dann geht es hinaus zu den Geräten. 90 Hektar misst die Forschungsstation des Umweltbundesamts, für die Dirnböck als Ökosystemforscher arbeitet. Es ist einer der bestausgerüsteten Standorte für ökologische Langzeitforschung in Österreich und einer der Leuchttürme der internationalen Forschungsinfrastruktur eLTER (european Long Term Ecosystem Research). Zu Beginn des Projekts, in den 1990er-Jahren, stand noch der Kampf gegen das Waldsterben im Vordergrund, doch mittlerweile fokussiert sich das Langzeitmonitoring vor allem auf den Klimawandel, der hier zu Kurven gerinnt, die einen eindeutigen Trend belegen: Es wird wärmer. Trockenperioden treten gedrängter in Erscheinung, mit der Niederschlagsentwicklung verhält es sich kompliziert.

Atmosphärenforschung wie auf dem Sonnblick, der Zugspitze oder dem Jungfraujoch findet nicht statt. Stattdessen betreiben die Forscher auf dem Zöbelboden ein „Wirkungsmonitoring": Sie halten fest, welche Treibhausgase am Boden, direkt in der Vegetationszone, emittiert und aufgenommen werden. An der Spitze eines 46 Meter hohen Stahlturms registrieren Messgeräte die Bilanz des Kohlendioxid-Austausches im Tagesgang auf der Höhe der Baumkronen: Tagsüber wird das Kohlendioxid aufgenommen und mittels Photosynthese in Sauerstoff umgewandelt, nachts wird es „ausgeatmet".

Unter dem Turm fällt der Waldhang steil ab. Eine schmale Holztreppe – ist sie nass, braucht man Spikes unter den Sohlen – führt zu einer Reihe von Holzstegen, die links und rechts zu seltsamen Apparaturen führen. Es summt und brummt, Metallarme schwenken tellerförmige Sensoren über den Waldboden. Andere Geräte messen den Quecksilbereintrag aus der Atmosphäre ins Trinkwasser mit einer Genauigkeit von weniger als einem Nanogramm (einem Milliardstel Gramm) pro Liter Wasser. Manche Bäume tragen schmale, skalierte Metallmanschetten, die ihren Stammumfang messen und wie er etwa bei Hitze- und Trockenstress abnimmt.

Insgesamt 600 „Ökosystemparameter" werden am Zöbelboden gemessen, vollautomatisch. Mittlerweile liegen Daten aus 25 Jahren vor. „Die Klimadebatte hat einen Riesenbedarf an Daten", sagt Dirnböck. Manches erkennt man auch mit bloßem Auge, zum Beispiel den massiven Rückgang von Baumflechten seit bald 20 Jahren. Und so, wie Flechten zuverlässige Bioindikatoren für Luftschadstoffe sind, beleuchten Vorzeigeprojekte wie jenes auf dem Zöbelboden den Zwiespalt, in dem Politik und Gesellschaft leben: Gern wird vorgezeigt, was man hat und wie man die Wissenschaft fördert; belegt die Wissenschaft aber empirisch-unbestechlich, dass dringender Handlungs-

Nicht überall sterben die Fichten so fotogen wie auf dem Rotgsol (oben links). Ebenfalls dürr, aber voller „Saft" ist die technische Infrastruktur auf dem Zöbelboden, die Thomas Dirnböck überwacht – während Franz Sieghartsleitner Einheimischen und Gästen die Bedeutung des Schutzgebiets erklärt.

© A. Klemmer

BergWissen | 217

Latschen, Wald und Wiesen, dazu ein paar Felsen: Spektakulärer wird die Landschaft im Nationalpark nicht. Blick vom Kleinen Größtenberg auf den Hohen Nock und die Gipfelwiese des Rotgsol (oben rechts).
© A. Klemmer

bedarf besteht, dann hat die Politik es mit den gebotenen Maßnahmen nicht immer so eilig.

Sensationell unspektakulär – der Tourismus

Nicht weit entfernt von all der geschützten und beforschten Natur, in der hinreißend schönen Stadt Steyr, sitzt Eva Pötzl und seufzt. Ja, der Nationalpark. Sehr schön. Aber leider unter Wert angeboten. Pötzl leitet den Tourismusverband Steyr und Nationalpark Region. Steyr ist im Verbund der Kleinen Historischen Städte in Österreich, ein touristisches Kleinod, aber eben genau das: klein. Ein Tag reicht den meisten zur Besichtigung. Wie bringt man die Gäste dazu, länger zu bleiben? Wohin schickt man sie? In den Nationalpark! Doch der versteckt sich eher, oder besser gesagt: Seine Sensationen verstecken sich. Es gibt keinen Großglockner und keine Pasterze, keine Krimmler Wasserfälle und keine so spektakulären Berge wie nebenan im Gesäuse oder im Toten Gebirge. Stattdessen Bäume. Käfer. Hummeln. Pilze. Flechten. Mit einem der „artenreichsten Waldschutzgebiete Mitteleuropas" lässt sich werben, nur sieht man viele der Arten gar nicht oder man erkennt ihre Besonderheit erst unter wissenschaftlicher Anleitung – und kommt irgendwann auf die Idee, dass zu den besonderen Arten, die hier geschützt werden, auch die Käferzähler, Moosflüsterer, Schwammerlstreichler und Baumversteher von der Parkverwaltung zählen.

Ein touristisches Leuchtturmprojekt ist der erst 2019 eröffnete Luchstrail. In elf Etappen verbindet er drei große Schutzgebiete: die Nationalparks Kalkalpen und Gesäuse sowie das Wildnisgebiet Dürrenstein. Er dient sogar der Wissenschaft, indem er „ökologische Trittsteine" und „Wanderungskorridore" für die Flora und Fauna schafft, lässt sich als konditionell anspruchsvoller Weitwanderweg aber nicht leicht konsumieren. Eva Pötzl wünscht sich mehr „niederschwellige" Angebote für eine breitere Zielgruppe, kurze Wege mit

Relikte auf sechs Beinen: Wo Rindenschröter *(Ceruchus chrysomelinus)*, Scharlachroter Plattkäfer *(Cucujus cinnaberinus)* und Breitmaulrüssler *(Anthribus albinus)* krabbeln, ist der Wald noch „urig".

© E. Weigand (2), F. Sieghartsleitner

Gehzeiten von einer Stunde, kinderwagengerecht und barrierefrei, am Zielpunkt möglichst eine Aussichtsplattform mit Panoramablick und vielleicht auch mit einem großen Bilderrahmen – dem „Buchenwaldkino" …

Nun, die bequemen Wege für Fußgänger und Radler und die bewirtschafteten Almen gibt es schon. Von Molln, wo das große Nationalparkhaus steht, wo aber kaum etwas nach Tourismus aussieht, fährt man im Auto durch den Bodinggraben bis zum Jagahäusl, einer grünen Idylle mit dem Forsthaus des Grafen Lamberg, einer malerischen Kapelle und einer Gastwirtschaft. Wanderwege führen in alle Himmelsrichtungen, auch auf den Hohen Nock (1963 m), den höchsten Berg im Nationalpark. In Reichraming startet der beliebte Hintergebirgsradweg auf der Trasse der ehemaligen Waldbahn.

Was fehlt, das sind öffentliche Verkehrsmittel. Durch die langen Täler auf der Nordseite fährt kein Bus oder Park-Shuttle. Viele Nationalparkbesucher umrunden das Gebiet von Steyr über Reichraming und den Hengstpass Richtung Windischgarsten: Nature Watching hinter der Windschutzscheibe, in den Ohren das automobile Grundrauschen – und die knallenden Auspuffklappen am Hengstpass. Natur, die nur still ist, ertragen viele Menschen nicht. Nirgends ist es aber stiller als unter dem wuchernden Grün im Inneren des Parks. Als die Wald- und Wildbewirtschaftung eingestellt wurde, brauchte man viele Forststraßen nicht länger instand zu halten. 110 Kilometer des ursprünglichen, 280 Kilometer umfassenden Forststraßennetzes existieren nicht mehr. Der Verfall schreitet schnell voran: Im Jahr 2003 aufgegeben, ist die alte Straße in den Jörglgraben nur noch mit einiger Mühe zu begehen. Woanders werden Brücken weggerissen und nicht wieder aufgebaut. Sogar die Experten der Parkverwaltung tun sich immer schwerer, manchen alten Steigen im Gelände zu folgen.

Für das touristische Marketing ist diese Ausgangslage ohne Frage schwierig. Eva Pötzl, die Tourismuschefin von Steyr, sieht die Aufgabe des Nationalpark-Managements auch darin, immer neue Angebote zu entwickeln und neue Zielgruppen zu erschließen. Andererseits kann man in dieser touristischen Zurückhaltung ein Alleinstellungsmerkmal erkennen, das Touren im Sengsen- und Hintergebirge eine besondere Exklusivität verleiht. Denn hier macht „der Gast" die ungemein erholsame Erfahrung, dass sich nicht alles um ihn dreht. Hier spielt die Natur die Hauptrolle, und genau das spricht eine bestimmte Klientel besonders an. Ja, diese Klientel ist kleiner als jene auf der Franz-Josefs-Höhe, aber sie bekommt dafür genau das, was sie haben will: nämlich keine Franz-Josefs-Höhe. Wer den Großglockner, die Pasterze und die Krimmler Wasserfälle abhaken will, wird von nichts als Wald ohnehin schwer zu beeindrucken sein.

Weise Voraussicht – die Politik

Natur einfach Natur sein lassen und ihr dabei zusehen, das schaffen nicht viele. *Horror vacui,* die Angst des Menschen vor der Leere, die er mit seiner Abwesenheit gleichsetzt …

Rund 80 Prozent der Fläche im Park gehören den Bundesforsten. „Zum Glück", sagt Franz Sieghartsleitner, „denn sonst gäbe es den National-

BergWissen | 219

Nur wo der entzückende Pilz steht, überlebt auch sein Name: Goldfarbener Glimmerschüppling. Nur wo der Weiße Mauerpfeffer wächst, wird man auch den Apollofalter sehen. Und nur in naturnahen Wäldern klopft der sehr seltene Weißrückenspecht aufs Totholz.
© F. Sieghartsleitner (2), NP Kalkalpen, A. Klemmer

park nicht." Das Schutzgebiet liegt in einer Höhe zwischen 400 und 1900 Metern und damit in der „Speckkammer der Waldwirtschaft". Als das Geschäft mit dem Holz nicht mehr rentabel war, wollten die Ennskraftwerke in den 1980er-Jahren einen neuen Schatz heben: Wasserenergie. Zwei Staumauern, 100 und 80 Meter hoch, sollten den Reichramingbach aufstauen. Auch die Krumme Steyrling bei Molln wollte man verbauen. Eine Bürgerinitiative gründete sich und „besetzte" das Hintergebirge, Einheimische stiegen auf die Barrikaden, ein Hauch von Bürgerkrieg lag über dem Wald. Es war die hohe Zeit der Umweltbewegung, die nach Katastrophen wie dem Waldsterben, dem Nuklear-GAU von Tschernobyl und dem Chemieunfall des Sandoz-Konzerns bei Basel enormen Auftrieb erhielt.

1985 zogen die Ennskraftwerke ihr Projekt offiziell zurück. Vier Jahre später forderten NGOs in der „Mollner Erklärung" die Errichtung eines Nationalparks, und die oberösterreichische Landesregierung unter dem damaligen Landeshauptmann Josef Ratzenböck fasste den einstimmigen Beschluss zur Planung des Nationalparks. So führten ein günstiges Zeitfenster, das genutzt wurde, und ein vorausschauender Landeshauptmann schließlich im Jahr 1997 zur Gründung des Nationalparks Oberösterreichische Kalkalpen.

Heute, sagt Sieghartsleitner, wäre das politisch nicht mehr möglich. Immer noch wächst die Akzeptanz des Nationalparks mit zunehmender Entfernung vom Nationalpark. Problematisch sind das Verbot der Jagd, die Aufgabe der Waldwirtschaft und der zunehmende Verfall der Wege vor

Arten-Reich
Fauna und Flora im Nationalpark Kalkalpen

- 55 Säugetierarten, davon 17 Fledermausarten
- 115 dokumentierte Vogelarten, davon 80 Brutvogelarten
- Seltene Waldvogelarten wie Weißrückenspecht (seltenste Spechtart in den Ostalpen), Raufußkauz und Zwergschnäpper
- Weltweit einziges Vorkommen der genetisch unveränderten „Urforelle" (Danubische Bachforelle)
- Jeweils sieben Amphibien- und Reptilienarten
- 1560 Schmetterlingsarten, mehr als in jedem anderen Schutzgebiet Österreichs
- Rund 7400 Käferarten, darunter 41 bestätigte Urwald-Reliktarten wie Alpenbock, Großer Flachkäfer, Scharlach-Plattkäfer und Gehörnter Bergwald-Bohrkäfer; weltweit einziges Vorkommen einer Höhlenlaufkäferart

- 32 Baum- und 50 Straucharten
- 927 Gefäßpflanzenarten (etwa ein Drittel aller in Österreich vorkommenden Pflanzenarten), davon 59 Arten geschützt und 14 Arten endemisch
- Rund 1000 verschiedene Blütenpflanzen, Moose und Farne
- 42 wildwachsende Orchideenarten

allem für ältere Generationen, die mit der klassischen Waldwirtschaft, mit Monokulturen und Kahlschlägen sozialisiert worden sind und die es nicht verstehen, wenn Sieghartsleitner sagt: „Der Borkenkäfer ist mein Freund. Er bekämpft die Fichte dort, wo sie nicht hingehört."

Der einzige „Antagonist" des Rotwilds, das den Jungwald verbeißt, ist derzeit der Luchs. Sechs registrierte Exemplare sind im Gebiet unterwegs, aus ökologischer Sicht viel zu wenig. Man bräuchte für ein stabiles Gleichgewicht auch noch den Wolf, aber Sieghartsleitner macht sich nichts vor: Schon der Luchs werde nur mühsam akzeptiert, käme jetzt noch der Wolf dazu – „also das stelle ich mir lieber nicht vor!"

Das Schwierigste – Warten

In den Ohren mancher Einheimischer klingt es wie eine Zumutung, was der Marketingchef des Nationalparks sagt: dass es das Schönste sei, der Natur dabei zuzuschauen, wie sie sich selbst heile und wie wieder der ursprüngliche Laubmischwald aufkomme. Leider wird kein heute lebender Mensch diesen Wald zu Gesicht bekommen. Helfen könnte hier ein Blick auf die Gartenkünstler des 18. und 19. Jahrhunderts. Als sie ihre großen Parks anlegten, lebten sie einerseits mit der genauen Vorstellung, wie das alles einmal aussehen würde – und andererseits mit der Gewissheit, dass sie selbst es nicht mit eigenen Augen sehen würden. Sie machten es für die Nachwelt.

Heute so zu denken, ist ziemlich aus der Mode gekommen. Nationalparks sollen vier Zwecken dienen: dem Naturschutz, der Forschung, der Bildung und der Erholung. Die Gewichtung und praktische Umsetzung dieser Zwecke birgt viel politischen Sprengstoff. Den Forschern im Nationalpark Kalkalpen kommt die von vielen empfundene Durchschnittlichkeit oder sogar Langweiligkeit der Landschaft zugute. Sie müssen sich nicht um Instagramer sorgen, die ihre Follower mit spektakulären Makroaufnahmen von Käfern zu Tausenden in die „Urwald-Verdachtsflächen" locken. Eva Pötzl, die Tourismuschefin in Steyr, würde sich dagegen über mehr Klicks auf Instagram freuen.

Auch die Politik ist eine Wissenschaft. Sie besteht darin, Allianzen zu schmieden, Kooperationen zu vereinbaren, Freundschaften und Partnerschaften zu pflegen, gute Stimmung zu machen für die eigene Sache, die schließlich zur Sache der Gesellschaft werden soll. Franz Sieghartsleitner war drei Jahrzehnte lang in der Kommunalpolitik aktiv. Er weiß, dass es vor allem die Einheimischen sind, die er für den Nationalpark gewinnen muss. Er weiß auch etwas anderes: dass nämlich im Gesetz die Erweiterung des Nationalparks Kalkalpen hinüber ins Tote Gebirge festgeschrieben ist. Aber das muss er nicht bei jeder Gelegenheit in der Öffentlichkeit ausbreiten.

Luchsdame Lakota streift zusammen mit fünf Artgenossinnen beziehungsweise Artgenossen durch das Schutzgebiet. Dichte Wälder und schwer zugängliche Täler (im Bild unten die Haselschlucht) bilden einen idealen Lebensraum.

© Sonvilla-Graf OG, F. Sieghartsleitner

BergWissen | 221

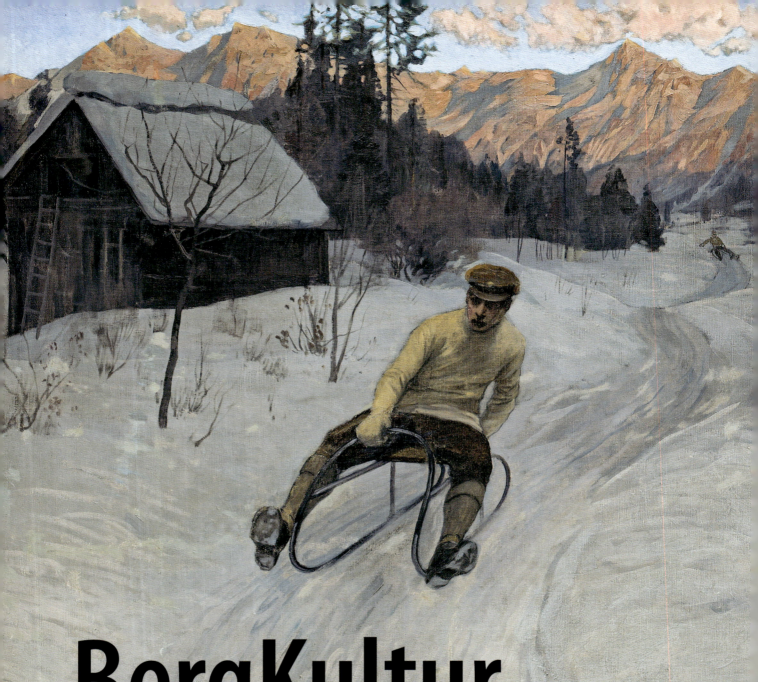

BergKultur

Bergsport ist Körperkultur. Das heißt, der Körper sollte dabei auch anständig aussehen. 1906 richtete die Unternehmerin Mizzi Langer-Kauba in Wien ihr neues Geschäft für „Hochtouristen" ein. Und ihr Bekannter, der Maler und Bergsteiger Gustav Jahn, schuf für die Innenausstattung Bilder von Bergsportlerinnen und Bergsportlern, die nicht nur zweckmäßig, sondern auch gut gekleidet waren. Lange her.

Après-Ski ohne Party

Stillgelegte Skigebiete in den Alpen
>> **Matthias Heise und Christoph Schuck**

LSAP, Lost Ski Area Projects: So nennt man Skigebiete, die den Betrieb eingestellt haben und die sich nun zwischen Abbau, Verfall und touristischen Alternativen neu (er)finden müssen. Auch sie gehören zur alpinen Kulturlandschaft.

Der Anblick ist schön bis fürchterlich, je nach Perspektive.

Dortmund, Phoenix-West: Das Hochofenwerk ist schon lange außer Betrieb. Die alten Schlackenhalden nebenan sind mittlerweile begrünte Hügel, die einen schönen Blick auf die Stadt und ihren Phoenixsee eröffnen. Wo einst tausende von Menschen in der Schwerindustrie arbeiteten, entstand ein Erlebnis- und Erholungsgebiet. Das Hochofenwerk ist heute ein Denkmal, das etwas verkörpert, worauf viele Menschen des Ruhrgebietes stolz sind: die Industriekultur. Sie gibt, so kann man vielleicht sagen, dem in weiten Teilen recht erfolgreichen Strukturwandel hin zu einer Wissenschaftsregion Seele und Identität.

Perspektivenwechsel: Hospental im Kanton Uri, Schweiz. Auf dem Weg von Andermatt nach Realp führt die Straße am stillgelegten Skigebiet Winterhorn vorbei. Wo einst tausende von Menschen Erholung suchten und dem skialpinen Wintersport nachgingen, ist mittlerweile eine Brache beziehungsweise, ganz offiziell und technokratisch ausgedrückt, eine „ökologische Ausgleichsfläche" entstanden. Ausgleichsfläche deshalb, weil das benachbarte Andermatt sein Skigebiet mithilfe eines ausländischen Investors stark erweitert hat und als Auflage im Gegenzug andere Teile renaturiert werden mussten. Es darf bezweifelt werden, dass die Bewohnerinnen und Bewohner Hospentals auf die noch immer einsam in der Landschaft stehenden Liftmasten ihres nun für immer geschlossenen Skigebiets ähnlich stolz sind wie die Dortmunder auf ihre Industriekultur. Für Hospental war der Verlust dramatisch. Sicher, das Gebiet war schon lange krisengeplagt. Irgendwann konnten die alljährlichen Verluste nicht mehr durch Subventionen der öffentlichen Hand kompensiert werden. Irgendwann waren auch die größten Anstrengungen, den Betrieb aufrechtzuerhalten, gescheitert. Aber dort nun eine „ökologische Ausgleichsfläche" zu bekommen, damit das Nachbarskigebiet noch größer werden kann? Das ist schon deprimierend. Wie so oft: Groß schlägt Klein. Auch im Überlebenskampf der Skigebiete.

Inspiriert nicht zuletzt durch die Dortmunder Industriekultur haben wir uns entschlossen, einmal einen genaueren Blick auf ein artverwandtes und doch sehr unterschiedliches Phänomen in den Alpen zu werfen, das bis heute wenig öffentliche und so gut wie gar keine wissenschaftliche Beachtung gefunden hat: aufgegebene Skigebiete, kurz als LSAP (Lost Ski Area Projects) bezeichnet. Im Rahmen einer Pionierstudie haben wir uns über mehrere Jahre intensiv mit dem LSAP-Phänomen beschäftigt und ein Buch veröffentlicht, das neben Hospental/Winterhorn noch die Schweizer LSAP Oberwald/Hungerberg, Ernen-Mühlebach/Erner Galen (beide Kanton Wallis) und San Bernardino/Confin (Kanton Graubünden) betrachtet und ihre ganz unterschiedlichen Strukturwandelprozesse mit Analysen und einzigartigen Fotos illustriert.[1]

Auch wenn sich unsere Untersuchungen vor allem auf die Schweiz konzentriert haben, kann davon ausgegangen werden, dass die allgemeine Problemlage auch auf Skigebiete in Deutschland, Frankreich, Italien und Österreich übertragen werden kann. In dem vorliegenden Beitrag gehen wir auf zwei Aspekte näher ein: Weshalb werden Skigebiete überhaupt aufgegeben – und was bedeutet das dann für die in den betroffenen Gemeinden lebenden Menschen?

Beginnen wir mit dem ersten Aspekt. Man kann schon sagen: Es trifft vor allem die Kleinen. Und die Kleinsten der Kleinen sind im Kontext des skialpinen Wintersports die Tallifte, also einzeln stehende Lifte, die von der Talebene aus kurze Abfahrtshänge in meist eher geringer Höhenlage erschließen. Unsere exemplarische Analyse des schweizerischen Oberwallis hat gezeigt, dass dort im Jahre 1980 immerhin 22 Tallifte in Betrieb waren. Heute sind es noch ganze sechs, Tendenz fallend. Aber sogar mittelgroße Skigebiete kämpfen zunehmend um ihr Überleben.

Wie Skigebiete scheitern

Für diese Entwicklung gibt es mehrere Gründe, drei fallen besonders ins Gewicht:

Der erste Grund ist die Klimaerwärmung, die für den gesamten Skisport problematisch ist, aber niedrig gelegene Gebiete besonders hart trifft. Aktuelle wissenschaftliche Studien belegen, dass in einer zeitlichen (1971–2019) und regionalen

---

1 *Matthias Heise und Christoph Schuck (2020): Letzte Bergfahrt – Aufgegebene Skigebiete in der Schweiz und ihre touristische Neuausrichtung. Zürich/ Ziegelbrücke: AS-Verlag. Hardcover, 221 Seiten.*

Bonjour Tristesse – im ehemaligen Espace Super Saint-Bernard bei Bourg-St-Pierre im Wallis.
© C. Schuck

Diese „Industriekultur" stiftet in Hospental (noch) keine Identität.

© IfPP TU Dortmund

(gesamter Alpenraum) Gesamtbetrachtung eine "reduction in snow cover" festgestellt werden kann.[2] Untersuchungen des WSL-Instituts für Schnee- und Lawinenforschung SLF unterstreichen, dass die Schneearmut unterhalb von 1300 Metern Höhe in den letzten Jahren besonders stark zugenommen hat. Viele Tallifte befinden sich unterhalb dieser Schwelle. Auch die Verfasser können sich noch gut an Tallifte erinnern, die bereits in ihrer Kindheit oft wegen Schneemangels außer Betrieb waren und die mittlerweile endgültig aufgegeben wurden.

---

2 Michael Matiu et al. (2021): The Cryosphere, 15, 1343–1382, https://doi.org/10.5194/tc-15-1343-2021

Der zweite Grund ist das rückläufige Interesse am skialpinen Wintersport. Es wird immer schwieriger, Menschen auf die Skipisten zu bringen, folglich hat sich die Einnahmensituation in vielen Gebieten in den letzten Jahrzehnten verschärft. Woran liegt das? Mit dem Aufkommen der Billigfluglinien war eine mehrwöchige Fernreise schnell günstiger, als ein paar Tage Ski zu fahren. Man denke nicht nur an die teuren Skipässe, sondern auch an die erforderliche Ausrüstung, an Ski/Snowboards und die Bekleidung. Auch kommt das Wegsterben der Tallifte erschwerend ins Spiel, sind es doch traditionell diese Lifte, an denen Kinder von klein auf ans Skifahren herangeführt werden. Der Ski fahrende Nachwuchs wird immer weniger. Gleichzeitig, das haben uns viele Liftbetreiberinnen und Liftbetreiber berichtet, sei die Urbanisierung ein großes Problem, da sie in Verbindung mit einer sich wandelnden Bevölkerungsstruktur den Skigebieten Gäste entziehe. Und schließlich: Skifahren zu erlernen, ist eine langwierige Angelegenheit, die viele Menschen abschreckt. Vor einiger Zeit waren die Verfasser selbst mit ihren Teams in einer Skihalle. Die Begeisterung der Anfängerinnen und Anfänger war während des anschließenden Restaurantbesuchs ohne Zweifel größer als bei den ersten Fahrversuchen auf der Piste.

Der dritte Grund liegt schließlich in der Schwierigkeit, Skigebiete rentabel zu betreiben. Ein Aspekt, der übrigens durch die Corona-Krise und die damit auch verbundenen Einschränkungen für den skialpinen Wintersport sicher noch einmal zusätzlich an Schärfe gewonnen hat. Davon abgesehen: Sowohl die Klimaerwärmung als auch das rückläufige Interesse am skialpinen Wintersport verschlechtern die Finanzsituation vieler Skigebiete. Es sind hohe Investitionen erforderlich, um dafür zu sorgen, dass Wintersportgäste ihren Aufenthalt genießen können. Sind wir ehrlich: Ohne Schneekanonen kommt heute kaum mehr ein Skigebiet aus. Nur eine großflächige künstliche Beschneiung kann das Risiko senken, dass skibegeisterte Urlauberinnen und Urlauber zur besten Winterzeit vor grünen Hängen stehen – und zukünftig das Gebiet wohl konsequent meiden. Und dann gibt es noch eine Art Rüstungswettlauf der Skigebiete um möglichst innovative und spektakuläre Beförderungsanlagen, die den Gästen schon bei der Bergfahrt ein einzigartiges Erlebnis bieten sollen. Die Rede ist gar nicht einmal von kuppelbaren Sesselbahnen mit Wetterschutzhauben und Sitzheizung, die schon als Standardausstattung angesehen werden können. Es geht um Spektakuläres, um die erste Doppelstockkabine der Welt, eine Seilbahn, die sich während der Fahrt um 360 Grad dreht oder eine so große Anzahl von Pistenkilometern, dass man sie gar nicht mehr an einem Tag komplett fahren kann. Klar, dass die kleinen Skigebiete und die Tallifte, zumeist wenig komfortable Schlepplifte, da nicht mithalten können. Folge ist ein Verdrängungswettbewerb. Der aus der Soziologie bekannte Matthäus-Effekt lässt sich sehr präzise auf Skigebiete übertragen: Die großen Gebiete wachsen weiter, die kleinen müssen aufgeben – oder ihre ganz spezielle Nische finden.

Wenn wir über die Rentabilität von Skigebieten sprechen, müssen wir aber noch etwas anderes erwähnen: Es ist nicht nur Groß gegen Klein, die kleinen Gebiete sind keinesfalls nur Opfer. Es gibt viele Beispiele, dass gerade in der Boomzeit des skialpinen Tourismus der 1970er- und frühen 1980er-Jahre nahezu jede mehr oder weniger hoch gelegene Alpengemeinde mit eigenen Liften oder gar einem eigenen kleinen Skigebiet an diesem Trend partizipieren wollte. Wir konnten bei unseren Untersuchungen viele Bilanzhochrechnungen einsehen, die zu dieser Zeit den Lift- und Skigebietsgründungen als Basis dienten. Sicher gibt es immer Unwägbarkeiten – aber es ist schon auffällig, wie wenig realistisch die Gewinnprognosen waren. Manche Gebiete konnten zu keinem Zeitpunkt ihres Bestehens Gewinne erzielen! Und auch das natürlich zutreffende Argument, dass deren bloße, wenn auch verlustbringende, Existenz zu positiven Sekundäreffekten führe (mehr Hotelübernachtungen und Restaurantbesuche, stabilere Immobilienpreise), konnte nicht darüber hinwegtäuschen, dass die Bereitschaft der öffentlichen Hand, überlebensnotwendige Subventionen zur Skibetriebssicherung zu bewilligen, irgendwann dann doch erlosch. Aufgegebene Skigebiete waren und sind die Folge.

Es ist vorbei – und jetzt?

Mit Blick auf den zweiten Punkt wollen wir thematisieren, welche Auswirkungen die Aufgabe von Skigebieten für die Menschen der betroffenen Gemeinden hat, stehen doch hinter den verrosteten Liftmasten der stillgelegten Gebiete viele menschliche Schicksale. In unserem Buch haben wir zahlreiche und ganz unterschiedliche Eindrücke verarbeiten können, beschränken wollen wir uns hier auf drei Aspekte.

Zunächst muss man sich die großen Anstrengungen der Menschen anschauen, die diese über lange Zeit zur Fortführung ihrer Skigebiete unternommen haben. Leicht fiel ihnen die Sache nämlich nicht. So gab es eine Fülle von großen und kleinen Initiativen, um das Überleben der angeschlagenen Skigebiete doch noch irgendwie zu sichern. Dazu gehörten groß angelegte, teils waghalsige Ausbaupläne, die zuletzt durch einen persönlichen Zwist darüber blockiert blieben, in welchem Ortsteil die Gebietserweiterung stattfinden sollte. Oder der Ausbau kam trotz stimmigen, durchdachten Konzepten letztlich durch unglückliche Umstände nicht mehr zustande, weil der ausländische Investor absprang: Für ihn erwiesen sich plötzliche Wechselkursverluste gegenüber dem starken Schweizer Franken als zu hoch. Und so kam am Ende, zähneknirschend, nur noch der Skigebietsrückbau in Frage. Auch verschleppten teils langwierige Verhandlungen mit und zwischen Regionalregierungen und Umweltverbänden rechtzeitige Ersatzinvestitionen für altersschwache Anlagen. Die Attraktivität der Kleinskigebiete sank, Einnahmen blieben aus, Investitionen ebenso. Ein Teufelskreis. Diesem sollte durch Neugründungen von Betreibergesellschaften und

Nicht mehr super: Die Espace Super Saint-Bernard.
© C. Schuck

BergKultur | **227**

Aufgegebene und teilaufgelassene Skigebiete – Beispiele aus den Ostalpen

Recherchen: Manfred Scheuermann/DAV, Birgit Kantner/ÖAV, Anna Pichler/AVS; Angaben ohne Gewähr

Deutschland

Skigebiet	Höhenlage	Aufstiegshilfen	Jahr der Stilllegung	Hauptgründe	Aktuelle Nutzung
Predigtstuhl, Bad Reichenhall (Berchtesgadener Alpen)	475–1660 m	1 Seilbahn, 2 Sesselbahnen, Seilzuglift	Pistenskibetrieb ca. Ende der 1990er-Jahre beendet, danach sporadisch wieder aufgenommen	Mangelnde Rentabilität, veränderte Nachfrage	Skifahrer*innen werden mit der Seilbahn befördert, Skigelände ist freier Skiraum; Ski-/Schneeschuhtouren- und Winterwandergebiet
Rauschberg, Ruhpolding (Chiemgauer Alpen)	700–1625 m	1 Seilbahn, 1 Schlepplift, 1 Sesselbahn	Schlepplift und Sesselbahn 2000 abgebaut, Pistenskibetrieb eingestellt	Mangelnde Rentabilität, veränderte Nachfrage	Skifahrer*innen werden mit der Seilbahn befördert, Skigelände ist freier Skiraum; Ski-/Schneeschuhtouren- und Winterwandergebiet
Unternberg, Ruhpolding (Chiemgauer Alpen)	720–1425 m	1 Sesselbahn, 3 Schlepplifte	Pistenskibetrieb im Bereich der Sesselbahn ca. 2010 eingestellt, Schlepplift im Gipfelbereich vor Jahren abgebaut	Mangelnde Rentabilität, veränderte Nachfrage	Skifahrer*innen werden mit Sesselbahn befördert, Skigelände ist freier Skiraum, weiterhin Pistenskibetrieb an den beiden Schleppliften in Talnähe; Skitourengebiet
Steinbergalm, Blickneralm, Ruhpolding (Chiemgauer Alpen)	895–1140 m	1 Sesselbahn, 1 Schlepplift	Skibetrieb 1990 eingestellt, Sesselbahn und Schlepplift abgebaut	Mangelnde Rentabilität, veränderte Nachfrage	Ski-/Schneeschuhtouren- und Winterwandergebiet
Hochfelln, Bergen (Chiemgauer Alpen)	580–1640 m	2 Seilbahnen, 3 Schlepplifte	Pistenskibetrieb seit 2013 eingeschränkt, Schlepplift in Gipfelnähe abgebaut	Mangelnde Rentabilität, veränderte Nachfrage	Pistenskibetrieb nur noch an Wochenenden und in den Ferien, Talabfahrt wird nicht mehr präpariert; Ski-/Schneeschuhtouren- und Winterwandergebiet
Dürrnbachhorn, Reit im Winkl (Chiemgauer Alpen)	1190–1610 m	1 Sesselbahn	Sesselbahn seit ca. Ende der 1990er-Jahre nur noch im Sommer in Betrieb	Präparierung der Piste in steiler Hanglage schwierig, Lawinengefahr	Angrenzendes Skigebiet Winklmoosalm-Steinplatte modernisiert; Ski- und Schneeschuhtourengebiet
Walmberg, Entfelden bei Reit im Winkl (Chiemgauer Alpen)	715–990 m	1 Sesselbahn, 2 Schlepplifte	Pistenskibetrieb an der Sesselbahn ca. Ende der 1980er-Jahre, an den Schleppliften ca. Mitte der 1990er-Jahre eingestellt, Sesselbahn und Schlepplifte abgebaut	Mangelnde Rentabilität, Schneemangel weil südseitig	Keine Nachnutzung im Winter
Hochplattenbahn, Marquartstein (Chiemgauer Alpen)	607–1035 m	1 Sesselbahn, 2 Schlepplifte	Pistenskibetrieb ca. Ende der 1990er-Jahre eingestellt, Schlepplifte abgebaut	Veränderte Nachfrage, Schneemangel	Rodelbahn, Ski-/Schneeschuhtouren- und Winterwandergebiet
Geigelstein, Schleching (Chiemgauer Alpen)	620–1430 m	1 Sesselbahn, 1 Schlepplift	Pistenskibetrieb ca. 2000 am Schlepplift, ca. 2010 an der Sesselbahn eingestellt, Schlepplift abgebaut	Mangelnde Rentabilität, veränderte Nachfrage	Sesselbahn bis 2014 sporadisch in Betrieb; Rodelbahn, Ski-/Schneeschuhtouren- und Winterwandergebiet
Hochries, Grainbach (Chiemgauer Alpen)	715–1545 m	1 Sesselbahn, 1 Seilbahn	Winterbetrieb 2009 eingestellt, Sesselbahn und Seilbahn nur noch im Sommer in Betrieb	Mangelnde Rentabilität, Schneemangel in Talnähe	Ski-/Schneeschuhtouren- und Winterwandergebiet
Skilifte Geitau, Geitau (Mangfallgebirge)	800–900 m	1 Schlepplift und 2 Kinderlifte	Skibetrieb 2014 eingestellt, Lifte abgebaut	Mangelnde Rentabilität, Schneemangel	Keine Nachnutzung im Winter
Taubenstein (Mangfallgebirge)	1100–1650 m	1 Seilbahn, 2 Schlepplifte, 1 Seilzuglift	Pistenskibetrieb 2015 eingestellt, Schlepplifte und Seilzuglift 2019 abgebaut, Seilbahn nur noch im Sommer in Betrieb	Mangelnde Rentabilität	Ski-/Schneeschuhtouren- und Winterwandergebiet mit Tourenabenden in den Hütten, erste ausgewiesene Nachtskiroute in Vorbereitung
Brecherspitze (Mangfallgebirge)	1250–1510 m	3 Schlepplifte	Skigebiet in den 1990er-Jahren stillgelegt, Schlepplifte in zwei Schritten abgebaut	Mangelnde Rentabilität, Schneemangel	Angrenzendes Skigebiet Spitzingsee/Sutten modernisiert; Ski-/Schneeschuhtouren- und Winterwandergebiet
Wallberg/Setzberg, Rottach-Egern (Mangfallgebirge)	790–1675 m	1 Seilbahn, 2 Sesselbahnen, 2 Schlepplifte	Sesselbahnen und Schlepplifte in den 1990er- Jahren stillgelegt, 2001 Einstellung des Pistenskibetriebes, Sesselbahnen und ein Schlepplift abgebaut	Mangelnde Rentabilität, veränderte Nachfrage	Skifahrer*innen werden mit der Seilbahn befördert, Skigelände ist freier Skiraum; Rodelbahn, Ski-/Schneeschuhtouren- und Winterwandergebiet
Blomberg, Bad Tölz (Kocheler Berge)	710–1230 m	1 Sesselbahn, 2 Schlepplifte	Pistenskibetrieb schrittweise eingeschränkt	Schneemangel, veränderte Nachfrage	Talabfahrt ist Skiroute, Rodelbahn, Skilift am Blomberghaus wird als Rodellift betrieben; Ski-/Schneeschuhtouren- und Winterwandergebiet, markierte Aufstiegsroute für Tourengeher*innen, Tourenabende im Blomberghaus
Herzogstand, Walchensee (Kocheler Berge)	810–1605 m	1 Seilbahn, 1 Schlepplift	Pistenskibetrieb eingeschränkt	Mangelnde Rentabilität, Schneemangel	Pistenskibetrieb nur noch an Wochenenden und in den Ferien bei ausreichender Schneelage; Ski-/Schneeschuhtouren- und Winterwandergebiet
Karwendelbahn, Mittenwald (Karwendelgebirge)	930–2260 m	1 Seilbahn	Pistenskibetrieb 1999 auf Freeride-Skibetrieb umgestellt	Mangelnde Rentabilität, Schneemangel in Talnähe	Dammkar-Abfahrt ist Skiroute, Skitourengebiet
Wank, Garmisch-Partenkirchen (Estergebirge)	735–1740 m	1 Seilbahn, 4 Schlepplifte	Pistenskibetrieb ca. 2002 eingestellt, Schlepplifte stillgelegt und abgebaut	Mangelnde Rentabilität, Schneemangel auf der Talabfahrt	Seilbahnbetrieb im Winter nur in den Schulferien, Skifahrer*innen werden mit der Seilbahn befördert, Skigelände ist freier Skiraum; Ski-/Schneeschuhtouren- und Winterwandergebiet
Hörnle, Bad Kohlgrub (Ammergauer Alpen)	910–1400 m	1 Sesselbahn, 3 Schlepplifte	Seit Ende der 1990er-Jahre abnehmende Bedeutung des Pistenskilaufs zugunsten des Skitourengehens, ein Schlepplift in Talnähe 2020 abgebaut	Veränderte Nachfrage	Weiterhin Pistenskibetrieb; Ski-/Schneeschuhtouren- und Winterwandergebiet, Tourenabende in der Hörnlehütte
Buchenberg, Buching (Ammergauer Alpen)	805–1140 m	1 Sesselbahn, 2 Schlepplifte	Schlepplifte ab 2019 nicht mehr in Betrieb, 2020 abgebaut	Mangelnde Rentabilität, Schneemangel	Weiterhin Pistenskibetrieb an der Sesselbahn; Rodelbahn, Ski-/Schneeschuhtouren- und Winterwandergebiet
Tegelberg, Schwangau (Ammergauer Alpen)	815–1720 m	1 Seilbahn, 1 Sessellift, 5 Schlepplifte	Schlepplift im Gipfelbereich ca. 1990, Sessellift etwas später stillgelegt, beide Anlagen abgebaut; seit 2018 Pistenskibetrieb auf der Hauptabfahrt auf Freeride-Skibetrieb umgestellt	Mangelnde Rentabilität, veränderte Nachfrage, Schneemangel im oberen nicht technisch beschneibaren Pistenbereich	Talabfahrt ist Skiroute, Schlepplifte in Talnähe weiterhin in Betrieb; Skitourengebiet mit Tourenabenden in den Hütten, markierte Aufstiegsroute für Tourengeher*innen
Grünten, Kranzegg (Allgäuer Voralpen)	875–1630 m	1 Sesselbahn, 7 Schlepplifte	2 Schlepplifte ca. 1995 stillgelegt und abgebaut, Pistenskibetrieb am Grünten 2018 und 2019 eingestellt	Mangelnde Rentabilität, interne Gründe	Pistenskibetrieb 2020 wieder aufgenommen, Modernisierung geplant; Ski-/Schneeschuhtouren- und Winterwandergebiet mit Tourenabenden in der Grüntenhütte
Mittagberg, Immenstadt (Allgäuer Voralpen)	750–1410 m	1 Sesselbahn, 2 Schlepplifte	Pistenskibetrieb ca. 2018 eingestellt, Schlepplifte 2020 abgebaut	Mangelnde Rentabilität	Skifahrer*innen werden mit der Sesselbahn befördert, Skigelände ist freier Skiraum; Modernisierung geplant, Ski-/Schneeschuhtouren- und Winterwandergebiet
Gschwender Horn, Gschwend bei Immenstadt (Allgäuer Voralpen)	870–1420 m	2 Schlepplifte	Skigebiet 1993 stillgelegt, Schlepplifte abgebaut	Mangelnde Rentabilität, Schneemangel, veränderte Nachfrage	Beispielhafte Renaturierung des Skigebietes, dabei Umwidmung in ein Skitourengebiet (später: Ski- und Schneeschuhtourengebiet)
Eckhalde, Ratholz/Konstanzer Tal (Allgäuer Voralpen)	740–1430 m	1 Sesselbahn, 3 Schlepplifte	Seit 2020 kein Pistenskibetrieb, Schlepplifte abgebaut	Mangelnde Rentabilität, veränderte Nachfrage	Zwei Rodelbahnen, Ganzjahresrodelbetrieb; Skifahrer*innen werden befördert, Skigelände ist freier Skiraum; Ski-/Schneeschuhtouren- und Winterwandergebiet
Hochgrat, Oberstaufen (Allgäuer Voralpen)	857–1704 m	1 Seilbahn	Seit ca. 2018 Pistenskibetrieb eingeschränkt	Veränderte Nachfrage	Rodelbahn, Ski-/Schneeschuhtouren- und Winterwandergebiet
Panoramalifte, Hopfen (Allgäuer Voralpen)	850–960 m	2 Schlepplifte, 2 Kinderlifte	2020 Skigebiet stillgelegt, Schlepp- und Kinderlifte abgebaut	Interne Gründe	Keine Nachnutzung im Winter

Darüber hinaus wurden in den zurückliegenden Jahrzehnten zwischen Berchtesgaden und Bodensee weitere ca. 25 talnahe Schlepplifte stillgelegt und i.d.R. abgebaut; Hauptgrund: Schneemangel.
Weitere Schlepplifte sind in den modernisierten Skigebieten abgebaut und meist durch neue Sesselbahnen ersetzt worden. An wenigen Stellen sind neue Schlepplifte hinzugekommen.

-vereinen, aber auch durch (wie man heute weiß: aussichtslosen) Aktienzeichnungen begegnet werden – mit der Konsequenz, dass sie die Bilanzen dann zusätzlich belasteten. Die Gemeinden sollten noch mehr Geld nachschießen, die Fraktion der Skeptiker in den Gemeinderäten, den Gremien und der Öffentlichkeit wuchs. Ihr Mahnen, den Liftbetrieb nicht endlos aufrechtzuerhalten, war kein einfaches Unterfangen, denn in den Bergdörfern zählt Zusammenhalt, und als Spaltpilz möchte sich niemand verstanden wissen. Alternative Spendenaufrufe, beispielsweise zur Errichtung eines Aussichtspunkts oder eines Panorama-Bergrestaurants, wurden gestartet und verpufften; sie generierten zu wenig Mittel für das jeweilige Vorhaben. Selbst ehrenamtliches Enga-

Österreich

Skigebiet	Höhenlage	Aufstiegshilfen	Jahr der Stilllegung	Hauptgründe	Aktuelle Nutzung
Heiligengeist, Villacher Alpe, Dobratsch (Kärnten)	850–2166 m	5 Liftanlagen	2002	Schneemangel, keine Beschneiung	Abbau der Liftanlagen und Verkauf nach Georgien; Gründung des Naturparks Dobratsch; Winterwandern, Rodelhügel, Langlaufloipe, Schitourenwege; Aussichtsplattform „Rote Wand"; Einkehrmöglichkeit: Dobratsch-Gipfelhaus; Alpenblumengarten
Häusleralm, Mallnitz (Kärnten)	ca. 1700–2100 m	1 Einersessellift (wurde noch durch Doppelsessel ersetzt), 2 Schlepplifte	1997	Schlechte Witterung, Konkurrenzdruck zu groß	Ersatzloser Abbau der Anlagen, Aufbau des Doppelsesselliftes am Mölltaler Gletscher; Skitour entlang der früheren Talabfahrt
Verditz, Afritz am See (Kärnten)	662–1830 m	4 Liftanlagen	2012		Abbau der Liftanlagen
Sessellifte St. Corona am Wechsel (Niederösterreich)	830–910 m	1 Einersessellift, 1 Vierersessellift	2011 (endgültig 2014)		Abbau der Sesselbahn 2011; heute Familienarena und Mountainbike-Gebiet
Viehtaleralm/Bodenwies, Kleinreifling (Oberösterreich)	823–1415 m	2 Schlepplifte			Geheimtipp für Skitourengeher; Liftreste noch sichtbar
Bärenalm, Hinterstoder (Oberösterreich)	656–1626 m	1 Doppelsessellift, 2 Schlepplifte	2003 (?)	Schneemangel trotz Beschneiungsanlage	Abbau der Liftanlagen; seit 2006 Skitourenberg
Katrin, Bad Ischl (Oberösterreich)	485–1415 m	1 nostalgische Gondelbahn	2010/11 Einstellung des Winterbetriebs		Einstellung des Winterbetriebs
Hohe Dirn – Losenstein, Ennstal (Oberösterreich)	836–1156 m	3 Schlepplifte, 1 Tellerlift	2012		Eine Skiroute (320 Hm); geräumter Parkplatz; Einkehrmöglichkeit: Anton-Schosser-Hütte
Grünberg, Gmunden (Oberösterreich)	432–1004 m	1 Pendelbahn, 1 Zauberteppich	2013		Tourengehen möglich
Haugstein, Vichtenstein (Oberösterreich)	800–900 m	2 Lifte	Winter 2011/2012		Abbau der Liftanlage
Predigstuhl (Ewige Wand), Bad Goisern (Oberösterreich)	417–975 m	1 Sesselbahn, 1 Schlepplift	1999		Stilllegung des Skibetriebs, kein Betrieb mehr
Ronachkopflifte in Thumersbach, Zell am See (Salzburg)	860–1306 m	1 Einersessellift und 3 Schlepplifte	1998	Mangelnde Rentabilität	Abbau und Verkauf der Lifte; 2014 Wiedereröffnung als Skitourenberg; Parkplätze und WC-Anlage, Einkehrmöglichkeit: Enzianhütte; Präparierung der Piste bzw. Aufstiegsspur
Frauenalpe, Murtal (Steiermark)	1566–1977 m	5 Schlepplifte	2017	Schneemangel, keine Beschneiung	Abbau der Lifte; Tourenskigebiet mit einer präparierten Skiroute; derzeit keine Maut und keine Gebühr, freiwillige Spenden; Einkehrmöglichkeit: Murauer Hütte
Lammeralm, Langenwang, Region Waldheimat-Mürztal (Steiermark)	980–1230 m	1 Doppelsessellift, 1 Schlepplift und 1 Anfängerlift mit Kinderland	2017	Zahlungsunfähigkeit	Derzeit Skitourengebiet
Hebalm (Steiermark)	unter 1400 m	1 Vierersessellift, 4 Schlepplifte	2015		Abbau der Lifte, Alteisen
Alpl bei Krieglach (Steiermark)	1000–1280 m	6 Schlepplifte, 1 Babylift		Konkurs des Skigebiets	Stilllegung des Skigebiets, kein Skibetrieb mehr
Seilbahn Mariazeller Bürgeralpe (Steiermark)	878–1254 m	25er-Kabinenbahn	2018		Anlage wurde ersetzt, Verbindung von Mariazell auf die Bürgalpe mit neuer 8er-Gondelbahn
Skilifte Altes Almhaus, Maria Lankowitz (Steiermark)	1450–1700 m	3 Schlepplifte, 1 Tellerlift	2016	Schneemangel	Stilllegung des Skigebiets, Abbau der Anlagen
Kaiserlift, Kufstein (Tirol)	500–1256 m	1 Einersessellift	2012		Skitourengebiet Stadtberg; Einkehrmöglichkeit: Weinberghaus; 2014 Sanierung des Lifts, nur Sommerbetrieb
Hausberglift und Sonnenlift, Praxmar, St. Sigmund im Sellrain (Tirol)	ca. 1700–2200 m	2 Schlepplifte	2007		Abbau der Liftanlagen, Talstationen noch vorhanden; Skitourengebiet Lampsen und Zischgeles
Sattelberg, Wipptal (Tirol)	1164–2115 m	1 Doppelsessellift, 3 Schlepplifte	2006	Mangelnde Rentabilität	Stilllegung des Skigebiets; Skitourenberg mit präparierter Aufstiegsspur; Einkehrmöglichkeit: Sattelbergalm
Mundelift, Leutasch (Tirol)	1200–1605 m	1 Lift	2003		Abbau der Liftanlage; beliebte „Pistentour" auf präparierter Route; Einkehrmöglichkeit: Rauth-Hütte
Sonnwendjochbahn, Kramsach (Tirol)	547–1785 m (Bergstation auf 1200 m)	1 Einersessellift	2015	Schneemangel	Bei genügend Schnee Tourengehen möglich; Einkehrmöglichkeit: Berghaus Sonnwendjoch (im Winter am Wochenenden offen)
Sonnseit, Thiersee (Tirol)	860–1020 m		2014		Neues Skigebiet Hinterthiersee/Tirolina-Haltjochlift nur wenige Kilometer entfernt
Pisten Lavenar im Skigebiet Pettneu am Arlberg (Tirol)	1228–1500 m	1 Gondelbahn, 1 Schlepplift, 1 Übungslift	2017		Abbau der Gondelbahn und Verkauf nach Warth; Skigebiet Pettneu nicht mehr in Betrieb
Kellerjochlifte, Schwaz bzw. Pillberg (Tirol)	850–1350 m	2 Einersessellifte			Abbau der Sesselbahnen vom Tal bis Arzberg und weiter bis Grafenast; restliches Skigebiet noch mit 3 Liften in Betrieb

Südtirol

Skigebiet	Höhenlage	Aufstiegshilfen	Jahr der Stilllegung	Hauptgründe	Aktuelle Nutzung
Tall-Hirzer, Saltaus, Gemeinde St. Martin in Passeier; Verdins, Gemeinde Schenna	1400–2250 m	5 Liftanlagen	1984	Schneemangel, mangelnde Rentabilität	2 Bahnen im Sommerbetrieb, 3 Lifte abgebrochen 1991/92
Taser, Schenna	1300–1550 m	2 Liftanlagen	1996	Schneemangel, mangelnde Rentabilität	Keine, Abbau der Anlagen
Walten, Gemeinde Moos in Passeier	1320–2140 m	6 Liftanlagen	1986	Schneemangel, finanzielle Schwierigkeiten	Keine, Abbau der Anlagen
Katzenburg, Nederdorf	1200–1500 m	2 Liftanlagen	1985	Mangelnde Rentabilität	Keine, Abbau der Anlagen
Lachwiesen, Toblach	1300–1600 m	2 Liftanlagen	1994	Finanzielle Schwierigkeiten	Keine, Abbau der Anlagen
Ratsberg, Toblach	1240–1650 m	1 Liftanlage	1994	Finanzielle Schwierigkeiten	Keine, Abbau der Anlagen
Walde, Welsberg-Taisten	1100–1400 m	2 Liftanlagen	1998	Finanzielle Schwierigkeiten, Konkurrenz	Keine, Abbau der Anlagen
Maurerberg, Untermoi, Gemeinde St. Martin in Thurn	1500–2200 m	3 Liftanlagen	1999	Erneuerung der Anlagen war fällig, aber zu teuer	Abbau der Anlagen; 1 Schlepplift als Dorflift in Betrieb (ca. 1500–1700 m)
Zirog, Brenner	1300–2150 m	3 Liftanlagen	1986	Konkurrenz, Erneuerung der Anlagen zu teuer	Keine; teilweise Abbau der Anlagen (Station steht noch)
Hühnerspiel, Gossensass, Gemeinde Brenner	1100–2700 m	4 Liftanlagen	1991	Konkurrenz, Erneuerung der Anlagen zu teuer	Keine; teilweise Abbau der Anlagen (Stationen stehen noch)
Tarscher Alm, Latsch	1100–2250 m	4 Liftanlagen	2007 (neuer Versuch: 2010–2012)	Mangelnde Rentabilität	3 Lifte stillgelegt, 1 Sessellift noch im Sommerbetrieb
Maseben, Langtaufers, Gemeinde Graun	1800–2200 m	3 Liftanlagen	2014	Mangelnde Rentabilität, Konkurrenz	1 Schlepplift beim Berggasthof Maseben im Winterbetrieb; Zusammenschluss mit Kaunertaler Gletscher anvisiert
Marinzen, Kastelruth	1000–1400 m	2 Liftanlagen	2013	Mangelnde Rentabilität	1 Lift im Sommerbetrieb; versuchte Reaktivierung des Skigebiets durch Liftanschluss an die Seiser Alm
Schneiderwiesen, Seit, Gemeinde Leifers	1000–1400 m	4 Liftanlagen	1979	Schneemangel, Konkurrenz	Keine, Abbau der Anlagen

gement der Dorfgemeinschaft in Tagesbetrieb und Skigebietsleitung hielt die unternehmerische Fehlentwicklung nicht auf. Manches Hotel-Bauvorhaben, einst gestartet, um mehr Gäste unterzubringen, erwies sich als Fehlplanung am falschen Ort: Es lag näher zum Konkurrenzskigebiet im Nachbardorf als zu den eigenen Liftanlagen. Eilige Gegenmaßnahmen wie kostenfreie Shuttlebusse oder vergünstigte Skipässe blieben in der Folge wirkungslos. Und auch Kombitickets mit benachbarten Großskigebieten brachten selten den erhofften Erfolg fürs eigene, kleine Skigebiet. Es liegt auf der Hand, dass die Situation vor Ort aus einem zähen Hoffen und Bangen bestand – und dass irgendwann vielleicht sogar die Nerven in Belegschaft und Präsidium blank lagen.

Confin am San Bernardino (links) war das größte Skigebiet der italienischsprachigen Schweiz. Daneben die leergeräumten Büros der Seilbahn in Bourg-St-Pierre.
© IfPP TU Dortmund, C. Schuck

Darüber hinaus kann man sich die Maßnahmen der Neugestaltung in der Zeit nach der Schließung anschauen. Und vielleicht merkt man dabei, dass jedem (Neu-)Anfang ein Zauber innewohnt, wo Staunen und Täuschung nicht weit voneinander entfernt liegen. Statt Ski-alpiner Aktivitäten setzten Gemeinden für treue und neue Wintergäste nun auf Ski-nordische Angebote. Manche Gemeinde wagte sogar den radikalen Schnitt und beschloss die Abkehr vom winterlichen Skitourismus. Das Skigebiet wurde rückgebaut und stattdessen stärker auf den Sommer fokussiert: Kultur, Kunst und Musik ziehen seither fast mehr Gäste an als zu früheren Zeiten das Skigebiet – so etwa in Ernen im Kanton Wallis. Sommeraktivitäten mit Landschaftsbezug wurden hier konsequent ausgebaut, das Wanderangebot mit spektakulären Bauten, zum Beispiel Hängebrücken, verbunden. Die Bauten der einstigen Skistationen erfüllen als Tagungshotel neue Zwecke. Dort aber, wo das Konzept von „Natur pur" auf viel Gegenliebe bei Umweltverbänden stößt (und weniger bei den Gemeinden und Gästen), würde der Fremdenverkehr seiner Bedeutungslosigkeit entgegenschlafen, gäbe es nicht durchreisende Bikertrupps, Oldtimer-Korsos und Radsportbegeisterte, die bewirtet werden wollen. Auch kommt es gelegen, wenn sich Einnahmequellen auftun, die mit dem Tourismus nun gar nichts mehr zu schaffen haben. Die Bergwelt steckt nicht nur sprichwörtlich, sondern ganz konkret voller Energie: Sie kann durch neuartige unterirdische Kraftwerke, wie im Obergoms, zur Deckung des steigenden Strombedarfs in den städtischen Großräumen beitragen. So entstehen „unsichtbare" Industriezweige, die nicht zu stark in die Landschaft eingreifen, was auch den grünen Kritiker besänftigt. Ganz pastoral, so mag man glauben, findet, wer sucht, dann doch noch seine Nische.

Der dritte Aspekt ist zweifelsfrei der schwierigste – wenn es nämlich darum geht, die Auswirkungen der Schließung und Neugestaltung auf Mensch und Natur abzuschätzen. Denn es sind ganz frische Impressionen, die sich zu einem späteren Zeitpunkt vielleicht noch treffender einordnen lassen. Und natürlich sind es sehr persönliche Beobachtungen, die wir aus den Gesprächen mitgenommen haben. In der Erinnerung blicken wir in traurige Augen, die vom Tag des Rückbaus des geliebten Skigebietes berichten, als die Helikopter die Liftmasten abtransportierten. „Schicht im Schacht" sagt man im Ruhrgebiet, wenn eine Zeche stillgelegt wird, das Bergmannslied erklingt und wenn man weiß, dass die Kohlekumpel nimmer wieder kommen werden. Fühlt es sich so für die Dorfgemeinschaften an, die ihr Skigebiet verloren haben? Man kann es sich in der Momentaufnahme gut vorstellen: Ohne Betrieb, ohne Broterwerb, ohne Zukunft prägt das eine Generation.

Mit der Schließung ihres Skigebiets Hungerberg verlor die Obergommer Gemeinde Oberwald zwölf Arbeitsplätze, „was in etwa zehn Prozent der Gesamtarbeitsplätze des Dorfes ent-

Am Ende helfen auch keine Spendenaufrufe mehr, und der Strom wird endgültig abgestellt.
© IfPP TU Dortmund

sprach"³. Zehn Prozent der Arbeitsplätze in einer strukturschwachen Region – ohne Zweifel ein dramatischer Einschnitt für die Menschen! Und die Natur? Wo einst Schneisen für Pisten und Lifte die Landschaft prägten, wächst und grünt es neu. Wenn nun jedoch der Einklang von Landschaft und sanftem (oder gar keinem) Tourismus suggeriert wird, klingt es zu sehr nach alpinem „Bullerbü": Die Gletscherschmelze oder den Klimawandel wird die Stilllegung von Skigebieten nicht aufhalten.

Zauber des Ankerlifts

Was kann als Fazit festgehalten werden? Der Skialpine Wintersport befindet sich in einer Krise. Darüber kann auch nicht der Sachverhalt hinwegtäuschen, dass es Skiarenen gibt, die durchaus profitabel sind. Insbesondere aber die kleinen und niedrig gelegenen Skigebiete blicken einer ungewissen Zukunft entgegen. Die Klimaerwärmung und der abnehmende Stellenwert des alpinen Skifahrens und Snowboardens führen zu einem Verdrängungswettbewerb zwischen den Gebieten. So, wie es auch in vielen anderen Wirtschaftsbereichen abseits des Wintersportes zu beobachten ist. Dabei gibt es doch eigentlich viele gute Argumente gerade auch für die kleinen Skigebiete: kürzere Schlangen an den Liften, leere Pisten, abwechslungsreiche Abfahrten abseits von planierten Pistenautobahnen. Und: Gibt es etwas Schöneres, als mit einem langen, steilen Ankerlift zu fahren? Beim Ausstieg schmerzen die Oberschenkel allein von der beschwerlichen Liftfahrt – aber irgendwie ist man dabei ziemlich glücklich.

Nicht glücklich sind dagegen die Menschen in den Gemeinden, die ihr Skigebiet verloren haben. Der Verlust fühlt sich wie eine schmerzhafte Niederlage im zähen Ringen mit den Gewalten an, egal ob diese politischer oder natureller Gestalt sind. Viele Geschichten konnten wir aufschreiben und damit bewahren. Die Ansätze zur Neuausrichtung in den Gemeinden mögen verschieden sein: Komplementärtourismus, Energiefokus, Jazzfestival und Landschaftspark oder auch nur die andauernde Suche nach einer zündenden Idee. Gemein ist ihnen allen, dass sie die vergangene Epoche des Skifahrens mit seinen sichtbaren und unsichtbaren Infrastrukturen zu einem lebendigen Ort machen – so, wie im Ruhrgebiet die Hochöfen, Zechen und Kokereien in großem Stil umgewidmet wurden (ob zu Museen, Event-Locations, Sport- und Büroparks oder High-End-Warenhäusern). LSAP sind Erinnerungskulturen, eine Form versöhnlicher Vergangenheitsbewältigung, derer man sich beraubt, wenn man die stillgelegten Skigebiete ziemlich einfallslos in eine „ökologische Ausgleichsfläche" transferiert. Dort liegt das Entwicklungspotential dann wortwörtlich brach.

---

3 Schlegel, Steve (2020): Von der Skipiste zum Wasserkraftwerk. Der Hungerberg wird neu erfunden, in: Heise, Matthias und Christoph Schuck (2020): Letzte Bergfahrt – Aufgegebene Skigebiete in der Schweiz und ihre touristische Neuausrichtung. Zürich/Ziegelbrücke: AS-Verlag, S. 100.

Schule der Berge

Bildungsziele der Alpenvereinsjugend seit 1919 – Kontinuitäten und Wandel
>> Laura Moser und Sven Ott

Das Gebirge eine große Lehranstalt und Bergsteigen ein Mittel zum höheren Zweck: Was junge Menschen im Alpenverein lernen und erleben (sollen), illustriert ein gutes Jahrhundert Zeitgeschichte.

Wandervogel

Bergsteiger

Am 22. September 2019 verabschiedete der Bundesjugendleitertag in Nürnberg nach vierjähriger Diskussion und Prüfung auf „Zeitgemäßheit und Vollständigkeit" die neuen *Grundsätze und Bildungsziele der JDAV*.[1] Diese lösten die seit 1975 bestehenden und immer wieder überarbeiteten *Erziehungs- und Bildungsziele* ab. Damit erfolgte in Nürnberg die endgültige Abkehr vom Erziehungsbegriff, „da die erzieherischen Aspekte zwar Teil, aber nicht Schwerpunkt der Jugendarbeit" seien.[2] Das Jahr 2019 bildet somit ebenso wie 1919 eine Zäsur in der Ausrichtung der Jugendarbeit im Deutschen Alpenverein. 1919 waren mit der Wahl von Ernst Enzensperger zum ersten Referenten für Jugendwandern und der Veröffentlichung der *Grundsätze und Richtlinien für die Errichtung von Jugendgruppen der Alpenvereins-Sektionen* in den Mitteilungen des ÖAV die Grundsteine für die heutige JDAV gelegt worden.[3]

Zwischen diesen ersten Grundsätzen und Richtlinien und den heutigen Bildungszielen der JDAV liegen 100 Jahre Jugendarbeit, aber auch 100 Jahre Debatten und Diskussionen um Grundsätze und Ziele dieser Arbeit. Kristallisationspunkt dieser Debatten waren früher oder später stets Texte oder Dokumente ähnlich den heutigen *Grundsätzen und Bildungszielen der JDAV*. Entlang dieser Zeitzeugnisse lassen sich exemplarisch der Wertewandel, aber auch die Kontinuitäten der Jugendarbeit im Deutschen Alpenverein ebenso wie ihre enge Verwobenheit mit dem jeweiligen Zeitgeist von 1919 bis 2019 nachzeichnen.

1919 bis 1925 – Berufsjugendliche Wandervögel, ernsthafte Bergsteiger
Vor allem in der Anfangszeit wurde rege und ausdauernd über die Ausrichtung der neu gegründeten Jugend gestritten. Während auf der einen Seite die der Wandervogel-Bewegung zugeneigten „Berufsjugendlichen"[4] Adolf Deye und Hermann

Amanshauser für eine Jugend eintraten, die sich selbst leiten und eigene Ziele entwickeln sollte, befürwortete der konservative Ernst Enzensperger nach dem Führerprinzip organisierte Jugendgruppen, die in den Bergen Heimatgefühl und Vaterlandsliebe erlernen sollten. Den Unterschied in der Erziehungsweise stellte Deye klar heraus, als er schrieb, dass „in dem einen Falle die Jugend *bewegt* [wird], d.i. erzogen, im andern Falle *bewegt* (erzieht) *sie sich selbst*".[5] Enzensperger setzte sich mit seinen Ideen schließlich durch und wurde 1919 erster Referent für Jugendalpenwandern.

Gemeinsam war beiden Parteien die Auffassung, dass das Bergsteigen nicht um seiner selbst willen für die Jugend wertvoll sei, sondern dass es vor allem anderen Zielen diene – eine Auffassung, die sich wie ein roter Faden durch 100 Jahre alpine Jugendarbeit zieht. Die Ziele, zu deren Erreichung das Bergsteigen ein adäquates Mittel sei, waren dabei stets umkämpft. Zudem geben sie zeitgenössische gesamtgesellschaftliche Fragen und Stimmungen zu erkennen. So sollten nach Deye/Amanshauser am Ende der Erziehung „Menschen von starkem, selbstständigen Persönlichkeitswert" stehen. Die Jugendlichen sollten nicht zu „willensschwachen Werkzeugen und Maschinen" ausgebildet werden, sondern zu Menschen, die zu einem selbstbestimmten Leben und der Entwicklung eigener Ideen befähigt seien: „Wir müssen den *Menschen* verbessern in unseren Bergen, indem wir die Jugend gewinnen" und diese so „gestalten", dass sie „unseres Heiligtums würdig" ist.

Auch Enzensperger wollte die Jugend in einer Art „gestalten", dass sie der Berge würdig sei. Die Wandervogel-Bewegung lehnte er strikt ab. Er befürchtete durch sie eine Flut bergunerfahrener Jugendlicher, die singend, tanzend und noch dazu gemischtgeschlechtlich durchs Gebirge ziehen würden. In Enzenspergers Vorstellung sollten die Jugendlichen nicht selbstbestimmt in die Berge gehen, sondern in organisierten Gruppen. Diese Gruppen sollten eine „gewisse Auslese" darstellen, „streng in der Prüfung der neu Aufzunehmenden" sein und „Ungeeignete nach rechtlicher Probezeit

Ernst Enzensperger (1877–1975), erster Referent für Jugendwandern des Alpenvereins.

© Archiv des DAV, München

Selbstbestimmt oder streng geführt: Welchem der beiden (links) soll sich die Jugend als Vorbild nehmen? Pädagogik in der Frühzeit der Alpenvereinsjugend, gezeichnet von Ernst Platz.

Quelle: Enzensperger, Ernst (1924): Handbuch der Leibesübungen. Bd. 6 – Bergsteigen. Berlin, Weidmannsche Buchhandlung. S. 150f.

---

1 Antrag 1, „Beschluss der Grundsätze und Bildungsziele der Jugend des Deutschen Alpenvereins", in: Programmheft Bundesjugendleitertag 2019 hrsg. v. JDAV, München 2019, S. 18

2 Ebd.

3 MÖAV Nr.7u.8, 1919, S. 46f.

4 Dagmar Günther: Alpine Quergänge. Kulturgeschichte des bürgerlichen Alpinismus (1870–1930), Frankfurt/New York 1998, S. 120

---

5 Alle Zitate im Folgenden von Deye aus Deye, Adolf: Alpenverein und Jugendbewegung, in: MDÖAV, Nr. 3/4 , 1919, S. 20–23

1919 beschlossen:
„Für Teilnehmer der Jugendgruppen des Alpenvereins wird ein eigenes Abzeichen nebst Ausweiskarte geschaffen."
© Archiv des DAV, München

1939 – Bergsteigen als Rüstung

Nach der Machtübernahme der Nationalsozialisten geht die alpine Jugendarbeit in der Hitlerjugend auf. Ernst Enzensperger war mittlerweile Vorsitzender des Deutschen Jugendherbergsverbands und nicht mehr aktiv an der Jugendarbeit des Alpenvereins beteiligt. Er mischte sich jedoch weiterhin in Debatten um deren Ausrichtung ein.

In der Österreichischen Alpenzeitung vom Januar 1939 veröffentlichte Meinhart Sild, fanatischer Nationalsozialist und persönlicher Referent von Arthur Seyß-Inquart, einem der Hauptkriegsverbrecher und zeitweise Hauptfunktionär des Bergsteigens im Nationalsozialismus, einen beispielhaften Aufsatz darüber, welche erzieherische Rolle das Bergsteigen im Nationalsozialismus spielen sollte. Für Sild war Bergsteigen „keineswegs nur mehr eine persönliche Angelegenheit des Einzelnen, sondern ein politisches Ereignis und in diesem Sinne ein *Mittel*".[7] Die Berge werden in dieser Deutung zum Transportmedium einer ganzen Weltanschauung. So schrieb Sild, dass die „erste und tiefste Aufgabe nach innen […] die weltanschauliche Erziehung und Ausrichtung" sei und „im weiteren die Steigerung des Lebens durch Erziehung im Sinne der Züchtung und die Erziehung zum Führer". Das Bergsteigen „ist als eine Lebensform des Kampfes Mittel und Erziehung in jedem Sinne". Für Sild war Bergsteigen also Kampf. Das Erleben dieses Kampfes am Berg wiederum erkannte er als besonders wertvoll für die Erziehung junger Menschen zu Kämpfen. Er plädierte daher für die „Wendung vom Bergsteigen um seiner selbst willen […] zum Bergsteigen als Rüstung". Als Rüstung zu einem künftigen Krieg, könnte man hinzusetzen.

Enzensperger veröffentlichte im gleichen Jahr eine Antwort zu Silds Essay. Darin betonte er zu Beginn die Gemeinsamkeiten in der Auffassung:

„Wie sehr ich mit dem Grundgedanken Ihres Aufsatzes übereinstimme, geht aus der Tatsache hervor, dass ich […] gleichfalls unsere alpine Jugendarbeit nur als Mittel zu einem höheren Zweck betrachtete[n]. […] Wir treffen uns also voll in dem Grundgedanken des Bergsteigens als der stärks-

unbarmherzig ausscheiden".[6] Enzensperger verfolgte also ebenfalls ein über die bergsportliche Betätigung hinausreichendes Ziel: die Erziehung der Jugendlichen zu ehrfürchtigen Nationalisten. So müsse der Jugendleiter den Jugendlichen „mit jedem Schauen, mit jedem Erleben, mit jedem Tag, mit jedem Morgen ihnen hineinhämmern, das eine Gefühl, das der Deutsche so notwendig braucht: fürs Vaterland!" Zweifellos erkannte auch Enzensperger darüber hinaus noch romantische Ideale des Naturgenusses an. Doch machte er immer wieder klar, dass „vor unserem Wirken immer wieder das eine als unverrückbares Ziel [stand]: Vaterland, Vaterland und immer wieder Vaterland".

Enzensperger schwebte, ebenso wie Deye und Amanshauser, die Erziehung Jugendlicher zu einem neuen Ideal von Menschen mithilfe des Bergsteigens vor. Zwar unterscheiden sich die angestrebten Ideale fundamental, jedoch dienten die Berge in beiden Fällen als Mittel zu diesem Zweck.

---

6 Alle Zitate von Enzensperger im Folgenden aus Enzensperger, Ernst: Aus alpiner Jugendarbeit. Nach einem Vortrag, gehalten auf der 50. Hauptversammlung des D.u.ÖAV. zu Rosenheim 1924, in: ZDÖAV, 1925, S. 75-89

7 Alle Zitate von Sild im Folgenden aus Sild, Meinhart: Bergsteigen – Notwendigkeit und Aufgabe. In: ÖAZ, Heft 1201, Januar 1939, S. 9–15

Gemeinsam im Gebirge unterwegs. Was sollen sie in den Bergen lernen?
© Archiv des DAV, München

ten Erziehungsschule des deutschen Volkes für sein junges Geschlecht; und ich gebe Ihnen auch völlig Recht, wenn Sie hier das Kampfmoment im Bergsteigen in den Vordergrund stellen."[8]

Jedoch sah Enzensperger die Alpen als Ort der Jugendarbeit durch das immer dichter werdende Netz an Infrastruktur gefährdet. Deshalb sei es eine Hauptaufgabe des Alpenvereins, Naturschutz im Sinne der Bewahrung ursprünglicher Berglandschaft zu betreiben. Dabei hatte Enzensperger weniger ökologische Schutzgedanken im Sinn, sondern er wollte „unberührte Berggebiete, und zwar gerade solche, die für die Erziehung unserer Bergsteigerjugend besonders geeignet sind, rechtzeitig sichern – und zwar *unter dem Grundgedanken dieser höchsten Erziehungsschule unserer deutschen Jugend* […]". In diesen „Reservaten" würde ein Schutz der Tier- und Pflanzenwelt garantiert sein, da eine „richtige Bergsteigerjugend […] ganz von selbst auch die wahren Gesetze des Naturschutzes" beachte. Deutlich wird hierbei, dass Enzensperger seine Auffassung von Erziehung nicht als eine mögliche unter vielen betrachtete, sondern sein Ideal von Jugend und Jugendarbeit als die einzig richtige herausstellte.

Da für Sild und Enzensperger der pädagogische Wert des Bergsteigens im Erlebnis des Kampfes lag, spielten ruhige Hüttentouren oder genussvolles Bergwandern in ihren Erziehungskonzepten keine Rolle. Vielmehr, so Enzensperger, sollte der „ungesuchte […] Kampf mit hinzutretenden äußeren Naturgewalten die Steigerung zum Kampf ums Leben" erhalten und so der Erziehung einer kampferprobten und kampfbereiten (nationalsozialistischen) Jugend dienlich sein.

Nachkriegszeit und 1950er-Jahre

Offiziell wurde der Deutsche Alpenverein mit dem Ende des Zweiten Weltkriegs verboten. Zwar ging die Jugendarbeit in den Sektionen weiter, jedoch regional und je nach Besatzungszone ganz verschieden organisiert.[9] Wie die gesamte Nachkriegsgesellschaft war auch die Alpenvereinsjugend mit dem Wiederaufbau befasst. Aus den Protokollen des Hauptausschusses geht dies deutlich hervor. Nach der Neuformierung des Deutschen Alpenvereins im Oktober 1950 standen grundlegende Organisationsfragen im Mittelpunkt der Arbeit. Auf der ersten Sitzung des Hauptausschusses am 16. und 17. Dezember 1950 legte Jugendreferent Hans Ackermann einen „Plan für die Arbeit im Jugendbergsteigen" vor. Dieser bestand

---

8 Alle Zitate von Enzensperger im Folgenden aus Enzensperger, Ernst: Jugend in den Bergen. In: ÖAZ, Heft 1206, 1939, S. 160–163

9 Länger, Horst: „Wenn ihr uns so nehmt wie wir sind". Aspekte der Alpenvereinsjugend seit 1945, in: Aufwärts! Berge, Begeisterung und der Deutsche Alpenverein 1945 bis 2007, München 2007, S. 242–250, hier S. 242

Bundesjugendleitertag 1977 mit Ludwig Bertle und Charlotte Pichler. Seit 1968 wählt die Jugend ihre Vertretung selbst.
© Archiv des DAV, München

aus zwölf Punkten und behandelte vor allem strukturelle und organisatorische Fragen, zum Beispiel das Überarbeiten und Erstellen von Satzungen und verschiedenen Richtlinien oder schlicht die genaue Erfassung der Jugendgruppen und Jungmannschaften.[10] Lediglich in einem Satz erfolgte hier eine inhaltliche Positionierung zur weiteren Ausrichtung der Jugendarbeit: „Eine Breitenarbeit im Nachwuchsbergsteigen, die unter Hinweis auf äussere Vorteile wirbt, möchte der V.A. ablehnen, entscheidend ist vielmehr die Arbeit in der Auslese, wobei als Ideal anzustreben ist, dass der Vorstand selber mit der Jugend in die Berge geht."[11]

1960er bis 1975 – Auf dem Weg zum Jugendverband mit Bildungsauftrag und Meinung

Die Ablehnung der Breitenarbeit ist hier wohl vor allem als Abkehr von der nationalsozialistischen Vergangenheit der Alpenvereinsjugend als Teil der Hitlerjugend zu lesen, deren Anliegen es war, die gesamte deutsche Jugend zu erfassen.[12] Im Begriff der Auslese zeigt sich jedoch zugleich auch eine Kontinuität: das Leistungsprinzip.

Mit den 1960er-Jahren wurde die bislang stets deutlich als „unpolitisch" markierte Jugendarbeit allmählich politischer und auch selbstständiger.[13] Im Jahr 1962 trat die erste Jugendordnung in Kraft. Sie bildete fortan das Fundament für Aufbau und Organisation der Jugendarbeit. Im Jahr 1968 wählten die Teilnehmenden des Jugendleitertages erstmals selbst einen Jugendreferenten: Gerhard Friedl. Auch thematisch bildete dieser Jugendleitertag eine Zäsur. Die Teilnehmenden setzten sich mit dem Thema „politische Bildungsarbeit und Alpenvereinsjugend" auseinander.[14] Bereits Anfang der 1960er-Jahre war zudem diskutiert worden, dass Jugendleiter nicht nur als Bergsteiger, sondern auch als „menschliche Vorbilder" ausgebildet werden sollten. 1965 schließlich erkannte der Jugendleitertag die Erziehungsaufgabe des Deutschen Alpenvereins an und definierte das Bergsteigen als Mittel zur Erfüllung dieser Aufgabe. Die Orientierung der Jugendarbeit an erzieherischen und pädagogischen Zielen statt an bergsteigerischen Leistungen fand schließlich auch Eingang in die ersten Erziehungs- und Bildungsziele;[15] bereits 1973 diskutiert, ergänzten sie ab 1975 die Jugendordnung. Sie bildeten damit die Grundlage der Jugendausbildung und -arbeit und wirken in ihrem formalen Aufbau bis heute stilbildend. In ihrem ersten Abschnitt wurden und werden die Grundsätze benannt, auf denen die Jugendarbeit aufbauen soll. Der zweite Abschnitt widmete sich den Erziehungs- und Bildungszielen (seit 2019 nur noch Bildungsziele). Der inzwischen geläufige Abschnitt „Umsetzung" fehlte damals noch beziehungsweise wurde lediglich in einem Unterpunkt behandelt. Bis heute vertraut klingen die Formulierungen „umweltbewußtes Denken und Handeln" sowie „Einsicht in gesellschaftliche Zusammenhänge". Bergsteigen sollte dabei nicht Selbstzweck sein, sondern ein Weg, der „dem Jugendlichen bei der Bildung seiner Persönlichkeit helfen soll[e]" und helfen könne. Der Fokus lag sehr deutlich auf der individuellen Persönlichkeitsentwick-

---

10 Protokoll Deutscher Alpenverein Hauptausschuss, 1. Sitzung am 16. und 17.12.1950, S. 15 (DAV BGS 2 MF.52.41)
11 Ebd., S. 15f.
12 Vgl. dazu auch Zitat von Hans Ackermann: „Der A.V. ist ein absolut unpolitischer Verein." Protokoll der Jugendleitertagung in Urfeld, Mai 1952 (DAV BGS), zitiert nach Länger 2007, S. 243

13 Länger, S. 244
14 Ebd.
15 Zitate im Folgenden aus: Grundsätze, Erziehungs- und Bildungsziele der Jugend des Deutschen Alpenvereins, DAV Sonderdruck, München ca. 1974 (verfügbar in DAV-Bibliothek, Archivexemplar)

lung der Jugendlichen. Bergsteigerische Fähigkeiten oder Leistung wurde in keinem Punkt thematisiert. Die Jugend des DAV und die gemeinsamen Aktivitäten – unter denen das Bergsteigen nur eine von vielen darstellte – sollten lediglich als „Hilfen" fungieren. Sie sollten Gelegenheit zur Selbstfindung, Selbstverwirklichung, kritischen Reflexion und gar zum Erkennen und Überwinden von Schwierigkeiten geben. Zuletzt sollten die Jugendlichen auch lernen, sich zu engagieren und Verantwortung in der Gesellschaft sowie in „sozialen und politischen Vorgängen" zu übernehmen. Insbesondere in Formulierungen wie der „gefühlsbezogenen Absicherung" oder in der Betonung der „Fähigkeit zur zwischenmenschlichen Verständigung" sowie der „Auseinandersetzung mit Konflikten und Problemen" – sie wurden später gestrichen – scheint der Zeitgeist der 1968 angestoßenen Neuen Sozialen Bewegung durch.[16]

1998 – Weniger '68, mehr Umweltschutz und Demokratie

Ab Mitte der 1970er-Jahre wird die JDAV „das, was Enzensperger nie wollte"[17]: bunt, laut, eigenständig, politisch aktiv. Die 1980er- und 1990er-Jahre sind vor allem durch den Kauf und die Entwicklung der Jugendbildungsstätten (JuBis), zunächst der Sonnenhalde in Burgberg und schließlich des ehemaligen Alpenhofs in Bad Hindelang, geprägt. Bezeichnend für die Emanzipation der Jugend vom Hauptverband ist, dass Letzterer in den ersten zehn Jahren noch von Jugend*aus*bildungsstätte sprach – und dass er es lieber gesehen hätte, wenn dort, statt gesellschaftspolitischem Engagement und Selbstverwaltung, der Bergsport und die entsprechende Ausbildung im Vordergrund gestanden hätten. Hieran zeigt sich bereits, dass die fachsportliche Ausbildung innerhalb der Jugendarbeit nur als ein Teil einer allgemeinen Persönlichkeitsbildung betrachtet wurde.[18]

1998 erfuhren die *Grundsätze, Erziehungs- und Bildungsziele (GEBZ)* eine grundlegende Überarbei-

Wild und bunt: So wurde die Alpenvereinsjugend ab den 1970er-Jahren.
© W. Mayr/JDAV

tung. Auf formaler Ebene wurde den „Grundlagen zur Umsetzung der Erziehungs- und Bildungsziele" ein drittes Kapitel hinzugefügt, das die Jugendarbeit durch Jugendleiter*innen in den Sektionen konkretisierte.[19] Während die fachsportliche Ausbildung 1975 nur in einem Nebensatz erwähnt wurde, erhielt sie nun mit einem eigenen Unterkapitel mehr Bedeutung. Dabei wurde jedoch explizit die „verantwortungsvolle Ausübung des Bergsports" im Rahmen einer „nicht selbstzerstörische[n], umweltschädigende[n] oder unsoziale[n] Einstellung zur Leistung" betont. Hierzu sah sich die JDAV aufgrund des immer stärker werdenden Fokus auf das wettkampforientierte Sportklettern und der fortschreitenden Entwicklung von Leistungsgruppen in der Jugendarbeit genötigt. Ebenfalls mit einem eigenen Unterkapitel bedachte man die „Erziehung zu umweltbewusstem Denken und Handeln". Differenziert wurde dabei zwischen der Sensibilisierung für den Naturschutz, der naturverträglichen sportlichen Betätigung und der Reflexion über „Abhängigkeiten menschlicher Existenz von natürlichen Lebensgrundlagen" – also einer Vorform des modernen Nachhaltigkeitsgedankens. Während Ausbildung und Umweltschutz eine Stärkung erfuhren, wurden einige der oben benannten, eher 68er-typischen Inhalte herausgenommen oder abgeschwächt. Neu war ebenfalls die explizite

---

16 Siehe auch Länger, S. 246
17 Florian Bischof im Podcast EinsFünfNull: www.jdav.de/die-jdav/jdav-jubilaeum/podcast_aid_34503html (zuletzt abgerufen: 7.4.2021)
18 Vgl. Chronik der JDAV: jdav100.shorthandstories.com/epoche4/ (zuletzt abgerufen: 7.4.2021)

19 Zitate im Folgenden aus: Grundsätze, Erziehungs- und Bildungsziele der Jugend des Deutschen Alpenvereins, DAV Sonderdruck, München 1998 (verfügbar in DAV-Bibliothek, Archivexemplar)

Ab jetzt findet keine „Erziehung" mehr statt. Abstimmung auf dem Bundesjugendleitertag 2019 in Nürnberg.
© S. Metz/JDAV

Verortung in der Demokratie und die „Vermittlung demokratischen Denken[s] und Handelns".

Die Autor*innen der GEBZ von 1998 waren sich der Dynamik und Wandlungsfähigkeit der Gesellschaft scheinbar bewusst. Um die GEBZ offen und stets aktuell in Bezug auf gesellschaftliche Prozesse zu halten, hängten sie diesen einen weitsichtigen Passus an: „Die Erziehungs- und Bildungsziele sind mit der gesellschaftlichen Entwicklung verknüpft und müssen deshalb regelmäßig auf ihre Gültigkeit und Aktualität hin überprüft werden." Dies geschah seitdem auch in regelmäßigen Abständen: Auf den Bundesjugendleitertagen 2001, 2005, 2013 und 2015 wurden die GEBZ bearbeitet und ergänzt.

2019 — Gerechtigkeit, Vielfalt, Nachhaltigkeit

Auf dem Bundesjugendleitertag 2019 wurde eine grundlegend neubearbeitete Fassung der *Grundsätze und Bildungsziele der JDAV*[20] *(GBZ)* verabschiedet, die keine bloße Überarbeitung der Fassung von 1998 darstellte. Bereits im Titel wird klar, dass es sich hier um einen Paradigmenwechsel handelte: Der Begriff „Erziehung" war vollständig weggefallen. Implizit wurde damit an die 100 Jahre zuvor formulierte Idee von Deye und Amanshauser angeknüpft: eine Jugend, die „sich selbst bewegt" bzw. bildet, statt passiv erzogen zu werden. Die Bildungsziele wurden fast vollständig neu formuliert und erweitert. Zu den bisherigen Zielen traten zusätzlich noch das „Erfahren von Mitwirkung", die Ermutigung zum Einstehen für Gerechtigkeit sowie die „Übernahme von Verantwortung für Natur, Umwelt und zukünftige Generationen" hinzu. Repräsentativ ist auch die Verdopplung der Grundsätze von drei auf sechs: Während zuvor vornehmlich die strukturelle Selbstverortung der JDAV als verbandliche Jugendarbeit formuliert war, wird in der Neufassung explizit Stellung zu gesellschaftlichen Debatten bezogen. So versteht sich die JDAV seit 2019 „als soziales Bindeglied unserer Gesellschaft", und sie setzt sich deshalb aktiv „für Chancengleichheit, soziale Gerechtigkeit und Inklusion" ein. Sie betont insbesondere auch den „Raum für aktive Mitwirkung" und die Förderung der „Persönlichkeitsentwicklung junger Menschen", darüber hinaus die klare Verortung ihres Aufgabenbereichs im „Naturschutz und Bergerlebnis" und eine differenzierte Positionierung zum Leistungssport, indem „die Beweggründe, das Leistungsziel und die Art des Leistungsstrebens" hinterfragt werden sollen. Folgerichtig bezieht die JDAV als kritische Begleiterin Stellung zum Klettern als olympischer Disziplin und fordert die unbedingte Einhaltung von Fairness und Umweltverträglichkeit. Pädagogische Jugendarbeit, so wird klargestellt, darf nicht zugunsten einer leistungsorientierten Nachwuchsförderung reduziert werden.

Mit der Betonung von Gerechtigkeit und Vielfalt macht die JDAV seit 2019 deutlich, dass sie sich weniger denn je als bloßer Sportverband, sondern vor allem als gesellschaftlicher Akteur versteht. Als Kernaufgaben werden „die Förderung von Mitwirkung, demokratischem Denken und Handeln" sowie „politische Bildung" benannt. Somit wude der enge Rahmen eines Jugendsportverbandes gesprengt und der Raum für vielfältigste Arten von Jugendarbeit und -bildung eröffnet. Mit den inzwischen eingeführten Jugendsektionsordnungen und den dazugehörigen Gremien, wie etwa der Jugendvollversammlung und dem Jugendausschuss, kann demokratisches Handeln nun selbstwirksam erlebt und erlernt werden. Dass die grundlegende Aktualisierung der GBZ zeitlich mit starken ökologisch-demokratischen Jugendbewegungen wie etwa *Fridays for Future* zusammenfällt, zeigt besonders deutlich, dass sich gesell-

---

20 *Grundsätze und Bildungsziele der JDAV. Beschlussfassung Bundesjugendleitertag 2019 in Nürnberg.* www.jdav.de/chameleon/public/4564de12-b6d3-2820-275c-592538377d35/BJLT-2019-Beschluss-GBZ_31138.pdf (zuletzt abgerufen 7.4.2021)

schaftliche Debatten auch in Grundsatzdokumenten der Alpenvereinsjugend niederschlagen.

Fazit

Seit ihrer Gründung vor 100 Jahren wird innerhalb der alpinen Jugendarbeit debattiert, in welcher Richtung Erziehung und Bildung stattfinden soll. Wie ein roter Faden zieht sich dabei das Motiv hindurch, dass Bergsteigen selbst nur ein Mittel zu einem anderen Erziehungs- und/oder Bildungszweck ist: Das Bergerlebnis gilt nicht nur für sich selbst als wertvoll, sondern immer auch als Medium zum Transport anderer Inhalte. Dabei spiegelt sich in den ausformulierten Grundsätzen und Erziehungs- beziehungsweise Bildungszielen immer auch ein gesamtgesellschaftlicher Zeitgeist – mit zeitgenössischen Erziehungs- und gesellschaftspolitischen Idealvorstellungen. Wurde vor 100 Jahren noch das Ideal einer elitär-nationalistischen Jugend angestrebt, die es zu erziehen galt, zielt die heutige Jugendarbeit auf demokratisch-partizipative Persönlichkeitsentfaltung durch Bildung. Mit über 350.000 Mitgliedern ist die JDAV einer der größten Jugendverbände Deutschlands. In diesem Sinne kommt ihr eine große gesellschaftliche Verantwortung zu.

Wo die Reise hingeht, bleibt spannend – und auch, welche Grundsätze und Bildungsziele sich eine Alpenvereinsjugend in 20 Jahren geben wird. Sicher ist nur: Auch diese werden wieder ein Spiegelbild ihrer Zeit sein.

Zu ihrem 100. Geburtstag veranstaltete die JDAV im Mai 2019 das „Queerfeldein" – ein Programm für Jugendliche, die sich als LGBTQ* (LesbianGayBisexualTransQueer*) verstehen.
© L. Reußner/JDAV

Ein Meilenstein nicht-formaler Bildung
Anerkennung der Lehrgänge der Alpenvereinsjugend bringt Perspektiven für Arbeitswelt in Österreich und Europa

Ein lang gehegtes Ziel wurde im November 2020 erreicht. Die Österreichische Alpenvereinsjugend hat es geschafft, ihre Lehrgänge für Jugend- und Familienarbeit im Nationalen Qualifikationsrahmen (NQR) reihen zu lassen. Erstmals in Österreich sind damit Ausbildungen im Jugendbereich in der außerschulischen Bildung anerkannt und so national und international vergleichbar. Diese Zertifizierung hebt die hohe Qualität der Arbeit im Alpenverein hervor und ist ein wegweisender Erfolg für die gesamte Kinder- und Jugendarbeit.

Ausbildungen wie die in Schule, Lehre und Universität gehören zur formalen Bildung. Zur nicht-formalen Bildung zählt die Vermittlung von Wissen unter anderen Rahmenbedingungen, wie etwa in Vereinen. Der Alpenverein legt großen Wert auf die Qualität all seiner Veranstaltungen und Bildungsangebote. Dass nun drei Ausbildungen aus dem Programm der Alpenverein-Akademie in den NQR aufgenommen wurden, zeugt von wertvoller Anerkennung. Denn das ist in der nicht-formalen Kinder- und Jugendarbeit erstmals in Österreich geschehen. Es ist die Bestätigung der Professionalität, mit der der Alpenverein seinen Bildungsauftrag erfüllt. Wer im Alpenverein mit jungen Menschen unterwegs ist, kann eine Ausbildung als Familiengruppenleiter*in oder Jugendleiter*in machen und darauf aufbauend den Lehrgang Alpinpädagogik absolvieren. Genau diese drei Ausbildungen sind jetzt im Nationalen Qualifikationsrahmen gereiht.

Gerade Kinder und Jugendliche nutzen Lernorte außerhalb von Kindergarten und Schule. Neben Familie und Freundeskreis gehören Angebote in Vereinen dazu, die wichtige Ergänzungen sind und Spielraum für persönliche Entwicklung bieten. Dafür braucht es Menschen, die sie begleiten. Dieses zivilgesellschaftliche Engagement beruht oft auf freiwilliger Basis. Zumeist sind dafür Aus- und Weiterbildungen nicht gesetzlich geregelt und werden außerhalb von staatlichen Bildungseinrichtungen angeboten.

So wie die drei Lehrgänge der Alpenvereinsjugend: Jugendleiter*in, Familiengruppenleiter*in, Alpinpädagogik. Sie sind fundierte, praxisnahe Ausbildungen für Menschen ab 16 Jahren, die gern in der Natur und am Berg unterwegs sind und Erfahrung und Wissen weitergeben möchten. Die Aktivitäten beruhen auf Freiwilligkeit, Interesse und Eigenmotivation.

Der NQR hat wie das europaweite Pendant EQR die Funktion, die Orientierung im Bildungssystem zu erleichtern. Als Übersetzungsinstrumente sorgen NQR und EQR für Transparenz im Dschungel absolvierter Ausbildungen. Die Vorteile der erfolgten Aufnahme liegen darin, dass diese Qualifikationen in ganz Europa im Bildungsbereich, aber auch von Arbeitgeber*innen zunehmend verstanden und vergleichbar gemacht werden. Die Ausbildungen der Alpenvereinsjugend sind somit zur Umsetzung der Freiwilligenarbeit im Verein, zur individuellen Bestätigung und in der Arbeitswelt nützlich.

www.alpenverein-akademie.at

Und hier bin ich!

Sozial, asozial, alpin – im weltweiten Netz
der Aufmerksamkeitsökonomie

>> Simon Schöpf

Soziale Medien verändern unsere gesellschaftlichen Normen rasant, in der Stadt wie am Berg. Und sie treiben mitunter skurrile Blüten: Ein digitaler Streifzug von Kuhtänzen über „tentporn" bis hin zur neuen Verantwortung der Alpenvereine.

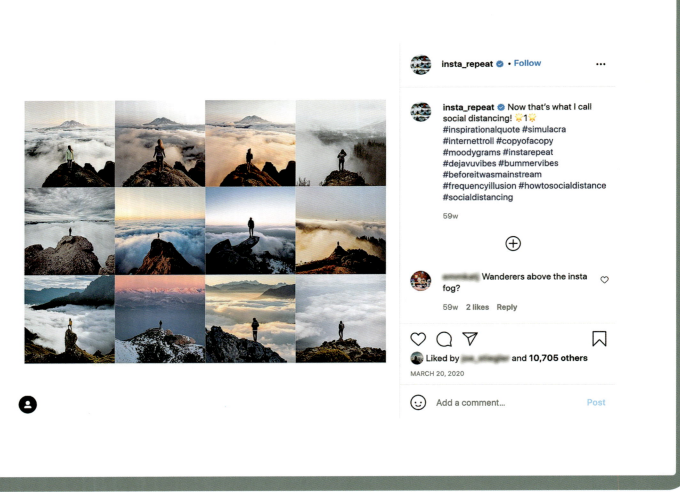

Quelle: Instagram

240 | BergKultur

Wer es mal ausprobieren will, die Choreographie geht so: Zuerst den linken Arm gewinkelt anheben, dann den rechten. Breitbeinige Fußposition, den Kopf senken, kurze Kunstpause, die Position für eine Sekunde wirken lassen und auf den Einsatz des Refrains warten. Dann wild-fuchtelnd und mit vollem Karacho auf die Kuhherde zurennen, dabei laut „Kulikitaka!" schreien. Und sich dabei natürlich filmen lassen, auf das Resultat den Hashtag #kulikitakachallenge kleben und – in einer generationsübergreifenden Selbstverständlichkeit – auf einer von einem totalitären Staat[1] kontrollierten Videoplattform posten.

Das kommt an: Gut 20 Millionen Einträge[2] finden sich dazu auf TikTok. Kühe erschrecken ist kurzzeitig ein Trend geworden, benannt nach dem Merengue-Titel „Kulikitaka" des karibischen Sängers Toño Rosario (auch bekannt als El Kukito, El Rompe Puerta oder El King Kong Del Merengue), mit dem das Erschrecken der Tiere unterlegt wird. Soll wohl irgendwie lustig sein und eine gute Portion *Likes* einbringen. Hihi, kurz gelacht und weitergescrollt zum nächsten leicht konsumierbaren Entertainment-Häppchen.

Kulikitaka ist ein Beispiel für einen kurzzeitig aufflammenden Trend, einen Hype, ein soziales Phänomen. Ausgelöst durch die videoaufnahmefähigen Supercomputer in unseren Hosentaschen und eine wirre Sehnsucht nach Aufmerksamkeit in unserer medial überladenen Welt. Und das Phänomen ist in den Bergen angekommen, denn zu erschreckende Kühe findet man eben auch artgerecht auf Almweiden.

Einen irren Tanz mit dem primären Ziel, Kühe (oder auch andere Lebewesen) zu erschrecken, um das Resultat anschließend im Internet zu veröffentlichen, kann man mühelos lächerlich finden. Oder man kann sich fragen: Warum machen das Menschen? Was sind die Konsequenzen? Oder pragmatischer: „Ernsthaft, ham's euch alle ins Hirn g'schissen?" So formuliert es der Bauer Georg Doppler, der ebenfalls auf dem Kanal aktiv wurde, um den Unsinn dort zu stoppen, wo er aufpoppte. Tatsächlich hat TikTok die Videos bereits gelöscht. Denn aufgeschreckte 700 Kilogramm Fleisch, die zur Verteidigung des Reviers oder des Kälbchens in deine Richtung laufen statt von dir weg, da ist dann relativ schnell Schluss mit lustig.[3]

Warum Sie das hier lesen? Die Kulikitaka-Challenge ist ein skurriles Beispiel dafür, wie die sogenannten sozialen Medien das Verhalten von Nutzer*innen verändern, am Berg wie in der Stadt. Keine U-Bahn-Station, wo nicht die überwiegende Mehrzahl der auf das Verkehrsmittel Wartenden in ein internetfähiges Mobiltelefon starrt. Kein Berggipfel, wo nicht zumindest für ein Gipfelselfie das Smartphone gezückt wird. Schnell wie keine andere Technologie zuvor hat das Smartphone unser tägliches Handeln verändert, unser Leben geprägt. Und wie jede Kulturtechnik verlangt auch das Internet seine Zeit, bis ein vernünftiger kollektiver Umgang damit gelernt wird. Auch das ist eine Herausforderung für die Alpenvereine.

Von sozial bis asozial und zurück

Was meinen wir, wenn wir von „sozialen" Medien reden? Die Mechanismen, die dazu führen, dass viele von uns sich lieber durch algorithmisch kuratierte Inhalte auf ihrem Telefon ablenken lassen, als mit einem in unmittelbarer Nähe befindlichen Mitmenschen aus Fleisch und Blut in Austausch zu treten? Die Möglichkeit, der Oma ein Bild des nunmehr voller Stolz pflugfahrenden Enkelchens direkt von der Piste zu schicken? Das Vehikel für meinen angestauten Frust, wenn der Alpenverein mal wieder was zum Thema Klimakrise postet?

Die Grundmechanismen sind so weit bekannt: Es geht um unsere rare Aufmerksamkeit, die gefesselt werden will. Die harte Währung der Plattformen sind die Nutzerdaten, die gesammelt und anschließend monetarisiert werden. Die einfache Gleichung lautet: Mehr Nutzer*innen, mehr Zeit auf der Plattform, mehr Verbindungen, mehr Interaktion ist gleich mehr Werbeeinnahmen. Diesem Maximierungsprinzip ist das gesamte Design der Apps und Websites untergeordnet. Und in abstrakter Weise ist es der Grund, warum wir oft behaupten, Social Media machten süchtig.

---

1 https://rebrand.ly/dmcejwr
2 www.tiktok.com/tag/kulikitakachallenge

3 *Mehr als 7000 Verletzungen und neun Todesfälle durch Kühe hat die Sozialversicherung für Landwirtschaft, Forsten und Gartenbau vergangenes Jahr allein in Deutschland registriert. Meistens handelte es sich bei den aggressiven Kühen um Muttertiere, die ihre Kälber beschützen wollten.*

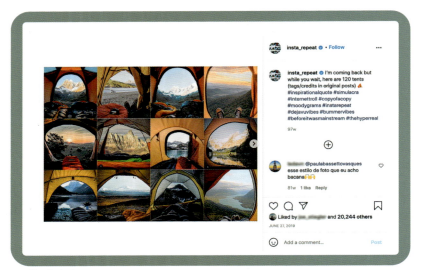

Quelle: Instagram

Es ist, wie im echten Leben auch, ein zutiefst menschliches Streben nach Anerkennung, das uns immer wieder auf die bunten Icons auf unserem Smartphone drücken lässt. Statt einem Schulterklopfer gibt es im Digitalen eben ein Herzchen oder hundert, statt einer aufmunternden Bemerkung einen *Share*. Und wenn man einmal einen kleinen Glücksschub durch sein Posting bekommen hat, dann will man selbigen eben immer und immer wieder. „Short term dopamine driven feedback loops"[4] – auf die kurzfristige Ausschüttung von Dopamin zielende Rückkopplungsschleifen – nennt das Chamath Palihapitiya, der bis 2011 für das Nutzerwachstum von Facebook verantwortlich war. Retrospektiv betrachtet, zerstöre seine Erfindung kurzerhand die Gesellschaft, meint er. Weil sie die Verbreitung von Unwahrheiten fördere und einen zivilisiert geführten Diskurs verunmögliche. Völlig übertrieben?

Wissenschaftliche und pseudowissenschaftliche Studien zum Seelenheil der Benutzer veröffentlichen Psychologen wie Soziologen in schöner Regelmäßigkeit. Ein richtiger Konsens findet sich aber bis heute nicht: Mal führt der idealisierte Körperkult der Bodybuilder- und Bikini-Influencerinnen direkt in die Magersucht, dann wieder finden sich durchaus positive Auswirkungen – etwa seine psychischen Leiden auch öffentlich debattieren zu können. Mal unterstützt die digitale Vernetzung politische Umwälzungen hin zu mehr Demokratie, dann wieder spielt sie autoritären Demagogen in die Hände und schwemmt einen Donald Trump ins Präsidentenamt. „Mein Gefühl sagt mir, dass die werbefinanzierten sozialen Netzwerke von Sucht, Klicks und Empörung angetrieben werden. Nicht absichtlich, versteht sich, sie haben sich sicher nicht zum Ziel gesetzt, dass jeder auf jeden wütend ist."[5] Das kommentierte Jimmy Wales im Jahr 2021, zum 20-jährigen Jubiläum seiner Plattform Wikipedia[6].

Man könnte behaupten, es gibt eine ähnliche Ambivalenz wie bei den Kolleg*innen der Ernährungswissenschaften: Mal ist ein Glas Rotwein am Tag der Schlüssel zum hohen Alter, dann wieder jeder Tropfen Alkohol schlecht. So ganz genau weiß es niemand, nur Paracelsus hat wahrscheinlich immer noch recht: *Dosis facit venenum* – die Menge macht das Gift. Tendenziell werden die meisten von uns natürlich ihre Schokoladenseite im virtuellen Raum präsentieren, eher den epischen Sonnenuntergang posten als den Tag im Homeoffice. Man präsentiert sich, und es geht darum, möglichst charmant, witzig und clever rüberzukommen. Deshalb sind soziale Medien abseits aller wissenschaftlichen Evidenz in erster Linie ein Fegefeuer der Eitelkeiten. Ganz im Sinne von: Schau her, wie schön mein Leben ist!

Zeltporno und Blumenzertrampeln

Es lässt sich behaupten: Die kleinen Supercomputer in unseren Hosentaschen haben nicht nur unseren Medienkonsum in bemerkenswert kurzer Zeit radikal verändert, sie haben auch Auswirkungen auf unser individuelles und gesellschaftliches Handeln, unser Verhalten. Der größte Unterschied zu den vorhergegangenen Wellen der medialen „Revolutionen" ist die veränderte Rolle der *User*. Während vom Buchdruck bis hin zum FM-Funk und dem Farbfernseher die allermeisten passive Konsumenten waren, werden wir in der Welt des Internets gleichzeitig auch zu Sendern, zu *Prosumenten*: Wir konsumieren nicht bloß Inhalte, wir produzieren sie auch.

---

4 www.youtube.com/watch?v=PMotykw0Slk

5 *https://rebrand.ly/tae3kt8*
6 *Übrigens die einzige nicht-kommerzielle Website unter den meistbesuchten Websites der Welt*

Das führte zur Erschaffung des Mythos vom Cyberspace, der der Menschheit nichts weniger als eine neue Welt eröffnen würde. Wie jeder Mythos lässt sich auch dieser falsifizieren[7]: Wir wurden durch die Erfindung des World Wide Webs immer noch nicht zu Cyborg-haften Übermenschen. Bezogen auf die Outdoor- und Bergwelt lässt sich seit dem Aufkommen bildlastiger sozialer Netzwerke noch ein weiterer Mythos beobachten: die unermüdliche Suche nach einer stilisierten und idealisierten Natur, nach dem Mythos der Wildnis, der Natur ohne jegliche menschliche Einwirkung. Um sich selbst inmitten einer solchen zwanglos und erhaben in Szene zu setzen, sind die Suchenden nur leider dazu gezwungen, immer tiefer und tiefer in diese scheinbare Wildnis vorzudringen, um den Mythos aufzuspüren. Und ihn damit ad absurdum zu führen.

In Wüstengegenden gibt es ein seltenes botanisches Phänomen, bei dem ein ungewöhnlich hoher Anteil von Wildblumen, deren Samen im Wüstenboden ruhten, ungefähr zur gleichen Zeit keimt und blüht. Das Resultat dieser „Superblüte" sind kunterbunte Hügel, beispielsweise knallorange, voller Kalifornischem Mohn. Und wo Wüstengegenden mit knallbunten Hügeln auf eine hochtechnologisierte Gesellschaft treffen, wie etwa im Walker Canyon im südlichen Kalifornien, ereignet sich neben dem natürlichen Phänomen des *Superbloom* noch ein relativ neues, aber nicht minder faszinierendes gesellschaftliches Spektakel: Viele mit Kameras und Smartphones ausgestattete Menschen versuchen sich inmitten dieses Blumenmeers möglichst „einmalig" zu inszenieren.

Die Resultate lassen sich dann natürlich auf Plattformen wie Instagram bewundern und bekommen tonnenweise Herzchen. Aber wie viele niedergetrampelte Blümchen ist ein *Like* wert? Mit der Reproduktionsvorstellung des Mythos der Inszenierung inmitten unberührter Natur werden ausgewiesene Pfade schnell verlassen, es wird tiefer vorgedrungen, Absperrungen und andere Menschen stören im Bild. Also lieber mitten rein ins Blumenmeer, für ein paar *Zusatzlikes* auch gerne leichtbekleidet bis nackt, mal Adam, mal Eva, nur eben ohne die oder den anderen.

Na und, könnte man fragen, sind ein paar geknickte Mohnblumen wirklich so schlimm? Wenn es nur ein paar wären, würde das wohl tatsächlich niemandem auffallen. Allerdings sind soziale Medien kein Randphänomen mehr, sie sind in der Masse angekommen. Im Falle des Walker Canyons führte das 2019 nicht bloß dazu, dass ein paar mehr Menschen die Blumenhügel besichtigen wollten. Es führte zu einem massiven Stau auf der sechsspurigen Autobahn. Es führte auch zu Unfällen, zu einer Überforderung der lokalen Bevölkerung und schlussendlich zur kompletten Sperrung des Walker Canyons. Und zu lustigen wie ernsten Gegenreaktionen, nicht nur in den Massenmedien, sondern auch direkt dort, wo die Inszenierung stattfindet[8], in den *Channels* selbst.

Aber auch auf der hiesigen Seite des Atlantiks finden sich genügend illustre Beispiele. Von dieser einen malerischen Gumpe hoch über dem Königssee in den Berchtesgadener Alpen, wo man so ein tolles *Infinity-Pool*-Foto schießen kann – solange man nicht in der Gumpe ertrinkt, wie es tragischerweise zwei jungen Männern im Frühjahr 2019 passiert ist.[9] Vom malerischen Pragser Wildsee in den Dolomiten, wo man unbedingt bei den ersten Sonnenstrahlen mit einem dieser rustikalen Retro-Ruderboote ins endlose Türkis paddeln muss – solange man rechtzeitig dran ist, weil die Zufahrtsstraße mittlerweile untertags für Privatfahrzeuge gesperrt werden musste, na ja, chronische Überfüllung, Sie wissen schon. Oder, noch so ein Klassiker, von den bitte ob der Dramatik möglichst nebelverhangen, schroffen Gipfeln der Geislerspitzen in den Dolomiten, vor denen man sich ideal als wilder Bergsteiger inszenieren kann – und dabei keinem erzählt, dass die Seceda-Seilbahn hinter dem Rücken der Fotografen im Halbstundentakt neue Bergsteigerhelden ausspuckt.

Über die berühmten *Insta-Spots* wurde schon viel geschrieben. Fakt ist, Millionen Menschen wählen mittlerweile ihr Reiseziel anhand der Fotos, die sie auf Instagram sehen. Und jagen damit

---

7 mitpress.mit.edu/books/digital-sublime

8 Der Instagram-Account @publiclandhatesyou sammelt anschaulich Auswirkungen von Menschenmassen in Naturschutzgebieten: www.instagram.com/publiclandshateyou/

9 https://rebrand.ly/unytq20

Superbloom Turns Southern California City Into a #Poppynightmare
Lake Elsinore has seen tens of thousands of people descend on Walker Canyon to see the recent superbloom, overwhelming local resources

Quelle: www.smithsonianmag.com

oftmals dem Mythos der Einsamkeit hinterher, um im Endeffekt das zu reproduzieren[10], was eben erfahrungsgemäß *Likes* bringt – so wie, erfahrungsgemäß, auch *Tentporn*. Nein, nicht das, was Sie sich jetzt vorstellen, sondern das Subforum auf Reddit[11], das „majestätische Fotos von Zelten in ihrer natürlichen Umgebung" sammelt. Schaut eben immer toll aus, so ein Zelt in einer einsamen Berglandschaft (Immer von innen ausleuchten! Möglichst ein gelbes Zelt nehmen!), quasi der Inbegriff von *Remoteness*, und am Firmament die Milchstraße. Nur leider blöd, dass derartige Fotos zwar meistens tatsächlich majestätisch, aber zumindest in den Alpen zusätzlich auch meistens tatsächlich illegal sind. Denn wildes Campieren ist fast überall verboten.

Die Social-Media-Ambivalenz der Alpenvereine

Mit ihrer gemeinnützigen Non-Profit-Ausrichtung spielen die Alpenvereine im digitalen Raum eine gewisse Sonderrolle: Sie wollen mitreden, müssen aber nicht zwanghaft etwas verkaufen, nicht zwanghaft immer weiterwachsen. Klar, viele *Views* auf den Videos freuen schon, viele *Likes* auf den Posts auch – aber es ist auch mal egal, wenn beide ausbleiben. Wichtiger sind die Themen und der daraus resultierende Diskurs. Und die dürfen eben auch manchmal kritisch, sprich unpopulär sein.

Dabei braucht es aber nichtsdestotrotz eine gewisse Anpassung an die Leitkultur des jeweiligen Mediums, weil man sonst schlicht untergeht. Ein Bild der Drei Zinnen im Sonnenuntergang bringt mit großer Wahrscheinlichkeit zehnmal so viele Däumchen hoch wie das einer Saubere-Berge-Wanderung. Für die Themenvielfalt braucht es am Ende des Tages beides, also einen ausgewogenen Mix. Denn Accounts, die nur Randthemen bespielen und niemals *Likebombs* zünden wollen, werden in den von den Plattformen diktierten Rahmenbedingungen auf Dauer wahrscheinlich nie richtig groß werden. Und die Größe, im Sinne der Followerzahl und der daraus resultierenden Reichweite der Postings, bestimmt durchaus mit, wie stark eine Stimme im digitalen Kosmos gehört wird – was wiederum auf die klassischen Massenmedien abstrahlt. Es macht einen Unterschied, ob eine Organisation ihre Appelle an 1354 Fans richtet oder an 145.000. Es geht gewissermaßen um das Kampfgewicht.

Àpropos Verantwortung

Mit der Größe wächst auch die Verantwortung. Die Alpenvereine können und sollen ihre Kompetenzführerschaft aus der analogen Welt natürlich auch in digitale Sphären transferieren. Social-Media-Kanäle zu bedienen, macht man nicht, weil es gerade hip ist, sondern weil es eine neue Form der Öffentlichkeitsarbeit darstellt. Und weil sich manche, vor allem jüngere Zielgruppen nur noch so erreichen lassen. Gerade junge Menschen sind, ob in ihrer Sturm-und-Drang-Phase oder wegen fehlender Erfahrung, besonders anfällig für gefährliches Halbwissen und in der Phase der Selbstfindung einer ausgeprägten Bringschuld in Sachen Selbstvermarktung ausgesetzt – frei nach dem Motto: „Was die kann, kann ich auch." Weil plötzlich nicht mehr nur die Dorfkinder die *Peergroup* sind, sondern man sich im Digitalen gleich mit der ganzen (westlichen) Welt messen kann oder vielleicht sogar muss, liegt die Latte naturgemäß gleich deutlich höher. *The pressure is on!*

Es findet ein langsames Erwachen statt, digital Aktive werden sich mehr und mehr ihrer Verantwortung bewusst, vom privaten Boulder-Erschließer bis zum Star der Freeride Worldtour[12]. Ein Element davon ist das *Geotagging*, das exakte Verorten des Bildes oder Videos. Die Facebook-Seite der Zugspitze verzeichnet zum Beispiel rund 126.000 Besucher[13]. Nun ist die Zugspitze bekannt, viele andere Orte sind es nicht. Lässt man Namen und GPS-Daten bewusst weg, ist es meist nur mehr ortskundigen Personen möglich, einen Post geografisch zuzuordnen – was potentielle, der Herausforderung eventuell nicht gewachsene Follower davon abhält, die Action am Foto für ein paar *Likes* zu reproduzieren und sich dabei möglicherweise in Gefahr zu bringen.

---

10 Eine anschauliche Collage an Reproduktionen:
www.instagram.com/insta_repeat/
11 www.reddit.com/r/tentporn/

12 Gedanken über Verantwortung von Pro-Skier Arianna Tricomi nach dem Tod eines jungen Freeriders nach einem Lawinenunglück 2021:
www.instagram.com/tv/CKbwFtEngx2/
13 www.facebook.com/zugspitze.de

Diese Dynamik können die Alpenvereine aber auch als Chance begreifen, die wichtige Zielgruppe mit adäquaten Inhalten genau dort abzuholen, wo sie sich aufhält. Sie können mit intelligenter Präventions- und Jugendarbeit den Mut zum gesunden Risiko propagieren und gleichzeitig Selbstüberschätzung verhindern. Und bei jungen Menschen ein Selbstbewusstsein aufbauen, das nicht im Wettbewerb um quantifizierte Aufmerksamkeit entsteht, sondern in sozialer Verantwortung gegenüber Mitmenschen.

The challenge is on

Die Fütterung von Social-Media-Accounts ist eine Gratwanderung zwischen dem Mythos einer akribisch angestrebten Individualität und einer Plattform-spezifischen Konformität[14] – auch, oder vielleicht sogar besonders, für die Alpenvereine. Neben der oft sehr sinnvollen und kostengünstigen Möglichkeit, eine junge (oder gar nicht mehr so junge) Zielgruppe mit wertvollen Informationen zur möglichst sicheren Ausübung der Leidenschaft Bergsport[15] zu versorgen, heißt es eben auch, sich seiner Verantwortung bewusst zu sein und sich zu fragen: Braucht es diesen Post jetzt wirklich?

Natürlich gibt es kein Patentrezept für den „richtigen" Umgang mit den (a)sozialen Medien, die Technik ändert sich ohnehin schneller, als sich die Konventionen dazu entwickeln. Wichtiger sind Überlegungen, die über der Technik stehen: Welche Werte will ich mit meinen digitalen Inhalten vermitteln?

Es geht um einen neuen Respekt vor Mutter Natur, die nicht zur reinen Kulisse für persönliche Inszenierungen degradiert werden will, sondern das Fundament allen Lebens ist.[16] Wer sich in ihr

Seekofel und Pragser Wildsee: Was ist eigentlich im Fokus unserer Aufmerksamkeit?
© *Zach Castillo/Unsplash*

bewegt, sollte das (wieder) aus eigenem, innerem Antrieb tun und nicht, weil er den akuten Blähungen irgendeiner Community folgt. Es geht um ein bewusstes Innehalten vor dem Drücken auf den *Publish*-Button, um ein gezieltes Langsamwerden. Es geht darum, die Kultur des Sensationalismus hinter sich zu lassen und sich wieder vermehrt fundierten Debatten zu widmen – um beispielsweise emotionale Zuspitzungen gekonnt zu kontern. Es geht auch darum, die profitmaximierenden Geschäftspraktiken der Plattformen zu verstehen und entsprechend zu handeln. Schlussendlich kumuliert das in einem Gedanken, den man bereits von den eigenen Eltern zur Genüge gehört hat: Du musst nicht überall mitmachen, nur weil es alle anderen tun.

Deshalb kommt hier, am Schluss, die wagemutigste Challenge von allen. Eine, die ganz ohne Hashtag auskommt: Schalt dein Telefon aus und pack es ganz versteckt in den Rucksack. Verwende es nicht für Fotos, für Status-Updates, für Kuherschreckvideos. Verwende es als reines Notfallwerkzeug. Filme mit deinen Augen, speichere mit deinen Neuronen, kommuniziere nicht mit deinen Followern, sondern nur mit der Natur. Übe dich in Selbstbeobachtung statt in Selbstdarstellung, in Geduld statt Geposte. *Challenge accepted*?

---

14 https://rebrand.ly/cz9e6yi
15 Corona-bedingt musste das beliebte „Lawinen-Update" des Österreichischen Alpenvereins 2020 ins Virtuelle verlagert werden, dank sozialer Medien konnten über 35.000 Personen mit fundiertem Lawinenwissen versorgt werden (www.alpenverein.at/lawinenupdate)
16 Mit der gemeinsamen Kampagne #unserealpen erzeugten der DAV, ÖAV und AVS im digitalen Raum ein bemerkenswertes Echo zum Schutz der letzten alpinen Freiräume: Über 25.000-mal wurde der Hashtag inzwischen verwendet (www.instagram.com/explore/tags/unserealpen)

Alpine Seilschaften

Eine Ausstellung in der Landesgalerie Niederösterreich 2022
>> **Wolfgang Krug**

Zwei Maler, zwei Fotografen und eine junge Geschäftsfrau aus Wien. Alle begeistert vom Klettern und Schifahren, alle hoch talentiert. Wie ein Kreis gleichgesinnter Menschen am Anfang des 20. Jahrhunderts den „Tourismus" attraktiv machte.

Gut Ding braucht Weile, und so ist es auch bei Kunstausstellungen. Bis zu ihrer Realisierung vergehen vielfach Jahre, in unserem Fall Jahrzehnte. Tatsächlich liegt der Ausgangspunkt für die Begeisterung für den in der Folge vorgestellten Themenkreis schon beinahe 25 Jahre zurück. Damals ging es darum, für die von Stararchitekt Hans Hollein errichtete Shedhalle in St. Pölten eine Schau über die niederösterreichische Bergwelt, oder besser den Anteil Niederösterreichs an den Alpen, zu konzipieren. Ein Ausstellungsbereich, „Der Blick von oben", war hier den kameradschaftlich wie freundschaftlich verbundenen Bergsteigermalern Gustav Jahn und Otto Barth gewidmet, die sich 1901 mit der Erstbegehung des nach ihnen benannten Malersteiges auf der Rax gemeinsam ein Denkmal setzten. Die Personalunion herausragender Bergsteiger und angesehener Maler zu Beginn des 20. Jahrhunderts vermochte ungemein zu fesseln. Während Bergsteigermaler wie Edward Theodor Compton oder Ernst Platz aus öffentlichen Sammlungen und Publikationen rühmlich bekannt waren, handelte es sich bei Jahn und Barth „lediglich" um in Bergsteigerkreisen verehrte Größen. Beide waren als Personen damals noch nicht wirklich greifbar, Gustav Jahn erschien als eine geradezu verklärte, mythisch aufgeladene Gestalt. Greifbar, wenn auch nur in einer vorerst überschaubaren Anzahl von Werken, waren jedoch zwei – jedes auf andere Weise – beeindruckende künstlerische Œuvres.

Die Rax – Übungsgelände der Wiener Bergsteigerschaft

Die Beschäftigung mit Jahn und Barth lässt eine besondere Zeit lebendig werden, eine Zeit, in der Berg- und Wintersport Allgemeingut wurden und schließlich zur Massenbewegung mutierten. Es ist kein Zufall, dass unsere Erzählung ihren Ausgang auf der Rax, dem Hausberg der Wiener, nimmt. Obwohl nahe der Haupt- und Residenzstadt gelegen, führte sie lange ein Schattendasein. War der Semmering ein Zentrum der mondänen Welt, so blieb die Rax ein Refugium für Individualisten. Zwar waren auch zu ihren Füßen, in Payerbach und Reichenau, Sommerfrischen ähnlich gehobener Kreise, sogar des allerhöchsten Kaiserhauses entstanden, die Rax selbst aber ließ sich nicht auf dem Servierteller präsentieren, sie wollte und musste erobert

Kletterer in der Loswand. Fotografie von Fritz Benesch. Vor 1913.

werden. Statt feiner Gesellschaft, großzügiger Hotelsuite und internationaler Küche gab es hier nach stundenlanger Wanderung verschwitzte Bergkamerad*innen, Matratzenlager und bestenfalls eine Brettljause. Dass dies ebenfalls im Trend lag, zeigt der Aufschwung der alpinen Vereine gegen Ende des 19. Jahrhunderts. Freizeit am Berg garantierte Abenteuer, Erlebnis und Vergnügen auch für die kleine Brieftasche. Die Vereine erschlossen neue Wege, besorgten die Versicherungen im Gelände und organisierten das Hüttenwesen. Auffällig ist der zunehmend an Bedeutung gewinnende sportliche Aspekt im Wettbewerb um neue und schwierigere Routen. Dass diese Entwicklung von Männern dominiert war, erübrigt eigentlich der Erwähnung, unaufhaltsam strömte aber bald schon das „schwache" Geschlecht in diese männliche Hochburg.

Zu Beginn des 20. Jahrhunderts entwickelten sich die Rax und mit ihr zusammen der gesamte Alpenraum richtiggehend zu einer Fremdenverkehrsmaschinerie. Jahn und Barth hatten als Künstler und als bergbegeisterte „Aktivisten" nicht unwesentlichen Anteil daran. Sie bildeten aber auch „Seilschaften" mit anderen einflussreichen

Die Raxalpe im Frühling. Autochrom-Fotografie von Fritz Benesch. Vor 1913.

© Archiv des ÖAV

BergKultur | **247**

Werbegrafik von Gustav Jahn. Um 1910.
© *Landessammlungen NÖ*

Persönlichkeiten, die mit ihren besonderen Fähigkeiten und vielfach aus Schlüsselpositionen heraus mithalfen, diese Fremdenverkehrsmaschinerie in Schwung zu bringen.

Ein Wochenende um 1900

Lassen wir einmal die Wissenschaftlichkeit beiseite und begründeter Spekulation den Vortritt und stellen wir uns einen Spätsommer-Samstagnachmittag in Wien um 1900 vor. Das Barometer steht auf Hoch. Wer es sich leisten kann und mag, den zieht es aus der Stadt, hinaus ins Grüne. Am Südbahnhof tummeln sich die Ausflügler und an den diversen Roben ist nicht nur ihre gesellschaftliche Herkunft, sondern vielfach auch ihr Ziel abzulesen. Einige wollen das Wochenende auf ihrem Landsitz verbringen, in Mödling, Baden oder Bad Vöslau, vielleicht am Semmering, andere Erholung bei Spaziergängen auf den Wienerwaldbergen entlang der Thermenlinie suchen. Auch das Radfahren ist seit einigen Jahren dabei, sich als sportliche Disziplin durchzusetzen. Weiters gibt es solche, die sich nach ihrem Äußeren als „Touristen" outen – und es sind nicht wenige. Manche kennt man schon, begegnet ihnen nicht nur regelmäßig in der Eisenbahn, sondern auch bisweilen abseits im Gelände oder aber in einem der zahlreichen alpinen Vereine.

Ortswechsel. Nach rund zwei Stunden Fahrzeit kommt der Zug am Bahnhof Payerbach-Reichenau an der Rax an. Einige nützen das gute Wetter und steigen noch zu einer der Berghütten auf, andere beziehen vor ihrer sonntäglichen Tour das telegraphisch avisierte Quartier im Tal.

Neuerlicher Ortswechsel. Es ist Sonntagnachmittag. Wir befinden uns jetzt im Erzherzog-Otto-Haus, kurz Ottohaus, auf der Rax, sind froh, die Füße unter den Tisch stellen zu können, wenngleich es der Anstand noch nicht für schicklich erachtet, die drückenden Schuhe auszuziehen. Einige andere Bergfreund*innen haben den Weg hierher ebenfalls gefunden, denn Anstiege auf den Plateauberg gibt es zahlreiche. Eben erst haben zwei junge Männer, Kunstmaler aus Wien, eine neue kühne Route auf der Preiner Wand bewältigt. Sie sitzen auch heute an einem der Tische, gemeinsam mit ihren Brüdern, und unterhalten sich angeregt mit dem Sohn der Hüttenwirtin. Das Thema ist natürlich nicht die Kunst, sondern der Berg. Man tauscht sich hinsichtlich anspruchsvoller Kletterrouten aus. Manches an Neuland harrt da noch der Erschließung, und die jungen Männer sind geradezu begierig danach. Ein Herr am Nebentisch, ein Beamter der Wiener Universitätsbibliothek, bringt sich ein. Er hat Jahre zuvor einen Bergführer über die Rax herausgebracht, ist also der beste Kenner der Materie. Sogar eine Schwierigkeitsbewertung hat er damals erstellt. Man setzt sich zusammen, plaudert über dies und das. Berührung haben sie miteinander schon über den Alpenverein gehabt, dessen akademischer Sektion sie alle angehören. Das Gespräch dauert den ganzen Rückweg und die Bahnfahrt nach Wien an. Darauf angesprochen, berichten die Maler letztlich auch von ihrer künstlerischen Arbeit …

Gustav Jahn (1879–1919) und Otto Barth (1876–1916)

Der jüngere der beiden Maler, Gustav Jahn, studierte damals noch an der Wiener Akademie der bildenden Künste. Er war ein außerordentliches Talent, dem man eine große Karriere insbesondere im Porträtfach voraussagte. Seit seinen ersten bergsteigerischen Versuchen auf der Rax 1895 brannte er jedoch nur mehr für das Klettern. Otto Barth war schon ein paar Jahre älter, hatte das Kunststudium und seinen ersten Dreitausender bereits hinter sich. Auch bei ihm war es sein Bruder gewesen, der ihn zum Bergsteigen verleitet hatte. Es war gerade die Zeit, in der sich Jahn und

Am Bismarcksteig. Entwurf zu einer Künstlerpostkarte von Gustav Jahn. Um 1914/1915.
© Landessammlungen NÖ

Barth mit anderen Künstlern im Jungbund zusammengeschlossen hatten, um gemeinsam auszustellen. In diesen Jahren, bis 1904, unternahmen sie noch mehrere gemeinsame Bergfahrten. Auch auf dem Großglocknergipfel standen sie nebeneinander. Beide wurden aufgrund ihrer alpinistischen Leistungen Mitglieder des Österreichischen Alpenklubs und gehörten als begeisterte Schifahrer darüber hinaus dem vorbereitenden Ausschuss zur Gründung einer Sektion Wintersport innerhalb des Österreichischen Touristenklubs an. 1905 konstituierte sich dieser als „Wintersport-Klub". Später beschritten Jahn und Barth künstlerisch wie touristisch getrennte Wege.

Die Goldmedaille auf der Internationalen Verkehrsausstellung in Mailand bezeichnete schon 1906 den Endpunkt der Ausstellungstätigkeit Gustav Jahns. Es hat fast den Anschein, als wäre für ihn, künstlerisch gesehen, damit alles erreicht gewesen. Die Malerei, die ihm leicht von der Hand ging, wurde ihm zunehmend Mittel zum Zweck, um seine Leidenschaft für den Bergsport ausleben zu können. Jahn hatte das Glück, dass er über eine stabile Auftragslage verfügte und über eine Reihe eifriger Sammler, die seine Bilder von der Staffelei weg kauften. Es waren Bergbegeisterte wie er, die seine Art der Darstellung des Hochgebirges aus eigenem Erleben kannten und schätzten. Jahn entwarf auch Schulwandtafeln, sogenannten „Alpinen Wandschmuck" sowie Künstlerpostkarten und betätigte sich als Illustrator. Viel beachtet waren seine Reliefkarten, die er von den österreichischen Alpengegenden malte. Auch als Alpinist machte Jahn durch besondere Leistungen auf sich aufmerksam. 1903 erstieg er als Erster die Südwand der Bischofsmütze in der Dachsteingruppe, was die Bewältigung des zu dieser Zeit noch nicht einmal definierten, da noch nicht erreichten fünften Schwierigkeitsgrades bedeutete. Als Schifahrer und bei Schisprungbewerben gewann er nicht weniger als 28, darunter mehrere erste, Preise. Jahn beteiligte sich aber nicht nur aktiv an den Wettkämpfen, sondern auch als Starter und Zielrichter, als Leiter von Schikursen und als Berater beim Bau von Schisprungschanzen. 1911 wurde die Liechtensteinschanze am Semmering ebenfalls nach seinen Plänen errichtet. Es versteht sich von selbst, dass Jahn auch seine Zeit an der

BergKultur | 249

**Schifahrer auf der Rax.
Gemälde von Otto Barth.
Um 1905/1910.**
© Landessammlungen NÖ

Dolomitenfront, immerhin dreieinhalb Jahre, als Leiter eines Brigadeschikurses am Pordoijoch und Instruktionsoffizier der Bergführerabteilung in St. Christina in Gröden aus sportlicher Sicht nutzbringend für sich zu gestalten wusste. Etwa 150 Gipfelersteigungen in der Geißler-, Langkofel- und Sellagruppe, darunter rund 20 Erstersteigungen, lautete die erfolgreiche Bilanz.

Sein Weg unterschied sich von jenem seines Gefährten grundlegend. Während Jahn die Wiener Akademie mit sämtlichen Auszeichnungen hochdekoriert verließ, nennen die Akten der Schule den Namen Otto Barths nur beiläufig. Was Jahn ihm an Talent voraushatte, musste Barth durch harte Arbeit wettmachen. Man sieht seiner Kunst das Ringen um Ausdruck an. Es ist eine „sperrige" Kunst, die gerade dadurch zu uns spricht. Nicht zu ermessen, wie hart es den Künstler ankam, mit nur 33 Jahren aus gesundheitlichen Gründen seine besondere Liebe, das Bergsteigen und das Schifahren, endgültig aufgeben zu müssen.

Anders als Jahn nahm Barth am Ausstellungsgeschehen in Wien regen Anteil. Als Mitglied des Jungbunds war er 1905/06 erstmals auch im Hagenbund vertreten. Gezeigt wurde damals sein Gemälde „Verlassene Alm" – ein Motiv von der Rax. 1907 trat Barth dem Hagenbund bei. Die Darstellung der Berge und insbesondere ihr winterliches Erscheinungsbild wurden Kernthemen seiner künstlerischen Arbeit. Als Ikone des Alpinismus schlechthin ist sein 1911 präsentiertes „Morgengebet Kalser Führer am Gipfel des Großglockners" anzusehen, ein monumentales, nicht an Pathos sparendes Gemälde, das ihn weit über Bergsteigerkreise hinaus bekannt machen sollte. Wie für Jahn, so bildete für Barth die Fotografie oftmals die Grundlage der malerischen Arbeit. Der Fotoapparat war nützliches Utensil und mittlerweile handlich genug, um in steiler Wand zum Einsatz gebracht zu werden. Auch Jahns Bruder Otto (1877–1947) und Barths Bruder Hanns (1873–1944) waren darin bewandert. Fotos von Ersterem fanden etwa als Ansichtskarten des Österreichischen Touristen Klubs Vervielfältigung. Hanns Barth betätigte sich im Österreichischen Alpenklub sowie beim Deutschen und Österreichischen Alpenverein. Er verfasste als Redakteur der Alpenvereinszeitschrift ungezählte Beiträge und bedachte seinen Bruder, wie auch Gustav Jahn regelmäßig mit Illustrationsaufträgen. Viele der einschlägigen Publikationen aus dieser Zeit tragen gestalterisch die Handschrift unserer beiden Künstler.

Fritz Benesch (1864–1949)

Neben den Brüdern Jahn und Barth war an unserem imaginären Zusammentreffen im Ottohaus auch ein Wiener Jurist beteiligt, Dr. Fritz Benesch. Benesch war begeisterter Alpinist, darüber hinaus Buchautor und ein hervorragender Hochgebirgsfotograf. 1903 wechselte er von der Universitätsbibliothek als Fremdenverkehrsreferent ins österreichische Eisenbahnministerium. Als leitendem Beamten war es ihm möglich, sich damals schon mit der kaum erschwinglichen Autochrom-Fotografie zu beschäftigen und Bücher mit Farbbildern herauszubringen. Seine Leidenschaft für das Fotografieren und Schreiben stellte er auch in den Dienst der Fremdenverkehrswerbung. Als Mitglied der renommierten k. k. Photographischen Gesellschaft in Wien wurde Benesch für seine Arbeit mehrfach ausgezeichnet. Die von ihm für die Staatsbahnen erdachte neue Werbelinie lässt sein künstlerisches Auge erkennen. Statt auf arrivierte Maler zu setzen, beauftragte er seine jungen Bergsteigerkollegen Jahn und Barth mit dem Entwurf von Plakaten für die Staatsbahnen und mit der künstlerischen Ausstattung von Bahnhöfen. Jahns für die Warteräume des Wiener Westbahnhofes geschaffene „Trachtenbilder" aus den Alpenländern wurden 1904, im Jahr seines Studienabschlusses, auf der Weltausstellung in St. Louis mit

Titelillustration von Otto Barth. 1907.

einer Bronzemedaille ausgezeichnet. Barth führte Landschaftsbilder in Mosaiktechnik für den Salzburger Bahnhof aus. Die Künstler verdankten diesen Aufträgen Präsenz an stark frequentierten Orten im gesamten Bereich der k. k. Donaumonarchie. Ihre Plakate, die hinsichtlich der Werbewirksamkeit neue Standards vorgaben, gehören heute zu den gesuchten Klassikern der Fremdenverkehrswerbung.

Mizzi Langer-Kauba (1872–1955)

Als starke Frau in einer Männerdomäne führt Mizzi Langer-Kauba, wenngleich künstlerisch gänzlich unbeteiligt, eine eigene „Seilschaft" an. Sie war 24 Jahre alt, als sie 1896 ihr erstes „Touristengeschäft" in der Wiener Kaiserstraße, in der Nähe des Kaiserin-Elisabeth-Westbahnhofs eröffnete. Mizzi Langer-Kauba hatte eine Marktlücke mit Zukunftspotential erkannt und das nicht nur aus tüchtigem Geschäftssinn heraus, sondern vor allem aus persönlicher Neigung. Die Geschäftsfrau war selbst leidenschaftliche Alpinistin, die schwierige Touren nicht scheute – eine nach ihr benannte Kletterwand in Rodaun gibt Zeugnis davon.

BergKultur | 251

Bergstation der Raxbahn.
Fotografie von Fritz
Benesch. Um 1930.

Mizzi Langer-Kauba war ebenfalls engstens mit der Rax verbunden. Ihr und ihrem Freundeskreis, der „Kauba-Platte", wurde im Karl-Ludwig-Haus sogar ein eigener Raum, das „KP-Zimmer" gewidmet. Sie schrieb auch als begeisterte Wintersportlerin Geschichte: als einzige Teilnehmerin beim ersten Torlauf der Schigeschichte im Jahre 1905. Ihr Geschäftspartner Mathias Zdarsky, Wegbereiter des alpinen Schilaufs, hatte damals die Tore am Muckenkogel bei Lilienfeld gesteckt.

Die junge Unternehmerin war bestens vernetzt und hatte ein Gespür für Qualität. Sie reformierte, wenn man so will, den „Auftritt" am Berg. Bei ihr erhielt man alles, was schick und nützlich zugleich war. Viele der angebotenen Touristen- und Wintersport-Artikel wurden von Mizzi Langer-Kauba selbst auf Tauglichkeit überprüft. Ihre Erfahrung wusste man zu schätzen, und so wurde das Geschäft für Trendbewusste ebenso wie für Alpinisten zur Anlaufstelle Nummer eins.

Als es darum ging, für das Geschäft eine neue Werbelinie zu entwickeln, holte sich die Geschäftsfrau Gustav Jahn, der ihre Verkaufskataloge illustrierte, gestalterisch auf die Höhe der Zeit brachte und dabei wie in der Plakatkunst neue Maßstäbe setzte. In seinen künstlerisch anspruchsvollen Illustrationen stellte er Berg- und Wintersportler*innen in Aktion dar, ausgerüstet mit Verkaufsartikeln Mizzi Langer-Kaubas. Die Frau am Berg zeigte er unabhängig von kleidungstechnischen Vorlieben, selbstbewusst und selbstbestimmt und nicht mehr als hilfsbedürftiges Anhängsel „wahrer" Alpinisten. Für den Verkaufsraum des 1906 errichteten Geschäftsneubaus schuf Jahn vier große Gemälde zu den Themen Berg-, Schi- und Rodelsport. Otto Barth fertigte Mosaiken für die Fassade und ein Glasgemälde für die privaten Räumlichkeiten Mizzi Langer-Kaubas. Sein Bruder Hanns steuerte als Autor das Vorwort zum neuen Verkaufskatalog bei.

Camillo Kronich (1876–1958)

Unsere letzte „Seilschaft" steht unter der Führung von Camillo Kronich. Wir sind ihm bereits im Ottohaus begegnet. Als Sohn der Hüttenwirtin diskutierte der etwa Gleichaltrige mit den Bergsteigermalern Jahn und Barth. Kronich sollte auf der Rax ein kleines Imperium errichten. 1903 übernahm er das vom Alpenverein gepachtete Ottohaus, erweiterte es bald und baute am Fuß der Rax ein exklusives Alpenhotel, den Knappenhof. Kronich gehörte zu den Gründervätern des alpinen Bergrettungswesens, betrieb im Zusammenhang damit eine Bernhardinerzucht und machte die Rax als Kletterparadies attraktiv, indem er neue versicherte Steige anlegen ließ. Unterstützung fand er durch Gustav Jahn, der die Routen erkundete. Der Alpenvereinssteig, der Jahnsteig und der Hans-von-Haid-Steig verdanken dieser Konstellation ihre Existenz. Im sogenannten „Lavoir" unterhalb des Ottohauses, in dem der Schnee lange liegenblieb, etablierte Kronich zudem den Wintersport und auch diesbezüglich war Jahn gefragt, als Schikursleiter und Entwerfer einer Schanze für Schisprungbewerbe.

Eine neue Ära als Ausflugsziel begann für die Rax mit der Errichtung der Raxbahn, der ersten Seilbahn Österreichs. 1926 nahm sie zusammen mit der großzügig dimensionierten Bergstation, selbstverständlich gepachtet von Kronich, ihren Betrieb auf. Abgesehen von seinen unternehmerischen Qualitäten erscheint uns Camillo Kronich auch als ein Freund der Kunst – man denke an die mit Gemälden zeitgenössischer Künstler, unter anderem von Jahn und Barth, ausgestatteten Zimmer im Ottohaus. Auf der Bergstation gab es sogar eine Art Galeriebetrieb, in dem Originalgemälde von der Rax zum Kauf angeboten wurden.

Kronich betätigte sich ebenfalls künstlerisch, als Fotograf, der sich einzig und allein seinem Hausberg widmete. Schon um 1905 erregte er mit

Am Raxplateau.
Foto: C. Kronich, Rax 1908.

winterlichen Aufnahmen von der Rax Aufsehen. Er war Mitglied des Wiener Amateurphotographenklubs, hielt Vorträge und war in Ausstellungen vertreten. 1907 errang Kronich auf der Internationalen Sportausstellung in Berlin eine Goldmedaille, 1909 beteiligte er sich mit Fritz Benesch an der Alpinen Kunstausstellung im Hagenbund in Wien. Wie Benesch beschäftigte er sich auch mit der Autochromie. In hunderten Bildpostkarten, die er selbst verlegte, verbreitete er den Zauber des Berges, den er wie kein Zweiter zu sehen und zu empfinden Gelegenheit hatte.

Am Raxplateau.
Fotografie von Camillo Kronich. 1908.

„Alpine Seilschaften" in der Landesgalerie Niederösterreich 2022

„Alpine Seilschaften" ist gewissermaßen die Nachfolgeausstellung zu der in der Landesgalerie Niederösterreich seit 2020 laufenden Ausstellung „Wachau – Entdeckung eines Welterbes". Wieder befinden wir uns zumindest in der Nähe eines Weltkulturerbes, der Semmeringbahn, und wieder sind es die Künstler, die einer Region in Hinblick auf ihre touristische „Verwertung" auf die Beine halfen.

Aus dem zuvor Geschilderten wird nicht nur ein engmaschiges Netzwerk Gleichgesinnter deutlich, es zeichnet sich auch ein komplexes Geflecht an Inhalten ab, das in der Ausstellung im Wesentlichen durch das künstlerische Schaffen unserer beiden Maler und Fotografen getragen wird. Dass es einer Handvoll von Gleichinteressierten überhaupt möglich wurde, derart Einfluss zu nehmen und gewissermaßen eine Massenbewegung voranzutreiben, ist an sich schon bemerkenswert; dass die Zusammenhänge aber auch im Rahmen einer Kunstausstellung dargestellt werden können, ist eine wohl einzigartige Situation. Die Rax bildet dabei den Knotenpunkt für alle angesprochenen Erzählstränge, sind hier doch sämtliche den Alpenraum berührende Themen, Phänomene und Probleme – von der Erschließung für den Fremdenverkehr bis zum „Overtourism" – zwar im Kleinen, doch in ganzer Vielfalt und seit verhältnismäßig früher Zeit aufzuzeigen.

www.lgnoe.at

Autorinnen und Autoren

Max Bolland, geb. 1976, staatlich geprüfter Berg- und Skiführer und Diplom-Sportwissenschaftler, lebt mit Frau und Töchtern in Neubeuern im Inntal. Mitglied des Bundeslehrteams Sportklettern und Bergsteigen des DAV. Der Profibergführer leitet die Alpin- und Wanderschule Erlebnis Berg (www.erlebnis-berg.com), verbringt aber auch seine Freizeit am liebsten in den Bergen.

Thomas Bucher, geb. 1968, ist seit einem runden Dutzend Jahren Pressesprecher des DAV und hat in diesem „Job" das keineswegs überall verbreitete Glück, einen Großteil seiner Interessen und Leidenschaften bündeln zu dürfen. Diese sind einerseits Bergsport in vielen seiner winterlichen und sommerlichen Ausprägungen, andererseits sozialwissenschaftliche Beschäftigung und ganz normaler Umgang mit Menschen.

Tom Dauer, geb. 1969, beruft sich als Alpinist, Autor und Filmemacher gerne auf seine negative wie positive Freiheit. Ausführlich mit diesem Thema beschäftigte er sich auch in der Biografie des Kletterpioniers und Lebenskünstlers „Kurt Albert – frei denken, frei klettern, frei sein" (Tyrolia Verlag, 2020).

Andi Dick, geb. 1964, ist Umweltingenieur, Bergführer und Redakteur bei DAV Panorama. Für seinen großen Bedarf an Bergtouren betreibt er sein Mini-Auto mit Bio-Erdgas (ca. 30 g CO_2 pro Kilometer) – und kompensiert natürlich die Gesamtemissionen, die sein Leben trotz Heizung mit Biogas (aus Reststoffen) und Ökostrom noch erzeugt.

Stephanie Geiger, Dr., geb. 1977 in Murnau und dort aufgewachsen, studierte in München katholische Theologie, Germanistik, Politologie und Soziologie und promovierte an der Uni Passau über die Europäische Governance. Nach zehn Berufsjahren in Berlin kehrte sie 2016 wieder in ihre bayerische Heimat zurück. Wenn es die Zeit zulässt, ist sie mit Ski oder Mountainbike, mit Seil, Pickel und Steigeisen in den Bergen unterwegs. Darüber schreibt sie u. a. in FAZ, Welt am Sonntag, NZZ, Die Presse.

Martina Gugglberger, Dr., geb. 1971 in Kufstein, ist Assoziierte Universitätsprofessorin am Institut für Neuere Geschichte und Zeitgeschichte der Johannes Kepler Universität Linz. Ihre Forschungsschwerpunkte umfassen Frauen- und Geschlechtergeschichte, Globalgeschichte, Alpingeschichte, Missionsgeschichte, Nationalsozialismus und Biografieforschung. Als gebürtige Tirolerin ist sie seit ihrer Kindheit zu jeder Jahreszeit in den Bergen unterwegs.

Susanne Gurschler, Mag., Studium der Germanistik/Fächerkombination an der Universität Innsbruck. Freie Journalistin und Sachbuchautorin; zuletzt erschienen von ihr: „Handwerk in Tirol. Wo Können auf Leidenschaft trifft" (Tyrolia Verlag) und „111 Orte in Osttirol, die man gesehen haben muss" (Emons Verlag). www.susannegurschler.at

Erich Hackl, geboren 1954 in Steyr, hat Germanistik und Hispanistik studiert und einige Jahre lang als Lehrer und Lektor gearbeitet. Seit langem lebt er als freier Schriftsteller in Wien und Madrid. Seinen Erzählungen, die in 24 Sprachen übersetzt wurden, liegen authentische Fälle zugrunde. 2018 erschien die vielbeachtete Erzählung „Am Seil. Eine Heldengeschichte". Hackl wurde unter anderem 2017 mit dem Menschenrechtspreis des Landes Oberösterreich ausgezeichnet.

Jochen Hemmleb, geb. 1971, Autor und Filmschaffender, lebt in Lana, Südtirol. 1999 entdeckte eine von ihm mitinitiierte Suchexpedition am Mount Everest den 1924 verschollenen Himalaya-Pionier George Mallory. Hemmleb schrieb zahlreiche Bücher und Artikel zur Alpingeschichte. Jenseits des Schreibtischs locken ihn die Berge der (für ihn) nahe gelegenen Ortlergruppe, der Westalpen zwischen Ossola- und Aostatal sowie des Himalaya.

Matthias Heise, M.A., geb. 1981, leitet das Fakultätsmanagement der Fakultät Humanwissenschaften und Theologie der TU Dortmund und ist Dozent (Akademischer Rat) für Politikwissenschaft.

Stefan Herbke, geb. 1967, ist seit über 25 Jahren als freier Journalist beruflich viel in den Bergen unterwegs: im Sommer zu Fuß oder mit dem Mountainbike, im Winter in erster Linie mit Ski. Dabei wechselt er gerne vom Verspurten ins Unverspurte, vom Trubel in die Einsamkeit – und entdeckt so selbst im Umfeld von Klassikern wie dem Monte Cevedale spannende Touren, die von der Masse schlichtweg übersehen werden.

Christoph Höbenreich, Dr., geb. 1968, studierte Sportwissenschaften und Geographie an der Universität Innsbruck, ist staatlich geprüfter IVBV Berg- und Schiführer, IPGA Master Polarguide, Vorstandsmitglied der International Polar Guides Association und hauptberuflich als Berg- und Schisportsachverständiger des Landes Tirol tätig. Unternahm 14 Polarexpeditionen in die Antarktis und verbrachte zwei Jahre seines Lebens in Eis und Schnee der Polargebiete.

Harro Honolka, Dr., geb. 1943, hat Soziologie studiert. Er lebt in München und war viel in den Bergen unterwegs, als Kletterer auch im Elbsandsteingebirge, wo ihm zu DDR-Zeiten die politisierten Gipfelsprüche auffielen. Zusammen mit Bergsteigern des Akademischen Alpenvereins München hat er 1970 im Deutschen Alpenverein eine Diskussion über die gesellschaftlichen Funktionen des Bergsteigens initiiert.

Axel Klemmer, geb. 1963 in Berlin, studierte Geografie, absolvierte danach ein Verlags-Volontariat und arbeitet seit 1991 als Redakteur und freier Journalist im Bereich Berge und Outdoor (u. a. für die Magazine Bergwelt, Bergsteiger, BERGE und Panorama sowie für den Bayerischen Rundfunk). Seit 2020 redigiert er das Alpenvereinsjahrbuch.

Maren Krings ist Dokumentarfotografin und Autorin mit Fokus auf die sozialen und ökologischen Auswirkungen der Klimakrise. Das Studium am Savannah College of Art & Design (USA) schloss sie mit einem B.F.A. in Fotografie ab. Ihre Arbeiten werden international publiziert und ausgestellt. Ihr viertes Fotobuch, das 2021 erscheint, enthält eine fünfjährige Dokumentation über die weltweite Wiederentdeckung des Industriehanfs. Dafür bereiste sie 26 Länder auf vier Kontinenten.

Wolfgang Krug, Mag., geb. 1965 in Wien, wo er an der Universität Kunstgeschichte studierte. Seit 1991 ist er wissenschaftlicher Mitarbeiter und seit 1999 Kustos der Landessammlungen Niederösterreich. Er leitet die Sammlungsbereiche Kunst vor 1960 und Karikatur. Wolfgang Krug ist Ausstellungskurator und Autor zahlreicher Publikationen.

Andrea Kuntner ist Lehrerin und Autorin aus Schlanders. Als Enkelin und Urenkelin von Suldner Bergführern ist ihr die Liebe zu den Bergen in die Wiege gelegt worden.

Laura Moser, geb. 1991, seit 2014 Jugendleiterin in der Sektion Heidelberg, ist Historikerin und promoviert an der Universität Heidelberg.

Sven Ott, geb. 1991, seit 2007 Jugendleiter in der Sektion Rüsselsheim, studiert Philosophie and der Universität Frankfurt/M. Nahm zusammen mit Laura Moser an der Jugendleiter*innen-Fortbildung „Alpine Irrwege 1933-45: Jugend im Alpenverein während des Nationalsozialismus" (geleitet von Florian Bischof) teil, was den Anstoß zur tieferen Auseinandersetzung mit der JDAV-Geschichte gab. Flo Bischof und allen Teilnehmer*innen sei an dieser Stelle herzlichst gedankt.

Wolfgang Platter, Dr., geb. 1952, ist promovierter Naturwissenschaftler. Er war Lehrer an der Mittelschule und für vier Verwaltungsperioden Bürgermeister seiner Heimatgemeinde Laas. Ab 1995 bekleidete er beim Nationalpark Stilfserjoch verschiedene Funktionen, zehn Jahre lang, bis zu seiner Pensionierung im Jahre 2016, war er dessen Direktor. Er war Gründungsmitglied der Umweltschutzgruppe Vinschgau und Vorsitzender des Promotorenkomitees für die Wiederinbetriebnahme der Eisenbahn Meran – Mals.

Peter Plattner, geb. 1972, ist Fachautor, Alpinsachverständiger und Bergführer aus Innsbruck. Nach einer Tätigkeit als RTA an der Uni-Klinik Innsbruck war er beim Österreichischen Alpenverein angestellt, bevor er sich als Redakteur, Autor und Ausbilder selbstständig machte. Sein aktuelles Lieblingsprojekt ist das Magazin „analyse:berg" des Österreichischen Kuratoriums für alpine Sicherheit.

Christian Rauch, geb. 1975, Diplom-Ingenieur, seit 2010 freier Journalist und Autor für Zeitschriften und Zeitungen in den Themenbereichen Bergsport, Kultur, Wissenschaft und Technik. Im Bergverlag Rother erschienen von ihm zahlreiche Kulturwanderbücher, zuletzt „Münchner Berge und ihre Geschichte(n)".

Gudrun Regelein lebt mit ihrer Familie in der Nähe von München. Die Redakteurin arbeitet als Pauschalistin für die Süddeutsche Zeitung und schreibt als freie Autorin unter anderem für den Deutschen Alpenverein. In ihrer Freizeit klettert sie – am liebsten am Fels in ihrer Heimat Franken.

Martin Roos, geb. 1967 und aufgewachsen in Süddeutschland, studierte Biochemie und arbeitet seit 24 Jahren als freier Autor, überwiegend zu Wissenschaftsthemen. Nach neun Jahren in Spanien lebt er seit 2015 in Lübeck, wo er den „RadelndenReporter" kreierte, als der er in 24 Etappen durch alle Bundesländer tourte (tinyurl.com/RadReporter).

Joachim Schindler, geb. 1947, wohnt in Dresden, ist seit 1963 aktiver Bergsteiger und hat alle 1100 Gipfel der Sächsischen Schweiz sowie viele weitere in den Alpen und außeralpinen Gebirgen bestiegen. Etwa 100 Veröffentlichungen zur Geschichte des Wanderns und Bergsteigens in Sachsen, unter anderem Biografien von Dr. Oscar Schuster und Paul Gimmel. Sein Hauptwerk ist die mehrbändige „Chronik zur Geschichte von Wandern und Bergsteigen in der Sächsischen Schweiz".

Simon Schöpf, geb. 1987, ist Mitarbeiter der Abteilung Öffentlichkeitsarbeit im Österreichischen Alpenverein und selbstständiger Autor und Fotograf mit Fokus auf alpine Geschichten (www.bergspektiven.at). Die Schnittmenge der Themen „soziale Medien" und „Berge" beschäftigt ihn schon lange. Für den theoretischen Unterbau zog er ins schwedische Flachland (MA Digital Media & Society an der Uppsala University), bevor er sich in seinem Beuf dem Aufbau einschlägiger Accounts wie @bergwelten und @alpenverein widmete.

Christoph Schuck, geb. 1976, ist Inhaber der Professur für Politikwissenschaft und Dekan der Fakultät Humanwissenschaften und Theologie der TU Dortmund.

Christina Schwann, Mag. rer. nat., geb. 1977, ist in Saalfelden/Salzburg aufgewachsen und hat in Innsbruck Ökologie studiert. Bis 2016 war sie im Österreichischen Alpenverein für die Projekte Bergsteigerdörfer und Via Alpina verantwortlich, bevor sie sich mit ihrem Schwerpunkt Regionalentwicklung selbstständig gemacht hat. Daneben publiziert sie für verschiedene Print- und Online-Magazine zu diesem Thema.

Jürgen Winkler, geb. 1940, arbeitete mit 15 Jahren in den Schulferien sechs Wochen lang auf dem Bau, um das Geld für seine erste »richtige« Kamera zu verdienen und radelte mit 16 allein durch die Alpen. Wurde Bergsteiger, Fotograf und Bergführer, unternahm ab 1970 viele Expeditionen und Trekkingtouren zwischen Anden und Himalaya und veröffentlichte zahlreiche Bücher.

Walter Würtl, Mag. rer. nat., geb. 1969, stammt aus Kitzbühel/Tirol und arbeitet als Alpinwissenschaftler, Sachverständiger und Ausbilder in Innsbruck. Nach seiner Bergführerausbildung und dem Studium der Alpinwissenschaften war er auf den Bergen der Welt unterwegs und hat sich einen Namen als Ausbilder, Experte und Autor zu allen Themen rund um das Thema alpine Sicherheit gemacht. Nach einer Anstellung beim Österreichischen Alpenverein als Ausbildungsleiter ist er heute selbstständig in diesem Metier tätig, vor allem mit seiner Firma LoLa-Peak-Solutions. Als Redakteur hat er die Zeitschrift „bergundsteigen" massgeblich geprägt und betreut jetzt das Magazin „analyse:berg".

Walter Ungerank, geb. 1948, sammelt seit 62 Jahren Mineralien, davon seit 50 Jahren ausschließlich im Zillertal. Einen Schwerpunkt in seiner Sammlung stellen mineralogische und bergbautechnische Gerätschaften dar. Insgesamt besitzt er ca. 4000 Exponate, die immer wieder in diversen Ausstellungen in Deutschland und Österreich, auch in Museen (NHM Wien und Tiroler Landesmuseum Ibk.) zu bewundern sind. Weiters besitzt er ein umfangreiches Fotoarchiv, vor allem mit alten Zillertaler Ansichten, und ergänzt dieses ständig mit aktuellen Landschaftsbildern, die auf zillertal.net veröffentlicht werden.

Nachdrucke von Beiträgen, auch auszugsweise, oder Bildern aus diesem Jahrbuch sind nur mit vorheriger Genehmigung durch die Herausgeber gestattet. Alle Rechte, auch bezüglich der Beilagen und Übersetzungen, bleiben vorbehalten. Die Verfasserinnen und Verfasser tragen Verantwortung für Form und Inhalt ihrer Angaben.

Aus Gründen der besseren Lesbarkeit wird in dieser Publikation darauf verzichtet, ausschließlich geschlechtsspezifische Formulierungen zu verwenden. Auch wenn personenbezogene Bezeichnungen nur in männlicher Form angeführt sind, beziehen sich die Angaben auf Angehörige jeglichen Geschlechts in gleicher Weise.

Ältere Jahrgänge des Jahrbuchs (Zeitschrift) des Alpenvereins finden Sie online auf der Internetseite des Deutschen Alpenvereins unter http://www.dav-bibliothek.de/webOPAC/DAV-Publikationen/AV-Jahrbuch/ sowie auf dem Online-Portal der Österreichischen Nationalbibliothek unter www.anno.onb.ac.at (1870–1942).

© 2021
Herausgeber: Deutscher Alpenverein, München, Österreichischer Alpenverein, Innsbruck, und Alpenverein Südtirol, Bozen
Jahrbuchbeirat: Melanie Grimm (DAV), Georg Hohenester (DAV), Friederike Kaiser (DAV), Ingrid Hayek (ÖAV), Peter Neuner (ÖAV), Martin Achrainer (ÖAV), Matthias Pramstaller (ÖAV Jugend), Ingrid Beikircher (AVS), Evi Brigl (AVS), Stephan Illmer (AVS), Ralf Pechlaner (AVS Jugend), Anette Köhler (Tyrolia-Verlag)
Inhaltliches Konzept: Anette Köhler, Tyrolia-Verlag, Innsbruck
Grafisches Konzept: Gschwendtner & Partner, München
Text- und Bildredaktion: Axel Klemmer im Auftrag des Tyrolia-Verlags, Innsbruck
Layout und digitale Gestaltung: Studio HM, Hall in Tirol
Schlusskorrektur: Stefan Heis
Coverabbildungen: Blick vom Gletschersee unter dem Kleinen Angelusferner auf Ortler, Zebrù und Königspitze (von rechts), © B. Ritschel; Sprung in die Freiheit, © H. Zak; Rückseite: Herbst am Ultner Höfeweg, © M. Ruepp
Abbildung Seite 2/3: Blick über den Kessel des Fornigletschers zur Punta San Matteo, © B. Ritschel

Lithografie: Artilitho, Trento (I)
Druck und Bindung: L. E. G. O., Vicenza (I)

Dieses Buch wurde mit Farben auf Pflanzenölbasis, Klebestoffen ohne Lösungsmittel und Drucklacken auf Wasserbasis auf FSC-zertifiziertem Papier produziert. FSC (Forest Stewardship Council) ist eine internationale Non-Profit-Organisation, die sich für eine ökologische und sozialverantwortliche Nutzung der Wälder unserer Erde einsetzt.

Alpenvereinsmitglieder beziehen mit diesem Band gratis die historische Ausgabe der Alpenvereinskarte Zillertaler Alpen West aus dem Jahr 1930 mit Ergänzung der Gletscherstände von 2018 (Österreich) bzw. 2017 (Italien) sowie weiteren Informationen zum Klimawandel, Maßstab 1:25.000, ISBN 978-3-948256-13-5

Alleinvertrieb für Wiederverkäufer: Tyrolia-Verlag, Exlgasse 20, A-6020 Innsbruck
www.tyrolia-verlag.at
ISSN 0179-1419
ISBN 978-3-7022-3977-0